Jehová es mi pastor

Salmo de David.

23 Jehová es mi pastor; nada me
faltará.

2 En lugares de delicados pastos me
hará descansar;
Junto a aguas de reposo me pas-
toreará.ᵃ

3 Confortará mi alma;
Me guiará por sendas de justicia
por amor de su nombre.

4 Aunque ande en valle de sombra
de muerte,
No temeré mal alguno, porque tú
estarás conmigo;
Tu vara y tu cayado me infundirán
aliento.

Aderezas mesa delante de mí en
presencia de mis angustiadores; *enemigos*
Unges mi cabeza con aceite; mi
copa está rebosando.

6 Ciertamente el bien y la misericordia me seguirán todos los días
de mi vida,
Y en la casa de Jehová moraré por
largos días.

Glencoe Spanish 3

¡Buen viaje!

ABOUT THE FRONT COVER
Plaza de Mayo, Buenos Aires, Argentina, showing the old Cabildo (Town Hall) in the foreground. The Cabildo was the town hall during the colonial period. Today it is a national historical museum. Also located in the Plaza de Mayo is the Casa Rosada, the official residence of the President of Argentina. The Plaza de Mayo is located in the center of Buenos Aires. It has been the scene of many of the most important events in the history of Argentina.

ABOUT THE BACK COVER
(top) El altiplano, Perú; *(middle)* La Mezquita, Córdoba, España;
(bottom) Plaza Mayor, Madrid, España

NATIONAL GEOGRAPHIC SOCIETY

The colorful and inviting **Vistas** featured in this textbook were designed and developed by the National Geographic Society's Educational Division. Their purpose is to give greater insight into the people and places found in the Spanish-speaking countries listed below.

VISTAS DE BOLIVIA
pages 102A–102B

VISTAS DE LA ARGENTINA
pages 200A–200B

VISTAS DE COLOMBIA
pages 294A–294B

VISTAS DE VENEZUELA
pages 408A–408B

Glencoe Spanish 3

¡Buen viaje!

CONRAD J. SCHMITT

PROTASE E. WOODFORD

Glencoe
McGraw-Hill

New York, New York   Columbus, Ohio   Woodland Hills, California   Peoria, Illinois

The National Geographic Society

The **National Geographic Society**, founded in 1888 for the increase and diffusion of geographic knowledge, is the world's largest nonprofit scientific and educational organization. Since its earliest days, the Society has used sophisticated communication technologies and rich historical and archival resources to convey knowledge to a worldwide membership. The Education Division supports the Society's mission by developing innovative educational programs—ranging from traditional print materials to multimedia programs including CD-ROMs, videodiscs, and software.

Meet our Authors

Conrad J. Schmitt

Conrad J. Schmitt received his B.A. degree *magna cum laude* from Montclair State College, Upper Montclair, NJ. He received his M.A. from Middlebury College, Middlebury, VT. He did additional graduate work at Seton Hall University and New York University. Mr. Schmitt has taught Spanish and French at the elementary, junior, and senior high school levels. In addition, he has travelled extensively throughout Spain, Central and South America, and the Caribbean.

Protase E Woodford

Protase "Woody" Woodford has taught Spanish at all levels from elementary through graduate school. At Educational Testing Service in Princeton, NJ, he was Director of Test Development, Director of Language Programs, Director of International Testing Programs, and Director of the Puerto Rico Office. He has served as a consultant to the United Nations Secretariat, UNESCO, the Organization of American States, the U.S. Office of Education, and many ministries of education in Asia, Latin America, and the Middle East.

Glencoe/McGraw-Hill

*A Division of The **McGraw·Hill** Companies*

The **Vistas** featured in this textbook were designed and developed by the National Geographic Society's Education Division. National Geographic **Vistas** © 2000 National Geographic Society. The name "National Geographic Society" and the Yellow Border Rectangle are trademarks of the Society, and their use, without prior written permission, is strictly prohibited.

Send all inquiries to:

Glencoe/McGraw-Hill
8787 Orion Place
Columbus, OH 43240

ISBN: 0-02-641813-4   (Student Edition)
ISBN: 0-02-641814-2   (Teacher's Wraparound Edition)

Printed in the United States of America.

5 6 7 8 9 10   003   08 07 06 05 04 03 02

Contenido

CAPÍTULO 2
Rutinas

CAPÍTULO 3
Pasatiempos

CAPÍTULO 4
Pasajes

CAPÍTULO 5
Sucesos y acontecimientos

CAPÍTULO 6
Los valores

CAPÍTULO 7
La salud y el bienestar

CAPÍTULO 8
Raíces

Apéndices

Los viajes

Objetivos

In this chapter you will do the following:

- read about the travel habits of people in the Hispanic world
- make and cancel plane or train reservations
- review how to get the information you need in different travel situations
- review how to describe completed past actions
- read and discuss newspaper articles about Mexico City, trains in Spain, and the weather
- review how to talk about actions that may or may not take place; and how to express opinions, wishes, preferences, and demands of others
- review how to talk about specific things
- read and discuss the following literary works: «¡Al partir!» by Gertrudis Gómez de Avellaneda, «El viaje definitivo» by Juan Ramón Jiménez, and «Temprano y con Sol» by Emilia Pardo Bazán

CULTURA
Lugares de interés turístico

Pirámide, Uxmal, México

Figura maya

Introducción

A mucha gente le gusta viajar durante sus vacaciones. El destino que escoge cada viajero o turista depende de sus gustos e intereses personales. Si a algunos les gusta nadar, su destino es una playa o balneario. Si a otros les gusta esquiar, van para las montañas. A otros les gustan el camping, el alpinismo o las caminatas. Hay quienes viajan por motivos culturales a un sitio arqueológico, por ejemplo. Y a los naturalistas les encanta ir a un lugar donde puedan observar la flora y la fauna en su hábitat natural. Desde el punto de vista turístico, el mundo hispano ofrece una variedad enorme de lugares donde uno puede disfrutar de una estadía placentera. Hay algo para todos los gustos e intereses.

Vocabulario

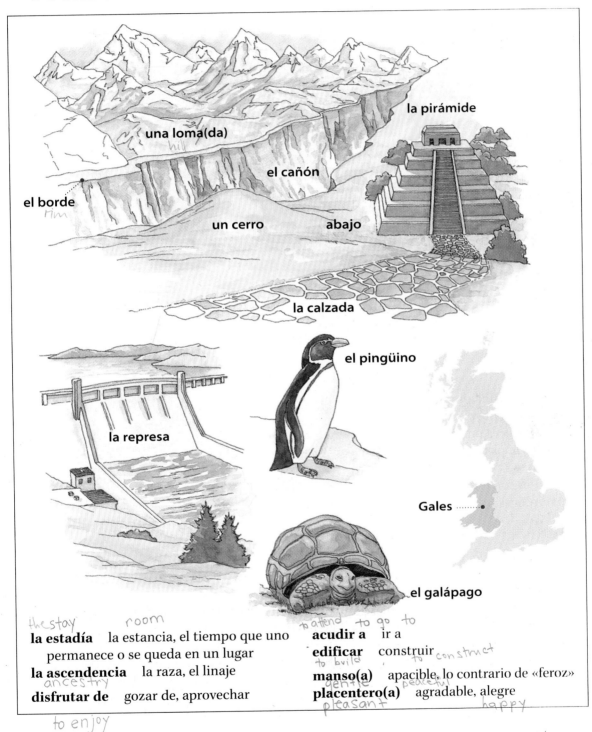

una loma(da) *hill*

la pirámide

el cañón

el borde *rim*

un cerro

abajo

la calzada

el pingüino

la represa

Gales

el galápago

la estadía *the stay* *room* la estancia, el tiempo que uno permanece o se queda en un lugar

la ascendencia la raza, el linaje *ancestry*

disfrutar de gozar de, aprovechar *to enjoy*

acudir a *to attend* *to go to* ir a

edificar construir *to build* *to construct*

manso(a) *gentle* apacible, lo contrario de «feroz» *peaceful*

placentero(a) *pleasant* agradable, alegre *happy*

CULTURA

tres 3

Práctica

A La geografía Contesten según el dibujo.

1. ¿Es estrecha o ancha la loma(da)?
2. ¿Está entre dos cerros la loma(da)?
3. ¿Está la fortaleza al borde de un cañón?
4. ¿El río corre bajo la loma?

B ¿Verdad o no? ¿Sí o no?

1. Los lados de una pirámide son rectangulares.
2. Gales es una provincia de Francia.
3. Una calzada es un tipo de camino o carretera.
4. Los pingüinos tienen alas y son excelentes nadadores.
5. El galápago es una tortuga de mar.
6. Los tigres son animales mansos.
7. La represa es un lugar donde se detiene o se contiene el agua.

C Las definiciones Expresen de otra manera.

1. Está *a la orilla* del precipicio.
2. Está en *una colina alta.*
3. Ellos van a *gozar de* sus vacaciones en la playa.
4. Mucha gente *va a* la orilla del mar en el verano.
5. *Han construido* muchos hoteles a todo lo largo de la Costa del Sol en el sur de España.
6. Van a pasar unos días *agradables* en Marbella, en la Costa del Sol.
7. Él es de *raza* india.

El turismo

El verano es la estación en que muchos individuos toman sus vacaciones. A muchos veraneantes les gusta pasar un par de días o semanas en una playa a orillas del mar para volver a casa bronceados y descansados. ¿Qué dices? ¿Te gustaría pasar tus vacaciones en un balneario fantástico? Pues, hay muchas posibilidades en el mundo hispano.

A todo lo largo de las costas de España y de México hay playas fantásticas a las cuales acuden miles de turistas cada año.

Rincón, en el Canal de la Mona en la costa occidental de Puerto Rico, es un paraíso para los «surfers». Y si piensas en Punta del Este, Mar del Plata o Viña del Mar, no olvides de planear tus vacaciones para diciembre, enero o febrero, cuando estos lugares disfrutan del verano.

¿Te interesa la arqueología? Entonces, ¿por qué no vas a Machu Picchu en el Perú, a Tikal en Guatemala o a Copán en Honduras? En Machu Picchu están las famosas ruinas de una ciudad incaica descubiertas por el senador estadounidense Hiram Bingham en 1911. Machu Picchu se

Playa de Acapulco

Machu Picchu, Perú

patios, baños, mercados, plazas, calzadas (carreteras) y represas—todo en medio de una jungla de densa vegetación.

Si eres naturalista, es posible que te interese visitar la península Valdés, cerca de Puerto Madryn, en la Argentina. Pero cuidado con los elefantes marinos que se crían aquí. Estas criaturas inmensas son bastante tranquilas mientras no se les bloquee el acceso al mar. No muy lejos de la península Valdés está Punta Tombo, el criadero más grande del mundo de pingüinos magallánicos. ¿Sabes cómo recibieron su nombre estas aves adorables? Pues, «pingüino» viene del galés «pengwyn». La palabra significa «cabeza blanca». Es el nombre que se les dio en el siglo XVI, cuando un miembro de una expedición inglesa vio un pingüino por primera vez en Puerto Deseado, cerca de Punta Tombo. En toda esta región de la Patagonia argentina siguen viviendo muchos galeses.

halla a unos 2.300 metros sobre el nivel del mar. Las maravillosas y misteriosas ruinas están situadas en una lomada estrecha entre dos cerros, al borde del cañón de Urubamba por cuyo fondo, 400 metros más abajo, serpentea el río del mismo nombre. No sabemos quiénes edificaron y habitaron esta ciudad aunque sin duda era gente de raza incaica. Sin embargo, hay varias teorías: pudo haber sido una fortaleza militar, un santuario religioso o una escuela para la nobleza.

Las ruinas de Tikal están situadas en medio de una vasta jungla tropical del Petén, en Guatemala. Estas famosas ruinas mayas son muy misteriosas porque nadie sabe de dónde ni cuándo vinieron los mayas, y tampoco se sabe cómo ni por qué desaparecieron. Pero en Tikal construyeron pirámides de hasta 20 pisos de altura. Construyeron también magníficos palacios,

Punta Tombo, Península Valdés, Patagonia, Argentina

Comprensión

A ¿Qué dices? Contesten personalmente.

1. ¿Te gustaría pasar unos días en una playa o balneario?
2. O, ¿preferirías ir a las montañas?
3. ¿Prefieres las vacaciones de verano o de invierno?
4. ¿Te interesaría visitar un sitio arqueológico?

★ B Machu Picchu Contesten.

1. ¿En qué país está Machu Picchu?
2. ¿Qué hay en Machu Picchu?
3. ¿Quién las descubrió?
4. ¿Cuándo las descubrió?

5. ¿Dónde está situada Machu Picchu?
6. ¿A qué altura está?
7. ¿Para qué servía la ciudad?
8. ¿Qué pudo haber sido?

C Tikal Corrijan las oraciones falsas.

1. Las ruinas de Tikal están en el Perú.
2. Las ruinas de Tikal están en las montañas.

3. Las ruinas de Tikal son de los incas.
4. En la jungla tropical hay muchas piedras y rocas.

D La Patagonia ¿Sí o no?

1. La península Valdés está en la Patagonia argentina.
2. Los elefantes marinos son pequeños.
3. Los elefantes marinos son siempre feroces.
4. Los elefantes marinos se quedan siempre en el mar.
5. Los elefantes marinos siempre quieren tener acceso al mar.
6. Los pingüinos tienen cabezas blancas.
7. Los pingüinos son pequeños pero feroces.
8. Muchos galeses viven en la Patagonia.
9. Gales es una parte de Gran Bretaña.

Costa Brava, España

Actividades comunicativas

A Las vacaciones Imagínese que Ud. está pasando sus vacaciones en la Costa Brava de España. Ud. acaba de comprar una tarjeta postal. Escríbasela a un(a) buen(a) amigo(a) diciéndole todo lo que Ud. está haciendo.

B Las ruinas mayas Copán, Honduras y Mérida, en la península de Yucatán de México, son lugares que también tienen ruinas magníficas de los misteriosos mayas. Busque información en una enciclopedia o en el Internet sobre estos sitios arqueológicos de fama mundial. Prepare un informe escrito sobre uno de estos lugares.

Conversación

Vocabulario

super highway

la autopista

una tormenta
una tempestad

el embotellamiento

traffic jam

LA TERMINAL

la terminal

TAXI

TAXI

la parada de taxis

el taxímetro

ESTACIÓN DE ATOCHA

train station in Madrid

El viajero tiene prisa.
Se da prisa.
Va a perder el tren.

hurries

pronosticar   predecir el futuro
deducir   restar algo
reembolsar   devolver el dinero pagado

reimbursment

el monto   la suma, el total
el retraso   acción de llegar tarde, la tardanza
la demora   el retraso

⊰Práctica⊱

A HISTORIETA ¿Qué pasa?

Contesten según el dibujo.

1. ¿Tiene prisa este señor?
2. ¿Adónde fue?
3. ¿Cómo fue?
4. ¿Ya salió el tren?
5. ¿Perdió el tren?
6. ¿Había un embotellamiento en la autopista?
7. ¿Había una tormenta o hacía buen tiempo?

B Otra palabra ¿Cúal es la palabra?

1. una fila larga de coches
2. un lugar donde se puede encontrar un taxi
3. la suma
4. una tempestad con viento y lluvia
5. sustraer (restar algo) de una suma
6. hacer un pronóstico
7. un aparato en un taxi que indica el precio del trayecto (recorrido)
8. una llegada con demora
9. devolver dinero

En el aeropuerto

SEÑOR: He perdido mi vuelo a Sevilla. Pasé media hora en un embotellamiento en la autopista.

AGENTE: Pero Ud. no ha perdido su vuelo.

SEÑOR: ¡Qué suerte! ¿No ha salido todavía? ¿Hay un retraso?

AGENTE: No, se ha anulado el vuelo a causa de un problema mecánico.

SEÑOR: ¿Cuándo sale el próximo vuelo?

AGENTE: Hay otro vuelo que debe salir a las trece y veinte, pero están proyectando una demora de dos horas.

SEÑOR: ¿Debido a qué? ¿Otro problema técnico?

AGENTE: No, pero está haciendo muy mal tiempo en Sevilla y habrá demoras a causa del control del tráfico aéreo.

SEÑOR: Creo que voy a tomar el tren. ¿Puede Ud. devolverme lo que pagué por el billete?

AGENTE: Sí, ¡cómo no! ¿Ud. lo puso en una tarjeta de crédito?

SEÑOR: Sí.

AGENTE: Entonces le daré una ficha de reembolso y el monto será deducido de su cuenta.

SEÑOR: Gracias, pero tengo mucha prisa. Mi agente de viajes lo hará.

AGENTE: De acuerdo.

SEÑOR: ¿Dónde puedo encontrar un taxi?

AGENTE: Al salir de la terminal, Ud. verá a mano izquierda una parada de taxis.

anular = to anul

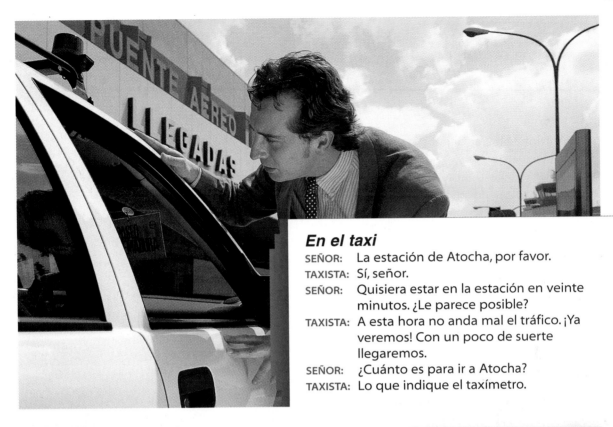

En el taxi

SEÑOR: La estación de Atocha, por favor.

TAXISTA: Sí, señor.

SEÑOR: Quisiera estar en la estación en veinte minutos. ¿Le parece posible?

TAXISTA: A esta hora no anda mal el tráfico. ¡Ya veremos! Con un poco de suerte llegaremos.

SEÑOR: ¿Cuánto es para ir a Atocha?

TAXISTA: Lo que indique el taxímetro.

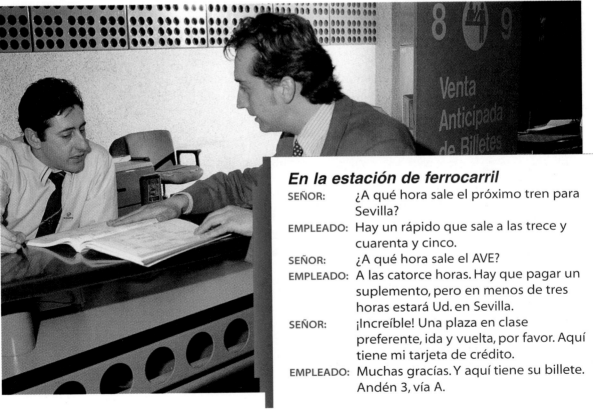

En la estación de ferrocarril

SEÑOR: ¿A qué hora sale el próximo tren para Sevilla?

EMPLEADO: Hay un rápido que sale a las trece y cuarenta y cinco.

SEÑOR: ¿A qué hora sale el AVE?

EMPLEADO: A las catorce horas. Hay que pagar un suplemento, pero en menos de tres horas estará Ud. en Sevilla.

SEÑOR: ¡Increíble! Una plaza en clase preferente, ida y vuelta, por favor. Aquí tiene mi tarjeta de crédito.

EMPLEADO: Muchas gracias. Y aquí tiene su billete. Andén 3, vía A.

Comprensión

A HISTORIETA El viajero

Contesten.

1. ¿Adónde iba el viajero?
2. ¿Qué perdió?
3. ¿Por qué llegó tarde al aeropuerto?
4. ¿Ya había salido su vuelo?
5. ¿Por qué fue anulado el vuelo?
6. ¿Por qué saldrá con una demora el próximo vuelo?
7. ¿Qué va a tomar el señor?
8. ¿Le puede reembolsar el agente el dinero que pagó por su billete?
9. ¿Qué le dará el agente?
10. ¿Por qué irá el señor a su agencia de viajes?
11. ¿Cómo quiere ir a la estación de ferrocarril?
12. ¿Dónde puede encontrar un taxi?

El aeropuerto de Barajas, Madrid, España

B HISTORIETA A la estación de ferrocarril

Contesten.

1. ¿A qué estación va el pasajero?
2. ¿Cuándo quiere llegar a la estación?
3. ¿Es posible?
4. ¿Por qué?
5. ¿Cuál es la tarifa desde el aeropuerto de Barajas hasta la estación de Atocha?

C El tren   Completen.

1. El próximo tren para Sevilla sale a las ___.
2. Es un ___.
3. El AVE sale a las ___.
4. Llega a Sevilla ___.
5. El pasajero toma ___.
6. El tren sale del ___.
7. Hay que pagar ___.
8. El señor paga con ___.

El AVE

Actividades comunicativas

A  **De viaje a Madrid**   Ud. va de Nueva York a Madrid. Está en el mostrador de la línea aérea. Trabaje con un(a) compañero(a) de clase. Uno(a) de Uds. tomará (hará) el papel del/de la pasajero(a), y el/la otro(a) tomará el papel del/de la agente de la compañía aérea. Preparen una conversación. Si por casualidad Uds. han olvidado algunas palabras, aquí tienen las palabras que ya han aprendido y que necesitarán para su conversación.

> **el boleto, la tarjeta de embarque, el talón, la sección de no fumar, el equipaje de mano, el número del asiento, el pasaporte, el destino, la puerta de salida, el equipaje, facturar, la aduana, el reclamo de equipaje**

B **A Sevilla**   Ud. va de Madrid a Sevilla. Está en la estación de ferrocarril en Madrid. Trabaje con un(a) compañero(a) de clase. Preparen una conversación en la estación de ferrocarril. Aquí tienen algunas de las palabras que necesitarán.

> **la ventanilla, la sala de espera, el maletero, el billete sencillo, el billete de ida y vuelta, el andén, el vagón, la litera, el coche-cama, el coche-comedor, transbordar**

C **El hotel**   Ud. ha llegado a su hotel en Sevilla. Trabaje con un(a) compañero(a) de clase. Uno(a) de Uds. será el/la cliente. El/La otro(a) será el/la recepcionista. Preparen una conversación. Aquí tienen una lista de las palabras que ya han aprendido y que posiblemente necesitarán.

> **la ficha, el ascensor, el botones, la llave, un cuarto sencillo (doble), la caja, la cuenta, el monto, la ducha, los gastos, la cama, el balcón, el baño, el aire acondicionado, el televisor**

El patio de un hotel, Sevilla, España

Lenguaje
De viaje

Cuando alguien sale de viaje, Ud. le puede decir:

¡Buen viaje!

Cuando Ud. está de vacaciones o cuando viaja, es necesario informarse (enterarse) de muchas cosas. Hay que saber dónde, cuándo y a qué hora algo tendrá lugar. Si quiere pedirle información a alguien, para ser cortés, puede comenzar su pregunta diciendo:

Perdón.
Perdóneme, pero…
Perdón. ¿Podría decirme…
Perdón. ¿Puede Ud. decirme…
   dónde está el correo?
   cuándo será el concierto?
   a qué hora sale el tren para Sevilla?

Perdóneme, pero…

Si Ud. quiere saber cómo debe hacer algo, puede preguntar:

¿Qué hago para llamar a los Estados Unidos?
¿Qué debo hacer para llamar a los Estados Unidos?

Antes de comprar algo, es necesario saber el precio. Si Ud. compra mercancías, puede preguntar:

¿Cuál es el precio de esta camisa?
¿Cuánto cuesta?
¿Cuánto es esta canasta?

Si Ud. quiere comprar comida (alimentos), puede preguntar:

¿A cuánto están las manzanas?
¿A cómo es la salchicha?

Si alguien le hace una pregunta y Ud. no la sabe contestar, puede decir:

Lo siento mucho pero…
   no soy de aquí.
   no sé.
   no tengo idea.
   no le puedo ayudar.

Actividad comunicativa

A **Pidiendo información** Imagínese que Ud. está de viaje en España y se encuentra en las siguientes situaciones. Trabaje con un(a) compañero(a) de clase.

1. Ud. va a tomar un vuelo de Madrid a Tenerife en las Canarias. Vaya a una agencia de viajes y pídale al/a la agente toda la información que necesita.
2. Ud. va a tomar el tren de Madrid a Sevilla. Vaya a la estación de ferrocarril, pida la información que necesita y compre un billete.
3. Ud. quiere tomar un taxi de Barajas, el aeropuerto de Madrid, al centro de la ciudad. Hable con el/la agente de información y con el taxista.
4. Ud. llega a un hotel en Tenerife. Pida la información necesaria para conseguir una buena habitación.
5. Su cantante favorita está en Madrid. Ud. quiere ir al concierto. Hágale al/a la recepcionista del hotel todas las preguntas necesarias para poder ir al concierto.

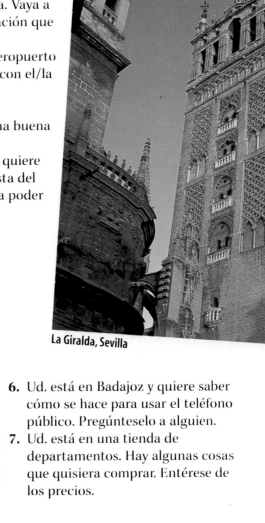

La Giralda, Sevilla

6. Ud. está en Badajoz y quiere saber cómo se hace para usar el teléfono público. Pregúnteselo a alguien.
7. Ud. está en una tienda de departamentos. Hay algunas cosas que quisiera comprar. Entérese de los precios.

Repaso de estructura

Completed past actions
El pretérito

1. The preterite is used to state actions that began and ended sometime in the past. To form the root for the preterite, drop the infinitive ending of the verb. Add the corresponding endings to these roots.

hablar	habl-ar	habl-
comer	com-er	com-
vivir	viv-ir	viv-

2. Review the following forms.

INFINITIVE	hablar	comer	vivir
yo	hablé	comí	viví
tú	hablaste	comiste	viviste
él, ella, Ud.	habló	comió	vivió
nosotros(as)	hablamos	comimos	vivimos
vosotros(as)	hablasteis	comisteis	vivisteis
ellos, ellas, Uds.	hablaron	comieron	vivieron

cenar

3. Some frequently used time expressions that accompany past actions in the preterite are:

ayer	el año (mes) pasado
anoche	la semana pasada
ayer por la tarde	hace una semana (un año)
ayer por la mañana	

4. Note the similarity in the preterite of the verbs **dar** and **ver** and the special spelling of the **yo** form of the preterite of verbs that end in **-car, -gar, -zar.**

INFINITIVE	buscar	jugar	empezar
yo	busqué	jugué	empecé
tú	buscaste	jugaste	empezaste
él, ella, Ud.	buscó	jugó	empezó
nosotros(as)	buscamos	jugamos	empezamos
vosotros(as)	buscasteis	jugasteis	empezasteis
ellos, ellas, Uds.	buscaron	jugaron	empezaron

dar	ver
di	vi
diste	viste
dio	vio
dimos	vimos
disteis	visteis
dieron	vieron

✦Práctica✦

A **El verano** Contesten.

1. ¿Pasaste el fin de semana en la playa?
2. ¿Nadaste?
3. ¿Esquiaste en el agua?
4. ¿Usaste crema protectora?
5. ¿Comiste en un restaurante a orillas del mar?
6. ¿Comiste solo(a) o con algunos amigos?

7. ¿Comieron mariscos?
8. ¿Qué comieron?
9. ¿Quién pagó la cuenta?
10. ¿Dejaron Uds. una propina para el mesero?
11. ¿A qué hora salieron del restaurante?
12. ¿A qué hora volviste a casa?
13. ¿Te acostaste en seguida?
14. ¿Te dormiste en seguida?

B **HISTORIETA** **Un concierto**

Completen con el pretérito.

1 —Anita, ¿tú ___ (salir) anoche?
2 —Sí ___ (oír) cantar a Ricky Martin.
3 —¿Él ___ (dar) un concierto?
—Sí, en el estadio municipal.
4 —¿Qué tal te ___ (gustar)?
5 —Mucho. Como siempre, él ___ (cantar) muy bien.
6 —¿Quién más ___ (asistir)? ¿Maripaz?
7 —Maripaz, no. Pilar me ___ (acompañar).
8 —¿A qué hora ___ (empezar) el concierto?
9 —___ (Empezar) a las ocho y media y nosotras no ___ (salir) del concierto hasta las once menos cuarto.
10 —¿A qué hora ___ (volver) Uds. a casa?
11 —___ (Volver) a eso de las once y cuarto.
12 —Dime, ¿cuánto les ___ (costar) las entradas?
—Mil pesos cada una.
13 —Yo quería ir al concierto. ¿Por qué no me ___ (invitar)?
14 —Yo te ___ (llamar) la semana pasada antes de comprar las entradas pero no ___ (contestar) nadie.
15 —Entiendo. Si me ___ (llamar) el viernes por la noche, (yo) no ___ (contestar) porque todos nosotros ___ (salir) para el fin de semana.

Ricky Martin, un cantante puertorriqueño

C **Vimos a Ricky Martin.** Escriba de nuevo la conversación de la Práctica B en forma narrativa.

D **¿Quién jugó? Yo jugué.** Escriban el siguiente párrafo cambiando **nosotros** en **yo.**

Anoche nosotros llegamos al parque. Buscamos a unos amigos y empezamos a jugar al fútbol. Jugamos bien. Lanzamos el balón y marcamos tres tantos en quince minutos.

More completed past actions
Pretérito de los verbos de cambio radical

1. The verbs **sentir, preferir,** and **sugerir** have a stem change in the preterite. In the third person singular forms (**él, ella**) and plural forms (**ellos, ellas**), the **e** changes to **i**. The **o** of the verbs **dormir** and **morir** changes to **u** in the third person singular and plural forms. Review the following.

preferir	dormir
preferí	dormí
preferiste	dormiste
prefirió	durmió
preferimos	dormimos
preferisteis	*dormisteis*
prefirieron	durmieron

2. The stem of the verbs **pedir, servir, freír, medir, repetir, seguir,** and **sonreír** also changes from **e** to **i** in the third person singular and plural forms.

pedir	servir
pedí	serví
pediste	serviste
pidió	sirvió
pedimos	servimos
pedisteis	*servisteis*
pidieron	sirvieron

Restaurante **EL MERO**

ESPECIALIDADES: Pescaito Frito
Dorada a la Sal
Variada de Marisco
Cazuela de arroz Marinera
Carnes

-10%

☎ 44 07 52

Práctica

A. HISTORIETA ¿Qué pediste en el restaurante?

Contesten según se indica.

1. ¿Qué pediste anoche cuando fuiste al restaurante? (mariscos en salsa verde)
2. ¿Y qué pidieron tus amigos? (una combinación de biftec y langosta)
3. ¿Qué prefirieron, el biftec o la langosta? (la langosta)
4. ¿Con qué sirvieron el biftec y la langosta? (tostones, arroz y frijoles)
5. Después, ¿pidieron Uds. un postre? (sí)
6. Y tú, ¿qué pediste? (flan)
7. ¿Te gustó? (mucho)
8. ¿Te mediste la cintura *(waist)* después de comer todo eso? (no)
9. No guardaste tu régimen, ¿verdad? (es verdad)

B HISTORIETA Un problema en el restaurante

Completen.

—¡Oiga, camarero!

—Sí, señor.

—Perdón, pero yo ___ (pedir) una langosta y Ud. me ___ (servir) camarones.

—Lo siento, señor. Pero la verdad es que yo le ___ (sugerir) la langosta y Ud. ___ (pedir) los camarones.

—De ninguna manera. Yo sé lo que ___ (pedir).

—Y yo también sé lo que Ud. ___ (pedir).

—Y además yo le ___ (pedir) un puré de papas y Ud. me ___ (servir) arroz.

—Es imposible, señor. No tenemos puré de papas. Yo sé exactamente lo que Ud. ___ (pedir), señor. Además yo le ___ (repetir) la orden y Ud. no ___ (decir) nada.

—Lo siento, pero lo que Ud. ___ (repetir) no es lo que me ___ (servir).

—Señor, al fin y al cabo, no hay problema. Si Ud. quiere una langosta, se la puedo servir con mucho gusto. Pero el puré de papas no se lo puedo servir, porque no lo tenemos. Lo siento mucho.

More completed past actions
Pretérito de los verbos irregulares

A number of frequently used verbs are irregular in the preterite. Many of these verbs can be grouped together because they have irregularities in common. Review the following forms.

andar	tener	estar
anduve	tuve	estuve
anduviste	tuviste	estuviste
anduvo	tuvo	estuvo
anduvimos	tuvimos	estuvimos
anduvisteis	*tuvisteis*	*estuvisteis*
anduvieron	tuvieron	estuvieron

decir	traer	conducir
dije	traje	conduje
dijiste	trajiste	condujiste
dijo	trajo	condujo
dijimos	trajimos	condujimos
dijisteis	*trajisteis*	*condujisteis*
dijeron	trajeron	condujeron

poner	poder	saber	querer	venir	ir, ser
puse	pude	supe	quise	vine	fui
pusiste	pudiste	supiste	quisiste	viniste	fuiste
puso	pudo	supo	quiso	vino	fue
pusimos	pudimos	supimos	quisimos	vinimos	fuimos
pusisteis	*pudisteis*	*supisteis*	*quisisteis*	*vinisteis*	*fuisteis*
pusieron	pudieron	supieron	quisieron	vinieron	fueron

A HISTORIETA El viaje que hice

Contesten.

1. ¿Hiciste un viaje el año pasado?
2. ¿Adónde fuiste?
3. ¿Pusiste las maletas en la maletera del carro?
4. ¿Con quién(es) hiciste el viaje?
5. ¿Quién condujo el carro?
6. ¿Trajeron mucho equipaje?

B HISTORIETA Él fue al mercado.

Cambien en el pretérito.

1. Felipe va al mercado en Toluca.
2. En el mercado ve a algunos amigos.
3. Ellos vienen en carro.
4. En el mercado van de un puesto a otro.
5. Andan por todo el mercado.
6. Felipe hace muchas compras.
7. Él pone sus compras en una canasta grande.
8. Sus amigos lo llevan a casa.
9. Ponen sus compras en la maletera del carro.

Un mercado en México

C HISTORIETA ¿Qué hiciste anoche?

Completen.

—Carmen, ¿qué ___ (hacer) tú anoche?
—Pues, Manolo ___ (venir) a mi casa y después nosotros ___ (ir) a El Corte Inglés.
—¿ ___ (Ir) Uds. en coche?
—No, mi padre no ___ (querer) darme el coche. Así nosotros ___ (tener) que tomar el metro.

D A la tienda de departamentos Contesten según la conversación.

1. ¿Qué hizo Carmen anoche?
2. ¿Quién vino a su casa?
3. ¿Adónde fueron los dos?
4. ¿Cómo fueron?
5. ¿Por qué no pudieron ir en coche?

Periodismo
San Ángel

Una tienda en San Ángel

La Catedral Nacional, México D.F., México

Introducción

Aun las grandes ciudades tienen sus lugares tranquilos donde los habitantes o los turistas pueden escaparse del movimiento y de la actividad de la gran metrópoli. Hasta la Ciudad de México, la ciudad más grande del mundo con más de 22 millones de habitantes, tiene lugares apacibles y agradables. La Ciudad de México es una ciudad muy cosmopolita. Tiene un barrio comercial, Insurgentes; una zona colonial, el Zócalo; un gran bulevar como los de París o Buenos Aires, la Reforma; y un parque fabuloso, el Bosque de Chapultepec. Muy cerca de la Ciudad de México, o como dicen los mexicanos del «Distrito Federal», en Teotihuacán, se encuentran las famosas pirámides del Sol y de la Luna.

Desde el centro de la ciudad se pueden ver los dos volcanes Ixtaccíhuatl y Popocatépetl que están a unos 60 kilómetros de la ciudad. Pero, desgraciadamente no se ven todos los días debido a que la bellísima Ciudad de México sufre de una grave contaminación del aire. Es una de las ciudades más contaminadas del mundo y no es raro ver a la gente llevando máscaras por las calles.

San Ángel es una colonia (un barrio) del Distrito Federal. Es un oasis de tranquilidad en esta gran metrópoli. En San Ángel hay un mercado especial que se llama el Bazar Sábado. Vamos a ver por qué se llama así en el artículo que vamos a leer.

Este artículo apareció en *Places*, una revista que se distribuye gratuitamente a los turistas que visitan a México. México es el país latinoamericano que recibe a más turistas anualmente.

Vocabulario

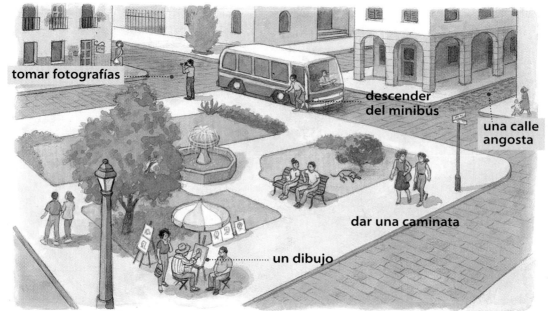

tomar fotografías

descender del minibús

una calle angosta

dar una caminata

un dibujo

El dibujante está dibujando.
Es una caricatura.

unas miniaturas de aves

la vendedora

el vendedor

una blusa bordada

unas golosinas

un prendedor

unos juguetes de madera

unos dulces

una pulsera

un arete

el bazar

el lugar   el sitio

los comensales   los que comen en la misma mesa

el trayecto   la distancia entre dos lugares

ubicado(a)   situado(a)

disfrutar (de)   pasarlo bien, divertirse

confeccionar   hacer, fabricar

⟡Práctica⟡

A **Los turistas** Contesten.

1. ¿Descienden los turistas del minibús en la esquina?
2. ¿Dan una caminata por la plaza?
3. ¿Toman fotografías de la plaza?
4. ¿Salen muchas calles angostas de la plaza?
5. ¿Hay un bazar en la plaza?
6. ¿Es un bazar de antigüedades?
7. ¿Hay muchos vendedores en el bazar?
8. ¿Qué venden?

B **¿Qué compra el turista?** Contesten según el dibujo.

1.

2.

3.

4.

5.

6.

C **¿Qué hacen?** Expresen de otra manera.

1. Están *haciendo* blusas bordadas.
2. El bazar está *situado* en el jardín.
3. Vamos a *pasarlo bien durante* nuestras vacaciones.
4. *Los que están comiendo juntos* están probando varios platillos combinados de comida mexicana.
5. Es un *sitio* muy atractivo y acogedor.
6. Es un *recorrido* corto en el metro.
7. (*Se*) *bajan* del autobús.

D **¿Qué es?** Identifiquen.

jewelry toy   food   clothes handicraft work of art

joya juguete comida ropa artesanía obra de arte

1. unos aretes
2. un balón
3. unas golosinas
4. un dibujo
5. unos dulces
6. una blusa bordada
7. un prendedor
8. una pulsera
9. una miniatura
10. una acuarela

SAN ÁNGEL
un oasis capitalino

Para el Distrito Federal–con más de 22 millones de habitantes en la capital y el área metropolitana–siempre resulta reconfortable saber que quedan algunos lugares donde se puede disfrutar de apacibles[1] horas en un ambiente que invita a realizar una saludable[2] caminata, tomar fotografías, visitar algún bazar de antigüedades o simplemente observar las angostas calles cubiertas de empedrados[3] y las añejas[4] casas de estilo colonial.

Este lugar se llama San Ángel, al sur de la Ciudad de México.

En San Ángel se puede afirmar que habita la tranquilidad de domingo a viernes desde hace muchos años. Los sábados, hay un cambio repentino[5] desde las primeras horas de la mañana, cuando decenas de vendedores de artesanías y pintores se congregan en lo que es el jardín principal.

En este lugar existe uno de los más completos centros artesanales con productos traídos desde diversos lugares del país; se llama Bazar Sábado, ubicado en el número 11 de la plaza de San Jacinto.

Curiosamente, sólo abre sus puertas una vez a la semana: el día sábado. En ese día cientos de capitalinos y turistas llegan para comprar faldas y blusas bordadas tejidas en Oaxaca o Chiapas; objetos de piedra de ónix, cerámica de Jalisco; lámparas, aretes, pulseras y prendedores

hechos por artesanos que allí mismo los confeccionan; juguetes de madera así como dulces y golosinas.

En el patio central existe un restaurante que ofrece variados platillos de la cocina mexicana mientras los comensales pueden escuchar diversos grupos musicales folklóricos.

Pero en San Ángel hay más por visitar: en el jardín principal también ese día se reúnen decenas de pintores y escultores que ofrecen sus obras producidas a lo largo de la semana. Lo mismo puede encontrar paisajes de Taxco, Guerrero, como de San Miguel de Allende, Guanajuato, que pinturas con paisajes del volcán Popocatépetl o la montaña Ixtaccíhuatl, cuadros de estampas[6] típicas, etc.

También, otros artistas venden óleos y acuarelas con rostros de indígenas así como miniaturas de aves, flores y diversidad de ornamentos.

Hay dibujantes que en unos minutos le pueden hacer un boceto[7] a lápiz o su caricatura.

Para trasladarse a San Ángel basta tomar un minibús o autobús en la avenida Insurgentes a la altura de la Estación Metro Insurgentes, en dirección sur, que anuncia San Ángel, o simplemente C.U. (Ciudad Universitaria) y en un trayecto de 30 a 35 minutos–dependiendo del tráfico por esa artería–estará frente al Monumento a Obregón. Allí descienda y camine una cuadra hacia la avenida Revolución. De inmediato, usted notará el contraste de esta gigantesca urbe[8] con las empedradas calles del lugar.

ANDRÉS GARCÍA

---

[1] **apacibles** *peaceful*
[2] **saludable** *healthy*
[3] **empedrados** *paved with stones*
[4] **añejas** *antiguas*
[5] **repentino** *sudden*
[6] **estampas** *engravings*
[7] **boceto** *sketch*
[8] **urbe** *ciudad*

Comprensión

A **En el bazar** Contesten.

1. ¿Qué es el Distrito Federal?
2. ¿Dónde está San Ángel?
3. ¿Por qué hay un cambio repentino en el ambiente de San Ángel los sábados?
4. ¿Dónde tiene lugar el Bazar Sábado?
5. ¿Qué compran los turistas y los capitalinos en el Bazar Sábado?
6. ¿Qué venden los pintores y escultores?

B **En México** Den los informes siguientes.

1. el número de habitantes que tiene la Ciudad de México
2. los nombres de algunos estados mexicanos
3. el estado donde se encuentra Taxco
4. el estado donde se encuentra San Miguel de Allende
5. los nombres de dos volcanes

C **En San Ángel** Describan lo siguiente.

1. las calles de San Ángel
2. el Bazar Sábado

San Ángel

Actividades comunicativas

A **En la Ciudad de México** Ud. está en la Ciudad de México y alguien le pregunta cómo ir del centro de la ciudad a San Ángel. Indíquele cómo.

B **Es un lugar tranquilo.** Escoja una ciudad cerca de donde Ud. vive. Descríbala. Indique si dentro de la ciudad hay un lugar tranquilo parecido a San Ángel. Descríbalo. Prepare una lista de lugares que serían de interés para los turistas en esta ciudad.

C **Me gustaría vivir en Sevilla.** Ud. ha aprendido mucho sobre las ciudades de España y de Latinoamérica. Escoja una ciudad española o latinoamericana que le gustaría visitar. En un párrafo, explique por qué.

D **Vamos a Taxco.** Taxco y San Miguel de Allende son dos pueblos fabulosos en México. Vaya Ud. a una agencia de viajes. En un folleto publicitario sobre México, busque información sobre estos dos pueblos. Luego, prepare su propio folleto publicitario sobre estas dos ciudades.

El AVE

Introducción

¿Qué es un ave? Un ave es un pájaro. Y un pájaro vuela. El vuelo indica velocidad, rápidez. En España el A V E son las siglas para el tren de ALTA VELOCIDAD ESPAÑOLA. Es un tren que anda a 250 kilómetros por hora y hasta a 300 en algunos tramos.

He aquí algunos trozos de un artículo sobre el AVE que apareció en la revista española *Tiempo*.

Vocabulario

el aseo

el lavamanos

el inodoro, el retrete

El tren recorre el trayecto Madrid-Sevilla.

apetecer   desear, gustar

el tramo   una parte de un camino o vía

ruidoso(a)   lo contrario de silencioso(a)

Práctica

A   HISTORIETA   En el tren

Completen.

El tren ___1___ el trayecto Madrid-Sevilla a 250 kilómetros por hora. Pero en algunos ___2___ del trayecto puede alcanzar una velocidad hasta de 300 kilómetros por hora. ¿Le ___3___ tomar algo? No hay problema. Puede pasar al coche-cafetería. El tren es tan cómodo que aun los ___4___ tienen aire acondicionado. En el aseo hay un ___5___ y también un ___6___ para lavarse las manos.

AVE: De Madrid a Sevilla en menos de tres horas

CON la inauguración de la Expo el AVE realizó su primer viaje. A 250 kilómetros por hora, el tren de alta velocidad recorre el trayecto Madrid-Sevilla en dos horas y cincuenta minutos.

Los viajeros del AVE pueden realizar el trayecto Madrid-Sevilla en dos horas y cincuenta minutos y elegir, entre otros servicios, cuál de los tres canales de video prefieren o qué tipo de música ambiental les apetece oír durante el viaje.

Cada tren lleva ocho coches y un total de 330 plazas, 39 de la clase club, 78 de la preferente y 213 de turista.

El AVE es muy similar a la segunda generación del TGV francés, el primer tren de alta velocidad del mundo, inaugurado en 1981, y que realizaba el trayecto París-Lyon a 260 kilómetros por hora. El modelo español, sin embargo, ha adoptado un diseño más aerodinámico y utiliza equipos informáticos más parecidos a los de los aviones que a los de los trenes modernos.

El tren de alta velocidad es rápido y poco ruidoso. RENFE cambió su nombre de TAV (Tren de Alta Velocidad) a AVE después de pensarlo mucho, precisamente para que se asociara al tren con la idea de «silencio y poesía».

Los colores del AVE son blanco, gris y azul. El coche-cafetería está diseñado para que los viajeros puedan contemplar el paisaje mientras toman una copa sin agacharse[1] ni un milímetro. Dispone de teléfonos, aseos especialmente acondicionados para niños y de zonas familiares con mesa de juegos…

De cumplirse las previsiones de la Comunidad Europea, en el año 2015 la Red Europa de Alta Velocidad tendrá 30.000 kilómetros y se podrá viajar de Madrid a París, por ejemplo, en menos de ocho horas y a Londres, en diez.

---

[1] **agacharse** *bend*

Comprensión

A El AVE   Contesten.

1. ¿Cuánto tiempo tarda el trayecto Madrid-Sevilla?
2. ¿Qué es el AVE?
3. ¿A qué tren es similar el AVE?
4. ¿Cuáles son algunas diferencias entre el TGV francés y el AVE español?
5. ¿Con qué idea se asocia el nombre del tren?
6. ¿Qué pueden contemplar los pasajeros desde el coche-cafetería?
7. ¿Para quiénes están acondicionados los aseos?

B ¿Dónde dice?   Busquen la información siguiente.

1. el número de canales de video que hay
2. el número de coches que tiene cada tren
3. el total de plazas
4. el número de clases
5. el nombre de cada clase
6. la sigla para la compañía nacional española de ferrocarriles
7. los colores del tren

Actividad comunicativa

A El tren es muy popular   El tren es un medio de transporte importante y popular en España pero no lo es en la mayoría de los países latinoamericanos a causa del terreno. Es difícil construir ferrocarriles por los Andes o las selvas tropicales. Sin embargo, hay algunos trayectos que son sumamente interesantes para los turistas. Búsquelos en un mapa.

PERÚ	Cuzco-Machu Picchu
	Lima-Huancayo-Huancavelica
ECUADOR	Quito-Riobamba
ARGENTINA	Buenos Aires-San Carlos de Bariloche
	Buenos Aires-Mendoza
PANAMÁ	Panamá-Colón
COSTA RICA	San José-Puntarenas
	San José-Limón

El tiempo

Introducción

El tiempo le interesa mucho al viajero porque un día en la playa con cielo claro y sol brillante es una maravilla. En cambio, un día en la playa es un horror cuando el cielo está nublado y hay chubascos. Cuando hace buen tiempo, los aviones salen a tiempo. Cuando hay una tempestad o una nevada, los vuelos salen con demora o se anulan. Por consiguiente, los turistas o viajeros quieren saber el tiempo que hará. Escuchan el pronóstico meteorológico en la radio o en la televisión o lo leen en el periódico.

He aquí, del periódico más importante de Cataluña, *La Vanguardia* de Barcelona, el resumen meteorológico para la región. Y para saber el tiempo en el Caribe tenemos otro pronóstico, del periódico *El Nuevo Día* de San Juan, Puerto Rico.

Un huracán

Vocabulario

Formas de precipitación

un chubasco *a squall*

La lluvia cae en chubascos.

down pour **un aguacero**

Cuando la lluvia cae con mucha fuerza y en grandes cantidades es un aguacero.

storm
un temporal

Los temporales ocurren cuando la lluvia cae en grandes cantidades acompañada de vientos fuertes.
Un temporal puede durar varios días.

hail
el granizo

La lluvia helada puede tomar la forma de granizo.

un huracán

una tormenta, una tempestad

Los temporales muy fuertes son huracanes.

snow storm

una nevada

Cuando la lluvia helada cae del cielo en copos blancos y ligeros hay una nevada.

flakes *light*

despejado y soleado

Durante un día despejado y soleado el
sol brilla y hace muy buen tiempo.

to blow → **soplar**

Los vientos soplan del este a más de
cinco millas por hora.
Los vientos son leves, no son fuertes.

 light   *strong*

pesado (heavy)

Práctica

A **El tiempo**   Completen.

1. El ___ que cayó anoche era del tamaño de bolas de golf. *el granizo*
2. El cielo está ___. No hay ni una nube. *despejado*
3. Lloverá muy poco mañana. Sólo habrá algunos ___ por la tarde.
4. Los ___ ahora llevan nombres de hombres y mujeres. Algunos han causado millones
   de dólares en daños y destrucción. *huracánes*
5. Los vientos de treinta a treinta y cinco millas por hora no son ___. *un chubasco*
6. No salgas ahora. Espera que termine el ___. La calle está como un lago.
   temporal

LA VANGUARDIA *Barcelona, España*

El Tiempo

Cataluña: Durante la jornada[1] de ayer el tiempo en general fue bastante bueno, con predominio de los cielos despejados o casi despejados. Las temperaturas fueron muy agradables y únicamente se registraron algunas ligeras precipitaciones en puntos de los Pirineos. Los vientos aún soplaron algo fuertes en puntos de la zona del litoral[2] catalán.

Y EL TIEMPO EN EL CARIBE

Pronóstico del tiempo para hoy

HOY EN LA ISLA Un clima relativamente seco prevalece sobre el área de Puerto Rico y las Islas Vírgenes. No se anticipa cambio alguno en el presente patrón[3] del tiempo hasta pasado el viernes entrante. El sol sale a las 5:48 a.m. y se ocultará a las 7:03 p.m. Hay luna nueva.

MARÍTIMO Alta presión atmosférica al nordeste de la región. Vientos del este de 10 a 15 millas, más leves en la noche. El oleaje[4] es de cerca de dos pies con marejadas[5] del este de tres a cinco pies.

SAN JUAN Soleado en la mañana y semi-soleado en la tarde con un 20 por ciento de probabilidad de lluvia. Temperatura cerca de 89 grados con vientos del este de 10 a 15 millas por hora.

PONCE Y MAYAGÜEZ En Ponce, mayormente soleado con un 20 por ciento de probabilidad de lluvia en la tarde y de temperatura cerca de 88 grados. En Mayagüez, soleado en la mañana. Parcialmente nublado por la tarde con 40 por ciento de probabilidad de aguaceros o tronadas[6].

TEMPERATURAS
AYER: Máxima 90° Mínima 76°
HOY: Máxima 90° Mínima 76°

ATLANTA
65° MIN. 85° MAX.

BOSTON
57° MIN. 77° MAX.

CHICAGO
56° MIN. 76° MAX.

DALLAS
70° MIN. 91° MAX.

DETROIT
53° MIN. 76° MAX.

HARTFORD
53° MIN. 76° MAX.

¿Va de pesca?
Marea[7] alta: 9:30 a.m. 11:08 p.m.
Marea baja: 5:33 a.m. 3:26 p.m.

---

[1] **jornada** día
[2] **litoral** costa
[3] **patrón** pattern
[4] **oleaje** surf

[5] **marejadas** swells
[6] **tronadas** thunderstorms
[7] **marea** tide

Comprensión

A ¿Cómo estuvo el tiempo? ¿Sí o no?

1. Hizo mal tiempo ayer en Cataluña.
2. Por lo general casi no hubo nubosidad.
3. En algunas partes de las costas de la región, hubo vientos fuertes.
4. No llovió en las montañas.

B El pronóstico para el Caribe Escojan.

1. El tiempo no cambiará antes ___
   a. de esta noche
   b. de mañana
   c. del viernes que viene

2. A las 7:03 de la tarde el sol ___.
   a. saldrá
   b. está de mediodía
   c. se pondrá

3. Comparadas con las de ayer, las temperaturas de hoy son ___.
   a. más bajas
   b. exactamente iguales
   c. un poco más altas

4. Quince millas por hora representa ___.
   a. la fuerza de los vientos
   b. el tamaño de las olas
   c. la temperatura máxima en el mar

5. La ciudad de ___ tendrá la temperatura más alta mañana.
   a. San Juan
   b. Ponce
   c. Mayagüez

6. Es más probable que llueva en ___.
   a. San Juan
   b. Ponce
   c. Mayagüez

7. Hay ___ mareas en un día.
   a. dos
   b. tres
   c. cuatro

8. La ciudad con la temperatura más alta fue ___.
   a. Atlanta
   b. Detroit
   c. Dallas

C · El tiempo y la temperatura   Contesten.

1. ¿De dónde vienen los vientos?
2. ¿A cuántas millas por hora soplan?
3. ¿De dónde vienen las marejadas?
4. ¿Cómo estará el tiempo en San Juan por la mañana?
5. ¿Y por la tarde?
6. ¿Cómo estará el tiempo en Ponce?
7. ¿Cuál es la probabilidad de precipitación?
8. ¿En qué ciudad estará el cielo parcialmente nublado por la tarde?
9. ¿A qué hora está la marea alta?
10. Ayer, ¿cuál fue la temperatura máxima en San Juan? ¿Y la mínima?

Actividades comunicativas

A · Un mapa meteorológico   Estudie el mapa meteorológico un momento. ¿En qué parte de la península preferiría estar Ud. y por qué?

B · Y el tiempo para hoy…   Ud. es el/la meteorólogo(a) de su emisora local de televisión. Prepare Ud. el pronóstico para el día 8 de febrero. Empiece con: «Y ahora, estimado público, el pronóstico del tiempo para mañana, 8 de febrero…»

C · El Alcázar   He aquí los titulares del periódico *El Alcázar*. ¿Cómo estará el tiempo? ¿Qué les pasó a dos montañeros? ¿Dónde?

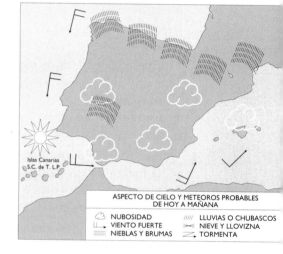

ASPECTO DE CIELO Y METEOROS PROBABLES
DE HOY A MAÑANA

NUBOSIDAD	LLUVIAS O CHUBASCOS
VIENTO FUERTE	NIEVE Y LLOVIZNA
NIEBLAS Y BRUMAS	TORMENTA

D · El pronóstico meteorológico
Lea el pronóstico meteorológico en su periódico local. Imagínese que Ud. tiene que indicarle el tiempo que hará a un(a) amigo(a) que sólo habla español. Dele el pronóstico en español.

EL ALCAZAR

Dos montañeros continúan perdidos en las nieves del Pirineo navarro	Una «gota fría» provoca nevadas y una ola de intenso frío *Las temperaturas subirán a partir de hoy*

E · En el verano hace calor.
Describa el tiempo que hace donde Ud. vive durante cada estación del año: el verano, el otoño, el invierno y la primavera.

Estructura

Discussing what may or may not take place
Formación del subjuntivo

1. The subjunctive mood is used frequently in Spanish to express an action that is desired or hoped for but that is not necessarily real. The indicative mood is used to indicate or express actions that definitely are taking place, did take place, or will take place. Analyze the following sentences.

> **Carlos paga sus gastos personales.**
> **Los padres de Carlos quieren que él pague sus gastos personales.**

The first sentence is an independent statement of fact—*Charles pays his personal expenses.* The second sentence contains a dependent clause—*that Charles pay his personal expenses.* The action expressed in this dependent clause is an action desired but not necessarily real. It is dependent upon, and subordinate to, the verb of the main clause "want." What Charles' parents want may or may not occur. Since it may or may not occur, the verb in the dependent clause must be in the subjunctive mood.

2. To form the present subjunctive drop the **o** ending of the first person singular of the present indicative.

hablo	vendo	recibo	pongo	salgo	conozco
habl-	vend-	recib-	pong-	salg-	conozc-

Then add to this root the endings for the present subjunctive. The vowel of the subjunctive endings is the opposite of the vowel used for the present indicative. Verbs ending in **-ar** take the vowel **e**, and verbs ending in **-er** and **-ir** take the vowel **a**.

INFINITIVE	hablar	vender	recibir	poner	salir	conocer
yo	hable	venda	reciba	ponga	salga	conozca
tú	hables	vendas	recibas	pongas	salgas	conozcas
él, ella, Ud.	hable	venda	reciba	ponga	salga	conozca
nosotros(as)	hablemos	vendamos	recibamos	pongamos	salgamos	conozcamos
vosotros(as)	*habléis*	*vendáis*	*recibáis*	*pongáis*	*salgáis*	*conozcáis*
ellos, ellas, Uds.	hablen	vendan	reciban	pongan	salgan	conozcan

la duda
la voluntad
los expressiones impersonales
la emocion

3. Any verb that has an irregular **yo** form in the present tense of the indicative will maintain that irregularity in all forms of the present subjunctive.

INFINITIVE	present indicative (yo)	present subjunctive
poner	pongo	ponga
traer	traigo	traiga
hacer	hago	haga
tener	tengo	tenga
salir	salgo	salga
venir	vengo	venga
oír	oigo	oiga
decir	digo	diga
conocer	conozco	conozca
conducir	conduzco	conduzca
construir	construyo	construya

4. Some **-ar** and **-er** stem-changing verbs have the same stem change in the subjunctive as in the present indicative.

INFINITIVE	pensar	contar	perder	volver
yo	piense	cuente	pierda	vuelva
tú	pienses	cuentes	pierdas	vuelvas
él, ella, Ud.	piense	cuente	pierda	vuelva
nosotros(as)	pensemos	contemos	perdamos	volvamos
vosotros(as)	*penséis*	*contéis*	*perdáis*	*volváis*
ellos, ellas, Uds.	piensen	cuenten	pierdan	vuelvan

5. The **-ir** stem-changing verbs such as **preferir** and **dormir** have an additional change in the present subjunctive. Note that the **nosotros** and **vosotros** forms of **preferir** have an **i,** and the **nosotros** and **vosotros** forms of **dormir** have a **u.**

preferir	dormir
prefiera	duerma
prefieras	duermas
prefiera	duerma
prefiramos	durmamos
prefiráis	*durmáis*
prefieran	duerman

Costa del Sol

Puerto Marina

6. The **e** of **-ir** stem-changing verbs, such as **pedir** and **servir,** changes to **i** in all forms of the present subjunctive. **Dar, estar, ir, saber,** and **ser** are the only verbs that do not follow the normal pattern for the formation of the present subjunctive.

pedir	servir
pida	sirva
pidas	sirvas
pida	sirva
pidamos	sirvamos
pidáis	*sirváis*
pidan	sirvan

dar	estar	ir	saber	ser
dé	esté	vaya	sepa	sea
des	estés	vayas	sepas	seas
dé	esté	vaya	sepa	sea
demos	estemos	vayamos	sepamos	seamos
deis	*estéis*	*vayáis*	*sepáis*	*seáis*
den	estén	vayan	sepan	sean

jugar → jugue
es

-car → que
es

⟡Práctica⟡

A **Los padres de Graciela** Los padres de Graciela quieren que ella haga muchas cosas. Es probable que ella las haga, pero es también posible que ella no las haga. Por consiguiente, es necesario usar el subjuntivo. Sigan el modelo.

> **estudiar**
> **Los padres de Graciela quieren que ella estudie.**

1. estudiar mucho
2. tomar cinco cursos
3. trabajar duro
4. aprender mucho
5. leer mucho
6. comer bien
7. vivir con ellos
8. recibir buenas notas
9. asistir a la universidad
10. tener éxito
11. salir bien en los exámenes
12. decir siempre la verdad
13. tener buenos modales
14. ser cortés
15. conducir el coche con cuidado
16. hacerse rica

B **HISTORIETA** ¿Qué quieren sus amigos?

Sigan el modelo.

> **hacer el viaje**
> **Los amigos de Carlos quieren**
> **que él haga el viaje.**

1. llamar al hotel
2. reservar un cuarto
3. hacer el viaje
4. salir con ellos
5. no conducir
6. tomar el tren
7. ir con ellos

Necessity or possibility
Subjuntivo con expresiones impersonales

1. The subjunctive is used after the following impersonal expressions.

Es posible	**Es bueno**
Es imposible	**Es mejor**
Es probable	**Es fácil**
Es improbable	**Es difícil**
Es importante	**Es necesario**

Es posible que ellos vengan mañana.

Es imposible que lleguen a tiempo.

Es probable que haya mucho tráfico en la carretera.

De todos modos, es necesario que ellos estén aquí a las seis.

2. Note that all of the above expressions take the subjunctive, since the action of the verb in the dependent clause may or may not take place.

❖Práctica❖

A HISTORIETA Posibilidades

Contesten.

1. ¿Es posible que ellos pasen sus vacaciones en Europa?
2. ¿Es probable que ellos viajen en avión de un país a otro?
3. ¿Es posible que viajen por el Mediterráneo en un crucero?
4. ¿Es necesario que siempre tengan su pasaporte?
5. ¿Es importante que lleven cheques de viajero?

B HISTORIETA ¿Es probable?

Sigan el modelo.

> **ir a México**
> **Es probable que él vaya a México.**

1. hacer el viaje en avión
2. pasar unos días en la capital
3. ir a San Ángel
4. ir al Bazar Sábado
5. comprar algunas antigüedades
6. comprar algunos regalos
7. dar los regalos a sus amigos y parientes

Especial Viajes Fin de Curso

UN VIAJE EN BARCO PARA TODOS PUEDE HACEROS GANAR UN VIAJE EN BARCO PARA CADA UNO.

¡EN FIN DE CURSO! DIVERSIÓN DESDE EL PRINCIPIO

TRASMEDITERRANEA

C ¿Es necesario? Sigan el modelo.

tener sus documentos
Es necesario que los turistas tengan sus documentos.

1. hacer una reservación
2. llamar al hotel de antemano
3. tener cheques de viajero
4. cambiar su dinero en el banco
5. viajar en grupo

D HISTORIETA Es probable que nos llamen.

Completen.

1. Es posible que ellos ___ (llegar) mañana.
2. Es posible que ellos ___ (venir) en autobús.
3. ¿Tú lo crees? Es probable que ellos ___ (tener) el carro, ¿no?
4. Pues, yo no sé. Pero es necesario que yo ___ (saber) a qué hora van a llegar.
5. ¿Por qué es tan importante que tú lo ___ (saber)?
6. Pues, es mejor que yo ___ (estar) en casa, ¿no?
7. Pero es difícil que tú ___ (volver) a casa antes de las cuatro de la tarde, ¿no?
8. Sí, es bastante difícil que yo ___ (salir) de la escuela antes de las tres y media.
9. ¿Quieres que yo los ___ (esperar)?

E HISTORIETA El hotel

Contesten.

1. ¿Es posible que el hotel esté completo?
2. ¿Es mejor que yo haga una reservación?
3. Al llegar al hotel, ¿es necesario que nosotros vayamos a la recepción?
4. ¿Es posible que el botones nos ayude con el equipaje?
5. ¿Es raro que los hoteles no acepten tarjetas de crédito?

La Paz, Bolivia

Wishes, preferences, and demands concerning others
Subjuntivo en cláusulas nominales

The subjunctive is also used after the following verbs.

desear	**to desire**
esperar	*to hope*
preferir	*to prefer*
mandar	*to order*
insistir en	*to insist*

Note that the use of the subjunctive is extremely logical in Spanish. Whether one desires, hopes, prefers, demands, or insists that another person do something, one can never be sure that the person will in fact do it. Therefore, the action of the verb in the dependent clause is not necessarily real and the subjunctive must be used.

Los padres de Carlos quieren que él sea serio.
Desean que su hijo tenga éxito.
Esperan que él esté estudiando mucho en la escuela.
Insisten en que él estudie bastante.
De todos modos, ellos prefieren que él pague sus gastos personales.

Práctica

A HISTORIETA **¿Qué quieres?**

Yo quiero que...

1. Uds. me esperan.
2. Uds. salen conmigo.
3. Todos nosotros vamos juntos a la tienda.
4. Uds. me ayudan a buscar un regalo para Cristina.
5. Uds. no le dicen nada a Cristina.

B HISTORIETA **¿En qué insiste mamá?**

Mamá insiste en que...

1. Nos levantamos temprano.
2. Tomamos un buen desayuno.
3. Salimos a tiempo.
4. No llegamos tarde a la escuela.
5. Estudiamos y aprendemos.
6. Somos diligentes.

Madrid, España

C HISTORIETA ¿Qué prefiere él?

Él prefiere que...

1. Yo lo espero delante de la escuela.
2. Yo conduzco.
3. Vamos juntos al partido.
4. Nos sentamos en la primera fila.
5. Yo no hablo durante el partido de fútbol.

La Copa mundial

D HISTORIETA ¿Qué espera Julia?

Sigan el modelo.

Su amigo llega a tiempo.
Julia espera que su amigo llegue a tiempo.

1. Su padre le permite usar el carro.
2. Su padre le da permiso para usarlo.
3. El tanque está lleno.
4. Su amigo viene a la casa a tiempo.
5. Ellos tienen las entradas para el partido.
6. Sus amigos llegan temprano al estadio.

E HISTORIETA ¿Al teatro o al cine?

Contesten.

1. ¿Prefieres que vayamos al Teatro Colón o que vayamos al Cine Goya?
2. ¿Quieres que yo compre las entradas?
3. ¿Esperas que queden localidades?
4. ¿Deseas que yo invite a Carmen?
5. ¿Insistirá ella en que nos sentemos en la primera fila?
6. Yo prefiero que comamos después de la función. ¿Qué prefieres tú?
7. ¿Prefieres que lleguemos temprano a casa?
8. ¿Quieres que Carmen vaya al restaurante con nosotros?
9. ¿Prefieres que ella venga a nuestra casa o que yo la vaya a buscar?

F HISTORIETA En el banco

Completen.

—Buenos días, señora. ¿En qué puedo servirle?

—Buenos días. Quiero que Uds. me ___ (dar) dólares por pesos.

—¿Cuántos pesos quiere Ud. cambiar?

—Depende. Espero que el valor del dólar no ___ (estar) muy alto hoy.

—Está a doscientos veinte.

—Espero que no ___ (bajar) mañana.

—Ay, señora, nadie sabe a cómo estará el dólar mañana.

Identifying items
Sustantivos masculinos que terminan en a

There are several nouns in Spanish that end in **a** but are masculine. These nouns are derived from Greek roots. They take the definite article **el** and the indefinite article **un.**

el clima	el poema
el día	el programa
el drama	el sistema
el mapa	el telegrama
el planeta	el tema

Note that the noun **la mano** is irregular. Even though **la mano** ends in **o**, it is feminine— **la mano. La foto** is also used as a shortened version of **la fotografía.** The noun **radio** can be either **la radio** or **el radio.** The gender varies according to the country.

Práctica

A **Palabras de origen griego** Completen.

1. Es ___ día estupendo y ___ clima de esta región es estupendo.
2. ___ tema ___ poema es ___ clima de ___ planeta desconocido.
3. En la clase de español los estudiantes estudian ___ mapa de España, ___ mapa de la América del Sur, ___ poemas de Rubén Darío, ___ poeta nicaragüense y ___ dramas de Lope de Vega, el dramaturgo español.
4. ___ tema de este capítulo es el turismo.

B **¡No la toques!** Completen.

1. ¡Nene! No pongas ___ mano en ___ foto.
2. Lo escuchamos en ___ radio.
3. Levanta ___ mano si sabes lo que aparece en ___ foto.

Lope de Vega

La dama boba

Edición de
Diego Marín

CÁTEDRA
Letras Hispánicas

Identifying more items
Sustantivos femeninos en **a, ha** inicial

Feminine nouns that begin with a stressed **a** or the silent **h** followed by a stressed **a** take the masculine definite article **el** or the indefinite article **un.** The reason such nouns take the articles **el** and **un** is that it would be difficult to pronounce the two vowels—**la a, una a**—together. Since the nouns are feminine, the plural articles **las** and **unas** are used and any adjective modifying the noun is in the feminine form.

el agua	las aguas	*water*
el (un) águila	las águilas	*eagle*
el (un) área	las áreas	*area*
el (un) arma	las armas	*firearm*
el (un) hacha	las hachas	*ax*
el (un) ala	las alas	*wing*
el hambre		*hunger*

❖Práctica❖

A **Los sustantivos** Completen.

1. ___ agua del río es dulce pero ___ agua del mar es salada.
2. ___ área que van a visitar ___ turistas no es peligrosa.
3. ___ águilas beben ___ agua dulce del río pero no beben ___ agua salada del mar.
4. ___ alas grandes de ___ águilas son increíbles. Pero, ¡mira! ¡Qué pena! ___ águila pequeña tiene ___ ala rota.
5. ___ arma que llevan los policías es una pistola.
6. ___ área alrededor de una ciudad se llama un suburbio. ___ áreas suburbanas suelen ser bastante hermosas.

Edificios de apartamentos en un área suburbana de Madrid, España

Literatura
¡Al partir!

de Gertrudis Gómez de Avellaneda

Antes de leer

Hay muchos motivos para viajar. Algunos son muy agradables—como, por ejemplo, pasar una semana de vacaciones en un lugar exótico, un paraíso o edén. Otros motivos son más serios, como los de un viaje de negocios. Y otros pueden ser tristes, como el exilio. Al leer este soneto, Ud. decidirá cuáles son las emociones de la autora.

Vocabulario

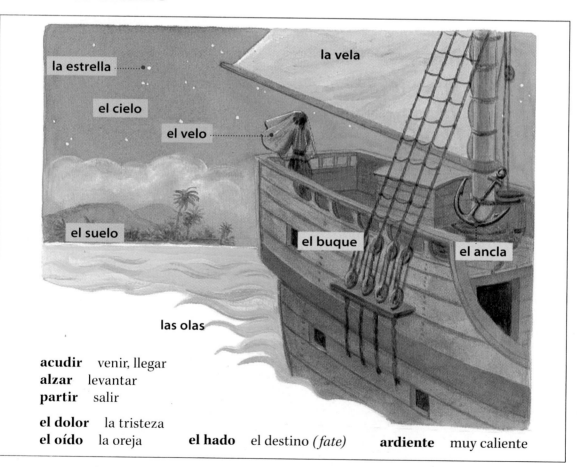

la estrella · · · · · · ·
la vela
el cielo
el velo · · · · · · · · ·
el suelo
el buque
el ancla
las olas

acudir   venir, llegar
alzar   levantar
partir   salir

el dolor   la tristeza
el oído   la oreja   **el hado**   el destino (*fate*)   **ardiente**   muy caliente

Práctica

A **El mar** Completen.

1. El mar tiene ___ y el ___ tiene nubes.
2. Este barco, o buque, tiene ___. No tiene motor.
3. Hay que alzar o levantar el ___ antes de que salga el buque del puerto.
4. Mucha gente ___ al puerto para ver la salida del barco.
5. Las ___ brillan en el ___ de noche.
6. La arena cubre el ___ a lo largo de la costa.

B **Al partir** Escojan.

1. alzar el ancla   a. salir
2. izar las velas   b. la oreja
3. partir   c. levantar las velas
4. el hado   d. acudir
5. el oído   e. el barco
6. ir a   f. levantar ancla
7. el buque   g. el destino
8. el dolor   h. la tristeza

Una vista de la costa de San Juan, Puerto Rico, desde el fuerte de San Jerónimo

LITERATURA

cuarenta y cinco 〜 **45**

Introducción

Gertrudis Gómez de Avellaneda nació en Camagüey, Cuba, en 1814. Empezó a escribir poesía cuando era muy joven. Su padre siempre quiso llevar a la familia a España, su país natal. Pero murió bastante joven y su esposa se casó en segundas nupcias con un coronel español que no quería quedarse a vivir en

Gertrudis Gómez de Avellaneda

las colonias. El día 9 de abril de 1836, Gertrudis se embarcó con su madre y su padrastro en el puerto de Santiago de Cuba con destino a Burdeos, Francia, en una fragata francesa. Aquel día Gertrudis Gómez de Avellaneda compuso el soneto que sigue.

Lectura

¡Al partir!

¡Perla del mar! ¡Estrella de Occidente!
¡Hermosa Cuba! Tu brillante cielo
la noche cubre con su opaco velo
como cubre el dolor mi triste frente.

¡Voy a partir!... La chusma° diligente,
para arrancarme° del nativo suelo
las velas iza°, y pronta a su desvelo°
la brisa acude de tu zona ardiente.

¡Adiós, patria feliz, edén querido!
¡Doquier° que el hado en su furor me impela,
tu dulce nombre halagará° mi oído!

¡Adiós!... ¡Ya cruje° la turgente° vela...
el ancla se alza... el buque, estremecido°,
las olas corta y silencioso vuela!

la chusma	*crew*
arrancarme	*to uproot me*
iza	*hoists*
desvelo	*sleeplessness*
doquier	*wherever*
halagará	*will delight*
cruje	*creak*
turgente	*swollen*
estremecido	*shaken*

El Morro, La Habana, Cuba

~Después de leer~

Comprensión

A **El poema** Contesten.

1. ¿De dónde sale la autora?
2. ¿Cómo se siente?
3. ¿Quién levanta (iza) las velas?
4. ¿A quién le dice «adiós» la autora?
5. ¿Sale de noche o por la mañana?

B **La autora dice que...** ¿Sí o no?

1. La autora dice que Cuba es hermosa.
2. Gertrudis Gómez de Avellaneda está muy contenta con hacer el viaje en buque.
3. El cielo es brillante.
4. Ella sale por la mañana.
5. La tripulación del buque no trabaja bien.
6. La brisa viene de una región muy fría.
7. La autora dice que sabe precisamente adónde va.
8. El buque hace mucho ruido.

El Palacio del Valle, Cienfuegos, Cuba

C **Otra palabra** ¿Cómo lo dice la autora?

1. Tu *claro* cielo
2. ¡Voy a *salir*!
3. La *tripulación* diligente *levanta* las velas para *llevarme* del nativo suelo.
4. La brisa acude de tu zona *cálida*.
5. ¡Adiós, patria feliz, *paraíso*!
6. *Dondequiera* que *el destino* en su *ira (rabia)* me *lleve (empuje)*
7. tu dulce nombre *agradará* mi oído
8. *... el barco*, estremecido, *anda rápido* y *sin ruido navega*

Actividades comunicativas

A **El soneto** En el soneto la autora menciona a Cuba seis veces. ¿Qué términos utiliza para referirse a Cuba?

B **Una carta** Imagínese que Ud. es Gertrudis Gómez de Avellaneda. Escríbale una carta a su mejor amigo(a) describiéndole su salida de Cuba y sus emociones.

El viaje definitivo

de Juan Ramón Jiménez

Antes de leer

La muerte es un tema que a menudo aparece en las letras hispanas. Para muchos, la muerte es un viaje, sea el viaje final o como la llama el poeta Juan Ramón Jiménez, el viaje definitivo.

Vocabulario

la campana   el campanario   el árbol   el pájaro   el rincón   el pozo

irse   salir, partir, marcharse
amar   querer
quedarse   permanecer, no salir

plácido(a)   tranquilo(a)
el rincón   un espacio pequeño
el huerto   un lugar donde cultivan frutas y vegetales

Práctica

A — En el huerto
Contesten según se indica.

1. ¿Dónde cantan los pájaros? (en el huerto)
2. ¿Qué hay en el huerto? (un árbol)
3. ¿Qué más hay? (un pozo)
4. ¿Qué sacan del pozo? (agua)
5. ¿Dónde está el árbol? (en el rincón)
6. ¿Qué tocan? (las campanas)
7. ¿Dónde tocan las campanas? (en el campanario)

B — Se dice así.
Expresen de otra manera.

1. Los pájaros están en *el jardín* y *no salen.*
2. *Permanecen.*
3. El señor *quiere mucho a* los pájaros.
4. En *el jardín* hay un ambiente *muy tranquilo.*

Introducción

Juan Ramón Jiménez nació en Moguer, en la provincia de Huelva, Andalucía, en 1881. Estudió el bachillerato en un colegio jesuita en el Puerto de Santa María, cerca de Cádiz. Más tarde, estudió derecho en la Universidad de Sevilla.

De joven Jiménez no gozó de muy buena salud. Era un niño enfermizo y delicado. Sufrió <u>trastornos</u> nerviosos por lo que estuvo en un sanatorio. Cuando tenía sólo 18 años, fue a Madrid donde escribía en una habitación acorchada[1] porque no quería oír los ruidos de la calle. Vivió también en Nueva York, donde se casó con Zenobia Camprubí, una americana, hija de un español y una puertorriqueña. Durante la Guerra Civil española, Juan Ramón Jiménez se desterró y pasó los últimos 22 años de su vida en los Estados Unidos y Puerto Rico, donde murió en 1958. Dos años antes de su muerte le otorgaron el Premio Nóbel de Literatura por su extraordinaria obra lírica.

Juan Ramón Jiménez

La Plaza Colón, San Juan, Puerto Rico

La poesía lírica de Juan Ramón Jiménez es como lo fue su vida—solitaria, nostálgica y melancólica. Vivía en constante temor de una muerte repentina. «El viaje definitivo» es una imagen de la muerte que algún día vendrá. Al leer el poema, piense en las siguientes preguntas.

Cuando muera el poeta, ¿cambiará el mundo o no? ¿Seguirá igual? ¿Quiénes morirán? ¿Quiénes nacerán?

[1] **acorchada** *lined with cork*

Lectura

El viaje definitivo

I will go   and the birds will remain singing

Y yo me iré. Y se quedarán los pájaros cantando;
y se quedará mi huerto, con su árbol verde,
y con su pozo blanco.
Todas las tardes el cielo será azul y plácido;
y tocarán, como esta tarde están tocando,
las campanas del campanario.
Se morirán los que me amaron
y el pueblo se hará nuevo cada año;
y lejos del bullicio° distinto, sordo°, raro
del domingo cerrado,
del coche de las cinco, de las siestas del baño
en el rincón secreto de mi huerto florido° y encalado°,
mi espíritu errará°, nostálgico.
Y yo me iré y seré otro, sin hogar, sin árbol
verde, sin pozo blanco,
sin cielo azul y plácido...
Y se quedarán los pájaros cantando.

bullicio ruido
sordo *muffled*

florido con flores
encalado pintado de blanco
errará andará como un vagabundo

Después de leer

Comprensión

 A **¿Qué pasará?** Contesten.

1. ¿Quién se irá?
2. ¿Quiénes se quedarán?
3. ¿Qué más se quedará?
4. ¿Qué tiene su huerto?
5. ¿Cómo será el cielo?
6. ¿Cuándo?
7. ¿Qué tocarán?
8. ¿Dónde?
9. ¿Están tocando ahora?
10. ¿Quiénes se morirán?
11. ¿Dónde errará el espíritu del poeta?
12. ¿Adónde irá él?

 B **Símbolos** Expliquen.

1. ¿Por qué se hará nuevo el pueblo?
2. ¿Qué sentimientos evoca este poema lírico?
3. ¿Qué es el viaje definitivo?

 C **Los colores** Contesten.

El poeta usa varios colores en este poema. ¿Cuáles son los colores? ¿Qué describe al usar estos colores?

 D **El poeta** ¿Cómo lo dice el poeta?

1. Yo *saldré*.
2. *Permanecerán* los pájaros cantando.
3. Y se quedará mi *jardín*.
4. Y *cada tarde* el cielo será azul y *tranquilo*.
5. Se morirán los que me *querían*.
6. Mi espíritu *vagará*.
7. Y seré otro, sin *casa*, sin árbol.

Actividades comunicativas

 A **El título** Explique el significado del título del poema.

B **Los críticos** Muchos críticos literarios dicen que en la obra de Juan Ramón Jiménez hay una nota musical unida a un sentimiento melancólico y a elementos visuales de color impresionista. Escriba uno o dos párrafos sobre el arte impresionista. Mire un cuadro de un artista impresionista y luego trate de dibujar lo que Ud. ve al leer el poema «El viaje definitivo».

 C **La muerte** Para Ud., ¿es la muerte un viaje definitivo? ¿Por qué? Trate de explicar su filosofía sobre la muerte.

Temprano y con Sol

Adaptado de Emilia Pardo Bazán

Antes de leer

Hay muchos motivos para viajar. En la mayoría de los casos es simplemente para pasar unos ocho o quince días de vacaciones. A veces es para satisfacer el espíritu aventurero—para ir a un país lejano y desconocido.

En el cuento *Temprano y con Sol* de Emilia Pardo Bazán los dos niños que son los protagonistas del cuento tienen otro motivo. ¡A ver lo que es! Al empezar el cuento los vemos comprando dos billetes en la estación de ferrocarril.

Vocabulario

Es la frontera.
El tren llega a la frontera.
Es un tren directo. Va a cruzar la frontera.
Los pasajeros no tienen que transbordar o
    cambiar de tren.

La niña siempre soñaba con
    viajes largos.
Soñaba con viajes a países
    desconocidos—que no conocía.

la manía   deseo fuerte, una obsesión de
    la imaginación
la criada   la muchacha o señora que hace
    los quehaceres domésticos por un salario
la frontera   línea que separa un país de otro

tonto(a)   loco(a), estúpido(a)
lejano   que está muy lejos, lo contrario de cercano

volver a   hacer una vez más, repetir una cosa
internar   encerrar, retener a una persona en un lugar
avisar   dar noticia de una cosa, advertir
echar a correr escalera abajo   ir a bajar la escalera rápidamente

Práctica

A **En el tren** Contesten según se indica.

1. ¿Hay muchos o pocos pasajeros en el tren? (muchos)
2. ¿Adónde llega el tren? (a la frontera)
3. ¿Es un tren directo? (no)
4. ¿Cruza la frontera el tren? (no)
5. ¿Qué tienen que hacer los pasajeros que quieren cruzar la frontera? (transbordar, es decir tomar otro tren)
6. ¿Quién les avisa que no es un tren directo? (el agente en la estación de ferrocarril)

B **¿Cómo se dice?** Expresen de otra manera.

1. Es un país *que no conocemos.*
2. Es un país *que está lejos de aquí.*
3. La niña siempre *tenía sueños.*
4. Tienen que *cambiar de tren.*
5. Yo sé que lo van *a retener* allí.
6. ¿Quién le va a *dar noticia de la situación*?
7. Él *volvió a decir* la misma cosa.

C **¿Cuál es la palabra?** Completen.

1. Los Pirineos forman una ___ natural entre España y Francia.
2. La niña siempre ___ ___ viajes largos y exóticos.
3. Ella está un poco loca. Tiene muchas ___.
4. Pero no es una condición grave. No la van a ___ en el hospital.
5. La ___ limpia la casa, lava los platos, etc., y la familia le paga un salario.
6. Ellos no subieron la escalera. Corrieron ___ ___.

Los Pirineos

Introducción

Emilia Pardo Bazán (1852–1921), la condesa de Pardo Bazán, es considerada una de las novelistas más importantes de la literatura española. Nació en La Coruña, Galicia, de una familia aristócrata. Fue una mujer culta de gran curiosidad intelectual y talento vigoroso.

Su obra incluye varias novelas psicológicas y regionales. En sus dos novelas regionales, *Los Pazos de Ulloa* y

La madre naturaleza, la autora estudia y describe la decadencia de la aristocracia gallega. Pardo Bazán cultivó el cuento también. Su obra incluye varias colecciones de cuentos y se le considera una maestra de este género literario.

La condesa de Pardo Bazán alcanzó el honor de ser la primera mujer a quien se le dio una cátedra en la Universidad Central.

Lectura

Temprano y con Sol

El empleado que vendía billetes en la oficina de la estación quedó sorprendido al oír una voz infantil que decía:

—¡Dos billetes, de primera clase, para París!...

Miró a una niña de once o doce años, de ojos y pelos negros, con un rico vestido de color y un bonito sombrerillo.° De la mano traía a un niño casi de la misma edad que ella, el cual iba muy bien vestido también. El chico parecía confuso; la niña muy alegre. El empleado sonrió y murmuró paternalmente:

—¿Directo, o a la frontera? A la frontera son ciento cincuenta pesetas, y...

—Aquí está el dinero —contestó la niña, abriendo su bolsa. El empleado volvió a sonreír y dijo:

—No es bastante.

—¡Hay quince duros° y tres pesetas! —exclamó la niña.

—Pero no es suficiente. Si no lo creen, pregunten ustedes a sus papás.

El niño se puso rojo, y la niña, dando una patada° en el suelo, gritó:

—¡Bien... , pues... , dos billetes más baratos!

—¿A una estación más próxima? ¿Escorial; Ávila?...

—¡Ávila, sí... , Ávila!... —respondió la niña.

Vaciló el empleado un momento; luego entregó los dos billetes. Subieron los dos chicos al tren y, al verse dentro del coche, comenzaron a bailar de alegría.

sombrerillo *little hat*

duros *five peseta coins*

dando una patada *stamping*

¿Cómo empezó aquel amor apasionado? Pues comenzó del modo más simple e inocente. Comenzó por la manía de los dos chicos de formar colecciones de sellos.

El papá de Finita y la mamá de Currín, ya enviudados° los dos, apenas se conocían, aunque vivían en el mismo edificio. Currín y Finita, en cambio, se encontraban siempre en la escalera, cuando iban a la escuela.

enviudados *widowed*

Una mañana, al bajar la escalera, Currín notó que Finita llevaba un objeto, un libro rojo, ¡el álbum de sellos! Quería verlo. La colección estaba muy completa y contenía muchos sellos de varios países. Al ver un sello muy raro de la república de Liberia, exclamó Currín:

—¿Me lo das?

—Toma —respondió Finita.

—Gracias, hermosa —contestó Currín.

Finita se puso roja y muy alegre.

—¿Sabes que te he de decir una cosa? —murmuró el chico.

—Anda, dímela.

—Hoy no.

Paris, a principios del siglo XX

Ya era tarde y la criada que acompañaba a Finita la llevó a la escuela. Currín se quedó admirando su sello y pensando en Finita. Currín era un chico de carácter dulce, aficionado a los dramas tristes, a las novelas de aventuras y a la poesía. Soñaba con viajes largos a países desconocidos. Verdad es que, aquella noche, soñó que Finita y él habían hecho una excursión a una tierra lejana.

Al día siguiente, nuevo encuentro en la escalera. Currín tenía unos sellos que iba a dar a Finita. Finita sonrió y se acercó a Currín, con misterio, diciendo:

—Dime lo que me ibas a decir ayer…

—No era nada… .

—¡Cómo nada! —exclamó Finita furiosa. —¡Qué idiota! ¿Nada, eh?

Currín se acercó al oído de la niña y murmuró:

—Sí, era algo… . Quería decirte que eres… ¡muy guapita!

Al decir esto, echó a correr escalera abajo.

Currín escribía versos a Finita y no pensaba en otra cosa más que en ella. Al fin de la semana eran novios.

Cierta tarde creyó el portero del edificio que soñaba. ¿No era aquélla la señorita Finita? ¿Y no era aquél el señorito Currín? ¿Y no subían los dos a un coche que pasaba? ¿A dónde van? ¿Deberé avisar a los padres?

—Oye —decía Finita a Currín, cuando el tren se puso en marcha; —Ávila, ¿cómo es? ¿Muy grande? ¿Bonita, lo mismo que París?

—No —respondió Currín. —Debe de ser un pueblo de pesca.°

—Yo quiero ver París; y también quiero ver las Pirámides de Egipto.

de pesca *fishing*

—Sí… —murmuró Currín, —pero… ¿y el dinero?

—¿El dinero? –contestó Finita. —Eres tonto. ¡Se puede pedir prestado°!

—¿Y a quién?

—¡A cualquier persona!

—¿Y si no nos lo quieren dar?

—Yo tengo mi reloj que empeñar°. Tú también. Y puedo empeñar mi abrigo nuevo. Si escribo a papá, nos enviará dinero.

—Tu papá estará furioso…. ¡No sé qué haremos!

—Pues voy a empeñar mi reloj y tú puedes empeñar el tuyo. ¡Qué bien vamos a divertirnos en Ávila! Me llevarás al café… y al teatro… y al paseo…

Cuando llegaron a Ávila, salieron del tren. La gente salía y los novios no sabían a dónde dirigirse.

—¿Por dónde se va a Ávila? —preguntó Currín a un mozo que no les hizo caso. Por instinto se encaminaron a una puerta, entregaron sus billetes y, cogidos por un solícito agente de hotel, se metieron en el coche, que los llevó al Hotel Inglés.

Entretanto el gobernador de Ávila recibió un telegrama mandando la captura de los dos enamorados. Los fugitivos fueron llevados a Madrid, sin pérdida de tiempo. Finita fue internada en un convento y Currín quedó en una escuela, de donde no fueron permitidos salir en todo el año, ni aun los domingos.

Como consecuencia de aquella tragedia, el papá de Finita y la mamá de Currín tuvieron de conocerse muy bien, y creció su mutua admiración de día en día. Aunque no tenemos noticias exactas, creemos que Finita y Currín llegaron a ser… hermanastros.

pedir prestado *borrow*

empeñar *pawn*

Ávila, a principios del siglo XX

Madrid, a principios del siglo XX

Después de leer

Comprensión

A　**El cuento**　Contesten.

1. ¿Qué compraba la niña? ¿Dónde?
2. ¿Adónde quería ir?
3. ¿Qué no tenía la niña?
4. ¿Para dónde compró el billete?
5. ¿Cómo se pusieron los dos niños cuando subieron al tren?
6. ¿Qué coleccionaban los niños?
7. ¿Dónde vivían ellos?
8. ¿Se conocían sus padres?
9. ¿Habían enviudado sus padres?

10. ¿Dónde se veían los niños cuando iban a la escuela?
11. Un día, ¿por qué le habló Currín a Finita?
12. ¿Con qué soñaba Currín? Y una noche, ¿con qué soñó?
13. ¿Por qué se puso tan sorprendido el portero de su edificio?
14. ¿Qué hicieron los dos niños cuando llegaron a Ávila?
15. ¿Qué recibió el gobernador de Ávila?
16. ¿Dónde fue internada Finita? ¿Y Currín?

B **Descripciones**

1. Describa Ud. a Finita.
2. Describa Ud. a Currín.

C **¿Cómo puede ser?** Expliquen.

Al final del cuento dice: «Aunque no tenemos noticias exactas, creemos que Finita y Currín llegaron a ser... hermanastros.» Expliquen cómo es posible esto.

D **Estudio de palabras** Pareen.

1. dio una sonrisa   **a.** murmuró
2. dijo en voz muy baja   **b.** estúpido
3. como un padre   **c.** paternalmente
4. de un niño   **d.** sonrió
5. suficiente   **e.** bastante
6. tonto   **f.** infantil

Actividades comunicativas

A **Un drama o una comedia**

Trabajando en grupos de dos preparen un drama entre el padre de Finita y la mamá de Currín. En su «obra» incluyan el diálogo que tuvo lugar en las siguientes circunstancias:

▶ cuando se conocieron

▶ cuando se dieron cuenta de lo que habían hecho sus hijos

▶ cuando decidieron hacer

▶ cuando creció su mutua admiración

CAPÍTULO 2

Rutinas

Objetivos

In this chapter you will do the following:

- read about different daily routines of Hispanic youths
- handle everyday situations such as inviting somebody to lunch
- extend, accept, or refuse invitations
- review how to talk about habitual past actions
- review the difference between recurring and completed actions in the past
- read and discuss magazine articles about Hispanic youths
- review how to express doubt or uncertainty, give advice, make suggestions, and express emotional reactions
- read and discuss these literary works: «Sueños», a surrealist poem from the collection *Poemas y Antipoemas* by Nicanor Parra, and a selection from *Como agua para chocolate,* a novel by Laura Esquivel

CULTURA
La vida diaria

Introducción

Los bebés comen, lloran, duermen. Los adolescentes se levantan, van a la escuela, juegan, comen, estudian, duermen. Los adultos se levantan, van y vuelven del trabajo, comen, se entretienen un poco, duermen. Es la rutina diaria. De cuando en cuando hay un cambio. Hay días festivos, vacaciones o eventos especiales: un nacimiento, una boda, una muerte.

Estas rutinas son más o menos las mismas en casi todas partes del mundo. Pero hay algunas diferencias en cuanto a los detalles. El indígena del altiplano boliviano se levanta, va y vuelve del trabajo, se entretiene un poco y duerme, al igual que su compatriota, el banquero de La Paz. Pero las formas en que trabajan, comen y se divierten son muy distintas.

Vocabulario

el entrenador

las ovejas

las llamas

los tejidos

cloth

la comida chatarra

sembrar *← to sow* plantar granos, vegetales, etc.
cosechar *← to harvest* recoger los productos agrícolas
regar *to water* darle agua a, echarle agua a, irrigar
acudir a presentarse, visitar, llegar

el altiplano un área llana de los Andes, la mayor parte está en Bolivia
los aymarás un grupo indígena de Bolivia y el Perú

el ama de casa la señora de la casa o familia
las faenas *← work/jobs* labores, tareas, trabajos o actividades
los vecinos *← neighborhood* los que habitan un mismo pueblo, barrio o vecindad

la cosecha: harvest/crop

Práctica

Una calle de San Juan, Puerto, Rico

A Pareen. Escojan.

1. las disputas
2. las sesiones
3. resolver
4. deshidratado
5. humilde
6. obviamente

a. dehydrated
b. obviously
c. disputes
d. sessions
e. to resolve
f. humble

B El trabajo diario Expresen de otra manera.

1. El joven ayuda con *las tareas* del campo.
2. *La señora* lleva a sus hijos a la escuela.
3. Los agricultores tienen que *irrigar* las plantas de frijol.
4. Primero los agricultores *plantan* sus granos y vegetales.
5. Generalmente los agricultores son personas muy *modestas*.

C ¿Estás de acuerdo? ¿Sí o no?

1. La comida chatarra se sirve en restaurantes caros y lujosos.
2. El entrenador les da instrucciones a los jugadores.
3. Son vecinos porque viven en pueblos diferentes.
4. Muchas casas en los EE.UU. reciben programas de televisión por cable.
5. La alpaca es un tipo de lana que se obtiene de la llama.
6. Primero se cosechan y luego se siembran el choclo (maíz) y la papa.

El altiplano

Dos jóvenes: Débora e Hipólito

Débora Rodríguez vive en Ponce, Puerto Rico. Ella tiene catorce años. Débora se levanta a las seis de la mañana. Se desayuna con su familia: sus padres, su hermana y sus dos hermanos. Su padre es ingeniero y su madre es ama de casa. Débora suele desayunar con jugo de naranja natural, o jugo de china como ellos lo llaman, y un cereal frío, como copos de maíz[1] con leche. Su mamá lleva a los muchachos en carro al Colegio Ponceño, un colegio privado, y allí los deja hasta las tres de la tarde cuando los va a recoger. Los muchachos comen en el colegio. Les dan una hora al mediodía para comer. Ellos pueden llevar la comida de casa o pueden comprarla en la cafetería. En este colegio la mayoría de los cursos se dan en inglés. Los de religión y, obviamente, español, se dan en español. Débora juega al softball por la tarde con su equipo. Su padre es el entrenador del equipo. La familia cena a las 7:00 y Débora estudia después por un par de horas antes de acostarse a las 10:00. Algunas noches cuando no tiene mucha tarea, Débora mira la televisión con la familia. Como tienen cable, ella puede ver programas tanto en inglés como en español. De vez en cuando, toda la familia va al centro a comer «comida chatarra»: pollo frito, hamburguesas, papas fritas y Coca-Cola. Después van a la heladería. Hay helados de todos los sabores, vainilla y chocolate, por supuesto, pero también guanábana, tamarindo, coco y guayaba[2] ¡Qué rico!

Hipólito Moricio es boliviano y tiene trece años. Hipólito es aymará, miembro de un grupo indígena que representa un 30% de la población boliviana. Vive en un pueblecito del altiplano. Hipólito tiene mucha suerte, él va a la escuela. De los niños de su edad en las zonas rurales, solamente el 16% asiste a la escuela. Hipólito ha aprendido bastante español en la escuela, pero su lengua materna es el aymará.

[1] **los copos de maíz** *cornflakes*
[2] **la guanábana, el tamarindo, el coco, la guayaba** *frutas tropicales*

Un colegio en San Juan, Puerto Rico

Plaza y Catedral de la Guadalupe, Ponce

Una escuela en Bolivia y un niño aymará

hojas de coca mientras trabajan. Les ayuda a resistir el frío y las alturas de más de 3.000 metros. A Hipólito le gustan los platos típicos que se preparan con papa deshidratada por el frío. Este alimento se llama «chuño» y los antiguos incas y aymarás lo comían hace más de mil años. En la escuela Hipólito aprende matemáticas básicas y, lo que es muy importante para él, a hablar y leer el español. El padre de Hipólito comprende muy poco español. Clemencia, la madre de Hipólito, habla bastante español, ya que tiene que usar el idioma cuando vende sus tejidos en la ciudad. Hipólito vuelve de la escuela al mediodía. Por razones económicas, hay dos sesiones en su escuela, una por la mañana y otra por la tarde. Los vecinos ayudaron a construir la escuela. El gobierno contribuyó con los materiales y los vecinos con la mano de obra. La escuela no tiene luz eléctrica ni agua corriente, pero todos están muy contentos con ella sin que importe lo humilde que sea. Por la tarde, Hipólito trabaja con su padre. Según la época, puede ayudarle a sembrar, regar o cosechar las papas y el choclo. Les da de comer a los animales y ayuda con el rodeo y esquileo del ganado. Antes de caer el sol, Hipólito les lee a sus padres de su cuaderno de ejercicios. A los padres les encanta escucharle. Lo más probable es que un día Hipólito también llegue a ser «amauta» como su padre. Y quizás sea amauta en el mundo más allá del pueblo, en La Paz, por ejemplo. Quizás llegue a ser hasta presidente de la República.

Hipólito se levanta muy temprano para ayudar a su padre con sus faenas. Los Moricio son agricultores. En su pequeña parcela de tierra cultivan papas y un poco de maíz, o choclo. Ellos también tienen unas cuantas ovejas y llamas. Hipólito ayuda a su papá y a los vecinos a esquilar[3] las ovejas y llamas. La madre de Hipólito y otras señoras hacen de la lana preciosos tejidos para mantas y chompas[4] que venden luego en la ciudad. La lana de la llama es muy fina. Se conoce como alpaca.

El padre de Hipólito, Lucas Moricio, es una persona importante en el pueblo. En los tiempos antiguos hubiera sido «el amauta», o sabio del pueblo. Los vecinos acuden al señor Lucas para resolver disputas.

Antes de salir para la escuela, Hipólito toma un té de coca. Los hombres mascan[5]

[3] **esquilar** *to shear an animal*
[4] **las chompas** los suéteres
[5] **mascan** *chew*

Comprensión

A **¿Quién es?** ¿Es Débora o Hipólito?

1. Vive en una zona de gran altura.
2. Va a la escuela a pie.
3. Come helado de coco y guanábana.
4. Su padre le enseña a jugar al softball.
5. Donde vive, nunca hace frío.
6. Toma y le gusta la Coca-Cola.
7. Su padre ayudó en la construcción de la escuela.
8. La madre lleva a los hijos a la escuela en carro.
9. La madre vende sus productos en la ciudad.
10. Habla inglés y español.

El altiplano

B **En Puerto Rico** Contesten.

1. ¿Quién es puertorriqueña?
2. ¿Cuál es el desayuno de la muchacha?
3. ¿Qué alternativas tienen para el almuerzo los muchachos en el Colegio Ponceño?
4. ¿Cuál es el idioma que más se usa en el Colegio Ponceño?
5. ¿Quién es el entrenador del equipo de softball?
6. ¿Cuáles son algunos ejemplos de «comida chatarra»?

C **En el altiplano** Corrijan las oraciones falsas.

1. Hipólito es puertorriqueño.
2. Él vive en la costa.
3. Su padre es ingeniero.
4. En casa, Hipólito habla inglés.
5. Su madre esquila las llamas y su padre hace chompas y mantas.

D **Comentarios** Expliquen y comenten.

1. ¿Por qué mascan coca los vecinos de Hipólito?
2. ¿Qué hacen las señoras para contribuir a la economía de la familia?
3. Contrasten el bilingüismo de Débora con el bilingüismo de Hipólito.
4. ¿Cuál de los jóvenes trabaja? ¿Cómo trabaja y por qué?

Una vista de Ponce, Puerto Rico

Indígenas bolivianos

Actividades comunicativas

Disfruta lo que billones de años han creado para ti...

PARQUE DE LAS CAVERNAS DEL RIO CAMUY

Un maravilloso mundo de escenarios naturales que jamás olvidarás.

A **Mis rutinas** Imagínese que Ud. es Hipólito Moricio quien está aprendiendo español. Su maestro le pide que escriba en su cuaderno de ejercicios lo que hace todos los días. Escriba unos párrafos describiendo su rutina diaria.

B **Un poco de historia** Ponce es la segunda ciudad de Puerto Rico. Lleva el nombre de don Juan Ponce de León, el primer gobernador de la isla. En 1898, durante la guerra con España, el general norteamericano Nelson Miles desembarcó en un lugar de Puerto Rico cerca de Ponce. Busque información sobre la historia de Puerto Rico en un libro de historia o una enciclopedia, y prepare un breve informe.

C **Una investigación demográfica** Hipólito es aymará. El mayor grupo indígena de Bolivia son los quechuas. Hay también otro grupo importante, los guaraníes. ¿Quiénes son? ¿Dónde viven? Prepare un pequeño cuadro demográfico de Bolivia que indique los grupos importantes de indígenas, el tamaño de cada grupo y los lugares en donde viven.

D **Necesitamos un entrenador.** El padre de Débora es un excelente entrenador de softball. Escríbale una carta invitándole a venir a entrenar el equipo de la escuela de Ud.

La estudiante extranjera

Vocabulario

el barrio

una tienda de videos

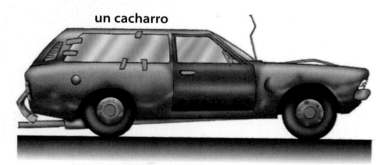

un cacharro

la boca del metro

el piso   el apartamento
el horario   el tiempo indicado para diferentes actividades
el capricho   deseo para algo innecesario *to wish something innecessary*

particular   privado(a) *private*
encantador(a)   muy agradable, simpatiquísimo(a) *very nice/peaceful*
propio(a)   que es propiedad de una persona *(my own)*
raro(a)   infrecuente, muy diferente *(rare)*
valenciano(a)   de la región de Valencia

acostumbrarse   familiarizarse con algo *(to become acustomed w/)*
sorprenderse   recibir una sorpresa, descubrir algo raro *(to be surprised)*
ponerse   llegar a ser *to put on*
tener razón   estar correcto(a) *to have reason, to be correct*
estar a gusto   estar satisfecho(a), estar contento(a) *to like*

❧Práctica❧

A **¿De qué hablamos?** Contesten según las fotos.

1. ¿Es una tienda o es un metro?
2. ¿Qué tipo de tienda es?
3. ¿Qué es la señorita?
4. ¿Es un coche privado o un taxi?
5. ¿Es un coche elegante o es un cacharro?

B **Pareen.** Escojan la palabra que se define.

**la secundaria   el metro   cenar
el elefante   el mediodía**

1. Las doce del día.
2. El tren subterráneo de una ciudad.
3. En los Estados Unidos la escuela para los grados del noveno hasta el duodécimo.
4. Un animal enorme, herbívoro, que vive en África y Asia.
5. Tomar la comida de la noche.

C **Definiciones** Completen.

1. Me ___ mucho lo que dices. Es difícil de creer.
2. Sí, ella compró un coche de color de rosa, es un ___ de ella.
3. Ella es simpatiquísima, es ___, pero su gusto es muy raro.
4. Pero el coche es de ella, es su ___ coche y ella puede hacer lo que quiera con él.
5. Pues yo nunca podría ___ a un coche color de rosa.

La estudiante extranjera

PACO: ¿De qué parte de Estados Unidos eres, Linda?

LINDA: Soy de California, cerca de Los Ángeles.

PACO: ¿Dónde vives aquí en Madrid?

LINDA: En un piso en el barrio de Argüelles, cerca de la boca del metro, con los Serra, una familia valenciana. En California vivía en una casa particular.

PACO: Y, ¿qué tal? ¿Estás a gusto allí?

LINDA: Pues, sí, hombre. Estoy contentísima. La familia es encantadora, y puedo practicar mi español con ellos todos los días.

PACO: Es muy diferente la vida aquí a la de los Estados Unidos, ¿no?

LINDA: Sí, tuve que acostumbrarme a mucho, especialmente el horario. Cenar a las diez de la noche me era un poco raro. Y volver a casa a comer al mediodía era nuevo para mí. Nosotros almorzábamos en la cafetería de la escuela, en sólo media hora. Ahora como en casa con la familia. Y, ¡qué comida! Me voy a poner como un elefante.

PACO: ¿Qué más te sorprendió de la vida aquí?

LINDA: Pues, tuve que aprender a tomar el bus y el metro para ir a cualquier parte. En California siempre vamos en coche. Yo tenía mi propio coche, un cacharro, pero andaba muy bien.

PACO: En América muchos estudiantes de secundaria trabajan, ¿verdad?

LINDA: Yo trabajaba los sábados y todos los veranos. Era dependienta en una tienda de videos. Gastaba el dinero que ganaba en caprichos. Compraba discos compactos, ropa, iba al cine. No tenía que pedirles dinero a mis padres.

PACO: Aquí es muy raro que un estudiante trabaje. Si necesito algo se lo pido a mis padres. Hmm… Creo que vosotros tenéis más libertad que nosotros.

LINDA: Sí, creo que tienes razón. Pero también es muy bonito poder depender de tus papás para todo.

Comprensión

A Preguntas Contesten.

1. ¿De dónde es Linda?
2. ¿Ella es de la ciudad de Los Ángeles?
3. ¿En qué parte de Madrid vive Linda ahora?
4. ¿Vive ella ahora con su familia de California?
5. ¿A Linda le gusta donde está?
6. ¿Cómo es la familia con la que ella vive en Madrid?
7. ¿Es madrileña la familia de Argüelles?
8. ¿Qué hace Linda con la familia todos los días?
9. ¿Cerca de qué está el apartamento en Argüelles?
10. ¿Cree Linda que la vida en Madrid es igual a la vida en California?

B La vida de Linda Completen.

1. Linda tuvo que acostumbrarse al ___.
2. En California ella almorzaba en la ___.
3. Ella creía que era raro ___ a las diez de la noche.
4. En Madrid ella vuelve a casa ___ al mediodía.
5. En California ella tenía sólo ___ para almorzar.
6. Paco le pregunta si en los EE.UU. muchos estudiantes de secundaria ___.
7. En los Estados Unidos, Linda vivía en una ___.

C ¿Sí o no? Corrijan las oraciones falsas.

1. En España Linda come muy poco.
2. En Madrid ella va a todas partes en coche.
3. Su coche era nuevo y elegante.
4. Ella trabajaba los domingos y los inviernos.
5. Ella trabajaba en un supermercado.
6. Ella compraba libros de texto con el dinero que ganaba.
7. Paco dice que muchos estudiantes españoles trabajan también.
8. Paco cree que los estudiantes españoles tienen más libertad que los norteamericanos.

Los Ángeles, California

Argüelles, Madrid

Actividades comunicativas

A **Posible empleo** Una tienda de videos en Madrid necesita un dependiente. Ud. quiere el trabajo. Hable con el dueño/la dueña (tu compañero/a). Ud. quiere saber los días y horas de trabajo, el pago, etc.

B **No puede comer más.** Ud. vive con la familia Serra. Es la hora de comer y la Sra. Serra quiere que Ud. coma más. Ud. se está poniendo muy gordo(a). Explique, cortésmente, el problema. ¡Buena suerte!

C **¿Trabaja Ud.?** Su amigo español (su compañero/a) quiere saber si Ud. trabaja y qué tipo de trabajo hace. Contéstele y dígale en qué trabaja. Después cambien de rol.

D **Paco necesita dinero.** Ud. es Paco. Necesita dinero para varios «caprichos». Pídale el dinero a uno de sus padres (su compañero/a) y explíquele para qué quiere el dinero.

E **Diferencias** En la conversación Paco y Linda hablan de algunas diferencias entre la vida en Madrid y la vida en Los Ángeles o cualquier parte de los Estados Unidos. Trabaje con un(a) compañero(a) de clase. Den sus opiniones sobre las diferencias que discuten Pablo y Linda.

Lenguaje

¿Te doy más pastel?

Gracias, pero no puedo más.

Ofreciendo comida

Cuando quiere ofrecerle algo a alguien, le puede preguntar:

> ¿Te doy más ___?
> ¿Te sirvo ___?
> ¿Te apetece ___?
> ¿Te pongo ___?
> ¿Quieres un poco de ___?

Si le ofrecen algo, Ud. puede decir:

> Por favor. Sí, me gusta el ___.
> Sí, me encanta la ___.

Si Ud. quiere lo que le ofrecen, nunca diga «gracias», porque «gracias» quiere decir «no, gracias». Si no quiere lo que le ofrecen, diga:

> Gracias, pero no puedo más.
> No, muchas gracias.
> ¡Todo estuvo rico/bueno/excelente, pero ya no puedo, gracias!

Para invitar

Si Ud. va a invitar a alguien, diga:

¿Quieres ir a... conmigo/con nosotros?

Si quiere indicar que Ud. va a pagar, diga:

Te invito a... esta noche. ¿Puedes acompañarme?

Si Ud. es la persona invitada y quiere aceptar, diga:

Sí, con mucho gusto.
Pues, sí, encantado(a).

Si Ud. quisiera aceptar, pero no puede, diga:

Ay, no puedo esta noche, pero me gustaría acompañarte en otra ocasión.
Esta noche no puedo, pero otra noche, sí.

Si Ud. no tiene interés en aceptar nunca, diga:

> **Lo siento, pero no puedo.**
> **Gracias, pero no puedo.**
> **Lo siento. Tengo otro compromiso.**

Si Ud. no está seguro(a) y quiere saber más, diga:

> **Me gustaría, pero de momento no sé si puedo. Te llamaré.**
> **Voy a mirar mi calendario, pero entretanto, dime más.**
> **Me interesa. ¡Cuéntame más!**

Actividades comunicativas

A **Pero abuela…** Preparen Uds. una conversación entre una abuela, que quiere que el/la nieto(a) coma un postre rico, y el/la nieto(a). La abuela le ofrece el postre. El/la nieto(a) acepta. La abuela insiste en que el/la nieto(a) coma aún más. El/la nieto(a) resiste.

B **Sí, claro que sí.** Ud. quiere salir con una persona muy interesante. Invítele a alguna actividad. Su compañero(a) es la persona, y acepta. Ahora cambien de papel. El/La compañero(a) le invita a Ud. a salir. Ud. quiere ir, pero no puede. Dígaselo. Finalmente, Ud. invita a su compañero(a) a salir. Él o ella no quiere salir nunca con Ud. Cambien de papel y repitan la conversación.

C **Una invitación** Lea estas reglas para escribir una invitación. El texto debe ser claro, sencillo y completo. Incluya lo siguiente: nombres, lugar, día y hora. Ahora, invite por escrito a un(a) amigo(a) a una fiesta en casa. Indique la ocasión que se celebra. Déle la invitación a un(a) compañero(a) de clase. Él o ella aceptará, o no, la invitación por escrito.

FRAMBUESAS AL CARAMELO

Repaso de estructura

Talking about habitual, recurring past actions
El imperfecto

1. The imperfect tense is, after the preterite, the most frequently used tense to express past actions. Review the forms of the imperfect. Note that the same endings are used for both **-er** and **-ir** verbs.

INFINITIVE	hablar	leer	escribir
yo	hablaba	leía	escribía
tú	hablabas	leías	escribías
él, ella, Ud.	hablaba	leía	escribía
nosotros(as)	hablábamos	leíamos	escribíamos
vosotros(as)	hablabais	leíais	escribíais
ellos, ellas, Uds.	hablaban	leían	escribían

2. Note that verbs that have a stem change in either the present or the preterite do not have a stem change in the imperfect.

INFINITIVE	querer	sentir	pedir
yo	quería	sentía	pedía
tú	querías	sentías	pedías
él, ella, Ud.	quería	sentía	pedía
nosotros(as)	queríamos	sentíamos	pedíamos
vosotros(as)	queríais	sentíais	pedíais
ellos, ellas, Uds.	querían	sentían	pedían

3. The following verbs are the only irregular verbs in the imperfect tense.

INFINITIVE	ir	ser	ver
yo	iba	era	veía
tú	ibas	eras	veías
él, ella, Ud.	iba	era	veía
nosotros(as)	íbamos	éramos	veíamos
vosotros(as)	ibais	erais	veíais
ellos, ellas, Uds.	iban	eran	veían

4. The imperfect tense form of the impersonal expression **hay** is **había**.

> **Había mucha gente en la fiesta.**
> **Había por lo menos doscientas personas.**

5. The imperfect tense is used to express habitual or repeated actions in the past. When the event began or ended is not important. Several time expressions that typically accompany the imperfect are:

preterito
↳ hace ... =ago

todos los domingos	**siempre**
los domingos	**muchas veces**
cada día	**con frecuencia**
todos los días	**a menudo** *often*

> **La profesora siempre hablaba español en clase.**
> **Los viernes, ella nos daba un examen.**
> **De vez en cuando, nosotros escribíamos en la pizarra.**
> **Y a menudo leíamos artículos en periódicos hispanos.**

6. The imperfect is also used to describe persons, places, and things in the past.

> **El general era alto, fuerte y muy valiente.**
> **Él luchaba (entraba en batalla) por la nación.**
> **Él tenía sólo cuarenta y seis años.**
> **Pero estaba muy cansado y triste.**
> **Quería volver a su casa y a su familia.**
> **Pero no podía porque la patria lo necesitaba.**
> **Era invierno. Hacía frío y nevaba.**
> **Era Nochevieja. Era la medianoche.**
> **Pronto iba a comenzar la batalla.**

Una estatua de José de San Martín

Práctica

A HISTORIETA **Cuando era pequeño(a)**

Contesten.

1. ¿A qué hora te levantabas todos los días?
2. ¿Jugabas con tus amiguitos?
3. ¿A qué jugaban Uds.?
4. Tú y tu familia, ¿cuándo tomaban Uds. sus vacaciones, en el verano o en el invierno?
5. ¿Adónde iban durante las vacaciones?
6. ¿Dónde comían durante las vacaciones?
7. ¿Qué preferías hacer cuando eras pequeño(a)?
8. ¿Qué no sabías hacer?
9. ¿Te leían tus padres?
10. ¿A qué hora te acostabas?

Niños españoles

B HISTORIETA La campesina

Completen con el imperfecto.

Rosaura Jiménez ___ (vivir) en un pueblo pequeño de Bolivia. Ella y sus padres ___ (trabajar) en los campos. Ellos ___ y ___ (sembrar, cosechar) maíz y papas. Cuando Rosaura no ___ (tener) que trabajar, ___ (asistir) a la escuela. Aunque ella sólo ___ (poder) asistir de vez en cuando, ___ (recibir) buenas notas. Su maestra ___ (saber) que Rosaura ___ (ser) inteligente y trabajadora. La maestra ___ (hacer) todo lo posible para ayudar a la niña. ___ (Parecer) imposible pero Rosaura pudo ir a la universidad. Hoy es maestra también. Ella recuerda siempre cómo ___ (ser) su vida cuando ___ (ir) a la escuela. Rosaura es una maestra excelente. Ella dice: —Nosotros ___ (trabajar) mucho pero ___ (saber) que un día todo ___ (ir) a ser mejor. Y así es.

C HISTORIETA El soldado

Escriban el siguiente párrafo en el imperfecto, cambiando **yo** en **mi abuelo**.

Yo me llamo Aníbal Valladares. Soy soldado. Lucho por la independencia de la nación. Tengo veinte años y estoy cansado de luchar. Quiero ver el final de la guerra. Siempre me siento triste cuando veo tanta destrucción. Hace mucho tiempo que no estoy contento. Las batallas son constantes. Nunca puedo descansar. Creo que voy a morir en una batalla.

Soldados en Guadalajara, México

Talking about past events
El imperfecto y el pretérito

1. The choice of the preterite or imperfect depends upon whether the speaker is describing an action completed in the past or a continuous, recurring action in the past. Use the preterite to express actions or events that began and ended at a definite time in the past.

> **Salí de casa a las seis y media el sábado pasado.**
> **Fui al cine, donde vi una película extranjera.**
> **Cuando la película terminó, fui a un restaurante y comí con unos amigos.**

2. Use the imperfect to express a continuous, repeated, or habitual action in the past. The moment when the action began or ended is not important.

> **Yo salía de casa a las seis y media todos los sábados.**
> **Iba al cine, donde veía películas extranjeras.**
> **Cuando la película terminaba, iba a un restaurante y comía con unos amigos.**

3. Use the imperfect with verbs such as **querer, saber, pensar, preferir, desear, sentir, poder,** and **creer** that describe a state of mind or a feeling.

Él no podía ir.   **Lo sentía mucho.**   **Queríamos salir.**

Práctica

A HISTORIETA El correo

Completen.

Ayer mi hermana ___ (ir) al correo. Ella ___ (querer) comprar unos sellos. Cuando
ella ___ (llegar) al correo, el correo ___ (estar) cerrado. No ___ (haber) nadie allí.
Ella no ___ (saber) qué hacer. Por fin, ella ___ (recordar) que ___ (ser) día de
fiesta y ___ (volver) a casa.

B HISTORIETA El trabajo

Contesten según se indica.

1. ¿Qué era don Paco? (minero)
2. ¿Dónde trabajaba don Paco? (en las minas)
3. ¿Cuántos días a la semana iba al trabajo? (seis)
4. ¿Qué hacía en el trabajo? (operar máquinas)
5. ¿Qué hacía después del trabajo? (leer y mirar la tele)
6. ¿Qué le pasó el año pasado? (tener un accidente)
7. ¿Qué hizo él entonces? (retirarse)
8. ¿Qué hicieron sus compañeros? (darle una fiesta)
9. ¿Cómo se sentían los compañeros? (tristes)
10. ¿Qué hizo don Paco después de la fiesta? (decirles adiós)

Expressing two past events in the same sentence
Dos acciones en la misma oración

1. Often a sentence in the past will have two verbs. Both may be in the same tense, or each one in a different tense. In the sentence below, both verbs are in the preterite because they express two simple actions or events that began and ended in the past.

Rosa llegó y Martín salió.

2. In the sentence below, the two verbs are in the imperfect because both express continuous, repeated actions in the past.

Todos los inviernos yo patinaba y mi hermana esquiaba.

3. In the following sentence, one verb is in the imperfect and the other is in the preterite. The verb in the imperfect, **hablaba,** describes what was going on. The verb in the preterite, **llamó,** expresses an action or event that intervened and interrupted what was going on.

Yo hablaba por teléfono cuando alguien llamó a la puerta.

A HISTORIETA Anoche

Completen.

1. Anoche yo ___ (trabajar) cuando ___ (sonar) el teléfono.
2. Yo ___ (levantarse) y ___ (ir) a contestar el teléfono.
3. Yo ___ (hablar) por teléfono cuando ___ (llegar) mi amigo Carlos.
4. Carlos ___ (sentarse) en la sala. Mientras yo ___ (hablar) por teléfono él ___ (leer) el periódico.
5. Cuando yo ___ (terminar) de hablar por teléfono, mi amigo y yo ___ (salir). ___ (ir) a un café.
6. En el café nosotros ___ (pedir) un refresco. Mientras nosotros ___ (hablar) y ___ (tomar) el refresco, ___ (entrar) otros amigos nuestros en el café.
7. Ellos ___ (sentarse) con nosotros y todos nosotros ___ (empezar) a hablar.

B HISTORIETA En la oficina

Combinen las dos oraciones y cambien el tiempo de los verbos al pasado.

1. La directora habla por teléfono. El secretario entra.
2. El secretario espera. La directora sigue hablando.
3. La directora termina. El secretario le habla.
4. El secretario le explica un problema. El teléfono suena otra vez.
5. La directora le dice al secretario que no puede atenderlo. El secretario se va.

C HISTORIETA ¿Qué pasaba cuando...?

Contesten.

1. ¿Miraba Juan la televisión cuando sonó el teléfono? ¿Contestó el teléfono?
2. ¿Leía su madre el periódico cuando Juan la llamó al teléfono? ¿Fue su madre al teléfono?
3. ¿Hablaba su madre por teléfono cuando Juan salió? ¿Fue Juan a un restaurante?
4. ¿Caminaba Juan al restaurante cuando vio a su amiga Lola? ¿Fueron juntos al restaurante?
5. En el restaurante, ¿hablaban Juan y Lola cuando llegaron dos amigos más?
6. ¿Hablaban los amigos cuando el mesero vino a la mesa?

El voto para los jóvenes

Introducción

Una de las rutinas más importantes en los países democráticos es la de votar en las elecciones. Los ciudadanos votan en elecciones municipales, estatales o provinciales y nacionales. En el pasado, tanto en España como en los Estados Unidos, la edad mínima para votar era de 21 años. Después la edad se rebajó a los 18 en los dos países. ¿Cuál debe ser la edad mínima para votar? Un joven de 17 años puede hacer el servicio militar. A los dieciséis años, un criminal adolescente puede ir a una cárcel para adultos. En los EE.UU. hay 40.000 jóvenes menores de 16 años con licencia para manejar un automóvil, y en algunos estados jóvenes de 14, 13 y hasta 12 años de edad pueden contraer matrimonio, pero no pueden votar. El siguiente artículo de Bonifacio de la Cuadra apareció en el periódico español, *El País.*

Vocabulario

el bebé

el adulto

el joven, el niño

la persona mayor, el anciano

rebajar   bajar, reducir
asegurar   afirmar, dar garantía
suministrar   proveer, dar

el discernimiento   inteligencia, capacidad de distinguir
el/la pensionista   persona que recibe una pensión
el envejecimiento   proceso de ponerse viejo

las viejas

los viejos

los jubilados, la tercera edad

❧Práctica❧

A **Los viejos** Completen.

1. Ellos son viejos, todos son de la ___ edad.
2. La señora es ___, recibe una pensión del gobierno.
3. Don Andrés ya no trabaja. Él es ___. Se retiró hace muchos años.
4. Él se está poniendo viejo. Se le nota los efectos del ___.

B **¿Cómo se dice?** Expresen de otra manera.

1. Los medios de comunicación *proveen* mucha información.
2. Y nadie propone *reducir* la cantidad de información.
3. Dicen que con más información la gente mejora su *capacidad de distinguir.*
4. Pero nadie puede *afirmar* que es verdad.

C **Palabras afines** Pareen.

1. ejercer   a. audacious, bold
2. apto   b. decrepitude, senility
3. justificar   c. electorate, voters
4. la longevidad   d. to justify
5. el electorado   e. apt, capable
6. la decrepitud   f. to exercise, to use
7. audaz   g. longevity, long life

¿Rebajar la edad para votar?

Bonifacio de la Cuadra

«Se me ocurre proponer que los niños voten» palabras de Blanca Vásquez, psicóloga.

¿Cuándo deben comenzar los ciudadanos a ejercer el derecho al voto? ¿Deben seguir votando a partir de los 18 años? ¿Y por qué no desde los 13, o los 15, o al menos desde los 16, edad legalmente apta aun—no se olvide—para ingresar en una cárcel de adultos?

¿Es hoy la frontera de los 18 años un límite sólido que justifique dejar fuera de la participación política esencial en una democracia a todos los menores de esa edad?

¿Existe algún estudio que nos asegure que el niño de 13, 14, 15 ó 16 años, habitante de la aldea[1] global y receptor diario de la abundancia de información suministrada[2] cada segundo, no tiene la capacidad para expresar su voto en igualdad de condiciones que un adulto?

Además de otras muchas razones en favor de rebajar la edad para votar hay razones demográficas. El aumento de la longevidad ha producido hoy el envejecimiento del electorado. En España existen dos millones de jubilados y pensionistas con derecho al voto, un legítimo lobby en defensa de sus intereses y que, sin duda, influye[3] en las políticas sociales de los gobiernos y de los partidos políticos.

Una inyección de votos juveniles, además de contribuir a equilibrar el peso político legítimo de la tercera edad, probablemente haría volver la cabeza de los políticos hacia problemas educativos, de desempleo juvenil y formación profesional que ahora se ven solamente desde la perspectiva de unos representantes elegidos por votantes mayores de 18 años.

Y no se diga que un ciudadano de 14, 15 ó 16 años no tiene capacidad hoy para elegir políticamente lo que más le interesa. Cuestionarse si algunos adolescentes tienen capacidad de discernimiento nos obligaría a reconsiderar el derecho al voto de algunos ancianos nonagenarios y nos acercaría a una no deseable «guerra generacional». Parece mucho más democrático aumentar por el lado juvenil el volumen de votantes.

No se asuste nadie tampoco porque se proponga extender a los adolescentes el derecho al voto. Mucho más audaces parecían las primeras mujeres que intentaron demandarlo.

---

[1] **aldea** *village*
[2] **suministrada** *supplied*

[3] **influye** *influences*

Comprensión

A. Los votantes Contesten.

1. ¿Qué es lo que se le ocurrió a la psicóloga Blanca Vásquez?
2. ¿Cuál es la pregunta a la que se dirige este artículo?
3. ¿A qué edad pueden votar hoy en España y en los EE.UU.?
4. ¿Qué factor ha producido el envejecimiento del electorado?
5. ¿Cuántos pensionistas y jubilados en España pueden votar?
6. ¿A quiénes pueden influir con su voto los pensionistas y jubilados?

B. Detalles Indiquen donde dice:

1. que los votos de los jóvenes podrían proveer un balance a los votos de los viejos
2. cuáles son algunos de los problemas importantes para los jóvenes
3. cuál es el punto de vista de los representantes actuales
4. lo que hay que reconsiderar al cuestionar la capacidad de discernimiento de los jóvenes
5. el tipo de «guerra» que podría acercarse

C. ¿Qué quiere decir? Expliquen.

1. ¿Es hoy la frontera de los 18 años un límite sólido que justifique dejar fuera de la participación política en una democracia a todos los menores de esa edad?
2. Parece mucho más democrático aumentar por el lado juvenil el volumen de votantes.
3. Mucho más audaces parecían las primeras mujeres que intentaron demandarlo.
4. la aldea global

Actividades comunicativas

A. Un debate actual Con su grupo preparen un debate sobre el tema «rebajar la edad de votar, ¿sí o no?» Dividan el grupo en dos. Un grupo debe tomar la posición a favor de rebajar la edad del voto, el otro grupo la posición en contra. Preparen sus argumentos y presenten el debate ante la clase.

B. Un poco de historia Fue en 1920 cuando las mujeres de los Estados Unidos por fin ganaron el derecho al voto. Algunas figuras importantes en esta lucha fueron: Elizabeth Cady Stanton, Susan B. Anthony, Lucretia Mott y Lucy Stone. En Francia las mujeres no podían votar hasta 1945, y todavía hay países donde las mujeres no pueden votar. Seleccione uno de los siguientes temas, busque la información y prepare un informe para dar a la clase:

▶ **una líder en la lucha por el voto en los EE.UU.**
▶ **el derecho al voto hoy día para las mujeres en varios países del mundo**

El primer día de clases

Introducción

En Europa y en Norteamérica ocurre a fines de agosto o principios de septiembre. Al sur del ecuador, ocurre a principios de marzo. Es el comienzo del otoño, es el comienzo del año escolar. Es una rutina que se repite año tras año. Para algunos, tristemente, se repite durante muy pocos años. Para otros, puede repetirse hasta 15 ó 20 veces.

El siguiente artículo por Antonio de la Torre apareció en el periódico *ABC* de Sevilla, un jueves, 16 de septiembre, el día después del comienzo de curso. Se publicó durante una época de mucha discusión sobre leyes y proyectos en el campo de la educación española.

Vocabulario

el pozo

la cartera

el / la aprendiz(a) la persona que está aprendiendo un oficio, un(a) alumno(a)

el dineral una gran cantidad de dinero

la etapa una época o un avance en el desarrollo de una acción

hojear pasar las páginas de un libro

precisar necesitar

agridulce agrio y dulce al mismo tiempo

soñoliento(a) con sueño

ilusionado(a) con ilusiones

Práctica

A **¿Cuál es la palabra?**   Contesten.

1. ¿En qué llevan los alumnos los libros y documentos?
2. Todavía no es carpintero, pero está aprendiendo. ¿Qué es?
3. Pasa las páginas del libro sin leerlo. ¿Qué hace?
4. Tiene un sabor *(taste)* que es una combinación de agrio y dulce. ¿Qué tipo de sabor tiene?
5. Cuesta millones. ¿Qué habrá que pagar para comprarlo?

B **La palabra**   Completen.

1. Es un pueblo que parece dormir; allí no pasa nada nunca. Es un pueblecito ___.
2. Este proceso es bastante complicado. Tiene una variedad de ___ en su desarrollo.
3. Para hacerlo bien se ___ excelentes instrumentos y condiciones.
4. No debes estar muy ___ por los primeros resultados.
5. Guarda los papeles en tu ___ para que nadie los vea.

Un colegio en España

Al día
CARTERAS

Las carteras y las mochilas que ayer por la mañana se veían por las calles de Sevilla constituyen uno de los ingredientes más característicos de ese guiso[1] agridulce del primer día de clases que, ceremoniosamente, se repite cada año convirtiéndose en una rutinaria noticia. Pegados a ellas, soñolientos, apesadumbrados[2] e ilusionados al mismo tiempo, van esos aprendices de la vida de los que solemos decir que tienen el futuro en sus manos.

Ahora mismo, ellos no entienden de leyes ni de reformas ni de plazas[3] ni de profesorado. Su devenir[4] a lo largo de los próximos nueve meses va a girar en torno a esa cartera que ayer llevaban sobre sus espaldas y de esos libros nuevos que han costado un dineral y que la curiosidad—más que un interés todavía ausente—les ha hecho hojear por encima durante estos últimos días de vacaciones veraniegas.

Compañeras inseparables de aventuras y desventuras, las carteras que ayer brillaban con sus vivos colores en el asfalto sevillano son algo más que un instrumento de transporte de libros y material escolar. En realidad constituyen el símbolo de una etapa de la vida del hombre que probablemente marcará y determinará el desarrollo de las posteriores. En esas carteras se irán guardando éxitos y fracasos, aciertos[5] y errores, inquietudes y letargos[6], desvelos[7] y añoranzas[8]. En esas carteras se está almacenando[9] un modelo de infancia que influirá decisivamente en lo que será la sociedad del mañana.

Ellos serán, en efecto, los protagonistas[10] del futuro. Pero que su destino sea feliz o aciago[11] depende tanto de sus propios esfuerzos como de los que hagamos quienes estamos protagonizando el presente. Tenemos que ayudarles a llenar las carteras de todas esas cosas que precisan para que, cuando llegue el momento, el bagaje[12] que están atesorando[13] en esta etapa crucial e irrepetible no se diluya[14] en el pozo de la frustración.

[1] **guiso** comida, plato
[2] **apesadumbrados** deprimidos
[3] **plazas** puestos, empleos, cargos
[4] **devenir** futuro
[5] **aciertos** éxitos, logros
[6] **letargos** faltas de energía
[7] **desvelos** preocupaciones, insomnio
[8] **añoranzas** nostalgia
[9] **almacenando** guardando, acumulando
[10] **protagonistas** actores principales
[11] **aciago** desgraciado, infeliz
[12] **bagaje** equipaje, impedimenta
[13] **atesorando** guardando
[14] **diluya** desvanezca, pierda

Comprensión

A **Las preguntas**   Contesten.

1. ¿Qué día comenzaron las clases?
2. ¿De qué ciudad trata el artículo?
3. ¿Quiénes son los «aprendices de la vida»?
4. ¿Qué precio han tenido los textos?
5. ¿Qué han hojeado los chicos durante los últimos días de vacaciones?
6. ¿Cuál es la duración del año escolar en España? ¿Dónde lo dice el autor?

B **Las frases**   ¿Qué querrá decir... ?

1. «esos aprendices de la vida de los que solemos decir que tienen el futuro en sus manos»
2. «vacaciones veraniegas»
3. «En esas carteras se irán guardando éxitos y fracasos, aciertos y errores, inquietudes y letargos, desvelos y añoranzas».

C **Los comentarios**   Comenten.

1. El autor habla de los «protagonistas del futuro» y de los que «estamos protagonizando el presente». ¿De quiénes habla y qué dice de los dos grupos?
2. El autor alude a las discusiones políticas sobre la educación. ¿Dónde hace esta alusión?
3. Según el autor, ¿de qué depende el futuro de los jóvenes?
4. Al final del artículo, el autor escribe de la cartera en forma simbólica. Explique lo que el autor quiere decir en la última frase del artículo.

Actividades comunicativas

A **¿Sabes por qué... ?**   Explique por qué las clases en Chile o en la Argentina comienzan en marzo y no en septiembre.

B **Temas y debates**   Trabajando en grupo, preparen un debate sobre el siguiente tema: «¿Deben los políticos influir en la educación o no, y por qué?» Un grupo debe presentar argumentos a favor y el otro, en contra.

Estructura

Expressing doubt or uncertainty
Subjuntivo con expresiones de duda

1. The subjunctive is used after any expression that implies doubt or uncertainty, since it is not known if the action in the dependent clause will take place.

> **Yo dudo que ellos lleguen a tiempo.**
> **No creo que ellos vengan en avión.**

2. If the statement implies certainty rather than doubt, the indicative is used in the dependent clause, not the subjunctive. The future tense is often used in a clause that follows an expression of certainty. Although it might seem logical to use the subjunctive, the emphasis is on the certainty of the event taking place. For this reason the indicative is used.

> **Yo creo que ellos vendrán mañana.**
> **Estoy seguro de que ellos vendrán en avión.**

3. In a question containing an expression of doubt, the speaker chooses between the use of the subjunctive or the indicative, depending upon the meaning he or she wishes to convey. Observe and analyze the following questions.

> **¿Crees que ellos vengan mañana?**

In this question, the speaker uses the subjunctive, not the indicative, to ask if you think they will come tomorrow. The speaker's choice of the subjunctive indicates that he or she does not think they will come tomorrow. The speaker indicates his / her own doubt or uncertainty by using the subjunctive.

> **¿Crees que ellos vendrán mañana?**

The speaker repeats the question. This time, however, he or she uses the indicative, not the subjunctive. The use of the indicative indicates the speaker's certainty that they will come tomorrow.

4. Here is a list of typical expressions of doubt and certainty.

SUBJUNCTIVE	INDICATIVE
dudar	no dudar
es dudoso	no es dudoso (no hay duda)
no estar seguro	estar seguro
no creer	creer
no es cierto	es cierto

✦Práctica✦

A **¿Lo crees o lo dudas?** Sigan el modelo.

Elena cree que ellos vienen pronto.
Pero yo dudo que vengan pronto.

1. Elena cree que ellos vienen pronto.
2. Ella cree que llegarán hoy.
3. Ella cree que conocen el camino.
4. Ella cree que traerán buenas noticias.
5. Ella cree que todos estaremos contentos.

B **¿Cree que sí, o lo duda?** Escojan.

1. Pedro: «¿Crees que ellos irán a Chile?»
   a. Pedro cree que ellos van a ir a Chile.
   b. Pedro duda que ellos vayan a Chile.
2. Carolina: «¿Crees que ellos tengan bastante dinero para el viaje?»
   a. Carolina cree que ellos tienen el dinero.
   b. Carolina duda que ellos tengan el dinero.
3. Pedro: «¿Crees que sus padres les den el dinero?»
   a. Pedro cree que sus padres les darán el dinero.
   b. Pedro duda que sus padres les den el dinero.
4. Carolina: «¿Crees que ellos puedan trabajar en Chile?»
   a. Carolina cree que ellos podrán trabajar.
   b. Carolina duda que ellos consigan trabajo.

Giving advice and making suggestions
Subjuntivo con verbos especiales

1. A number of verbs state or imply a command, an order, advice, or a suggestion. These verbs are followed by the subjunctive because, even though we ask, tell, advise, or suggest that someone do something, it is not certain that the person will actually do it.

Some frequently used verbs that state or imply a command, an order, advice, or a suggestion are:

decir	to tell	**rogar**	to beg, plead	**aconsejar**	to advise
escribir	to write	**mandar**	to order	**recomendar**	to recommend
pedir	to ask, request	**exigir**	to demand, require	**sugerir**	to suggest

2. Observe and analyze the following sentences.

> *Le* **digo que venga.**
> *Les* **ruego que lleguen temprano.**
> *Les* **aconsejo que salgan antes de las ocho a causa del tráfico.**
> **Anita** *me* **pide que (yo) la ayude.**
> *Te* **ruego que la ayudes también.**
> **La directora exige que** *le* **demos ayuda.**

These verbs often take an indirect object pronoun in the main clause.

3. Note that the subjunctive follows the verbs **decir** and **escribir** only when they imply a command. If someone simply is giving information, the subjunctive is not used. Observe the following sentences.

Ella me dice que viene mañana.	*She tells me that she's coming tomorrow.*
Ella me dice que venga mañana.	*She tells me to come tomorrow.*

Práctica

A **Lo que mi hermano mayor (me) exige**
Sigan el modelo.

> **¿Qué te exige tu hermano? (estudiar más)**
> **Mi hermano me exige que estudie más.**

1. no salir de noche
2. traer mis libros a casa
3. no mirar mucha televisión
4. dormir bastante
5. levantarme temprano

B **¿Qué pide?** Sigan el modelo

> **¿Qué les pide Pedro? (esperar)**
> **Él nos pide que esperemos.**

1. no salir sin él
2. ir en metro
3. comprar los boletos
4. sentarnos en la primera fila

C **Le escribe su abuela.** Sigan el modelo.

> **¿Qué le escribe su abuela? (ser bueno)**
> **Le escribe que sea bueno.**

1. tratar bien a su hermanita
2. comer bastante
3. acostarse temprano

4. tener buenos modales
5. ir a visitarla

Expressing emotions
Subjuntivo con expresiones de emoción

1. The subjunctive is also used in a clause that modifies a verb or expression conveying any kind of emotion. Some verbs or expressions of emotion are:

alegrarse de	*to be happy about*	**gustar**	*to like*
estar contento(a)	*to be glad*	**es una lástima**	*it's a pity*
estar triste	*to be sad*	**temer**	*to fear*
sorprender	*to surprise*	**tener miedo de**	*to be afraid*

2. Unlike the other expressions that take the subjunctive, the information in a clause following a verb or expression of emotion can be factual. If the information in the clause is real, why is the subjunctive used? Observe and analyze the following sentences.

> **Me alegro de que Teresa esté con nosotros.**
> **¿Estás contento de que Teresa esté aquí?**
> **Creo que es una lástima que esté con nosotros.**

3. In the sentences above, Teresa's presence is a fact, but the subjunctive is used because the clause is introduced by an expression of feeling. As illustrated by the examples, feelings can be positive or negative and vary from person to person.

 **Práctica**

A HISTORIETA *¿Cómo te sientes?*

Sigan el modelo.

> **Ganamos el partido. (Me alegro)**
> **Me alegro de que ganemos el partido.**

1. Paco viene con nosotros. (Me sorprende)
2. Nadie quiere estar con él. (Siento)
3. Paco se porta mejor ahora. (Me alegro de)
4. Marta lo invita a la fiesta. (Estoy contento[a])
5. Paco se va el jueves. (Es una lástima)
6. Pero Roberto vuelve hoy. (Me gusta)

B **¿Qué emoción sientes?**   Contesten con frases completas.

1. La economía está mucho mejor.
2. Muchas personas no tienen hogar.
3. Los atletas profesionales ganan millones de dólares.
4. Algunos niños pasan mucha hambre.
5. Quieren reducir las vacaciones.
6. Piensan dar más exámenes.
7. Te dan 20.000 dólares.

Literatura
Sueños
de Nicanor Parra

Antes de leer

Cuando pensamos en la poesía, muchos pensamos en algo sublime, florido y grandilocuente. Los temas son heroicos, románticos, trágicos. Pero no tiene que ser así. También hay poemas que tratan de lo cotidiano, de lo sencillo. Sin embargo, las cosas no son siempre lo que parecen.

Vocabulario

la bomba de bencina

el aviso luminoso

los pajarillos voladores

los anteojos

los bigotes

la cruz

la hoja de afeitar

el ataúd

darle cuerda a una victrola

el cadáver   el cuerpo de un muerto
el lujo   la opulencia, la riqueza
el pejerrey   un tipo de pescado muy sabroso

atravesar   cruzar, ir de un lado al otro
arrastrar   tirar, halar (jalar), llevar por
el suelo

Práctica

A **Sinónimos** Escojan.

1. la bencina
2. los anteojos
3. el ataúd

   a. la caja de muertos
   b. las gafas/los lentes
   c. la gasolina

B **¿Cúal es la palabra?** Completen.

1. Hay un excelente restaurante al otro lado; hay que ___ el puente para llegar allí.
2. Desde aquí puedes ver el ___ luminoso.
3. ¡Camina, hombre! No debes ___ los pies. ¡Corre!

C **¿Qué es?** Identifiquen.

1. el cuerpo de un muerto
2. el pelo sobre el labio superior
3. la riqueza, la opulencia
4. lo que se pone para ver mejor
5. el nombre de un pescado

Introducción

Nicanor Parra, chileno, nació en Chillán, una ciudad en la región de Bío Bío en el valle central de su país, en 1914. Su primer libro de poemas fue publicado en 1937. Nicanor Parra era ingeniero. Estudió en la Universidad de Brown en los EE.UU. y llegó a ser director de la Escuela de Ingeniería de la Universidad de Chile. En 1966 fue profesor en la Universidad de Louisiana en los EE.UU.

Nicanor Parra

Lectura

Sueños

Sueño con una mesa y una silla
Sueño que me doy vuelta en automóvil
Sueño que estoy filmando una película
Sueño con una bomba de bencina
Sueño que soy un turista de lujo
Sueño que estoy colgando de una cruz
Sueño que estoy comiendo pejerreyes
Sueño que voy atravesando un puente
Sueño con un aviso luminoso
Sueño con una dama de bigotes
Sueño que voy bajando una escalera
Sueño que le doy cuerda a una victrola
Sueño que se me rompen los anteojos
Sueño que estoy haciendo un ataúd
Sueño con el sistema planetario
Sueño que estoy luchando con un perro
Sueño que estoy matando una serpiente.

Sueño con pajarillos voladores
Sueño que voy arrastrando un cadáver
Sueño que me condenan a la horca°
Sueño con el diluvio° universal
Sueño que soy una mata de cardo°.

Sueño también que se me cae el pelo.

la horca   *the gallows*

el diluvio   una gran lluvia como en la Biblia
una mata de cardo   *a thistle bush*

Después de leer

Comprensión

A **Sueño que...** Contesten.

1. Cada vez que el poeta dice «sueño que», se refiere a algo que él hace o algo que le está pasando. Dé Ud. los ejemplos que pueda del poema.
2. Cuando el poeta dice «sueño con», se refiere a otras cosas o criaturas que no son él. Dé Ud. algunos ejemplos.

B **Las clasificaciones** Clasifiquen.

1. ¿Cuáles de los sueños tratan de cosas rutinarias?
2. ¿Cuáles son fantásticos?
3. ¿Cuáles se refieren a la muerte?

C **Antipoemas** Piensen.

Este poema aparece en un libro con el título *Poemas y Antipoemas.* ¿Por qué llevará el libro ese título? ¿Qué querrá decir el autor? Comenten.

Actividades comunicativas

A **Tres poetas** De Chile han venido tres importantes poetas del siglo XX: Nicanor Parra, Pablo Neruda y Gabriela Mistral. Preparen biografías breves de estos tres poetas.

B **Un antipoeta** Nicanor Parra describe un «antipoeta» de esta manera:

¿Qué es un antipoeta?
¿Un comerciante en urnas y ataúdes?
¿Un general que duda de sí mismo?
¿Un sacerdote que no cree en nada?
¿Un bailarín al borde del abismo?
¿Un poeta que duerme en una silla?

Comenten. ¿Cuál de las descripciones es la más válida? ¿Cómo describen Uds. a un «antipoeta»?

Pablo Neruda

Gabriela Mistral

C **Todos soñamos.** Los sueños pueden ser realistas o absurdos. Escriba Ud. un poema basado en sus propios sueños. No se preocupe de la rima. Puede usar *Sueños* como modelo.

Como agua para chocolate

de Laura Esquivel

Antes de leer

Una costumbre de las familias mexicanas de clase alta era la de obligar a la hija menor a nunca casarse, a permanecer soltera y a cuidar de la madre hasta la muerte de ésta. También era costumbre en muchos lugares no permitir casarse una hija menor antes de que se casara la mayor. El dolor y la angustia que resultaban de estas costumbres son materia de leyenda en muchas familias. Todo el mundo le tenía pena a la hija que «se quedaba para vestir santos», cruel expresión que nos da una imagen de la vieja solterona que pasa sus días decorando las estatuas de los santos en la iglesia.

Vocabulario

colar

un caldo
una gota

rociar

vaciar

la miel
una cucharada

azucarar	cristalizarse	**empanizar**	tomar forma
destrozar	arruinar		

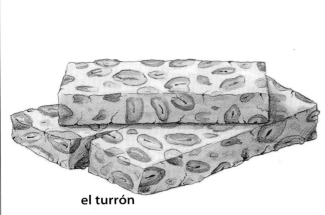

el turrón

batir

ajeno de otra persona
de golpe de repente, sin anuncio o
  preparación
flojo no muy sólido, no firme

el carmín ingrediente para dar color rojo
  a la comida
clara parte blanca del huevo, contrario
  de yema

❖Práctica❖

A **La receta** Completen.

1. El pastel no está muy firme, al contrario, está muy ___.
2. Y es de color ___ un rojo muy brillante.
3. No usamos azúcar. Le echamos ___ para hacerlo dulce.
4. Y vamos a echar poquísimo jugo de limón, sólo dos o tres ___.
5. Es necesario ___ el caldo para que no quede mucha grasa.
6. Para hacer merengue el cocinero tiene que ___ los huevos y para hacer nata es necesario ___ la crema.
7. Esta receta lleva sólo ___ de los huevos, no las yemas.
8. No debemos arruinar o ___ la propiedad ___; es decir la propiedad de otros.

B **En la cocina** Pareen.

1. la espátula   **a.** texture
2. la textura   **b.** to reveal
3. alterar   **c.** spatula
4. revelar   **d.** to dissolve
5. disolver   **e.** to alter

Como agua para chocolate (fragmento)

de Laura Esquivel

Como agua para chocolate es la primera novela de la autora mexicana, Laura Esquivel. La novela se publicó en 1989 y enseguida llegó a ser número uno en ventas en México. Poco después se tradujo al inglés, lengua en la que fue también «best seller», y a docenas de otros idiomas. En 1992 se hizo de la novela una película popularísima.

La protagonista de la novela es Tita, la hija menor de Mamá Elena, matriarca de la familia de la Garza, cuyo rancho se encuentra en Piedras Negras, no muy lejos de la frontera con los Estados Unidos. Gran parte de la novela ocurre durante la época de la Revolución mexicana. Una de las hermanas de Tita, Gertrudis, llega a ser «Generala» de un ejército revolucionario.

Tita se enamora de un joven, Pedro Muzquiz, que quiere casarse con ella, pero Mamá Elena se opone y le obliga a Tita a seguir la vieja tradición de la hija menor. Mamá Elena le propone al padre de Pedro que su hijo se case con Rosaura, la hermana mayor de Tita.

En el fragmento que sigue, Tita está en la cocina con Nacha, de 85 años, vieja sirvienta de los de la Garza. Mamá Elena le ha ordenado a Tita ayudarle a Nacha a preparar el pastel para la boda de Pedro y Rosaura. La vieja Nacha también se ha quedado «para vestir santos».

Cada capítulo de la novela comienza con una receta. De hecho, el subtítulo de la obra es «*Novela de entregas mensuales con recetas, amores y remedios caseros*». Este fragmento también comienza con una receta, la receta para el fondant, la pasta de azúcar que cubrirá el pastel.

Laura Esquivel

Lectura

Para el fondant:

800 gramos de azúcar granulado

60 gotas de jugo de limón más bastante agua para disolver

Se ponen en una cacerola, el azúcar y el agua al fuego sin dejar de moverla hasta que empieza a hervir. Se cuela en otra cacerola y se vuelve a poner al fuego agregándole el limón hasta que tome punto de bola floja, limpiando de vez en cuando los bordes de la cacerola con un lienzo° húmedo para que la miel no se azucare; cuando ha tomado el punto anteriormente indicado se vacía en otra cacerola húmeda, se rocía por encima y se deja enfriar un poco.

Después, con una espátula de madera, se bate hasta que se empaniza.

Para aplicarlo, se le pone una cucharada de leche y se vuelve a poner al fuego para que se deslíe, se pone después una gota de carmín y se cubre con él únicamente la parte superior del pastel.

Nacha se dio cuenta de que Tita estaba mal, cuando ésta le preguntó si no le iba a poner el carmín.

—Mi niña, se lo acabo de poner, ¿no ves el color rosado que tiene?

—No...

—Vete a dormir, niña, yo termino el turrón. Sólo las ollas saben los hervores° de su caldo, pero yo adivino los tuyos, y ya deja de llorar, que me estás mojando° el fondant y no va a servir, anda, ya vete.

Nachita cubrió de besos a Tita y la empujó fuera de la cocina. No se explicaba de dónde había sacado nuevas lágrimas°, pero las había sacado y alterado con ellas la textura del turrón. Ahora le costaría doble esfuerzo dejarlo en su punto. Ya sola se dio a la tarea de terminar con el turrón lo más pronto posible, para irse a dormir. El turrón se hace con 10 claras de huevo y 500 gramos de azúcar batidos a punto de hebra° fuerte.

Cuando terminó se le ocurrió darle un dedazo° al fondant, para ver si las lágrimas de Tita no habían alterado el sabor, pero, sin saber por qué, a Nacha le entró de golpe una gran nostalgia. Recordó uno a uno todos los banquetes de boda que había preparado para la familia de la Garza con la ilusión de que el próximo fuera el suyo. A sus 85 años no valía la pena llorar, ni lamentarse de que nunca hubieran llegado ni el esperado banquete ni la esperada boda, a pesar de que el novio sí llegó, ¡vaya que había llegado! Sólo que la mamá de Mamá Elena se había encargado de ahuyentarlo°. Desde entonces se había conformado con gozar de las bodas ajenas y así lo hizo por muchos años sin repelar. No sabía por qué lo hacía ahora. Sentía que era una reverenda tontería, pero no podía dejar de hacerlo.

un lienzo *cloth*

los hervores *boiling; figuratively, heartaches*

mojando *wetting*

lágrimas *tears*

hebra *thread*

darle un dedazo *stick a finger in*

ahuyentarlo *driving him away*

Cubrió con el turrón° lo mejor que pudo el pastel y se fue a su cuarto, con un fuerte dolor de pecho. Lloró toda la noche y a la mañana siguiente no tuvo ánimos para asistir a la boda.

Tita hubiera dado cualquier cosa por estar en el lugar de Nacha, pues ella no sólo tenía que estar presente en la iglesia, se sintiera como se sintiera, sino que tenía que estar muy pendiente° de que su rostro no revelara la menor emoción. Creía poder lograrlo siempre y cuando su mirada no se cruzara con la de Pedro. Ese incidente podría destrozar toda la paz y tranquilidad que aparentaba°.

Sabía que ella, más que su hermana Rosaura, era el centro de atención. Los invitados, más que cumplir con un acto social, querían regodearse° con la idea de su sufrimiento, pero no los complacería, no. Podía sentir claramente cómo penetraban por sus espaldas los cuchicheos° de los presentes a su paso.

—¿Ya viste a Tita? ¡Pobrecita, su hermana se va a casar con su novio! Yo los vi un día en la plaza del pueblo, tomados de la mano. ¡Tan felices que se veían!

el turrón *icing (in this context)*

pendiente *aware*

aparentaba *feigned*

regodearse *take delight in*

los cuchicheos *whisperings*

Después de leer

Comprensión

A **El fondant de Nacha** Contesten.

1. ¿Qué es lo que le dio el color rosado al fondant?
2. ¿Qué le indicó a Nacha que Tita no estaba bien?
3. Algo alteró la textura del turrón. ¿Qué?
4. ¿Qué le metió Nacha al fondant para probar el sabor?
5. ¿Cuál es la «reverenda tontería» a la que se refiere Nacha?

B **Nachita** Completen.

1. La receta con que comienza este fragmento es para ___.
2. Nachita le dio muchos ___ a Tita y la echó de la cocina.
3. Nacha quería terminar pronto con el turrón, porque tenía ganas de ___.

C **En otras palabras** ¿Qué quiere decir... ?

1. Sólo las ollas saben los hervores de su caldo, pero yo adivino los tuyos,...
2. ... la mamá de Mamá Elena se había encargado de ahuyentarlo
3. Tita hubiera dado cualquier cosa por estar en el lugar de Nacha...
4. Los invitados... querían regodearse con la idea de sus sufrimientos...

D **Expliquen el significado de la siguiente frase.**

Tita sabía que ella, más que su hermana Rosaura, era el centro de atención.

Dulcería, México

Actividades comunicativas

A **El banquete** Su mejor amigo(a) se casa y quiere que Ud. haga los preparativos para el banquete. Ud. tiene que tener alguna idea del número de invitados y de sus gustos. Pregúnteselo a su compañero(a). Después, prepare una lista de platos exquisitos y describa cada plato a su compañero(a) y pídale su opinión.

B **El restaurante** Un(a) amigo(a) es dueño(a) de un restaurante. Él (o ella) quiere que Ud. le prepare un anuncio para el periódico para clientes de habla española. El anuncio debe indicar las facilidades que tiene para bodas y banquetes y también debe hablar de su excelente cocina.

Jefa de cocina

1

1. El Illimani sobre La Paz
2. Festival, Plaza San Francisco, La Paz
3. Anochecer en La Paz
4. Mujer y niño aymaras, Lago Titicaca
5. Monolito preincaico, Tiahuanaco
6. Campanario de la Universidad San Francisco Javier, Chuquisaca, Sucre
7. Balsa de totora e hidrofoil, Lago Titicaca

102A

4

NATIONAL GEOGRAPHIC
VISTAS
DE BOLIVIA

5

Pasatiempos

Objetivos

In this chapter you will do the following:

- read about what Hispanics of all ages like to do during their free time
- handle such leisure time situations as getting tickets to a play, seeing and discussing it
- express opinions about leisure time activities
- review verbs like **importar, sorprender,** and **gustar;** uses of **ser** and **estar;** and commands
- read and discuss a magazine article about windsurfing
- learn to express how long an activity has been going on, and emotions and opinions about past events
- read and discuss the poetic song «Adiós muchachos», and an excerpt from the play *Mi adorado Juan* by Miguel Mihura

CULTURA
El tiempo libre

Introducción

¿Qué hace la gente con su tiempo libre en los países hispanos? Como aquí en los Estados Unidos, los pasatiempos favoritos varían según los gustos, intereses y preferencias personales. A algunos les gusta leer un buen libro, a otros les gusta ir al cine a ver un filme. Algunos prefieren dar una caminata mientras otros descansan en una hamaca. Hay quienes frecuentan los museos y los conciertos, y hay quienes prefieren escuchar un CD o una cinta en su propia sala.

«Niños ricos» de Fernando Botero

Vocabulario

festival

la fiesta

sidewalk

la acera

el santo patrón

patron saint

el desfile parade

shot   rocket

Se oye el disparo de un cohete.

disparar: to shoot

los peatones

desfilar: to participate in a parade

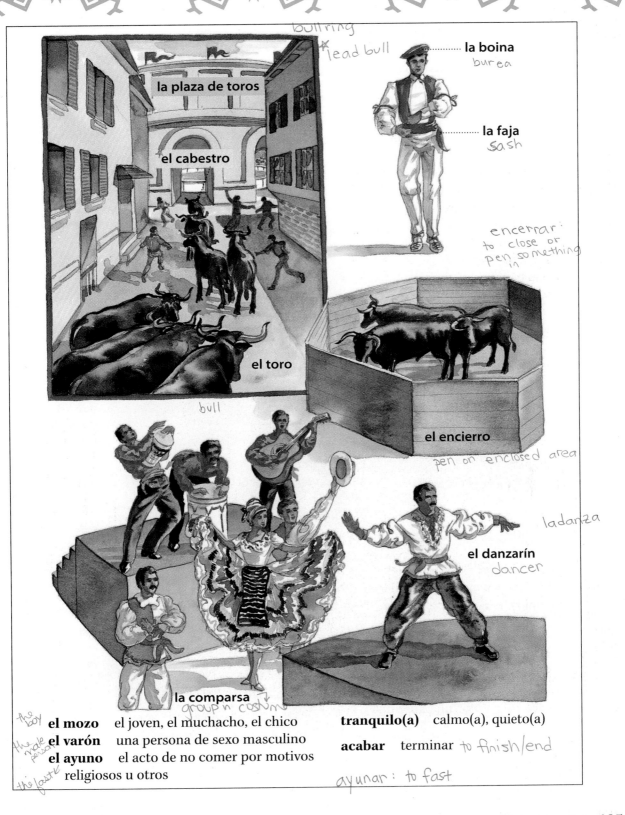

la plaza de toros

el cabestro

la boina

la faja

el toro

el encierro

la comparsa

el danzarín

el mozo el joven, el muchacho, el chico

el varón una persona de sexo masculino

el ayuno el acto de no comer por motivos religiosos u otros

tranquilo(a) calmo(a), quieto(a)

acabar terminar

⟨ Práctica ⟩

A. Las fiestas ¿Sí o no?

1. Durante muchas ferias y fiestas hay desfiles en las calles.
2. Un cohete estalla en el aire produciendo un gran ruido.
3. La corrida de toros es una función de música al aire libre.
4. Una comparsa es un grupo de danzarines y músicos en la calle.
5. El toro es un animal muy fuerte.
6. Se lleva una faja en la cabeza.
7. El santo patrón de San Juan de Puerto Rico es San Juan.
8. Los peatones andan o caminan sobre la acera.

B. Se divierten. Escojan.

1. Los ___ tocan un pasodoble.
   a. músicos
   b. cabestros
   c. danzarines

2. El ___ guía a los toros. Es un animal manso, no es feroz.
   a. encierro
   b. cabestro
   c. santo

3. La corrida tiene lugar en ___.
   a. el estadio
   b. la acera
   c. la plaza de toros

4. Los mozos llevan ___.
   a. faja y boina
   b. comparsas
   c. cohetes

C. ¿Cuál es la palabra? Escojan.

1. una fiesta	a. un animal fuerte y bastante feroz
2. una boina	b. una persona de sexo masculino
3. un toro	c. quieto, calmo
4. el mozo	d. una feria
5. tranquilo	e. lo contrario de «empezar»
6. un danzarín	f. un tipo de sombrero
7. acabar	g. un muchacho
8. un varón	h. un bailarín
9. ir a	i. acudir a

La Feria de Sevilla, España

Algunos pasatiempos

Cuando nosotros, los norteamericanos, pensamos en el tiempo libre, solemos pensar en el «weekend»—el fin de semana. El británico o norteamericano, desde hace muchos años, ha gozado del «weekend». Pero este concepto no es de invención hispana. En muchos países hispanos todavía no es común que un trabajador tenga dos días de descanso a la semana. Por eso, los obreros españoles lucharon por «la semana inglesa» de cinco días. Pero si el trabajador norteamericano tiene sus dos días feriados cada semana, el hispano vive en espera de sus ferias y fiestas. Algunas fiestas son puramente locales; otras son nacionales e internacionales. Todas, sin embargo, llevan la estampa del lugar donde se celebran.

Raro es el pueblo español o hispanoamericano que no rinda honor a su santo patrón: en Madrid, a San Isidro; en Puerto Rico, a San Juan; y en México, a la Virgen de Guadalupe. Estas fiestas patronales en las grandes ciudades pueden durar una semana o más. Hay música y bailes todas las noches. Vamos a mirar de cerca a algunas de estas fiestas.

Fiesta de la Virgen de Guadalupe, México

Una celebración en Venezuela

Las fiestas de San Fermín

San Fermín, Pamplona, España, siete de julio. «Uno de enero, dos de febrero, tres de marzo, cuatro de abril, cinco de mayo, seis de junio, siete de julio, San Fermín. A Pamplona vamos ya, a Pamplona a ver el encierro, a Pamplona vamos ya, a Pamplona riáu riáu.» Ésa es una parte de la letra de una canción tradicional. El siete de julio es el día de San Fermín, santo patrón de Pamplona.

Para comprender la locura[1] que invade la ciudad durante la segunda semana de julio, hay que tener alguna idea de lo que es Pamplona. Capital de la provincia y del antiguo reino de Navarra, Pamplona es un lugar tranquilo durante cincuenta y una semanas del año. Si en algo se distingue Pamplona de las otras capitales de provincia es en ser quizás más quieta y soñolienta que las otras.

Pero comenzando el día siete de julio y por una semana o más, la ciudad se convierte en un manicomio[2]. Los mozos no duermen. Pasan la noche en la calle bailando y festejando. Bailan en grupos de varones o a solas. Cuando por fin se cansan, echan una siesta en la silla de algún café o en la misma acera.

A las seis de la madrugada, el disparo de un cohete anuncia que el encierro comienza. Los chicos se despiertan en seguida porque en pocos momentos por las calles pasarán los toros de la corrida de la tarde. Sí, corren a toda velocidad detrás de sus cabestros camino a la plaza.

Los mozos vestidos de blanco con faja y boina roja corren delante, desafiando[3] a aquellos monstruos negros. No tienen miedo porque saben que:

> El que se levanta pa'[4] correr
> delante los toros ya verá
> como San Fermín que todo lo ve
> y si tienes fe y si tienes fe
> te levantará riáu, riáu.

Y en la última noche de feria se oye por todas partes el triste refrán: «Pobre de mí, pobre de mí, ya se acaban las fiestas de San Fermín. Pobre de mí, pobre de mí, ya se han acabado las fiestas de San Fermín».

Los sanfermines, Pamplona, España

[1] **locura** *craziness*
[2] **manicomio** *insane asylum*
[3] **desafiando** *daring*
[4] **pa'** *para*

108 ∾ *ciento ocho*

CAPÍTULO 3

El Carnaval

El carnaval es una mezcla de lo sacro y lo profano, de tradiciones del Viejo Mundo con las del Nuevo Mundo.

Comenzando con el miércoles de ceniza[5], la cuaresma[6] imponía al buen cristiano cuarenta días de ayuno y de abstinencia. Cuarenta días sin música, ni baile, ni fiesta. Cuarenta días de solemnidad. Desde la Edad Media, se han utilizado los días anteriores al miércoles de ceniza para hartarse[7] de fiesta y para poder soportar mejor esos cuarenta días de cuaresma.

Esta fiesta se celebra en muchos países. En Nueva Orleans se conoce por su nombre francés, *Mardi Gras*. En los países hispanos se llama Carnaval. El de La Habana antes era de los mejores. Los verdaderos orígenes del carnaval están en la prehistoria. Es probable que las saturnales y bacanales romanas fueran sus antecedentes.

En los países del Caribe una nota típica de los carnavales es el desfile de las comparsas. Las comparsas son grupos de danzarines y músicos, todos vestidos igual, algunos con máscaras o caretas fantásticas, que desfilan por las avenidas de la ciudad. En el Caribe las comparsas se enriquecen con los ritmos de África.

[5] **miércoles de ceniza** *Ash Wednesday*
[6] **cuaresma** *Lent*
[7] **hartarse** *to get one's fill of*

Carnaval en Ponce, Puerto Rico

Carnaval en Puebla, México

Un baile en Chichicastenango, Guatemala

Comprensión

A. ¿Qué es?   Identifiquen.

1. el «weekend» o el fin de semana
2. la semana inglesa
3. un día feriado
4. el santo patrón de Madrid
5. el santo patrón de San Juan de Puerto Rico
6. la santa patrona de México

Una comparsa, Ponce, Puerto Rico

B. Los sanfermines   Contesten.

1. ¿Dónde está Pamplona?
2. ¿Quién es el santo patrón de Pamplona?
3. ¿Qué día empiezan las fiestas de San Fermín?
4. ¿Cómo es Pamplona?
5. ¿Qué hacen los jóvenes durante los sanfermines?
6. ¿A qué hora se oye el disparo de un cohete?
7. ¿Qué anuncia el disparo del cohete?
8. ¿Por dónde pasan los toros camino a la plaza de toros?
9. ¿Quiénes corren delante de los toros?
10. ¿Qué llevan?
11. ¿Por qué no tienen miedo? ¿Quién los protegerá?

Fiesta de San Jerónimo, Masaya, Nicaragua

C. Los carnavales   Completen.

1. La cuaresma comienza con ___.
2. Para muchos cristianos la cuaresma es un período de ___.
3. La cuaresma dura ___.
4. Es el *Mardi Gras* en Nueva Orleans pero en los países hispanos se llama ___.
5. Las comparsas son ___.
6. En los carnavales de los países del Caribe hay ___.

↑ madrugada

Actividades comunicativas

A. La fiesta de...   Describa una fiesta que tiene lugar cerca de donde Ud. vive. Dé todos los detalles posibles.

B. Mi opinión   ¿Preferiría Ud. trabajar cinco días a la semana con fin de semana libre, o trabajar los sábados y tener muchos días feriados al año? Explique por qué.

Vocabulario

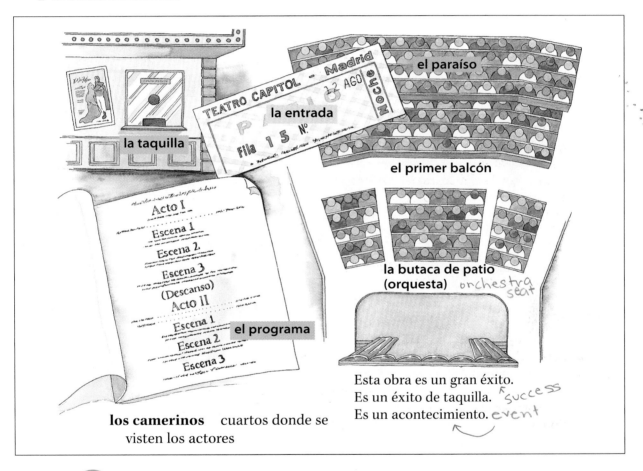

el paraíso

la entrada

TEATRO CAPITOL – Madrid

la taquilla

el primer balcón

Acto I
Escena 1
Escena 2
Escena 3
(Descanso)
Acto II
Escena 1
Escena 2
Escena 3

el programa

la butaca de patio
(orquesta)   orchestra seat

Esta obra es un gran éxito.
Es un éxito de taquilla.   success
Es un acontecimiento.   event

los camerinos   cuartos donde se
visten los actores

Práctica

A   **En el teatro**   Preguntas personales.

1. Si vas al teatro, ¿dónde prefieres sentarte?
2. ¿Qué butacas cuestan más, las butacas de patio o las del balcón?
3. ¿Te interesa mucho el mundo del espectáculo?
4. ¿Te gusta ir a los camerinos durante el descanso o después de la representación?

Escenas de la vida

Una obra de teatro

ANDRÉS: Esta noche están presentando *Don Juan Tenorio* en el teatro Liceo. ¿Quieres ir?

MARA: Me estás tomando el pelo. No habrá más plazas. Esta obra es siempre un gran éxito.

ANDRÉS: No, es una obra antiquísima. Ya no acude todo Madrid.

MARA: Pues, vamos a la taquilla. Pero te aseguro que las entradas estarán agotadas. No quedará ni una.

ANDRÉS: Y si ya tengo entradas, ¿quieres ir?

MARA: ¿Tienes entradas?

ANDRÉS: Sí, las saqué ya hace unos quince días y no te lo quería decir. Sabía que te gustaría verlo. Tenemos dos butacas en el primer balcón.

Durante el descanso

ANDRÉS: ¡Pues, bien! ¿Qué piensas?

MARA: ¡Qué tipo es este don Juan! Pero la verdad es que me hace reír. Y Joaquín Mellina que hace el papel de don Juan es fantástico.

ANDRÉS: ¿Quieres visitar los camerinos?

MARA: ¿Para qué? ¿Para ver a las estrellas y molestarlas? No, el mundo del espectáculo no me interesa tanto, pero la obra sí.

Comprensión

A **Al teatro** Contesten.

1. ¿Qué obra están presentando?
2. ¿Dónde?
3. ¿Cuándo?
4. ¿Por qué cree Mara que Andrés le está tomando el pelo?
5. ¿Por qué quiere ella ir a la taquilla?
6. ¿Cuál es la sorpresa que le tiene Andrés?
7. ¿Cuándo sacó las entradas?
8. ¿Quién hace el papel de don Juan?
9. ¿Tiene Mara ganas de visitar los camerinos?
10. ¿Cuándo hablaron los dos de la representación?

Teatro Colón, Buenos Aires, Argentina

Actividades comunicativas

A **El cine** Indique si a Ud. le gusta o no le gusta el teatro o el cine. Explique.

B **Los títulos** Prepare una lista de películas (filmes) que Ud. ha visto. Trate de ponerles títulos en español.

C **Una estrella de teatro** ¿Quién es su estrella de cine o teatro favorita? Explique por qué.

El Teatro Nacional, San José, Costa Rica

Lenguaje
Los gustos e intereses

Gustos

En español, como en inglés, hay varias
expresiones para indicar lo que nos gusta,
lo que queremos o adoramos y lo que apreciamos.

> **Es fantástico.**

> **Me gusta mucho el regalo que me diste.**
> **Me agrada mucho. Me da mucho placer.**
> **Me encanta.**
>
> **Quiero mucho a mi novio(a). Lo/La adoro.**
> **Quiero mucho a mi perrito. Lo adoro.**
> **Aprecio (Estimo) la generosidad de Pablo.**

Hay razones por las cuales nos gusta algo. Algunas expresiones que podemos utilizar
para describir lo que nos gusta o nos agrada son:

> **Es agradable.** | **Es fantástico.**
> **Es formidable.** _great_ | **Es excepcional.**
> **Es extraordinario.** | **Es genial.** ~~pleasant~~ brilliant
> **Es maravilloso.** | **Es chévere.** (en ciertas regiones) fantastic, good
> **Es sensacional.** | **Está muy bien.**
> **Es estupendo.**

Intereses

Si queremos decir que algo nos interesa o que lo encontramos interesante,
podemos decir:

> **El teatro me interesa.**
> **Tengo mucho interés en el teatro.**
> **El mundo del espectáculo me atrae.**
> **Me atrae mucho. Me fascina.**

Si queremos explicar por qué nos interesa o nos fascina algo, podemos decir:

> **Lo encuentro interesante.** | **Lo encuentro maravilloso.**
> **Lo encuentro fascinante.** | **Me pica el interés.**
> **Lo encuentro curioso.** | **Me pica la curiosidad.**

Práctica

A **El agradecimiento** Completen.

1. —Quiero agradecerle a Emilio.
   —¿Quieres agradecerle? ¿Por qué?
   —Porque me ayudó mucho cuando estaba enfermo y quiero que sepa que yo ___ todo lo que ha hecho por mí.

2. —¿Te ___ esta pulsera?
   —¡Sí! ¡Qué preciosa! ¿Acabas de comprártela?
   —No, papá me la regaló para mi cumpleaños.

3. —Este perrito tuyo, ¡qué mono (precioso) es!
   —¿Te parece? Yo lo ___.
   —Comprendo por qué. Es adorable.

En la taquilla de un teatro, Buenos Aires, Argentina

B **¿Qué te gusta?** Contesten.

1. El libro que leíste, ¿te gustó? ¿Por qué? ¿Cómo lo encontraste?
2. La película que viste, ¿te gustó? ¿Por qué? ¿Cómo la encontraste?
3. La carta que recibiste, ¿te gustó? ¿Por qué? ¿Cómo la encontraste?
4. La obra teatral que viste, ¿te gustó? ¿Por qué? ¿Cómo la encontraste?
5. El concierto que oíste, ¿te gustó? ¿Por qué? ¿Cómo lo encontraste?
6. La canción que oíste, ¿te gustó? ¿Por qué? ¿Cómo la encontraste?

C **Lo encuentro interesante.** Preguntas personales.

1. De los cursos que tomas (sigues) este semestre, ¿cuáles te interesan? ¿Por qué te interesan tanto?
2. ¿En qué eventos culturales tienes interés? ¿Por qué?
3. ¿Qué deportes te atraen? ¿Por qué?
4. ¿Qué programas (emisiones) de televisión te pican el interés? ¿Por qué?
5. ¿Qué cosas que nunca has hecho te gustaría hacer porque te pican la curiosidad?

Antipatías

No me gusta esta música.

Para expresar lo que no nos gusta, podemos decir:

> **No me gusta este tipo de canción.**
> **No me gusta esta música.**
> **La aborrezco. La detesto.**
> **La odio.**

Como hay razones por las cuales nos gusta algo, hay también razones por las cuales no nos gusta algo.

> **Lo encuentro horrible.**
> **Lo encuentro detestable.**
> **Lo encuentro espantoso.**
> **Lo encuentro abominable.**
> **Lo encuentro repugnante.**
> **Lo encuentro asqueroso.**
> **¡Qué horror!**
> **Me da asco.**

Las palabras **asqueroso, asco** y **repugnante** indican repugnancia. Son palabras fuertes. De vez en cuando, hay algo o alguien que no podemos soportar ni tolerar por una razón u otra. En estos casos, podemos decir:

> **No puedo aguantar esta música.**
> **No aguanto esta música.**
> **No puedo aguantar a ese tío.**

Si ya no aguantamos más, podemos decir:

> **Es el colmo.**
> **No puedo más.**
> **Ya estoy harto(a).**

Falta de interés o aburrimiento

Para expresar lo que no nos interesa, podemos decir:

> **No me interesa el teatro.**
> **No tengo interés en el teatro.**
> **Esta conferencia (Este discurso) me aburre. No lo/la encuentro**
> **interesante. Francamente lo/la encuentro muy aburrido/a.**

Para expresar la razón por nuestra falta de interés, podemos decir:

> **Es aburrido.**
> **Es monótono.**
> **Es pesado.**

Algunas expresiones más populares que indican una falta de interés son:

> **No me dice nada.**
> **No me hace nada.**
> **Me deja frío(a).**
> **No soy muy aficionado(a) al golf.**

A **No lo aguanto.** Indiquen si les gusta, no les gusta, no lo aguantan, les interesa o les aburre.

1. Esta música es horrible. ¡Una abominación! ¡Qué horror!
2. ¡Qué fabuloso es este disco!
3. Ella tiene una voz estupenda, divina, preciosa.
4. Esta ciudad es asquerosa. Me vuelve loco(a).
5. Esta comida es repugnante. No la puedo comer.
6. Pero el postre es delicioso. ¡Qué rico!
7. Yo encuentro asquerosos los modales de este tipo. ¡Qué tío!
8. Estos sonidos son agradables.

B. Oraciones   Usen las siguientes palabras en una oración.

1. asqueroso
2. desagradable
3. espantoso
4. horrible
5. repugnante

C. La historia   Completen.

1. —A mí no me gusta nada la historia.
   —¿El pasado no te interesa?
   —De ninguna manera. La encuentro ___.
   —No me digas. A mí me fascina.

2. —El amigo de Camila es un buen tipo pero el pobrecito habla y habla sin decir nada.
   —Es verdad lo que dices. Yo también lo encuentro muy ___. Es tan ___ que cuando me habla me adormezco.

D. De otra manera   Expresen de otra manera.

1. No me gusta esta música.
2. Ese tipo de libro no me atrae. No me llama la atención.
3. Este artículo no me interesó.
4. No me gusta la obra de este pintor.
5. No puedo tolerar a este señor.

Actividades comunicativas

A. Me interesa.
Haga dos listas: una de las cosas que le interesan, y otra de las cosas que no le interesan. Compare sus listas con las de un(a) compañero(a) de clase. Determinen los intereses que tienen en común. Expliquen por qué les interesa o no les interesa una cosa. Luego, determinen las actividades que a Uds. les gustaría hacer juntos.

B. Compañeros de cuarto
Divídanse en grupos de tres. Imagínense que Uds. no se conocen bien. Sin embargo, el próximo año tienen que compartir un apartamento. Para evitar problemas, han decidido abrir un diálogo entre sí. Descríbanse a sí mismos(as) y comenten sus gustos, intereses, antipatías, enojos, etc.

Repaso de estructura

Expressing surprise, interest, and annoyance
Verbos especiales con complemento indirecto

1. The following verbs function the same in Spanish as in English.

asustar	to scare	**importar**	to matter
encantar	to enchant, to delight	**interesar**	to interest
enfurecer	to infuriate, to anger	**molestar**	to bother
enojar	to annoy	**sorprender**	to surprise

2. These verbs take an indirect object pronoun in Spanish. Look at the following:

> **Las películas policíacas me asustan (me molestan, me interesan, le enojan, les enfurecen, nos sorprenden).**

3. Note that the subject of the sentence often comes after the verb.

> **A Joaquín le sorprendieron mis ideas.**
> **La verdad es que me enojaron sus opiniones.**

Práctica

A HISTORIETA **Nunca están contentos.**

Completen.

1. A Pepe ___ molest___ la música moderna.
2. Y a sus hermanas ___ encant___ la música moderna.
3. Pero a las hermanas ___ enoj___ la música clásica.
4. A nosotros no ___ molest___ los discos de Pepe.
5. A mí ___ sorprend___ sus reacciones.
6. Porque a nosotros siempre ___ interes___ toda clase de música.

Mecano, un conjunto español

B **Lo que me encanta.** Indiquen las cosas de la lista que les encantan a Uds.

1. ir al cine
2. los discos de rock
3. el helado
4. viajar
5. las películas de terror
6. los bailes
7. mirar la televisión
8. las clases
9. el chocolate
10. los blue jeans
11. los tenis

C **Lo que le asusta a mi hermanito(a).** ¿Cuáles son las cosas que le asustan a su hermano(a) menor?

D **Lo que le enoja a mamá.** ¿Cuáles son algunas cosas que le enojan a su mamá?

Expressing what you like or need
Los verbos gustar y faltar

The verb **gustar** is translated as "to like." **Faltar** is translated as "to need" or "to lack." The literal meaning of **gustar** is "to please" or "to be pleasing to." The literal meaning of **faltar** is "to be lacking." Note that in Spanish the verbs **gustar** and **faltar** function the same as **interesar** and **sorprender.**

A mí me gusta el fútbol.
¿Qué deportes les gustan a Uds.?
A mis hermanos les gustan todos
    los deportes.
Me falta dinero.

Práctica

A **Los deportistas** Contesten con **sí.**

1. ¿A Pablo le gusta el baloncesto?
2. ¿A Sandra le gusta jugar al tenis?
3. ¿A tus hermanos les gusta el fútbol?
4. ¿A las muchachas les gusta el vólibol?
5. ¿A tu hermana le gusta nadar?
6. ¿A tus padres les gusta el golf?

B

Las películas que nos gustan

Completen con las formas apropiadas de **gustar** y el pronombre.

A Jorge ___1___ las películas del oeste. A él no ___2___ las películas románticas. A mi hermana y a mí ___3___ todas las películas. Pero vimos una película anoche que no ___4___. Era una película de terror. A mi madre ___5___ las películas francesas e italianas. Y sé que a ti ___6___ el cine, pero no sé qué películas ___7___. A mí ___8___ mucho las películas documentales. ¿Y a ti?

C **¿Qué no tienes?** Contesten según el modelo.

    ¿No tienes papel?
    No, me falta papel.

1. ¿No tienes un bloc?
2. ¿No tienes una pluma?
3. ¿No tienes un lápiz?
4. ¿No tienes libros?

Contrasting location and origin
Ser y estar

1. There are two verbs to express "to be" in Spanish. They are **ser** and **estar.** Each of these verbs has specific uses. They are not interchangeable. The verb **estar** is always used to express location, both temporary and permanent.

PERMANENT	TEMPORARY
Madrid está en España.	Mis primos están en Madrid ahora.
Mi casa está en los suburbios de Nueva York.	Mis amigos están en mi casa.

2. The verb **ser** is used to express origin, where someone or something is from.

> **Yo soy de los Estados Unidos.**
> **Mi abuelo es de España y mi abuela es de Cuba.**
> **Este vino es de Chile.**

3. Note that the following sentence illustrates both origin and location.

> **El señor Rosas es de Colombia pero ahora está en Puerto Rico.**

Práctica

A **¿Dónde está?** Preguntas personales.

1. ¿Dónde estás ahora?
2. ¿Dónde está tu casa?
3. Y tu escuela, ¿dónde está?
4. ¿Dónde están tus padres?
5. Y tus amigos, ¿dónde están?
6. ¿Dónde está tu profesor(a) de español?

B **¿De qué país es?** Contesten según el modelo.

> **¿Es español el señor Suárez?**
> **Sí, sí. Es de España.**

1. ¿Son españoles los Guzmán?
2. ¿Es español el jamón serrano?
3. ¿Es español el queso manchego?
4. ¿Es español el jabón Magno?

C **Unos primos** Completen con **ser** o **estar.**

1. Ángel y Guadalupe ___ de la Ciudad de México.
2. Su apartamento ___ en la calle Niza.
3. La calle Niza ___ en la colonia que se llama la Zona Rosa.
4. El primo de Ángel y Guadalupe ___ de Arizona.
5. Pero ahora él ___ en México porque está visitando a sus primos.

Expressing characteristics and conditions
Característica y condición

1. The verb **estar** is used to express a temporary state or condition.

> **El agua está muy fría.**
> **Y el té está muy caliente.**
> **No sé por qué estoy tan cansado.**

2. The verb **ser,** however, is used to express an inherent quality or characteristic.

> **El hermano de Juan es muy simpático.**
> **Y él es guapo.**
> **Y además es muy sincero.**

Práctica

Plaza Bolívar, Santafé de Bogotá, Colombia

A **Yo** Preguntas personales.

1. ¿Eres alto(a) o bajo(a)?
2. ¿Eres fuerte o débil?
3. ¿De qué nacionalidad eres?
4. ¿Eres simpático(a) o antipático(a)?
5. ¿Cómo estás hoy?
6. ¿Estás de buen humor o estás de mal humor?
7. ¿Estás bien o estás enfermo(a)?
8. ¿Estás contento(a) o triste?
9. ¿Estás cansado(a)?

B **La capital de Colombia** Completen con **ser** o **estar.**

1. La ciudad de Santafé de Bogotá ___ en Colombia.
2. La ciudad de Santafé de Bogotá ___ la capital de Colombia.
3. La ciudad de Santafé de Bogotá ___ muy bonita.
4. La ciudad ___ grande.
5. El tiempo en Santafé de Bogotá ___ muy frío hoy.
6. Los Andes ___ muy altos.
7. El barrio colonial de Santafé de Bogotá ___ muy viejo.
8. El barrio colonial ___ lleno de turistas en este momento.
9. Las plazas del barrio colonial ___ muy pintorescas.
10. No toda la ciudad de Santafé de Bogotá ___ antigua.
11. Muchas zonas de la ciudad ___ modernas.
12. Los rascacielos de los barrios modernos ___ impresionantes.
13. El Museo del Oro ___ cerrado debido a un accidente.

More about ser and estar
Usos especiales de ser y estar

1. As you have already learned, the verb **ser** is used to express origin, a characteristic, or an inherent quality. The verb **estar** is used to express a permanent or temporary location, a temporary state, or a condition. The speaker often chooses the verb **ser** or **estar** depending upon the meaning he or she wishes to convey. Observe and analyze the following.

> **Estas frutas son muy agrias.**
> **Estas frutas están muy agrias.**

The first sentence uses the verb **ser.** The meaning conveyed is that these fruits are supposed to be sour. The characteristic of these fruits is to be sour rather than sweet. The second sentence uses the verb **estar.** The meaning conveyed is that these particular fruits are sour but are supposed to be sweet.

2. Note the difference in meaning in the following pairs of sentences.

> **Carlos es guapo.**   *Charles is handsome (a handsome person).*
> **Carlos está muy guapo hoy.**   *Charles looks very handsome today.*
> **La sopa es buena.**   *Soup is (inherently) good (healthful).*
> **La sopa está buena.**   *The soup tastes good.*

3. Many words actually change meaning when used with **ser** or with **estar.** Study the following.

	WITH **ser**	WITH **estar**
aburrido	*boring*	*bored*
cansado	*tiresome*	*tired*
divertido	*amusing, funny*	*amused*
enfermo	*sickly*	*sick, ill*
listo	*bright, clever, smart, shrewd*	*ready*
triste	~~*dull*~~ sad	*sad*
vivo	*lively, alert*	*alive*

Note that the verb **estar** with **vivo** means "to be alive." The verb **estar** is also used with **muerto** to mean "to be dead," even though death is permanent.

> **Su abuelo está muerto.**

4. The verb **ser** is used whenever the verb "to be" has the meaning of "to take place."

> **El concierto tendrá lugar mañana.**
> **El concierto será mañana.**
> **Tendrá lugar en el teatro.**
> **Será en el teatro.**

⟨Práctica⟩

A **¿Ser o estar?**   Seleccionen el verbo apropiado.

1. Tienes que comer más verduras. Las verduras tienen muchas vitaminas y ___ muy buenas para la salud.
   a. son   **b.** están

2. ¡Qué deliciosas! ¿Dónde compraste estas verduras? ___ muy buenas.
   a. Son   **b.** Están

3. No sé lo que le pasa a la pobre Marta. Tiene que estar enferma porque ___ muy pálida.
   a. es   **b.** está

4. No, no está enferma. Es su color. Ella ___ muy pálida.
   a. es   **b.** está

5. Él ___ tan aburrido que cada vez que empieza a hablar, todo el mundo se duerme.
   a. es   **b.** está

6. ¡Elena! Me encanta el vestido que llevas hoy. ¡Qué bonita ___!
   a. eres   **b.** estás

7. El pobre Juanito ___ tan cansado que sólo quiere volver a casa para dormir un poco.
   a. es   **b.** está

8. ¿___ listos todos? Vamos a salir en cinco minutos.
   a. Son   **b.** Están

9. Ella ___ muy lista. Ella sabe exactamente lo que está haciendo y te aseguro que está haciéndolo a propósito.
   a. es   **b.** está

10. Él ___ muy vivo y divertido. A mí, como a todo el mundo, me gusta mucho estar con él.
    a. es   **b.** está

11. No, no se murió el padre de Josefina. Él ___ vivo.
    a. es   **b.** está

B **¿Cuándo y dónde será?**   Contesten según se indica.

1. ¿Dónde será el concierto? (en el parque central)
2. ¿Cuándo es la fiesta? (el domingo por la tarde)
3. ¿Dónde es la exposición de arte? (en el Museo de Arte Moderno)
4. ¿Cuándo será la exposición? (del 5 al 12 de este mes)
5. ¿A qué hora es la película? (a las ocho de la noche)

Expressing origin and ownership
Ser de

The expression **ser de** is used to express origin, ownership, or source; for example, the material from which something is made.

> **Este reloj es de Suiza.** **No es de plata. Es de oro.**
> **El reloj es de Carlota.** **La casa es de los Amaral.**

✦Práctica✦

A **HISTORIETA** **A la casa de los Amaral**

Completen.

Aquí tenemos una foto de una casa bonita. La casa ____ de la familia
₁ Amaral. La casa ____ en el sur de
₂ California. La casa de los Amaral no
____ de ladrillo. Tampoco ____ de
₃   ₄
adobe. ____ de madera y estuco. El
₅
techo ____ de tejas. Las tejas ____ de México.
₆   ₇

Giving commands
El imperativo

1. Most commands are expressed by using the subjunctive. Review the following.

hablar	(no) hable Ud.	(no) hablen Uds.	no hables
comer	(no) coma Ud.	(no) coman Uds.	no comas
subir	(no) suba Ud.	(no) suban Uds.	no subas
volver	(no) vuelva Ud.	(no) vuelvan Uds.	no vuelvas
pedir	(no) pida Ud.	(no) pidan Uds.	no pidas
salir	(no) salga Ud.	(no) salgan Uds.	no salgas
conducir	(no) conduzca Ud.	(no) conduzcan Uds.	no conduzcas
ir	(no) vaya Ud.	(no) vayan Uds.	no vayas

2. The affirmative **tú** command is not expressed by the subjunctive. The affirmative **tú** command of regular verbs is the same as the **Ud.** form of the present indicative.

hablar	habla
comer	come
subir	sube
volver	vuelve
pedir	pide

3. The following verbs have irregular forms in the affirmative **tú** command.

decir	di
hacer	haz
salir	sal
poner	pon
tener	ten
venir	ven
ser	sé
ir	ve

Práctica

A **¿Qué debo hacer?** Contesten según el modelo.

> **¿Debo volver?**
> **Sí, vuelva Ud.**

1. ¿Debo esperar?
2. ¿Debo hablar?
3. ¿Debo comer?
4. ¿Debo leer?
5. ¿Debo escribir?
6. ¿Debo venir?
7. ¿Debo salir?
8. ¿Debo conducir?
9. ¿Debo servir?
10. ¿Debo volver?

La Plaza de Armas, Santiago, Chile

B **¿Cómo se usa el teléfono?** Completen.

1. ___ (Descolgar) Ud. el auricular.
2. ___ (Esperar) la señal.
3. ___ (Introducir) la moneda en la ranura.
4. ___ (Marcar) el número.
5. ___ (Hablar) ahora.

C ¡Perdone! ¿Cómo salgo de la ciudad? Completen.

1. ___ (Tomar) Ud. la Alameda hasta el final.
2. Al final de la Alameda, ___ (doblar) a la izquierda.
3. ___ (Seguir) derecho hasta el tercer semáforo.
4. Al llegar al tercer semáforo, ___ (doblar) a la derecha.
5. ___ (Ir) a la tercera bocacalle, donde verá Ud. la casa de correos.
6. Después de pasar el correo, ___ (virar) a la derecha.
7. Es la calle Centauro. ___ (tomar) la calle Centauro.
8. ___ (Seguir) derecho hasta llegar a la entrada de la autopista.
9. Para ir a Torreblanca, ___ (salir) de la autopista en la primera salida después de pasar la segunda garita de peaje.

D Pues, haz lo que te dé la gana. Completen con el imperativo familiar.

1. Tengo que ir a casa. Pues, ___ a casa.
2. Tengo que hacer la comida. Pues, ___ la comida.
3. Tengo que poner la mesa. Pues, ___ la mesa.
4. Y luego tengo que servir la comida. Pues, ___ la comida.
5. Tengo que ser bueno(a). Pues, ___ bueno(a).
6. Tengo que decirles algo a mis padres. Pues, ___ algo.
7. Quiero hacer un viaje este verano. Pues, ___ un viaje si quieres.
8. Quiero ir al Perú. Pues, ___ al Perú.

E Haz lo que debes hacer. Contesten con el imperativo familiar.

1. ¿Debo llamar al restaurante?
2. ¿Debo reservar una mesa?
3. ¿Debo hacer la reservación para las ocho?
4. ¿Debo pedir una mesa para seis personas?
5. ¿Debo preguntar si tienen un menú fijo?
6. ¿Debo hacer la reservación a mi nombre?

F Sí, sí. Es importante. Contesten según el modelo.

No quiero estudiar.
Pues, es importante, José. ¡Estudia!

1. No quiero estudiar.
2. No quiero repasar la lección de biología.
3. No quiero leer el libro de historia.
4. No quiero escribir la composición.
5. No quiero ir a la clase de música.

G No hay problema. No lo hagas.
Sigan el modelo.

No quiero hablar.
Pues, no hay problema. No hables.

1. No quiero cantar.
2. No quiero bailar.
3. No quiero estudiar.
4. No quiero comer.
5. No quiero leer.
6. No quiero volver.
7. No quiero dormir.
8. No quiero salir.
9. No quiero venir.
10. No quiero conducir.

Plaza Mayor, Madrid, España

Periodismo
El wind surf

Introducción

A mucha gente le gusta practicar un deporte durante sus horas libres. Puede ser un deporte divertido y a la vez una actividad muy sana porque los deportes nos hacen ejercitar el cuerpo. El *wind surf* o plancha de vela es una diversión relativamente nueva pero está haciéndose muy popular. Es un deporte que se puede practicar aun lejos del mar porque se puede hacer *wind surf* en un lago o en un río.

El artículo que sigue apareció en la revista mexicana *Eres*. Indica la popularidad del *wind surf* en ese país.

Vocabulario

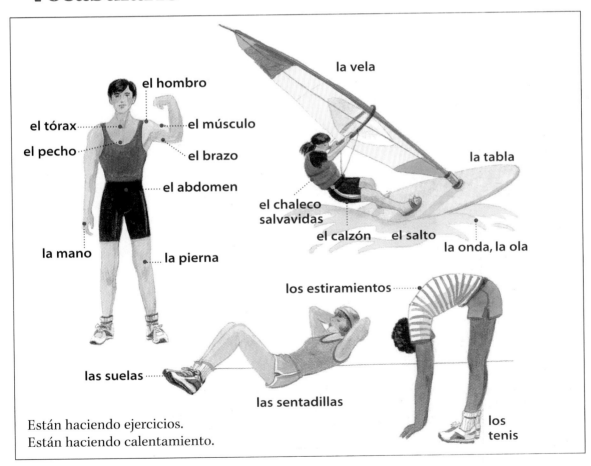

el hombro
el tórax
el músculo
el pecho
el brazo
el abdomen
la mano
la pierna

la vela
la tabla
el chaleco salvavidas
el calzón
el salto
la onda, la ola

los estiramientos
las suelas
las sentadillas
los tenis

Están haciendo ejercicios.
Están haciendo calentamiento.

El joven se resbaló.
La tabla dio unos brincos.
Se volteó.

ejercitar   darle ejercicio a
lastimar   hacerle daño, dañar, herir

los ligeros   los que no pesan mucho, los que pesan pocos kilos
los pesados   los que tienen mucho peso, lo contrario de «ligeros»
los novatos   los principiantes, lo contrario de «expertos»

Práctica

A **¿Qué es?**   Identifiquen.

1.
2.
3.
4.
5.
6.
7.
8.

B **¿Qué pasó?**   Contesten según se indica.

1. ¿Qué tiene la tabla? (una vela)
2. ¿Qué salta el joven? (la onda)
3. ¿Por qué se cayó de la tabla? (se resbaló)
4. ¿Se volteó? (sí)
5. ¿Por qué se volteó? (dio unos brincos fuertes)
6. ¿Qué ejercicios hizo para hacer calentamiento? (sentadillas y estiramientos)
7. ¿Por qué lleva guantes el/la *wind surfer*? (para no lastimarse las manos)

Wind surf: agua, aire ¡y diversión!

Para ti que te encanta pasártela súper con tus cuates[1] cerca del mar o de algún lago, haciendo deporte, ésta es una de las opciones con la que además de que te vas a sentir de maravilla, te vas a poner... ¡guauuuu!

Por Jorge Barajas Rocha

El wind surf es un deporte que no sólo es divertidísimo, sino que en él ejercitas muchísimas partes del cuerpo, además de que como se tiene que practicar en el agua, puedes echarte unas asoleadas[2] y nadadas, ¡otra onda!

Poco a poco ha ido agarrando[3] más fuerza en México, y desde hace unos años existe un equipo profesional de wind surf que, por cierto, hizo un excelente papel en los Juegos Centroamericanos; últimamente se ha estado poniendo muy de moda en Valle de Bravo, Presa Escondida, Cancún y Puerto Vallarta porque son lugares que se prestan[4] muchísimo para que puedas practicarlo y volverte un verdadero campeón en este rollo[5].

Realmente, no necesitas de muchas cosas para poder hacer wind surf, sólo te hace falta una tabla con vela y, ¡listo! (Nada más

no se te olvide el lago, ¿eh?) Eso sí, es básico estar protegido para que no te vayas a lastimar a las primeras de cambio[6], ¿no? Así, te conviene usar wetsuit, que son trajes color neón para que no te confundas con el agua (además de que guardan el calor de tu cuerpo), guantes especiales para que no te lastimes las manos, cinturón o arnés[7] (si es en forma de calzón, ¡mucho mejor!), chaleco salvavidas y tenis ligeros de suela blanda para que no te resbales.

Pero, ¿en qué consiste este deporte? El wind surf viene siendo algo así como una especialización del famosísimo "surfing", sólo que aquí tienes muchas más cosas de las que tienes que estar al pendiente porque a cada rato[8] andas en el aire dando unos brincos como para dejar a todo el mundo con el ojo cuadrado[9]. Lo fundamental del wind surf es aprender a controlar la vela para que el viento te lleve hacia donde tú quieras, así como aprovechar la fuerza del viento para tomar velocidad; obvio que también hay que saber manejar la tabla y mover tu cuerpo para que le hagas contrapeso[10] a la

PARA PRACTICARLO

Cerca del D.F.
Presa Escondida, Hgo.
Valle de Bravo, Edo. de Méx.
Atlangatepec, Tlax.

En la costa del Pacífico
Puerto Vallarta, Jal.
Puerto Escondido, Oax.
Puerto Ángel, Oax.
Huatulco, Oax.
Ensenada, B.C.
Cabo San Lucas, B.C.
La Paz, B.C.
Bahía Negra, B.C.
Acapulco, Gro.

En el Golfo de México
Cancún, Q. Roo

---

[1] **cuates** amigos (México)
[2] **echarte unas asoleadas** broncearte
[3] **agarrando** getting
[4] **se prestan** lend themselves
[5] **en este rollo** este deporte
[6] **las primeras de cambio** primera vez
[7] **arnés** harness
[8] **a cada rato** a cada momento
[9] **el ojo cuadrado** amazed
[10] **contrapeso** counterbalance

vela y así evitar que te voltees a cada rato. Aunque al principio te la pasas en el agua, el chiste es que no te desesperes y vayas mejorando[11] poco a poco. Acuérdate que nadie nace siendo un campeón en ningún deporte, sino que se va aprendiendo con el tiempo y la experiencia.

Lo prendidísimo[12] es que cada fin de semana se organizan competencias en las que hay que recorrer un circuito en plan de carreras, así que además de ponerse súper listo para la onda de los saltos, también hay que tener rapidez para ganar.

La edad para practicarlo no tiene que ser una en específico, sólo que mientras más chico[13] empieces, vas adquiriendo más elasticidad, coordinación, control de la vela y sentido del equilibrio. De todos modos, no tengas miedo de hacer osos[14] si estás empezando y mejor concéntrate en este rollo; sólo hay que tener mucha disciplina. Además, la verdad, no es tan complicado como parece y, eso sí, es divertidísimo.

De cualquier forma, tienes que prepararte muy bien: primero, hay que tener una condición física excelente y, segundo, muchísima fuerza en tus piernas, brazos y abdomen, que es lo que más ejercitas. Para eso, antes de entrar al agua, es muy conveniente que hagas un poco de calentamiento para que no vayas a tener problemas con tus músculos, que sólo así estarán listos para ponerlos a prueba; puedes hacer sentadillas, abdominales, lagartijas[15], estiramientos y torsiones de tronco.

En México, hay varias asociaciones en las que puedes meterte para practicarlo más seguido dentro de diferentes categorías, por lo que igual encuentras un equipo de cuates que van desde los doce años hasta uno de gente mayor a los treinta años, además de que hay grupos de ligeros, pesados, masters y novatos. Como quien dice, ¡hay de todo para todos! Otra cosa de lo más padre[16] es que estás en pleno contacto con la natu-

raleza porque siempre vas a estar rodeado de viento, agua, sol y con unos paisajes a tu alrededor que de plano ¡no te los acabas[17]!, además de que el ambiente es de lo más

sano porque hay un buen de gente que le está entrando[18] al wind surf y a la que también le encanta todo ese rollo, así es que siempre vas a conocer gente muy prendida[19].

Sobre las partes del cuerpo que ejercitas, te sirve muchísimo para los brazos, piernas y tórax, aunque igual te fortalece los hombros, el pecho y las pompas[20]. Como quien dice, ¡todo!

Así que ya lo sabes, para pasarte unos fines de semana ¡otro rollo! en medio de un súper ambiente, haciendo ejercicio y agarrando un color envidiable, el wind surf es... ¡la mejor opción!

[11] **mejorando** *improving*
[12] **lo prendidísimo** más importante
[13] **chico** joven, pequeño
[14] **hacer osos** cometer errores
[15] **lagartijas** *push-ups*
[16] **padre** *nice (Mexico)*
[17] **no te los acabas** increíble
[18] **entrando** practicando
[19] **prendida** interesante
[20] **las pompas** *buttocks*

Comprensión

A **¿Es verdad?** ¿Sí o no?

1. El *wind surf* ha ido agarrando (logrando) más fuerza (más popularidad) en México.
2. Desgraciadamente necesitas de muchas cosas para hacer *wind surf*.
3. Hay que pensar en más cosas cuando uno hace *wind surf* que cuando uno hace *surfing* (tabla).
4. Nadie nace siendo un campeón en ningún deporte. Hay que aprender, practicar y mejorar con el tiempo y la experiencia.
5. Hay una edad específica para practicar el *wind surf*.
6. El *wind surf* parece más complicado de lo que es.

B **Agua, aire y diversión** Contesten.

1. ¿Cuáles son algunas ventajas del *wind surf*?
2. ¿Cuáles son algunas cosas esenciales para hacer *wind surf*?
3. ¿Por qué le conviene a uno llevar un *wet suit*?
4. ¿Por qué se debe llevar guantes?
5. ¿Cuál es lo fundamental del *wind surf*?
6. ¿Qué se organiza cada fin de semana?
7. ¿Qué dice el artículo sobre la gente que practica el *wind surf*?

C **Le hace falta.** Hagan lo siguiente.

1. Den una lista de las cosas que hay que hacer para prepararse para el *wind surf*.
2. Preparen una lista de los grupos para quienes hay asociaciones de *wind surf*.

Actividades comunicativas

A **Para hacer *wind surf*** Imagínese que Ud. va a empezar a hacer *wind surf*. Prepare una lista de las cosas que necesitará y que comprará.

B **Nos gustaría...** Trabaje con un(a) compañero(a) de clase. Decidan si Uds. creen que les gustaría el *wind surf*. ¿Por qué sí o por qué no?

Estructura

Expressing duration of time
Hace y hacía

1. The expression **hace** is used with the present tense to express an action that began sometime in the past but continues into the present. Observe and analyze the following examples.

> **¿Cuánto tiempo hace que tú estás aquí?**   *How long have you been here?*
> **Hace un año que estoy aquí.**   *I have been here for a year.*

2. Note that in English, the present perfect tense "has been" is used. But in Spanish, the present tense must be used. English uses the present perfect tense because the action began in the past. Spanish uses the present tense because the action actually continues into the present. Note too, that **desde hace** as well as **hace** can be used.

> **Hace un año que estoy aquí.**   *I have been here for a year.*
> **Estoy aquí desde hace un año.**   *I have been here for a year.*

3. The expression **hacía** is used with the imperfect tense to express an action that had been in effect until something else interrupted it. Observe and analyze the following sentence.

> **Hacía dos años que ellos vivían en México cuando la compañía los trasladó a Puerto Rico.**

Práctica

A **¿Cuánto tiempo hace?**   Contesten.

1. ¿Cuánto tiempo hace que Ud. vive en la misma casa?
2. ¿Cuánto tiempo hace que Ud. conoce a su mejor amigo(a)?
3. ¿Cuánto tiempo hace que Ud. asiste a la misma escuela?
4. ¿Cuánto tiempo hace que Ud. estudia español?
5. ¿Cuánto tiempo hace que Ud. estudia con el mismo (la misma) profesor(a) de español?

La Calle del Cristo en el Viejo San Juan, Puerto Rico

B Actividades culturales Contesten según se indica.

1. ¿Cuánto tiempo hace que están presentando la misma obra? (un año y medio)
2. ¿Cuánto tiempo hace que están poniendo (presentando) la misma película? (sólo cuatro días)
3. ¿Cuánto tiempo hace que están exhibiendo los cuadros impresionistas? (un mes)
4. ¿Cuánto tiempo hace que el equipo está jugando en este estadio? (un par de años)
5. ¿Cuánto tiempo hace que están construyendo el nuevo parque de atracciones? (más de un año)

C HISTORIETA Mi hermano José

Completen.

1. Hacía dos años que mi hermano José ___ (estudiar) francés cuando decidió que quería aprender el español.
2. Hacía mucho tiempo que él ___ (decir) que quería ir a Princeton cuando de repente decidió que quería ir a Harvard.
3. Hacía sólo dos días que él ___ (estar) de vacaciones cuando él conoció a Amalia.
4. Pero hacía un año entero que él ___ (salir) con Teresa cuando conoció a Amalia.
5. Y ahora, hace dos meses que él ___ (salir) con Amalia.
6. Hacía un mes que Teresa no le ___ (hablar) cuando ella decidió que no estaba enfadada con él.
7. Y ahora, hace un mes que Teresa ___ (salir) conmigo, el hermano mayor de Joselito.

Having just done something
Acabar de

The expression **acabar de** followed by an infinitive means "to have just." **Acabar de** is used in two tenses only, the present and the imperfect. Observe the following sentences.

Él acaba de salir.	*He has just left.*
Ellos acababan de salir.	*They had just left.*

Práctica

A ¡Qué confusión! Contesten.

1. ¿Acabas de volver a casa?
2. ¿Acaba de volver María también?
3. ¿Acaban Uds. de hacer un viaje?
4. ¿Acaban Uds. de visitar a sus parientes?
5. ¿Acababan Uds. de entrar en la casa cuando sonó el teléfono?

Emotions and opinions about the past
Imperfecto del subjuntivo

1. The imperfect subjunctive of all verbs is formed by dropping the **-on** ending of the third person plural, **ellos(as)**, form of the preterite tense of the verb.

PRETERITE	hablaron	comieron	pidieron	tuvieron	dijeron
STEM	hablar-	comier-	pidier-	tuvier-	dijer-

2. To this stem, you add the following endings: **-a, -as, -a, -amos,** *-ais,* **-an.**

INFINITIVE	hablar	comer	pedir	tener	decir
yo	hablara	comiera	pidiera	tuviera	dijera
tú	hablaras	comieras	pidieras	tuvieras	dijeras
él, ella, Ud.	hablara	comiera	pidiera	tuviera	dijera
nosotros(as)	habláramos	comiéramos	pidiéramos	tuviéramos	dijéramos
vosotros(as)	*hablarais*	*comierais*	*pidierais*	*tuvierais*	*dijerais*
ellos, ellas, Uds.	hablaran	comieran	pidieran	tuvieran	dijeran

IRREGULAR VERBS			
andar	anduvieron	anduvier-	anduviera
estar	estuvieron	estuvier-	estuviera
tener	tuvieron	tuvier-	tuviera
poder	pudieron	pudier-	pudiera
poner	pusieron	pusier-	pusiera
saber	supieron	supier-	supiera
querer	quisieron	quisier-	quisiera
venir	vinieron	vinier-	viniera
hacer	hicieron	hicier-	hiciera
leer	leyeron	leyer-	leyera
oír	oyeron	oyer-	oyera
decir	dijeron	dijer-	dijera
conducir	condujeron	condujer-	condujera
traer	trajeron	trajer-	trajera
ir	fueron	fuer-	fuera
ser	fueron	fuer-	fuera

Emotions and opinions about the past
Usos del imperfecto del subjuntivo

1. The same rules that govern the use of the present subjunctive govern the use of the imperfect subjunctive. It is the tense of the verb in the main clause that determines whether the present or imperfect subjunctive must be used in the dependent clause. If the verb of the main clause is in the present or future tense, the present subjunctive is used in the dependent clause.

> **Quiero que ellos me lo digan.**
> **Será necesario que nosotros lo sepamos para mañana.**

2. When the verb of the main clause is in the preterite, imperfect, or conditional, the imperfect subjunctive must be used in the dependent clause.

> **Yo insistí en que ellos estuvieran allí.**
> **Quería que ellos me lo dijeran.**
> **Sería necesario que nosotros lo supiéramos.**

Práctica

A **Los padres de Felipe** Contesten.

1. ¿Insistieron sus padres en que él continuara con sus estudios?
2. ¿Insistieron en que él aprendiera el español?
3. ¿Querían que él hiciera un viaje al graduarse?
4. ¿Preferían que él viajara con un grupo de estudiantes?
5. ¿Exigieron que él recibiera buenas notas para poder hacer el viaje?

B **Ella quería que...** Sigan el modelo.

> **ir al teatro**
> **Ella quería que yo fuera al teatro.**

1. ir a la taquilla del teatro
2. comprar las entradas
3. seleccionar los asientos
4. pagar con mi tarjeta de crédito

C **Nuestro querido profesor** Sigan el modelo.

> **hablarle en español**
> **Nuestro profesor insistió en que le habláramos en español.**

1. hablar mucho
2. pronunciar bien
3. llegar a clase a tiempo
4. aprender la gramática
5. escribir composiciones
6. leer novelas
7. trabajar mucho
8. hacer nuestras tareas

D Las finanzas Completen.

1. Ella quiere que yo cambie dinero.
Ella quería que yo ___ dinero.
2. Ella te pide que hables con el cajero.
Ella te pidió que ___ con el cajero.
3. Ella me aconseja que tenga cheques
de viajero.
Ella me aconsejó que ___ cheques de viajero.

4. Ella insiste en que el banco le haga cambio.
Ella insistió en que el banco le ___ cambio.
5. Ella les dice que pongan su dinero en el banco.
Ella les dijo que ___ su dinero en el banco.

E Posiblemente Hagan una sola oración.

1. Él aprendió la letra de la canción. (Era necesario...)
2. Él la cantó sin acompañamiento. (Era imposible...)
3. Alguien tocó la guitarra o el acordeón. (Era importante...)
4. Los otros bailaron. (Era mejor...)
5. Todos se divirtieron. (Era probable...)

F Sería imposible. Contesten según se indica.

¿Él te acompaña?
Sería imposible que él me acompañara.

1. ¿Él tiene bastante dinero?
2. ¿Él va a España?
3. ¿Él hace el viaje contigo?
4. ¿Él aprende el español?
5. ¿Él trabaja en España?

Expressing indefinite ideas
Subjuntivo con expresiones indefinidas

1. Many words can be made indefinite by adding the suffix **-quiera** to the word. Note the
following.

quienquiera	whoever	**cuando quiera**	whenever
dondequiera	wherever	**como quiera**	however
adondequiera	(to) wherever	**cualquiera**	whatever

2. The subjunctive follows such indefinite expressions when uncertainty is implied.
Observe and analyze the following.

**Quienquiera que seas, adondequiera que vayas y cuando quiera que salgas,
como quiera que vayas y dondequiera que estés, espero que tengas suerte y
que te diviertas.**

*Whoever you may be, wherever you may go and whenever you may leave, however you
may go and wherever you may be, I wish you luck and hope you enjoy yourself.*

A **Dondequiera que vayas.** Completen.

1. Quienquiera que lo ___ (saber), nos lo debe decir.
2. Tú sabes que yo te ayudaré con cualquier problema que ___ (tener).
3. Dondequiera que tú ___ (estar), estaré a tu lado.
4. Cuando quiera que tú ___ (necesitar) mi ayuda, llámame.

Expressing the known and the unknown
Subjuntivo en cláusulas relativas

1. A relative clause modifies or describes a noun. If the noun refers to a definite person or thing, the indicative is used in the relative clause. If the noun refers to an indefinite person or thing, the subjunctive is used in the relative clause.

> **Donato tiene un amigo que habla español.**
> **Donato quiere un amigo que hable español.**
> **Yo tengo un amigo que juega bien al básquetbol.**

Note that the **a personal** is omitted when the noun is indefinite and after the verb **tener.**

2. The subjunctive is used in a relative clause that modifies a superlative statement or a negative expression.

> **Es el mejor libro que exista en el mundo.**
> **No hay nadie que lo haga como él.**

Práctica

A **¿A quién buscan?** Sigan el modelo.

> **hablar español**
> **El señor Salas busca una señora que hable español.**
> **La señorita Robles conoce a una señora que habla español.**

1. poder trabajar ocho horas al día
2. conocer varias computadoras
3. saber programar
4. tener experiencia

B **Opiniones** Contesten.

1. ¿Es Nueva York la ciudad más cosmopolita que exista en el mundo?
2. ¿Es el *Quijote* el mejor libro que haya en el mundo?
3. ¿Es verdad que él no tiene absolutamente nada que sea de valor?
4. ¿Dices que no hay nadie que tenga más talento que él?
5. ¿No hay ninguna capital de provincia que sea tan bonita como Pamplona?

Literatura
El tango

Antes de leer

Ud. va a leer algo que parece poesía. Pero no es una poesía. Es la letra de una canción. Además es una canción a cuya música se puede bailar. Al leer la letra de la canción, decida Ud. si está hablando un joven o una persona mayor. ¿Le parece que el señor que está hablando es un poco nostálgico?

Vocabulario

la orquesta

el cantor, el cantante

el violín

el organillo

el bandoneón

la danza, el baile

La banda de amigos (La barra) está bailando.
Están bailando al compás de un organillo.
Están bailando en la esquina de la calle.

la boda

el recuerdo   la memoria

alejarse   ir lejos, distanciarse
acudir   ir, venir

disfrutar   gozar de, aprovechar
idolatrar   adorar

⊰Práctica⊱

A **Bailes e instrumentos**   Contesten.

1. ¿Son danzas el tango y el mambo?
2. ¿Cuáles son tres instrumentos musicales?
3. ¿Qué es un conjunto de músicos?
4. ¿Quién canta?
5. ¿Cuál es la ceremonia del casamiento?

B **¿Qué hace él?**   Completen.

1. Él es un tipo muy bueno. Siempre quiere ___ de las tentaciones malas.
2. Él ___ adonde lo necesitan.
3. Él tiene ___ muy buenos de todo lo que ha hecho en su vida.
4. Él está muy contento y ___ de la vida.
5. Él ___ a sus hijos.

Introducción

El tipo de tango que más fama tiene y ha tenido en el mundo es el tango rioplatense, o sea, el tango argentino. El tango empezó como una danza pero hoy es danza y canción. Sus primeras interpretaciones aparecieron a principios de este siglo. Tiene sus orígenes en las calles rioplatenses. Se practicaba en las esquinas de los barrios pobres al compás de° organillos. En aquel entonces, sólo los hombres bailaban el tango.

al compás de
to the rhythm of

Originalmente, esta danza tenía mala reputación porque los que la bailaban vivían en su gran mayoría al margen de la ley. Pero poco a poco, el tango se fue convirtiendo en un baile más popular. Se practicaba dentro de las familias, durante una boda, por ejemplo. Fue en esas celebraciones familiares que la mujer pasó a formar parte de la pareja. Al organillo se le añadió el bandoneón, como instrumento de acompañamiento. El bandoneón era un instrumento popular entre los inmigrantes italianos que en aquella época iban a la Argentina en busca de una vida mejor. Estos inmigrantes eran pobres, y durante sus pocas horas libres no les costaba nada tocar su viejo bandoneón y bailar un tango en una fiesta callejera.

El barrio italiano en Buenos Aires, Argentina, en 1936

El tango siguió siendo una diversión de los pobres hasta la Primera Guerra Mundial cuando se introdujo en Europa. En Europa tuvo mucho éxito. Logró una popularidad enorme en las «boîtes» o los «cabarets» de Montmartre en París. Llegó a ser popular también en las grandes salas de fiestas y en los espectáculos que se presentaban en muchas capitales europeas. Los de la alta sociedad europea se divertían bailando un buen tango.

Con el éxito del tango en las salas de fiestas y en los espectáculos, el cantor pasó a tener cada vez más importancia. La letra fue revitalizada. La figura de Carlos Gardel, el famoso tanguista, se convirtió en el símbolo de una danza y de un canto. En la orquesta del tango tienen importancia el bandoneón y los violines. Aun los grandes compositores, como el ruso Igor Stravinski y el inglés William Walton, han empleado el tango en su obra.

La música es un arte, la danza es un arte y también lo es la literatura. Si la letra de una canción no es precisamente literatura, a veces se parece mucho a una poesía lírica. Fue del poeta argentino, Pascual Contursi, de origen italiano, que surgió la idea de adaptar versos a la música del tango. Lo que sigue es la letra de un tango famoso. A ver si Ud. cree que es poesía.

Lectura

Adiós muchachos

Adiós muchachos, compañeros de mi vida
Barra querida, de aquellos tiempos
Me toca a mí hoy emprender° la retirada
Debo alejarme de mi buena muchachada°.

emprender *to undertake*
muchachada grupo de jóvenes

Adiós muchachos, ya me voy y me resigno:
Contra el destino nadie la talla°
Se terminaron para mí todas las farras°
Mi cuerpo enfermo no resiste más.

nadie la talla *no one can win*
farras *revelry, sprees*

Acuden a mi mente°, recuerdos de otros tiempos
De los bellos momentos
Que antaño° disfruté
Cerquita de mi madre, santa viejita,
Y de mi noviecita
Que tanto idolatré.

mente *mind*

antaño en el pasado

~Después de leer~

·Comprensión·

A **El tango**   ¿Sí o no?

1. El tango famoso es el tango argentino.
2. El tango es sólo un baile.
3. El canto siempre era una parte importante del tango.
4. El tango tuvo su origen entre la gente acomodada (rica) de Buenos Aires.
5. El tango tuvo su origen en Europa.
6. A principios de este siglo, muchos italianos emigraron a la Argentina.
7. Al principio, sólo los hombres bailaban el tango.
8. El tango siempre gozó de buena reputación.
9. El tango argentino llegó a Europa durante la Primera Guerra Mundial.

B **Adiós muchachos**   Contesten.

1. El señor que está hablando en la canción, ¿es joven o viejo?
2. ¿Con quiénes está hablando?
3. Cuando dice «barra querida», ¿a quiénes se está refiriendo?
4. ¿Qué va a hacer él?
5. ¿De quiénes debe alejarse?
6. Para él, ¿qué se terminó?
7. ¿Por qué?
8. ¿Qué acude a su mente?
9. ¿Cómo son sus recuerdos?
10. ¿Él disfrutó de la vida?
11. ¿Cerca de quiénes era feliz?

·Actividades comunicativas·

A **Su destino**   En la canción, el señor habla de su destino. Explique qué puede ser su «destino».

B **Otros bailes**   Hay danzas o cantos en los Estados Unidos que también tienen una historia interesante—«el jitter bug», «el charleston», «el rock», «los blues», «el jazz», «el break», por ejemplo. Escoja uno que le interesa a Ud. y prepare un informe corto sobre su historia.

C **Carlos Gardel**   El más famoso cantante hispanoamericano según el libro *Récords y datos latinoamericanos*, publicado en Panamá, es Carlos Gardel. Él nació en Toulouse, Francia, en 1890 pero llegó a la Argentina a los dos años de edad. Fue en la Argentina donde él desarrolló su talento. Carlos Gardel grabó su primer disco en 1913, acompañándose con la guitarra. Fue una de las primeras grabaciones que utilizó un sistema acústico. El primer tango cantado fue *Mi noche triste* en 1917. Gardel lo estrenó en el famoso teatro Empire de Buenos Aires. Falleció en 1935 en Medellín, Colombia. Ahora, prepare una biografía corta sobre un(a) cantante norteamericano(a).

Carlos Gardel

Mi adorado Juan

de Miguel Mihura

Antes de leer

Vamos a leer una escena de una comedia española. En la escena hay tres personajes: una muchacha joven, Irene; su padre y un amigo de su padre. Pero están hablando de un cuarto personaje, Juan. ¿Quién es este Juan? Pues, es un amigo de Irene. Vamos a ver si su padre lo conoce o no, y si le agrada el amigo de su hija.

Vocabulario

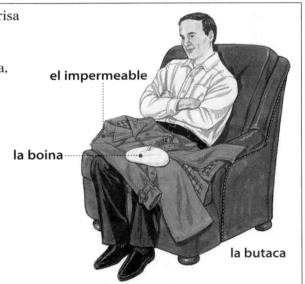

sonriente   que sonríe, que tiene una sonrisa en la cara

una temporada   un período de tiempo

un(a) holgazán(a)   una persona perezosa, no ambiciosa, que no hace nada

el oficio   la profesión, el empleo

el recado   el mensaje

los demás   los otros

de vuelta   de regreso, al volver

marcharse   irse, salir

rogar (ue)   pedir

callar(se)   no decir nada

casarse   contraer matrimonio

fastidiar   enfadar, molestar, enojar

dar un paseo   andar

el impermeable

la boina

la butaca

Práctica

A **Los sinónimos**   Expresen de otra manera.

1. Ella se sentó en una *silla grande y cómoda*.
2. Ella me *pidió* hacer algo.
3. Pero yo *no dije nada*.
4. Yo no dije nada a *los otros* tampoco.
5. Creo que el episodio le *enfadó*.
6. El novio no tiene *profesión*.
7. Le gusta *andar* por el parque.
8. Es *perezoso*.
9. Menos mal que *se va* el lunes.
10. Pero estará *de regreso* mañana.
11. Se marchó sin dejar *un mensaje*.

Introducción

Cuando uno disfruta de una noche libre, es agradable y a veces informativo ir al teatro a ver una obra teatral. Pero, por lo general, no se puede esperar hasta el último momento porque frecuentemente las entradas están agotadas—es decir que no quedan más. Por consiguiente, es necesario ir a la taquilla a reservar las plazas de antemano, sobre todo en Madrid, una ciudad que ha tenido un resurgimiento fenomenal de actividades y eventos culturales. A Madrid se le llama la capital cultural de Europa.

El dramaturgo Miguel Mihura nació en esta ciudad en 1906. Hijo de un actor, Mihura conoció el teatro desde muy joven; de niño le encantaba ver ensayar a su padre.

Miguel Mihura

Durante su vida Mihura escribió dieciséis comedias, la mayoría de ellas después de 1950. Además de ser dramaturgo Mihura escribió cuentos, artículos para varios periódicos y los guiones de más de treinta películas. Miguel Mihura murió en 1977.

Su comedia *Mi adorado Juan* ganó el Premio Nacional de Teatro para la temporada teatral de 1955-56 en Madrid. La comedia está dividida en dos actos y cada acto está dividido en dos cuadros o escenas. Aquí tenemos un trozo del primer acto en que el padre de la protagonista, Irene, quiere saber más acerca del amigo de su hija, el adorado Juan.

Lectura

Mi adorado Juan

(Por la puerta del foro° aparece Irene. Es una muchacha de unos veinticinco años, bonita, sonriente, que viste con sencillez pero con gusto. Lleva puesto un impermeable y un sombrerillo o boina, que se empieza a quitar al entrar.)

foro *upstage*

IRENE: Hola, buenas tardes.

PALACIOS: ¡Ah! ¿Estás ya de vuelta?

IRENE: Sí, papá… Acabo de volver. ¿Querías algo?

PALACIOS: Te prohibí que salieras.

IRENE: Creí que era una broma°…

broma *joke*

PALACIOS: ¡Yo no gasto bromas, Irene!

IRENE: ¡Qué lástima! ¡Con lo bien que se pasa°! (Y saluda a Emilio.) ¿Qué tal, Emilio?…

con lo bien que se pasa *considering all the fun it is*

MANRÍQUEZ: Ya ves…

PALACIOS: ¡Quiero hablar contigo seriamente!

IRENE: ¿Más aun?

PALACIOS: Más aun.

IRENE: ¿Siempre de lo mismo?

PALACIOS: Siempre de lo mismo.

IRENE: Estoy a tu disposición, papá.

(Y se sienta cómodamente en una butaca.)

MANRÍQUEZ: ¿Me marcho, profesor?

PALACIOS: No. Le ruego que se quede.

MANRÍQUEZ: Como usted quiera, profesor.

(El doctor Palacios se sienta en el sillón de su mesa, Irene en una butaca y Manríquez en otra. Hay una pausa.)

IRENE: Estoy preparada, papá. Puedes empezar cuando desees.

PALACIOS: Pues bien, Irene… Desde hace una temporada, en lugar de portarte° como lo que eres, como una señorita inteligente, juiciosa° y formal, hija de un científico famoso, te estás portando como una peluquera° de señoras.

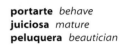

portarte behave
juiciosa mature
peluquera beautician

MANRÍQUEZ: Exactamente.

IRENE: ¿Ah, sí? ¡Qué ilusión!

PALACIOS: ¿Por qué ilusión?

IRENE: Me encanta parecer una peluquerita de señoras… ¡Son tan simpáticas y tan alegres! ¡Tienen tantos temas distintos de conversación… !

PALACIOS: ¿Quieres callar?

IRENE: Sí, papá.

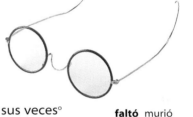

PALACIOS: Desde que tu pobre madre faltó°, tú has hecho sus veces° y has llevado la casa° y siempre he estado orgulloso° de ti… Por mi parte jamás te he negado nada… Ningún capricho°… Ningún deseo… Pero esto sí, Irene. Te prohíbo nuevamente, y esta vez muy en serio, que vuelvas a verte con ese hombre.

falló murió
has hecho sus veces have taken her place
has llevado la casa have managed the house
orgulloso proud
capricho whim

IRENE: Pero, ¿quieres explicarme por qué?

PALACIOS: Porque ni siquiera sé quién es, ni lo que hace.

IRENE: No importa. Yo tampoco. Pero ya lo sabremos algún día.

PALACIOS: ¡No sabes aún de lo que vive!

IRENE: Él vive de cualquier manera… No tiene ambiciones ni necesidades… Su manjar° preferido es el queso y duerme mucho… Y como está casi siempre en el café, apenas necesita dinero para vivir…

manjar comida

MANRÍQUEZ: Entonces es un holgazán.

PALACIOS: Claro que sí.

IRENE: Nada de holgazán, papaíto… A él le gusta trabajar para los demás, pero sin sacar provecho de° ello… sin que se le note que trabaja°… Él dice que trabajar mucho, como comer mucho, es una falta de educación. ¡Son cosas de Juan!

sacar provecho de beneficiarse de
sin que se le note que trabaja without anyone noticing that he works

PALACIOS: ¡Pero no tiene oficio!

IRENE: ¿Cómo que no? Es el número uno de su promoción°.

PALACIOS: ¿De qué promoción?

promoción grupo

IRENE: ¡Cualquiera lo sabe°! A él no le gusta hablar nunca de promociones… Eso me lo dijo un amigo suyo, en secreto.

¡Cualquiera lo sabe! ¿Quién sabe?

PALACIOS: ¡Pero con un hombre así serás desgraciada!

IRENE: Si estoy con él no me importa ser desgraciada… Estoy segura que ser desgraciada con él, debe ser la mayor felicidad.

PALACIOS: Me has dicho varias veces que iba a venir a hablarme y no ha venido, ¿por qué?

IRENE: Es que se le olvida… Pero ya vendrá.

PALACIOS: Si se quiere casar contigo, ¿cómo se le puede olvidar una cosa así?

IRENE: Le fastidian las ceremonias y la formalidad.

PALACIOS: ¿Y cómo pretendes casarte con un hombre al que le fastidian el trabajo y la formalidad? ¡Vamos, contesta!

IRENE: ¿Quieres de verdad que te conteste?

PALACIOS: Sí, claro… Te lo exijo.

IRENE: Pues justamente porque vivo contigo y con Manríquez y estoy de formalidad hasta la punta del pelo… Justamente porque toda mi vida he sido formal, seria y respetuosa y he frenado° con mi educación todos mis sentimientos… Y ahora quiero sentir y padecer° y reír y hablar con la libertad de esa peluquerita de señoras a que tú antes te referías… Juan no es formal, no es, si quieres, trabajador; no tiene una profesión determinada; no se encierra en un laboratorio para hacer estudios profundos sobre biología; no es ambicioso, y el dinero y la fama le importan un pimiento°… Pero yo le adoro… Y quiero que tú se lo digas, papá, que hables con él, que le convenzas para que se case conmigo, porque la verdad es que no tiene ningún interés en casarse…

> **frenado** held back, restrained
>
> **padecer** sufrir

PALACIOS: ¿Pero ahora resulta que no quiere casarse contigo?

IRENE: No, papá… ¡Pero si ahí está lo malo! Él dice que no ha pensado en casarse en su vida, que no quiere echarse obligaciones, y que se encuentra muy a gusto en el bar jugando al dominó con sus amigos…

> **le importan un pimiento** don't me[an] a thing

MANRÍQUEZ: Pero, ¿es que también juega al dominó?

IRENE: Es campeón de su barrio.

PALACIOS: ¡Pues qué maravilla de novio, hijita!

IRENE: Por eso, papá, tú tienes que ayudarme, para que si quiere seguir jugando al dominó, lo haga aquí, en nuestra casa, conmigo y contigo, después de cenar, y si Manríquez quiere, que haga el cuarto…

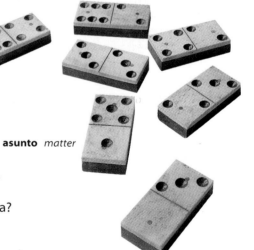

MANRÍQUEZ: Eso es una impertinencia, Irene.

IRENE: Perdóname… No he querido ofenderte.

PALACIOS: Entonces tú estás loca, ¿verdad?

IRENE: Sí, papá, estoy loca por él… ¿Qué quieres que le haga?

PALACIOS: Pues, muy bien. Quiero arreglar este asunto° inmediatamente. ¿Dónde estará ahora ese sujeto?

> **asunto** matter

IRENE: No lo sé. Hemos ido juntos dando un paseo… Después me dejó y se fue… Cualquiera sabe dónde está.

PALACIOS: Pero después de veros, ¿no habéis quedado en nada?

IRENE: Él nunca queda en nada, papá.

PALACIOS: ¿No le puedes llamar por teléfono a ninguna parte?

IRENE: Sé el teléfono de una vecina de su casa que le da los recados… A lo mejor está allí.

(Y al decir esto ya ha empezado a marcar un número en el teléfono que hay sobre la mesa.)

Comprensión

A **Irene**   Contesten.

1. ¿Cómo es Irene?
2. ¿Qué lleva ella?
3. ¿Con quién está hablando ella?
4. ¿Cómo está su padre?
5. ¿De qué le quiere hablar?
6. ¿Cuál es la profesión del padre de Irene?
7. ¿Quién es el amigo de su padre?
8. Según el padre de Irene, ¿cómo es ella?
9. Pero, ¿cómo se está portando ahora?
10. ¿Está muerta la madre de Irene?
11. ¿Por qué ha estado orgulloso de Irene su padre?
12. Pero, ¿qué le prohíbe?

B **El amigo de Irene**   Corrijan las oraciones falsas.

1. El padre de Irene ha conocido a su amigo.
2. El amigo sabe lo que hace.
3. Irene también sabe lo que hace su amigo.
4. El amigo pasa mucho tiempo en su oficina.
5. Al amigo le gusta trabajar para sí mismo.
6. El amigo quiere que todo el mundo sepa que trabaja.
7. El amigo dice que trabajar mucho es señal de educación.

C **Juan**   Contesten.

1. ¿Por qué quiere Irene que su padre le diga a Juan que se case con ella?
2. En vez de casarse y tener obligaciones, ¿qué prefiere hacer Juan?
3. ¿Dónde quiere Irene que él juegue al dominó?
4. ¿Cómo quiere arreglar el asunto inmediatamente el padre de Irene?
5. ¿Sabe Irene dónde está su amigo?
6. ¿Dónde le puede llamar por teléfono?

Actividades comunicativas

A **Y Juan**   Prepare una conversación telefónica entre Irene y la vecina de su amigo. ¿Qué le dice? ¿Qué le pregunta?

B **Lo que pasa.**   Prepare una escena de la comedia. Por fin Irene ha hablado con su adorado Juan y él ha venido a su casa a conocer a su padre. ¿Qué pasa?

CAPÍTULO 4

Pasajes

Objetivos

In this chapter you will do the following:

- contrast different stages of life, from childhood to old age
- discuss important family ceremonies and events
- review how to express future events and conditions, to make indirect statements, and to refer to people and things already mentioned
- read and discuss newspaper articles about social events, wedding announcements, and obituaries
- introduce information with expressions such as "so that," "unless," "perhaps," and "maybe," and use time expressions
- read and discuss the following literary works: a short story, «El niño al que se le murió el amigo» by Ana María Matute, and two poems, «Cosas del tiempo» by Ramón de Campoamor, and «En paz» by Amado Nervo

CULTURA
Eventos y ceremonias

Introducción

Shakespeare habló de las siete edades del hombre. Los niños nacen. Luego, forman parte de la tradición religiosa de su gente. Llegan a la adolescencia. Aprenden un oficio o una profesión. Después se casan. Tienen hijos. Se jubilan o se retiran. Y, al final del viaje, mueren.

En todas las culturas hay ceremonias y eventos especiales para marcar el paso de la persona por las diferentes etapas de la vida. Las ceremonias pueden ser festivas y alegres, solemnes y majestuosas o tristes y sombrías. La religión frecuentemente juega un papel central en las ceremonias. Hasta las personas que no se consideran muy religiosas tienden a tomar parte en las ceremonias religiosas que acompañan a estos «pasajes» de la vida.

«El velorio» de Francisco Oller

Vocabulario

el marido
husband

la esposa
wife

el bautizo
baptism

los cónyuges
the married people

el velorio
the wake

el parto la acción de nacer, el nacimiento *birth*

la aparición la acción de aparecer, de estar presente *appearing*

las amonestaciones el anuncio por la iglesia de los nombres de personas que van a casarse *the banns*

la esquela el anuncio de la muerte en un periódico *the death announcements*

el alma el espíritu, la esencia de una persona *soul*

hacerse cargo tomar el mando, la responsabilidad *to take charge*

parir, dar a luz producir un bebé *to give birth*

protagonizar tener, hacer el papel principal *to take the principal role*

pertenecer a ser parte integrante de, ser miembro de, ser posesión de *to belong to*

enterrar poner bajo tierra *to bury*

librarse hacerse libre *to free oneself*

Práctica

A HISTORIETA **El nacimiento**

Expresen de otra manera.

1. La señora va a *tener su bebé* hoy mismo.
2. Esperamos que *el nacimiento* no sea difícil.
3. La doctora Morales va a *tomar el mando* del parto.
4. Todos esperan *la presentación* del bebé.
5. El bebé va a *tener el papel principal* en este evento.

B **Ceremonias** Completen.

1. El bebé está en la iglesia para su ___. Hoy lo van a cristianar.
2. Patricia y Julio se casan pronto, ya han publicado las ___.
3. Después de la boda, los ___ salen en su viaje de novios.
4. Ese coche ___ a los novios, es un regalo de los padres.
5. Don Elías murió anoche. Yo vi ___ en el periódico esta mañana.
6. Esta noche es ___, y yo voy a asistir.
7. Vamos a rezar por ___ del muerto.
8. Mañana lo van a ___.
9. Estuvo muy enfermo y sufrió mucho. Ahora puede ___ del dolor.

« Recuerdo »
de la
Primera Comunión
del niño
Alberto Luis Puente Garduño
efectuada el día 12 de mayo a las 8 horas, en la Iglesia de San Juan Bautista, en (Coyoacán), y recibida de manos de Monseñor José Mercado Villalón.
Siendo su padrino el señor
Luis Gómez Puente

Pasajes

En los países hispanos, la tradición religiosa es mayormente cristiana y predominantemente católica. No obstante, también hay significativas poblaciones judías e islamitas que observan sus propias tradiciones. Otro elemento importante es el indígena. Los primeros americanos también tienen sus propias costumbres y ceremonias para marcar los eventos principales de la vida.

Claro está que el primer evento o «pasaje» es el que nos trae al mundo—el nacimiento. En los países industrializados el nacimiento de un bebé casi siempre tiene lugar en un hospital, en la presencia y con la ayuda de un médico o una médica especialista en obstetricia. Pero en las áreas rurales, especialmente en los pueblos indígenas de Latinoamérica, la persona que ayuda a la madre a dar a luz es una «comadrona» o «partera», una señora con mucha experiencia en estos asuntos. Hoy día en los EE.UU., es bastante común que el padre acompañe a su esposa cuando ella da a luz al niño. En las culturas hispanas esto es menos frecuente y en las comunidades muy tradicionales, es rarísimo.

En los países hispanos la primera ceremonia para el recién nacido generalmente es el bautizo. Si la familia es pobre, el bautizo es poca cosa. Pero si la familia tiene dinero, entonces hay fiesta. Muy importantes son los padrinos. Muchas veces, los padrinos de bautizo son los mismos que sirvieron de padrinos en la boda de los padres. La selección de padrinos es, a veces, una decisión económica también. Se espera que los padrinos puedan ayudar al niño en el futuro si fuera necesario.

Pasan los años, y el o la joven pasa por otras etapas de la vida, marcadas por ceremonias. Si es católico, la primera comunión a los seis o siete años, y la confirmación entre los doce y los dieciocho años. Si es protestante, la confirmación a los doce o trece años, y si es judío, y es varón, la circuncisión a los ocho días, y el bar mitzvah para los muchachos y el bat mitzvah para las muchachas, a los trece años. Las muchachas hispanas, al cumplir los quince años, protagonizan un festejo en su honor, la fiesta de la quinceañera, que marca el pasaje de niña a mujer. Es parecido al «sweet sixteen» norteamericano, pero mucho más ceremonioso, o a la aparición de las «debutantes» entre las familias adineradas.[1]

[1] **adineradas**
wealthy

«La comunión o...»
de Jacobo Borges

«La boda» de Francisco de Goya

Un joven o una joven estudia, se prepara para un oficio o una profesión y, por lo general, se enamora, se compromete y se casa. En Norteamérica lo típico e ideal es el amor romántico que lleva al matrimonio. Pero no es así en todas las culturas. En muchas culturas los matrimonios suelen resultar de negociaciones entre familias en las que factores económicos y sociales tienen más importancia que el amor romántico entre los novios. Lo más común es que una pareja sea de la misma clase social, tenga la misma religión y pertenezca a la misma comunidad. Los sociólogos hablan de la «endogamia», la selección de cónyuges dentro de una comunidad pequeña y homogénea.

Normalmente, los novios anuncian su intención de contraer matrimonio con el compromiso. Se informa a los familiares y a los amigos. En algunas iglesias protestantes y en la católica, se publican las amonestaciones en la parroquia[2] durante tres domingos consecutivos.

Bat mitzvah en una sinagoga de México D.F., México

Finalmente se casan. Se casan por la iglesia o por lo civil. En algunos países hispanos hay que casarse por lo civil, no importa si se va a casar por la iglesia. Los padrinos, los pajes, las damas de honor y todos los invitados están allí para servir de testigos al enlace de los novios y de las dos familias. Los novios hacen el viaje de novios y pasan la luna de miel juntos. De esa manera comienza de nuevo el ciclo. Tienen hijos. Los hijos crecen y se casan. Algunos se divorcian (aunque sigue siendo menos frecuente el divorcio en los países hispanos). Los hijos tienen hijos. Los nietos crecen. Hay aniversarios de boda; las bodas de plata y las de oro, que marcan las décadas de la unión de la pareja. Y se llega por fin al final del viaje, al último pasaje, a la muerte.

Un funeral en Sipán, Perú

En los países hispanos el velorio en casa era tradicional, con el cuerpo presente. La familia y los amigos acompañaban al difunto en la sala de su casa, y el día después de la muerte lo enterraban. Las familias judías siguen enterrando a sus muertos un día después. En los periódicos se publican las esquelas. Si la persona es muy importante o famosa, las esquelas son grandes y numerosas. Y en los aniversarios de la muerte, aparecen en los periódicos recordatorios[3] que piden oraciones para el difunto.

[2] **parroquia** parish
[3] **recordatorios** reminders

Comprensión

A Las ceremonias   Contesten.

1. ¿Cómo se llama la especialización médica que trata del parto?
2. ¿Qué hace una comadrona o partera?
3. ¿Quiénes son muy importantes en el bautizo de un niño?
4. ¿Cuál es el equivalente hispano al «sweet sixteen» norteamericano?
5. ¿Qué es la «endogamia»?
6. ¿Cuál es la función de los pajes, las damas de honor y los invitados en una boda?
7. En la cultura judía, ¿cuándo entierran a los muertos?

B Los comentarios   Comenten.

1. En la lectura se mencionan cuatro tradiciones religiosas en los países hispanos. ¿Cuáles son?
2. Explique por qué la selección de los padrinos es, a veces, una decisión económica.
3. En la tradición judía y en la cristiana, existen ceremonias que coinciden con el comienzo de la adolescencia. ¿Cuáles son?
4. ¿Qué son las «bodas de plata» y las «bodas de oro»?

MANUEL CERVANTES RODRÍGUEZ y CARMEN BARCENAS DE CERVANTES

EN SU 25o. ANIVERSARIO PARTICIPAN EL

XV ANIVERSARIO DE
MARÍA SALOMÉ

Y EL ENLACE MATRIMONIAL DE
CONCEPCIÓN y GENARO JOSÉ

Y tienen el honor de invitar a Usted y a su apreciable Familia a tan jubiloso acto Religioso que se llevará a efecto el día 22 del presente a las 18:30 horas en la Iglesia de Nuestra Señora del Carmen, ubicada en Plaza del Estudiante No. 8.

México, D. F. a 22 de Enero

†
EL SEÑOR INGENIERO
Carlos Alberto Ariza Bernal
DESCANSÓ EN LA PAZ DEL SEÑOR
Sus padres Carlos Arturo Ariza Niño y Lucía Bernal de Ariza, y sus hermanos: Germán López, María Isabel Ariza, Ana María, Andrés Eduardo López Ariza, Jorge Enrique Ariza Bernal, Marta Cecilia Insignares e Isabella Ariza Insignares, agradecen a sus amigos y relacionados la asistencia a las exequias que se efectuarán hoy viernes 1 de mayo, a las 3:00 p.m., en la iglesia de San Juan de Ávila y luego acompañarlos a los Jardines del Recuerdo.
Velación: Capilla No. 2, San Juan de Ávila.

Actividades comunicativas

A El casamiento
La «exogamia», lo contrario de la «endogamia», es la práctica de escoger un cónyuge de afuera de su propio grupo o comunidad. Con su grupo, preparen una lista de las ventajas y desventajas de la endogamia y de la exogamia.

B El fallecimiento
Prepare Ud. una esquela para alguna persona famosa.

C El amor
En la lectura se habla del «amor romántico» y de los factores económicos y sociales que influyen en el matrimonio. Escriba sus ideas sobre el «amor romántico» y sobre los factores económicos y sociales que influyen en la selección de un esposo o una esposa.

D La endogamia
Algunos sociólogos dicen que la «endogamia» todavía existe en los EE.UU. ¿Qué cree Ud. que quieren decir? ¿Tienen razón? ¿Qué opina Ud.?

Ceremonias familiares

Vocabulario

el velo

el entierro

la tumba familiar

el acompañamiento

la viuda

el ramo

la pila

el traje de novia

el camposanto

Práctica

A **¿Cuál es la palabra?** Completen.

1. Van a bautizar al niño con agua de la ___.
2. La novia lleva un precioso ___ blanco.
3. Ella también lleva un ___ de bellas flores.
4. Es difícil verle la cara a la novia porque lleva ___.

B **Definiciones** Den la palabra que se define.

1. el cementerio, el lugar del último descanso
2. la acción de enterrar a un muerto
3. la esposa de un muerto
4. el lugar en un cementerio dedicado a los restos de los miembros de una familia
5. el grupo de personas que acompaña al muerto en los funerales

Escenas de la vida

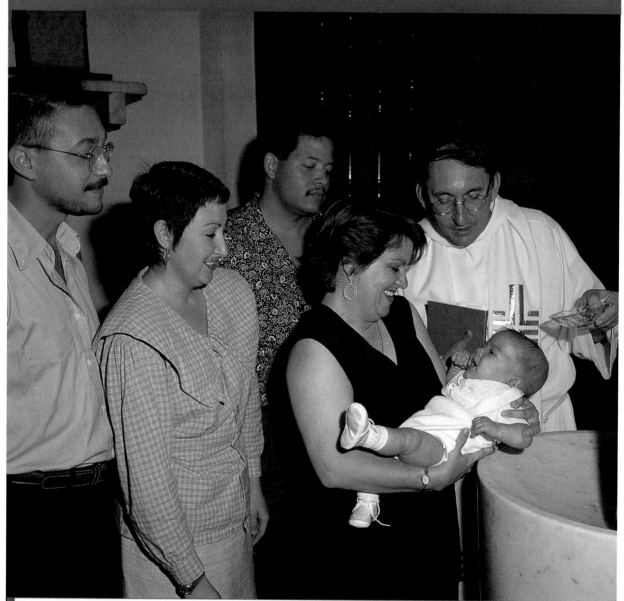

El bautizo

D. RUBÉN: Ésos son los padrinos, don Abelardo Sánchez y su esposa doña Marina. Él es el dueño del hipermercado Américas.

Dª. SARA: Ya están todos alrededor de la pila. Y ahora el cura le está echando agua bendita al bebé. Mira cómo llora, el pobrecito.

D. RUBÉN: Los padres están tan orgullosos de su príncipe.

Dª. SARA: ¿Qué nombre le han dado al niño?

D. RUBÉN: Abelardo, igual que el padrino.

Dª. SARA: No es ninguna coincidencia, ¿verdad?

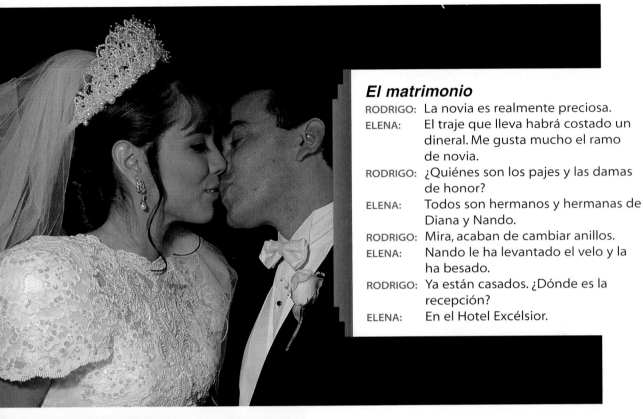

El matrimonio

RODRIGO: La novia es realmente preciosa.

ELENA: El traje que lleva habrá costado un dineral. Me gusta mucho el ramo de novia.

RODRIGO: ¿Quiénes son los pajes y las damas de honor?

ELENA: Todos son hermanos y hermanas de Diana y Nando.

RODRIGO: Mira, acaban de cambiar anillos.

ELENA: Nando le ha levantado el velo y la ha besado.

RODRIGO: Ya están casados. ¿Dónde es la recepción?

ELENA: En el Hotel Excélsior.

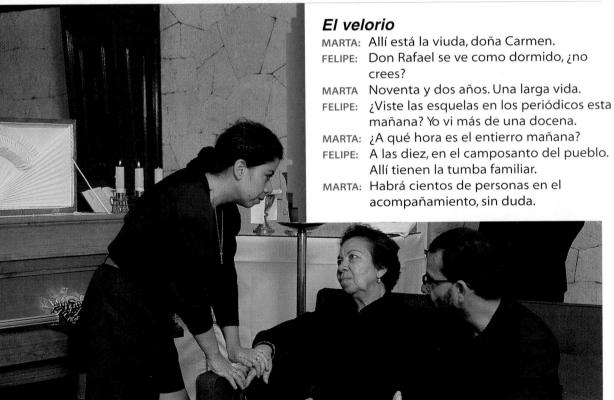

El velorio

MARTA: Allí está la viuda, doña Carmen.

FELIPE: Don Rafael se ve como dormido, ¿no crees?

MARTA Noventa y dos años. Una larga vida.

FELIPE: ¿Viste las esquelas en los periódicos esta mañana? Yo vi más de una docena.

MARTA: ¿A qué hora es el entierro mañana?

FELIPE: A las diez, en el camposanto del pueblo. Allí tienen la tumba familiar.

MARTA: Habrá cientos de personas en el acompañamiento, sin duda.

Comprensión

A **El bebito**   Corrijan las oraciones falsas.

1. Don Rubén y doña Sara asisten a una boda.
2. Los padres del bebé son los señores Sánchez.
3. El bebé es varón.
4. El bebé se llama Celsa.
5. Abelardo es el nombre del padre también.

B **La ceremonia**   Completen.

1. El ___ probablemente ha costado mucho dinero.
2. Los hermanos y hermanas de los novios son ___ y ___.
3. Cada novio le pone un ___ en el dedo del otro.
4. El novio le dio un ___ a la novia.
5. Todos van al Excélsior para la ___.

C **El entierro**   Escojan.

1. Don Rafael era el (esposo/hijo) de doña Carmen.
2. Él era muy (joven/viejo) cuando murió.
3. En los periódicos había (pocas/muchas) esquelas.
4. Mañana es el (funeral/velorio).
5. En el camposanto la familia tiene su (casa/tumba).
6. Muchas personas van a tomar parte en (el acompañamiento/la esquela).

Actividades comunicativas

A **La boda del año**   Un canal de televisión en Latinoamérica les contrata a Ud. y a su compañero(a) para describir la boda de Rosa Treviño y Alfredo, dos famosos cantantes. Preparen Uds. la descripción para la tele.

B **Los multimillonarios**   Ud. y su esposo(a) quieren que D. León Valladares y su esposa Dª. Josefa sean padrinos de su hijita Mercedes. (Los Valladares son multimillonarios.) Hable con los Valladares. Su compañero(a) es el Sr. Valladares o la Sra. Valladares. Después, cambien de papel.

C **El ilustre científico**   Un periódico chileno le pide a Ud. un artículo con la descripción de los funerales de un ilustre científico norteamericano que vivía en su pueblo. Prepare el artículo. Incluya el día y la hora, quiénes asistieron, dónde fue el entierro, etc.

Abelardo Simón
Nació en la Ciudad de México, D. F.,
el día 13 de Diciembre,
y fue bautizado
el día 19 de Enero,
en la Parroquia del
Santo Niño de Praga.

Sus Padres:
Simón Lara Tejeda
y
Celsa Correa de Lara

Sus Padrinos:
Abelardo Sánchez García
y
Marina Cervantes de Sánchez

Padrino de Oleos:
Sr. Cura Pro. D. José Álvarez

Marisela
y
Juan David

No existe nada más g
para dos almas
que sentir que han
sido unidas
para toda la vida,
para fortalecerse
el uno al otro
en todo momento,
para descansar
el uno en el otro
en toda tristeza,
para asistirse
mutuamente
en todo dolor
y para estar juntos
en muchos y
preciosos instantes...

RECUERDO DE
NUESTRO MATRIMONIO
Parroquia de San José
Diciembre 11
Matagalpa, Nicaragua

Lenguaje

Fórmulas

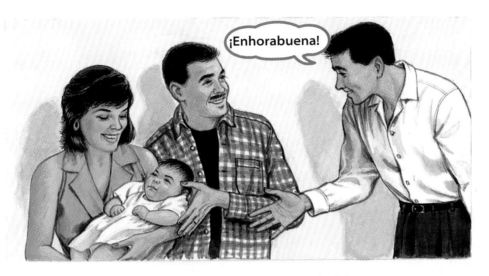

¡Enhorabuena!

Cuando nace un bebé, es normal felicitar a los padres diciéndoles:

¡Enhorabuena! ¡Felicitaciones!

Y, claro, siempre se les dice que el bebé es bello, no importa lo feo que sea.
Se dice:

¡Qué bello!
¡Ay, si es un ángel!
¡Qué preciosidad!

También se le hace caricias al bebé diciéndole cosas como:

Rico, dame una sonrisita.
Preciosa, qué ojos tienes.
Eres tan bella como tu mamá.
Muñequita, eres adorable.

Las bodas también tienen sus fórmulas. Las felicitaciones se les dan a los novios.
Se les dice:

Les deseamos mucha felicidad.
¡Que sean siempre felices!
¡Que tengan toda clase de dicha!
¡Felicitaciones!

A los padres de los novios, especialmente durante los saludos formales o durante la recepción, se debe comentar sobre los deseos por la felicidad de los novios y sobre la belleza de la boda.

> **¡Qué bella pareja!**
> **Estarán Uds. muy orgullosos, y con razón.**

La muerte tiene sus ceremonias y ritos. Uno debe dirigirse a la familia del difunto[1] con expresiones de dolor como:

> **Sentido pésame.**
> **Le acompañamos en el dolor.**
> **Le expreso mi profunda condolencia.**

Sentido pésame.

Y la persona que recibe las felicitaciones o los pésames siempre los agradece diciendo personalmente o por escrito:

> **Gracias.**
> **Se lo agradezco.**
> **Cuánto le agradezco su fina cortesía.**

[1]**el difunto** el muerto

Actividades comunicativas

A **Muy diplomáticamente** Ud. está asistiendo a un bautizo. La madre del bebé le saluda. Responda apropiadamente.

B **Unas personas muy distinguidas** En la recepción después de la boda, le presentan a Ud. a los padres de la novia. Diga algo cortés y apropiado.

C **Que en paz descanse** Se murió el abuelo de su amigo. Después del funeral, Ud. se acerca a los padres de su amigo. Diga algo apropiado para la ocasión.

D **¡Qué honor!** Unos amigos hispanos le piden a Ud. que sea padrino o madrina de su hijo(a). Responda.

Repaso de estructura

Expressing future events
Futuro de los verbos regulares

1. The future tense of regular verbs is formed by adding the personal endings to the entire infinitive of the verb. Review the forms of the future tense of regular verbs.

INFINITIVE	estudiar	beber	escribir
yo	estudiaré	beberé	escribiré
tú	estudiarás	beberás	escribirás
él, ella, Ud.	estudiará	beberá	escribirá
nosotros(as)	estudiaremos	beberemos	escribiremos
vosotros(as)	estudiaréis	beberéis	escribiréis
ellos, ellas, Uds.	estudiarán	beberán	escribirán

2. The future tense is used in the same way in Spanish as in English, to express an event or action that will take place in the future. Some adverbial expressions used to express future time are:

mañana (por la mañana, por la tarde, por la noche)
pasado mañana - day after tommorrow
de hoy en ocho días

la semana ⎤
el mes ⎥ **que viene**
el año ⎥
el verano ⎦

Ellos nos llamarán mañana por la noche.
Pero yo los veré mañana por la tarde.
Paco y yo iremos allá temprano.

3. There is another way to express future time. The expression **ir a** + *infinitive* is frequently used in Spanish instead of the future tense. It is used in the same way as the English expression "to be going to."

Ellos nos van a llamar mañana por la noche.
Pero yo los voy a ver mañana por la tarde.
Paco y yo vamos a ir allá temprano.

yo voy a estudiar
tu vas a
el va a
nos vamos a
vos vais a
ellos van a

← IR A + verb infinitive (studiar)

Práctica

A **Hoy, sí. Mañana, no.** Sigan el modelo.

Hoy estudio, pero mañana no estudiaré.

1. Hoy me levanto temprano, ___.
2. Hoy tomo el desayuno en casa, ___.
3. Hoy mamá nos lleva a la escuela, ___.
4. Hoy nos dan un examen en español, ___.
5. Hoy jugamos al baloncesto, ___.
6. Hoy recibimos uniformes, ___.
7. Hoy las clases terminan a las dos, ___.
8. Hoy cenamos en un restaurante, ___.
9. Hoy leo después de comer, ___.

Un colegio, La Paz, Bolivia

B **¿Adónde irás un día?** Preguntas personales.

1. ¿Adónde viajarás algún día?
2. ¿Cuánto tiempo pasarás allí?
3. ¿Qué cosas verás?
4. ¿Te quedarás en un hotel o con amigos?
5. ¿Qué monumentos o museos visitarás?
6. ¿Qué platos típicos comerás?

More future events
Futuro de los verbos irregulares

1. The following frequently used verbs have an irregular root in the future tense.

hacer	har-	venir	vendr-
decir	dir-	poner	pondr-
querer	querr-	salir	saldr-
saber	sabr-	tener	tendr-
poder	podr-	valer	valdr-

2. The future tense endings are the same for all verbs, regular or irregular.

INFINITIVE	decir	poder	salir
yo	diré	podré	saldré
tú	dirás	podrás	saldrás
él, ella, Ud.	dirá	podrá	saldrá
nosotros(as)	diremos	podremos	saldremos
vosotros(as)	diréis	podréis	saldréis
ellos, ellas, Uds.	dirán	podrán	saldrán

Práctica

A. HISTORIETA ¿Qué hará el campeón?

Cambien en el futuro.

1. Él nunca dice nada.
2. Pero puede jugar.
3. El problema es que no quiere.
4. Tenemos que rogarle.
5. Le decimos que no ganamos sin él.
6. Y que todo el mundo viene a verle jugar.
7. Vale la pena intentarlo.
8. Si no, nunca sabemos.

El Estadio Santiago Bernabéu, Madrid, España

B. HISTORIETA Hay que ser positivos.

Contesten con **sí** y el futuro.

1. ¿Se va a poner el uniforme?
2. ¿Va a estar en forma?
3. ¿Va a poder jugar?
4. ¿Todos van a venir al estadio?
5. ¿Van a tener entradas para todos?
6. ¿Le van a enseñar a jugar?
7. ¿Él va a hacer todo lo necesario?
8. ¿Va a ganar?
9. Y tú, ¿vas a estar contento(a)?

C. HISTORIETA La boda

Cambien en el futuro.

1. Toda la familia asistió a la misa nupcial.
2. Todos los invitados fueron al banquete en honor de los recién casados.
3. Sirvieron una comida fabulosa.
4. Todos los invitados se divirtieron.
5. Después de la fiesta, la pareja salió de viaje.
6. Pasaron su luna de miel en México.
7. Después de quince días en México, volvieron a casa y abrieron todos sus regalos.
8. Tuvieron que agradecerles a todos sus familiares y a todos sus amigos por los regalos que les habían dado.

Expressing conditions
El condicional o potencial

1. The conditional, like the future tense, is formed by adding the appropriate personal endings to the entire infinitive. The personal endings for the conditional are the same endings used for **-er** and **-ir** verbs in the imperfect tense. Review the following forms.

INFINITIVE	estudiar	beber	escribir
yo	estudiaría	bebería	escribiría
tú	estudiarías	beberías	escribirías
él, ella, Ud.	estudiaría	bebería	escribiría
nosotros(as)	estudiaríamos	beberíamos	escribiríamos
vosotros(as)	estudiaríais	beberíais	escribiríais
ellos, ellas, Uds.	estudiarían	beberían	escribirían

2. Verbs having an irregular root in the future tense have the same irregular root in the conditional.

hacer	haría	venir	vendría
decir	diría	poner	pondría
querer	querría	salir	saldría
saber	sabría	tener	tendría
poder	podría	valer	valdría

3. The conditional is used in Spanish as it is in English, to express what would or would not happen under certain circumstances or "conditions." The conditional in English is usually expressed by "would."

Yo lo llamaría, pero no tengo tiempo.
I would call him, but I don't have time.

Práctica

A  HISTORIETA ¿Qué harías en las montañas?

Contesten.

1. ¿Esquiarías o patinarías en la nieve?
2. ¿Tendrías frío o no te molestaría el frío?
3. ¿Te quedarías en un hotel o en una caravana?
4. ¿Llevarías comida o comerías en un restaurante?
5. ¿Cómo harías el viaje, en tren, en coche o en autobús?
6. ¿Sabrías bajar por las pistas para expertos o no?
7. ¿Cuántas horas podrías esquiar sin cansarte?
8. ¿Saldrías para las pistas por la mañana o por la tarde?

Expressing indirect discourse
Oraciones indirectas

1. Indirect discourse refers to indirect statements. Look at the following examples.

DIRECT DISCOURSE	INDIRECT DISCOURSE
Yo hablaré con Susana.	**Te digo que yo hablaré con Susana.**

2. When the verb of the main clause is in the present tense—**digo**, the verb in the dependent clause that follows is in the future—**hablaré.** If the verb of the main clause is in the preterite, the verb in the dependent clause is in the conditional.

MAIN CLAUSE	DEPENDENT CLAUSE
Present	Future
Preterite	Conditional

Yo te digo que hablaré con Susana.
Yo te dije que hablaría con Susana.

Digo que vendré mañana.
Dije que vendría mañana.

Práctica

A **Siempre cumplo.** Sigan el modelo.

¿Vendrás mañana?
Ya dije que vendría mañana.

1. ¿Viajarás con el grupo?
2. ¿Irás en el coche?
3. ¿Tendrás bastante tiempo?
4. ¿Podrás conducir?
5. ¿Sabrás cómo ir?
6. ¿Pondrás los materiales en el coche?
7. ¿Volverás con el grupo?

Referring to people and things already mentioned
Pronombres de complemento directo e indirecto

1. A direct object is the direct receiver of the action of a verb. An indirect object receives the action of the verb indirectly or secondarily. In Spanish, the pronouns **me, te**, and **nos** function as both direct and indirect object pronouns. Note that in Spanish the object pronoun precedes the conjugated form of the verb.

¿Te vio Teresa?	**Sí, me vio.**
¿Te dio un libro?	**Sí, me dio un libro.**

2. The third person singular and plural pronouns for direct and indirect objects are not the same. The direct object pronouns are **lo, la, los, las**. The direct object pronouns replace the names of persons, places, or things. Look at the following sentences.

Conozco el Museo Antropológico.	**Lo conozco.**
Conozco la playa de Luquillo.	**La conozco.**
Conocí a Ramón en el museo.	**Lo conocí en el museo.**
Conocí a Marta en la playa.	**La conocí en la playa.**

3. The third person indirect object pronouns are **le** and **les**. These pronouns replace both masculine and feminine nouns. Look at the following sentences.

> **Dorotea le dio un regalo a Pablo.**
> **Y Pablo le dio un regalo a Dorotea.**
> **Dorotea y Pablo les dieron regalos a sus padres.**

4. Since **le** and **les** can refer to a number of different persons, they are often clarified by adding a prepositional phrase at the end.

Le hablé $\left\{\begin{array}{l} \text{a él.} \\ \text{a ella.} \\ \text{a Ud.} \end{array}\right.$

Les hablé $\left\{\begin{array}{l} \text{a ellos.} \\ \text{a ellas.} \\ \text{a Uds.} \end{array}\right.$

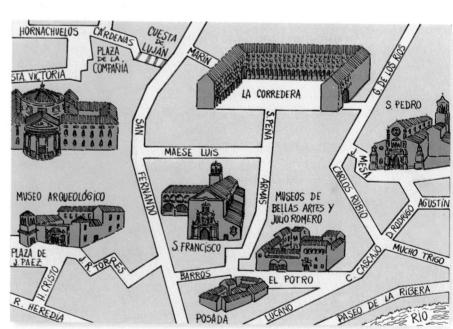

Puntos de interés, Córdoba, España

A HISTORIETA Una invitación

Contesten.

1. ¿Te llamó Teresa anoche?
2. ¿Teresa te invitó a la fiesta?
3. ¿Te invitó a ti y a Jorge también?
4. Ella me conoce, ¿verdad?
5. ¿Ella me va a invitar también?

¡Fiesta! ¡Fiesta!

Día: _31-5_

Hora: _20:00_ Lugar: _Calle Suárez 25_

Firma: _Teresa Calderón_

B HISTORIETA En la fiesta

Completen.

Teresa ___1___ llamó a Luis y a mí. Ella ___2___ invitó a la fiesta. Ella ___3___ llamó a ti también, y ___4___ invitó, ¿no? Perdón, ahora tengo que tocar el piano, porque Teresa ___7___ lo pidió. A mí ___6___ gusta mucho la música latina. ¿Y a ti ___7___ gusta también?

C HISTORIETA ¡Al tren!

Contesten con el pronombre apropiado.

1. ¿Sara tiene su boleto?
2. ¿El mozo lleva las maletas?
3. ¿El revisor saluda a Sara?
4. ¿El revisor mira el boleto?
5. ¿Sara le pregunta al revisor dónde está el asiento?
6. ¿El revisor le dice donde está?
7. ¿Sara lleva los libros en la mochila?
8. ¿Sara ve a los amigos en el tren?
9. ¿Ellos le hablan a Sara?
10. Y Sara, ¿les habla a ellos?
11. Desde la ventanilla, ¿ve Sara el paisaje?
12. ¿Ella les dice a los amigos que el paisaje es bello?

Estación de RENFE, Jerez, España

D En el aeropuerto Completen.

El señor Sepúlveda llegó al mostrador de la línea aérea en el aeropuerto. Él ___1___ habló al agente. Él ___2___ habló en español. El señor Sepúlveda ___3___ dio las maletas al agente y el agente ___4___ puso en la báscula y ___5___ pesó. El agente ___6___ dijo al señor Sepúlveda cuánto pesaban. El pasajero ___7___ dio su boleto al agente. El agente ___8___ miró. Facturó el equipaje, y ___9___ dio el boleto y los talones al señor Sepúlveda. El agente ___10___ dio las gracias al pasajero y ___11___ deseó un feliz viaje.

Referring to people and things already mentioned
Dos complementos en la misma oración

1. Very frequently both a direct and an indirect pronoun appear in the same sentence. When they do, the indirect object pronoun is always placed before the direct object pronoun and both pronouns precede the conjugated form of the verb.

Alicia me dio el informe.	**Alicia me lo dio.**
Y ella me regaló las fotografías.	**Y ella me las regaló.**

2. The indirect object pronouns **le** and **les** change to **se** when used with the direct object pronouns **lo, la, los, las.** Because the pronoun **se** can mean **a él, a ella, a Ud., a ellos, a ellas**, and **a Uds.,** it is often clarified by a prepositional phrase.

La doctora le dio las radiografías a él.	**La doctora se las dio a él.**
La doctora les dio las radiografías a ellos.	**La doctora se las dio a ellos.**

✦Práctica✦

A **¿Quién te lo regaló?** Contesten según el modelo.

> **¿Quién te regaló el saco de dormir?**
> **Mi tía me lo regaló.**

1. ¿Quién te regaló las esquís?
2. ¿Quién te regaló las sillas plegables?
3. ¿Quién te regaló el barquito?
4. ¿Quién te regaló la hamaca?
5. ¿Quién te regaló el billete?
6. ¿Quién te regaló la cámara?

B **¿Te gusta?** Contesten según el modelo.

> **¿Te gusta el traje?**
> **Sí, mucho. ¿Quién te lo dio?**

1. ¿Te gustan los tenis?
2. ¿Te gustan las pelotas?
3. ¿Te gusta la raqueta?
4. ¿Te gusta la camisa?
5. ¿Te gusta el traje de baño?
6. ¿Te gustan las gafas de sol?
7. ¿Te gusta la crema protectora?
8. ¿Te gustan los esquís acuáticos?
9. ¿Te gusta la toalla playera?

C HISTORIETA **Una carta a la abuela**

Contesten con los pronombres apropiados.

1. ¿Le escribiste la carta a abuelita?
2. ¿Le mandaste la carta hoy?
3. ¿Le diste una copia de tu artículo?
4. ¿Le mandaste las fotos de la familia?
5. ¿Le diste nuestros saludos también?
6. ¿Ella te contestará la carta?

D HISTORIETA **En la taquilla**

Completen con los pronombres.

Ayer fui a la taquilla para comprar entradas para unos amigos. Yo ___$_1$ compré. Pero cuando el taquillero ___$_2$ vendió, él me dijo que quedaban pocas. Yo llamé a Ramón y ___$_{3,4}$ dije. Ramón entonces ___$_5$ pidió que comprara una más. Volví a la taquilla y ___$_6$ pedí otra entrada al taquillero. Pero el taquillero ya ___$_7$ había vendido. Él ___$_{8,9}$ vendió a una señora momentos antes de que yo regresara.

Periodismo
La boda y el nacimiento

Introducción

Las bodas y los nacimientos son los dos eventos que más alegría traen en todas las culturas. Las bodas se acompañan de mucha ceremonia y mucho festejo. Hay quienes «echan la casa por la ventana» cuando se trata de la boda de sus hijos. Por tradición, en la cultura hispánica y en la occidental en general, los gastos de las bodas los cubren los padres de la novia. Y hay bodas que cuestan muchísimo. La boda no es cuestión solamente del matrimonio de los novios, puede también representar para las familias una oportunidad de mostrar al mundo su posición social, su importancia y su rango.

Por eso, cuando se casan los hijos de personajes famosos, todo el mundo se interesa. Y cuando las bodas son de miembros de las familias reales, son centro de atención para todos. Recientemente la familia real española celebró dos eventos de gran alegría: la boda de su hija menor, la Infanta doña Cristina, y el nacimiento del primer nieto de los reyes.

Vocabulario

el trono

los novios

el brindis de los novios

la Infanta   hija de los Reyes de España nacida después del príncipe

el primogénito   el primer hijo

el comunicado   una comunicación oficial

el parto   el nacimiento

el puro   el cigarro

la marcha   la salida, la partida

entrañable   íntimo(a), afectuosísimo(a)

comedido(a)   discreto(a), moderado(a)

sensible   sensitivo, sentimental

desgraciado(a)   infeliz, miserable

Práctica

A   **Expresiones equivalentes**   Pareen.

1. el comunicado
2. la madrugada
3. el primogénito
4. la Infanta
5. el parto
6. el trono

a. el asiento de los reyes
b. el momento de nacer
c. un informe oficial escrito
d. hija de los Reyes españoles
e. el hijo mayor
f. muy temprano por la mañana

Palacio de la Zarzuela, Madrid, España

B   **La boda**   Completen.

1. El padrino levantó la copa y ofreció un ___ por los novios.
2. El padrino era amigo ___ del novio, era como un hermano.
3. Y como es un hombre muy ___ empezó a llorar.
4. Pero la madre fue más ___, más discreta y se controló.

El padre de la novia

de Jaime Peñafiel

El padre de la novia es, después de ésta, el protagonista más importante de la boda. Y no sólo porque es el pagano de la fiesta[1]—desde el vestido a los puros pasando por la dote[2] y el banquete—, sino porque, con la marcha de la hija, se suele ir un pedazo importante de su vida.

Don Juan Carlos, el pasado sábado día 4, fue más que Rey, fue padre y como tal se comportó. Nunca se le ha visto más entrañable y más grande.

Frente a la frialdad[3] de la Reina, siempre tan profesional, ella que a veces parece sobrehumana, la humanidad del Rey fue la única que se dejó sentir ¡y de qué manera! En tan solemne, comedida y controlada—por Doña Sofía—ceremonia.

Es la primera de mis 42 bodas reales en la que la novia, no es que no llorara, sino que ni siquiera se emocionó.

En la catedral gótica de Barcelona sólo se permitió, no esa debilidad, sino esa emoción incontenida[4], el padre de la novia. Pienso que llora porque es un hombre sensible y bueno. ¡Desgraciado del hombre que no llora el día que casa a su hija o entierra a su padre!

A millares de personas, sentadas ante el televisor, se les hizo un nudo en la garganta[5] cuando vieron al Rey tragar la saliva y bajar la cabeza para intentar ocultar las lágrimas. Cuando la levantó, las lágrimas habían formado dos visibles bolsas bajo sus ojos.

A los postres del banquete, Don Juan Carlos pudo hacer suyas las palabras de ese gran ausente, el Conde de Barcelona[6], otro

La Infanta doña Cristina y su padre, Don Juan Carlos

padre, cuando en las mismas circunstancias y antes de alzar la copa para el brindis se dirigió a la novia en los siguientes términos: «Margarita, mi hija tan querida, sales de una casa donde fuiste polarización[7] de cariño y preocupaciones que hoy se mitigan[8] por verte caer en los brazos acogedores de Carlos, un hombre bueno y cariñoso… »

En esta hermosa historia de amor de hoy los novios se llaman Cristina e Iñaki. Y Juan Carlos, el padre de la novia.

[1] **el pagano de la fiesta** la persona que siempre paga
[2] **la dote** dinero u otros bienes que lleva la novia al matrimonio
[3] **la frialdad** *coldness*
[4] **incontenida** *uncontrollable*
[5] **un nudo en la garganta** *a lump in the throat*
[6] **El Conde de Barcelona** El Conde de Barcelona era el padre del Rey don Juan Carlos.
[7] **polarización** centro de atención
[8] **se mitigan** disminuyen, se suavizan

Bautizo del primer nieto de los reyes de España

La Infanta Elena de España y su esposo, don Jaime de Marichalar,

duques de Lugo, bautizaron este domingo a su primogénito. El niño recibió el nombre de Felipe Juan Froilán. Es el tercero en la línea de sucesión al trono después de su tío e hijo menor de los reyes, Felipe, y de su madre, la Infanta.

La Infanta Elena, de 34 años, se encontraba muy emocionada, igual que su esposo y todos los acompañantes.

La ceremonia se realizó en el Palacio de la Zarzuela. El rey fue el padrino de su primer nieto y la abuela paterna fue la madrina.

Comprensión

A **La Boda** Contesten.

1. Según el artículo, ¿quién es la persona más importante en la boda, y quién es la segunda más importante?
2. ¿Por qué le llaman al padre de la novia «el pagano de la fiesta»?
3. Dice el autor que alguien controlaba la ceremonia, ¿quién?
4. Hay dos ocasiones cuando el hombre es un desgraciado si no llora. ¿Cuáles son?
5. ¿Dónde tuvo lugar la boda de la Infanta doña Cristina?
6. ¿Qué es lo que les «hizo un nudo en la garganta» a las personas que miraban la televisión?
7. ¿Quiénes pudieron contener su emoción?
8. ¿Cómo se llama el esposo de la Infanta doña Cristina?

B **Los Reyes** Según el artículo, ¿cuáles son los adjetivos que se aplican a la Reina doña Sofía, y cuáles al Rey don Juan Carlos?

1. sensible
2. afectuoso
3. controlado
4. profesional
5. entrañable
6. frío
7. cariñoso

Los reyes, doña Sofía y don Juan Carlos, doña Cristina e Iñaki Urdangarín

C **El primer nieto** Completen.

1. La Infanta doña Elena y su esposo son los duques de ____.
2. Al hijo le dieron el nombre de ____.
3. La Infanta tiene ____ años.
4. Jaime de Marichalar es el ____ de la Infanta.
5. El bautizo tuvo lugar en el ____.
6. El niño Felipe es el ____ en la línea de sucesión al trono.

Actividades comunicativas

A　**La noticia**　Ud. es un(a) reportero(a) de televisión que tiene que anunciar el bautizo de Felipe Juan Froilán. Use la información del artículo, pero dé la noticia en sus propias palabras.

B　**El novio**　El novio de la Infanta doña Cristina, Iñaki Urdangarín, es un atleta profesional. Ud. es Iñaki. Ud. tiene que hablar con uno de los Reyes (su compañero[a]) y convencerle que doña Cristina debe casarse con Ud.

Iñaki Urdangarín

Anuncios sociales

Introducción

Los pasajes de la vida se marcan con ceremonia. Por costumbre se espera que haya testigos. Se quiere informar a todas las personas que pudieran tener interés. Una manera de informar a un amplio público es por medio del periódico. Se anuncian los nacimientos, los cumpleaños, las bodas y las muertes.

Vocabulario

el ave picuda, la cigüeña
el festejo
las concurrentes
la cobijita

el marco lo que rodea una cosa
el/la heredero(a) el/la hijo(a)
el/la bisnieto(a) el/la hijo(a) de un nieto o una nieta
el/la extinto(a) el/la señor(a) que murió
el Magisterio Fiscal los maestros de las escuelas públicas

participar comunicar, notificar o informar
efectuar hacer, realizar, tener lugar

obsequiar dar, regalar
degustar probar alimentos, especialmente alimentos finos y elegantes
lucir brillar, ser espléndido
llevar a cabo hacer, realizar

allegado(a) cercano, próximo, se dice de los parientes e íntimos amigos
abnegado(a) se dice de la persona generosa que hace sacrificios por los demás

Práctica

A **¿Qué es?** Contesten según los dibujos.

1. ¿Es un ave picuda o un canario?

2. ¿Es un festejo o un velorio?

3. ¿Son las concurrentes o las cobijitas?

4. ¿Es un marco o un festejo?

B **HISTORIETA** **¿Cuál es la palabra?**

Completen con la palabra apropiada.

1. Los nietos de doña Flor tienen hijos, así es que ella tiene ___.
2. Para su cumpleaños, le ___ a doña Flor exquisitos regalos.
3. Todas las personas ___ a doña Flor asistieron al festejo.
4. Y allí sirvieron deliciosos platos que todos los concurrentes ___.
5. Doña Flor siempre piensa en los demás y hace lo que puede por ellos. Es una persona muy ___.
6. Durante muchos años fue maestra en una escuela pública, y muchos amigos del ___ asistieron al festejo.
7. Doña Clara Calles, gran amiga de doña Flor, murió recientemente, y todos sus amigas pensaron en la ___.

C **Los sinónimos** Escojan.

1. participar   **a.** regalar
2. efectuar   **b.** probar
3. obsequiar   **c.** realizar
4. degustar   **d.** informar

MATRIMONIO

Aspillaga Barros-
Claverie Jaramillo

MICHEL Claverie Bartet, Marta Jaramillo de Claverie, Pedro Aspillaga Salas y Ana María Barros de Aspillaga participan a Ud. el matrimonio de sus hijos Rodrigo Aspillaga Barros y María Paz Claverie Jaramillo y le invitan a la ceremonia religiosa que se efectuará, con misa de precepto, en la Iglesia de los Sagrados Corazones de Alameda (Avda. Bernardo O'Higgins 2062), el día sábado 25 de abril a las 20.00 horas.

La feliz pareja, Rodrigo y María Paz

BODAS DE ORO

HOY celebran 50 años de matrimonio don Benjamín Saavedra Camus y la señora Inés Marchant de Saavedra, en compañía de sus hijos, nietos, bisnietos y hermanos.

4E *El Diario de Juárez* **30 de agosto**

Norma de Cardona Recibirá la Visita del Ave Picuda

En bonito festejo organizado por Yolanda M. de Téllez, fue felicitada por la espera de su primer bebé la señora Norma Téllez de Cardona.

Al baby shower asistieron amistades y familiares allegadas de Norma. La amplia estancia de la casa donde se llevó a cabo la celebración, lucía espléndidamente adornada de flores. Todo ello, sirvió de marco a la convivencia[1]. Posteriormente, Norma abrió cada uno de los regalos que le obsequiaron sus invitadas, los cuales iban desde zapatitos hasta cobijitas para cubrir a su frágil heredero.

Las distinguidas concurrentes degustaron deliciosos platillos, acompañados de refrescantes bebidas. Ya llegada la noche se retiraron a sus hogares.

Asistieron Adela González de Márquez, Alicia Salas, María de Jesús C. de Longoria, Escolástica V. de Solorio y Vicky de Guerrero.

Norma con su mamá

[1] **convivencia** reunión

NECROLÓGICOS

SOF. 1ro. ESNA. OSWALDO MALDONADO JARJUIRI-ESPOSO, LIZ, PAMELA, WILLIAM, JESMY HIJOS, LOS PADRES POLÍTICOS, HERMANOS, HERMANOS POLÍTICOS, TÍOS, PRIMOS, SOBRINOS Y DEMÁS FAMILIARES DE LA QUE EN VIDA FUE QUERIDA ESPOSA Y ABNEGADA MADRE:

✝ SRA. PROF. EMMA ROJAS DE MALDONADO

(Q. E. P. D.)[1]

INVITAN AL MAGISTERIO FISCAL DE LA PAZ, ARMADA BOLIVIANA, RESIDENTES VALLEGRANDINOS, ORUREÑOS, PROVINCIA ALONZO DE IBÁÑEZ, HUANUNI, AMIGOS E INSTITUCIONES A LAS QUE PERTENECIÓ, SE DIGNEN ASISTIR A LA MISA DE RÉQUIEM QUE EN SUFRAGIO DEL ALMA DE LA EXTINTA Y RECORDANDO EL PRIMER AÑO DE SU LLORADO FALLECIMIENTO, SE MANDARÁ A OFICIAR EL DÍA MIÉRCOLES 10 DEL PTE. A HRS. 18:45 PM. EN LA CATEDRAL METROPOLITANA, NUESTRA SEÑORA DE LA PAZ (PLAZA MURILLO).

FAVOR DE COMPROMETER A LA GRATITUD DE LA FAMILIA DOLIENTE.

LA PAZ, MARZO 8

EL DUELO SE DESPIDE EN LA PUERTA DEL TEMPLO.

[1] **(Q.E.P.D.)** Que en paz descanse (R.I.P.)

Comprensión

A **Los anuncios sociales** Contesten.

1. ¿Quiénes se casan?
2. ¿Quiénes anuncian la boda?
3. ¿Cómo se llaman los novios?
4. ¿Dónde tendrá lugar la boda?
5. ¿Será una ceremonia religiosa o civil?

6. ¿Cuál es la fecha de la boda?
7. ¿Quiénes celebran un aniversario?
8. ¿Cuántos años llevan de casados?
9. ¿Quiénes les acompañan en la celebración?

B **La visita del ave picuda** Escojan.

1. El segundo artículo es de un periódico ___.
   a. español **b.** chileno **c.** mexicano

2. La señora Norma de Cardona va a ___.
   a. casarse **b.** tener un bebé **c.** tener un cumpleaños

3. La casa donde se celebraba el evento estaba adornada de ___.
   a. flores **b.** cuadros **c.** fuentes

4. El «frágil heredero» se refiere a un ___.
   a. regalo **b.** bebé **c.** platillo

5. En la celebración les sirvieron a los invitados ___.
   a. zapatitos y cobijitas **b.** flores y marcos **c.** platillos y bebidas

6. Al llegar la noche, los invitados a la celebración ___.
   a. abrieron sus regalos **b.** regresaron a sus casas **c.** empezaron a comer

C **El aniversario de la muerte** Contesten.

1. ¿Cuándo murió la Sra. Rojas de Maldonado?
2. ¿Cómo se llama su esposo?
3. ¿A quiénes, en especial, invitan a la misa?
4. ¿Cuándo y dónde será la misa?
5. ¿Dónde terminará el evento?

Actividades comunicativas

«Entierro de un hombre ilustre» de Mario Urteaga

A **Una boda** Un periódico español le ha pedido que prepare una descripción de una típica boda norteamericana. Escriba la descripción.

B **Un «baby shower»** Prepare una invitación a las amigas de Gloria Benavides a un «baby shower». En la invitación deben aparecer: el evento y la fecha, la hora y lugar del evento, los tipos de regalos que deben traer, que es un secreto.

Estructura

Subjunctive after certain conjunctions
Subjuntivo en cláusulas adverbiales

1. The subjunctive is always used after the following conjunctions because the information that follows is not necessarily real.

para que	*so that*	**con tal de que**	*provided that*
de modo que	*so that, in such a way that*	**sin que**	*unless, without*
de manera que	*so that, in such a way that*	**a menos que**	*unless*

Victoria no irá a menos que tú vayas.
Ella haría el viaje con tal de que fuéramos en tren.

2. The tense of the verb in the main clause determines the tense of the subjunctive in the dependent clause.

MAIN CLAUSE	DEPENDENT CLAUSE
Present Future	Present subjunctive
Preterite Imperfect Conditional	Imperfect subjunctive

Una clase universitaria, Madrid, España

Práctica

A **La profesora** Completen.

1. La doctora Ramírez siempre presenta la lección de modo que todos nosotros ___ (comprender).
2. La doctora Ramírez presentó la lección ayer de modo que todos nosotros ___ (comprender).
3. Nadie entiende a menos que ella la ___ (presentar) claramente.
4. Nadie entendería a menos que ella la ___ (presentar) claramente.
5. Ella siempre nos explica todo de manera que ___ (estar) bien claro.
6. Ayer ella nos explicó todo de manera que ___ (estar) bien claro.

Using time expressions
Subjuntivo con conjunciones de tiempo

1. The subjunctive is used with adverbial conjunctions of time when the verb of the main clause is in the future, since it is uncertain if the action in the adverbial clause will really take place. When the verb in the main clause is in the past, the indicative is used since the action of the clause has already been realized.

> **Ella nos hablará cuando lleguemos.**
> **Ella nos habló cuando llegamos.**

2. Some frequently used adverbial conjunctions of time are:

cuando	*when*
en cuanto	*as soon as*
tan pronto como	*as soon as*
hasta que	*until*
después de que	*after*

3. The conjunction **antes de que,** "before," is an exception. **Antes de que** is always followed by the subjunctive. The imperfect subjunctive is used after **antes de que** when the verb of the main clause is in the past.

> **Ellos saldrán antes de que nosotros lleguemos.**
> **Ellos salieron antes de que nosotros llegáramos.**

A HISTORIETA ¿Cuándo la vieron?

Completen.

—¿Vieron Uds. a la senadora?

—Sí, la vimos en cuanto ella ___ (llegar) al aeropuerto.
  ₁

—¿Y le hablaron?

—No, no pudimos. Pero le hablaremos tan pronto como ella ___ (estar) libre.
  ₂

—Después de que Uds. ___ (hablar) con ella, vuelvan aquí en seguida.
  ₃

—Bien, volveremos aquí cuando ___ (acabar) de hablar con ella.
  ₄

—Y no se olviden, no vuelvan aquí hasta que le ___ (explicar) la situación a la senadora.
  ₅

B **¿En el futuro o en el pasado?** Hagan los cambios necesarios.

1. Ella me vio cuando volví.
   _____ verá _____.
2. Yo le hablaré antes de que regrese.
   _____ hablé _____.
3. Ellos me llamaron en cuanto recibieron la noticia.
   _____ llamarán _____.
4. Y yo se lo agradeceré tan pronto como me informen.
   _____ agradecí _____.

Expressing *although*
Subjuntivo con **aunque**

1. The conjunction **aunque**, "although," may be followed by the subjunctive or the indicative depending upon the meaning of the sentence. Study the following sentences.

> **Ellos jugarán aunque haga mucho frío.**
> **Ellos jugarán aunque hace mucho frío.**

In the first sentence, the subjunctive is used to indicate that it is not very cold now but that they will play even if it gets very cold. The indicative is used in the second sentence because it is a fact that it is very cold and, although it is very cold, they will still play.

Práctica

A HISTORIETA *¿Lo hacemos o no?*

Contesten según el modelo.

> **Hace muchísimo frío. ¿Vas a jugar?**
> **Sí, voy a jugar aunque hace mucho frío.**

1. No tienes un boleto. ¿Vas al concierto?
2. No sé si el carro tiene bastante gasolina. ¿Vas a ir en el carro?
3. Podría llover. ¿Vendrá Diana con nosotros?
4. Subieron los precios de las entradas. ¿Todavía vamos?
5. Y si hay mucho tráfico, ¿qué? ¿Iremos o no?
6. No sé si Paco Mendes va a tocar. ¿Vas a ir?
7. Tito no tiene dinero. ¿Lo vas a llevar al concierto?
8. Y si la profesora nos da tarea, ¿todavía vamos a ir?

El Centro de Bellas Artes, San Juan, Puerto Rico

Statements with *perhaps* or *maybe*
Subjuntivo con **quizás, tal vez** y **ojalá**

1. The expressions **quizá(s)**, "perhaps," and **ojalá,** "I wish, would that," are always followed by the subjunctive.

> **Quizás nos llamen hoy.**
> **Ojalá nos inviten a la fiesta.**
> **Ojalá (que) nos invitaran a la fiesta.**

Note that **ojalá** can be followed by either the present or the imperfect subjunctive.

2. The expression **tal vez,** "perhaps," can be followed by either the subjunctive or the future indicative.

> **Tal vez lleguen hoy.**
> **Tal vez llegarán hoy.**

Práctica

A **¡Ojalá!** Contesten según el modelo.

> **¿Se casarán?**
> **Ojalá que se casen.**

1. ¿Anunciarán su compromiso?
2. ¿Se casarán?
3. ¿Les servirás de padrino (de dama de honor)?
4. ¿Tendrán una recepción?
5. ¿Harán un viaje de novios?
6. ¿Serán felices?
7. ¿Tendrán algunos niños?

B **¿Nos acompañarán?** Contesten según el modelo.

> **¿Nos acompañarán los chicos?**
> **No sé. Quizás nos acompañen.**

1. ¿Iremos en autobús?
2. ¿Nos darán de comer?
3. ¿Serán baratas las entradas?
4. ¿Estaremos allí toda la tarde?
5. ¿Veremos cosas interesantes?
6. ¿Don Felipe explicará los detalles?
7. ¿Va a hacer mucho calor?
8. ¿Volveremos temprano?
9. ¿Será interesante la visita?

Referring to people and things already mentioned
Colocación de los pronombres de complemento

1. The direct and indirect object pronouns precede a conjugated verb in Spanish.

Ella me lo dice.   **Ella me lo dijo.**

Ella se lo dirá.   **Ella se lo ha dicho.**

2. However, when a direct or indirect object pronoun is used with an infinitive, **-ar, -er, -ir,** or a present participle, **-ando, -iendo,** the pronoun or pronouns may either be attached to the infinitive or present participle, or they may precede the auxiliary verb that accompanies the infinitive or present participle. Look at the following sentences.

INFINITIVE

Ella me lo quiere decir.   **Ella quiere decírmelo.**

Ella me lo va a decir.   **Ella va a decírmelo.**

Ella me acaba de decir el nombre.   **Ella acaba de decirme el nombre.**

PRESENT PARTICIPLE

Ella me lo estaba diciendo.   **Ella estaba diciéndomelo.**

Ahora ella se lo está diciendo a ellos.   **Ahora ella está diciéndoselo a ellos.**

Ella les sigue hablando.   **Ella sigue hablándoles.**

3. Note that when two pronouns are attached to the infinitive, the infinitive carries a written accent mark to maintain the same stress. A present participle carries a written accent if either one or two pronouns is attached.

Práctica

A HISTORIETA **En el teatro**

Contesten con pronombres.

1. ¿Quiere ver la comedia Joaquín?
2. ¿Está diciendo a su amiga que la comedia es interesante?
3. ¿Joaquín va a comprar las entradas?
4. ¿Acaba de comprar las entradas en la taquilla?
5. ¿Está mostrando las entradas a la acomodadora?
6. ¿La acomodadora está llevando a los jóvenes a sus asientos?
7. ¿Los jóvenes pueden oír a los actores desde sus asientos?

Una sala de conciertos en el Teatro Colón, Buenos Aires, Argentina

B Historieta En el mostrador del aeropuerto

Sigan el modelo.

> **Ella está hablando al agente.**
> **Ella le está hablando.**
> **Ella está hablándole.**

1. El agente está atendiendo a la cliente.
2. Ella está hablando al agente.
3. Ellos están discutiendo su reservación.
4. Ella quiere pagar el boleto ahora.
5. Ella quiere reservar un asiento en el pasillo.
6. El agente puede reservarle el asiento.
7. El agente quiere ver su tarjeta de crédito.
8. La señora le está dando la tarjeta de crédito.
9. El agente acaba de mirar el boleto.
10. El agente está indicando la puerta de salida a la señora.

Aeropuerto, Santiago, Chile

Using commands
Pronombres de complemento con el imperativo

1. The direct and indirect object pronouns are always attached to affirmative commands, formal or familiar. The pronouns precede negative commands.

   FORMAL

Hábleme Ud.	**No me hable Ud.**
Dígamelo ahora.	**No me lo diga ahora.**
Désela Ud. a Ramón.	**No se la dé Ud. a Ramón.**

   FAMILIAR

Háblame.	**No me hables.**
Dímelo ahora.	**No me lo digas ahora.**
Dásela a Ramón.	**No se la des a Ramón.**

2. Note that the command carries a written accent when either one or two pronouns are added to it.

Práctica

A HISTORIETA El partido del domingo

Sigan el modelo.

> **Yo voy a organizar el partido**
> **¡Qué bien! ¡Organízalo!**

1. Yo voy a llamar a los jugadores.
2. Voy a preparar el campo.
3. Voy a comprar un balón.
4. Voy a arreglar las porterías.
5. Voy a buscar unos árbitros.
6. Voy a limpiar los uniformes.
7. Voy a darle un uniforme a Pablo.
8. Voy a pedirle zapatillas de deporte a don Braulio.
9. Voy a invitar a los maestros.

B ¡No, nunca! Contesten según el modelo.

> **¿Debo invitar a Emilio?**
> **No, no lo invites.**

1. ¿Debo invitar a las chicas?
2. ¿Debo hablarles?
3. ¿Debo decirles la verdad?
4. ¿Debo cambiar la fecha?
5. ¿Debo prepararles la merienda?
6. ¿Debo prestarles los discos?
7. ¿Debo servirles refrescos?
8. ¿Debo preocuparme?

C ¡No lo haga! Cambien del negativo al afirmativo.

1. No se la dé Ud.
2. No se lo diga Ud.
3. No lo compren Uds.
4. No me lo repita Ud.
5. No nos lo explique Ud. otra vez.
6. No le escriba Ud.
7. No se lo mencionen Uds.
8. No lo escuche Ud.

D Dice el director. Sigan el modelo.

> **Pienso recomendarlo.**
> **No estoy de acuerdo. No lo recomiende Ud.**

1. Pienso repararlas.
2. Pienso informarles.
3. Pienso contratarlos.
4. Pienso decírselo.
5. Pienso despedirlos.
6. Pienso cambiarlas.
7. Pienso telefonearlos.
8. Pienso preguntárselo.

Literatura

El niño al que se le murió el amigo

de Ana María Matute

Antes de leer

Uno de los pasajes que no se marca con ninguna ceremonia, y que a veces ocurre sin que nadie se dé cuenta en el momento, es el fin de la niñez. Algo ocurre, y de repente, el niño pasa a ser algo más, un ser más consciente, casi una persona mayor. Algunos dicen que es la pérdida de la inocencia. Es cuando ya no se cree en Santa Claus, o cuando las realidades de la vida acaban con las fantasías. El evento que marca este pasaje en la vida del niño en el cuento que sigue es dramático y triste.

Vocabulario

la valla, la cerca

el quicio de la puerta

el pozo

los juguetes

las canicas   el polvo

El niño estiró los brazos.   Y puso los codos en las rodillas.

⋆Práctica⋆

A **El niño** Contesten según los dibujos.

1. ¿Qué juguetes son estos? **2.** ¿Qué divide las propiedades?

3. ¿Dónde está el niño? **4.** ¿Qué estiró el niño?

5. ¿De dónde sacan el agua? **6.** ¿Qué tiene el niño en la ropa? **7.** ¿Dónde puso el niño sus codos?

Introducción

Ana María Matute nació en la capital española en 1926. Hizo sus estudios en las dos principales ciudades de su país, Madrid y Barcelona. Su primera novela, *Los Abel*, se publicó en 1947. Diez años más tarde se publicó *Los niños tontos*, donde aparece «El niño al que se le murió el amigo».

Ana María Matute

Lectura

El niño al que se le murió el amigo

Una mañana se levantó y fue a buscar al amigo, al otro lado de la valla. Pero el amigo no estaba, y, cuando volvió, le dijo la madre: «El amigo se murió. Niño, no pienses más en él y busca otros para jugar». El niño se sentó en el quicio de la puerta, con la cara entre las manos y los codos en las rodillas.

«Él volverá», pensó. Porque no podía ser que allí estuviesen las canicas, el camión y la pistola de hojalataº, y el reloj aquel que ya no andaba, y el amigo no viniese a buscarlos. Vino la noche, con una estrella muy grande, y el niño no quería entrar a cenar. «Entra niño, que llega el frío», dijo la madre. Pero, en lugar de entrar, el niño se levantó del quicio y se fue en busca del amigo, con las canicas, el camión, la pistola de hojalata y el reloj que no andaba. Al llegar a la cerca, la voz del amigo no le llamó, ni le oyó en el árbol, ni en el pozo. Pasó buscándole toda la noche. Y fue una larga noche casi blanca, que le llenó de polvo el traje y los zapatos. Cuando llegó el sol, el niño, que tenía sueño y sed, estiró los brazos y pensó: «Qué tontos y pequeños son esos juguetes. Y ese reloj que no anda, no sirve para nada». Lo tiró al pozo, y volvió a la casa, con mucha hambre. La madre le abrió la puerta, y dijo: «Cuánto ha crecido este niño, Dios mío, cuánto ha crecido». Y le compró un traje de hombre, porque el que llevaba le venía muy corto.

hojalata *tin*

Después de leer

Comprensión

A **¿Qué pasó?** Contesten.

1. Cuando se levantó el niño, ¿a quién fue a buscar?
2. ¿Adónde fue a buscarlo?
3. ¿Estaba el amigo?
4. ¿Qué le aconsejó la madre?
5. ¿Dónde se sentó el niño?

B **Lo que hizo el niño** Completen.

1. El niño creía que volvería su ___.
2. Creía que vendría a buscar sus ___.
3. El niño se quedó afuera y no entró a ___.
4. La madre le dijo que entrara porque hacía ___.
5. En lugar de entrar, el niño se fue ___ del amigo.

C **Opiniones y comentarios** Comenten.

1. Hay un momento en que el fin de la inocencia parece ocurrir. ¿Cuál es?
2. Hay una frase casi poética, que no tiene sentido literal. ¿Qué querrá decir: «Y fue una larga noche casi blanca, que le llenó de polvo el traje y los zapatos»?
3. Interprete la frase de la madre al final del cuento.
4. ¿Cree Ud. que el traje que llevaba el niño realmente le quedaba corto? Explique.

Actividades comunicativas

A **El fin de la niñez** Para muchos de nosotros ha habido un evento que nos ha marcado el final de la niñez. Piense Ud. en el momento en que Ud. dejó de ser niño(a) y descríbalo en español.

B **Nos mudamos.** No es solamente la muerte de un amigo la que puede doler (*ache*) sino la separación. Lo más común es que nos mudamos de un pueblo y perdemos a los amigos, o que un buen amigo tiene que mudarse con la familia. ¿Esto le ha pasado a Ud.? Describa cómo se sintió.

C **Los juguetes** Los juguetes de los niños son a veces curiosos: el reloj que no anda, por ejemplo. Con un(a) compañero(a) comparen todos los «juguetes raros» que tenían cuando eran niños y presenten la lista a la clase.

Cosas del tiempo

de Ramón de Campoamor

Antes de leer

Se ha dicho que para los jóvenes, la juventud es eterna. Pero todos sabemos que los años pasan y dejan sus huellas. Lo que ocurre es que vemos las diferencias en otros pero no en nosotros mismos. Además de los pasajes dramáticos de la vida, también existe ese otro pasaje largo, inexorable, constante, que es el sencillo transcurso del tiempo que nos hace cambiar a todos, poco a poco, día tras día.

Introducción

Ramón de Campoamor (1817–1901) nació en Navia, un pueblecito de Asturias en el norte de España. Estudió latín y filosofía en la Universidad de Santiago de Compostela, y más tarde estudió medicina en Madrid y leyes, pero nunca terminó su carrera. Su verdadera vocación eran las letras.

Campoamor es un poeta que dice mucho con pocas palabras. Y casi siempre nos provee una moraleja. Las poesías de Campoamor han sido muy populares en todo el mundo hispano por su humor—un humor a veces dulce, pero también mordaz.

Ramón de Campoamor

Lectura

Cosas del tiempo

Pasan veinte años; vuelve él,
Y al verse, exclaman él y ella:
(—¡Santo Dios! ¿y éste es aquél?...)
(—¡Dios mío! ¿y ésta es aquélla?...)

Después de leer

Comprensión

 A **¿Quién vuelve?** Contesten.

1. ¿Quién vuelve?
2. ¿A quién ve?
3. ¿Cuánto tiempo hace que no se ven?
4. ¿Se reconocen?
5. ¿Han cambiado?
6. ¿Qué dice cada uno para indicar que el otro ha cambiado?

Actividades comunicativas

A **Un entremés** Un entremés es una pieza teatral corta y divertida de un solo acto. Los hermanos Quintero fueron dramaturgos españoles que escribieron un entremés titulado *Mañana de sol*. Este entremés está basado en el breve poema de Campoamor, *Cosas del tiempo*. Con su grupo busquen la obra de los Quintero y presenten una lectura dramática de la obra a la clase.

B **Un cuento** Con su grupo, traten de escribir un breve cuento en el que el personaje principal es un señor o una señora de edad avanzada. La persona ve a alguien que cree reconocer pero ya hace muchos años que no se ven. ¿Dónde se encuentran? ¿Cómo se reconocen? ¿Qué dicen? ¿Cómo se habían conocido antes? ¿Por qué hace tantos años que no se ven?

En paz

de Amado Nervo

Antes de leer

Hay quienes pueden morir conformes con lo que ha sido su destino en la vida. Ven acercarse el final de su existencia sin rencores, sin amargura. Saben que la vida ofrece de todo, de lo bueno igual que de lo malo, de lo bello y de lo feo. Busque en la siguiente poesía las bellas metáforas que emplea el poeta para describir las etapas de la vida.

Vocabulario

la miel

Las abejas extraen néctar de las flores.
Del néctar hacen miel.

la faz, la cara

El cura va a bendecir a todos.
El cura acaricia al bebé.
Él tiene una cara (faz) angelical.

Los labradores están cosechando los vegetales.

el ocaso   la puesta del sol, la decadencia, el final de la vida
la hiel   la amargura, los trabajos, las adversidades
las lozanías   los tiempos de vigor, la robustez, la fuerza

fallido(a)   frustrado(a), no logrado(a), no conseguido(a)
inmerecido(a)   injusto(a), no merecido(a)
rudo(a)   duro(a), tosco(a), riguroso(a)

Práctica

A   HISTORIETA   El día se acaba.

Completen.

1. El día se acaba. Se pone el sol. Es el ____.
2. Y el camino a casa no es bueno. Es un camino ____.
3. Pero allí comeremos sabrosas tostadas con ____.
4. Esa miel que ____ las abejas de las flores es muy dulce.
5. ¡Mira! Los campesinos acaban de ____ las papas.
6. Ay, los últimos rayos del sol me ____ la cara.

B   **¡Se dice así!**   Expresen de otra manera.

1. El religioso *consagra* la obra del filántropo.
2. Por poco se ve *frustrada* la obra.
3. Las quejas no son válidas; son *injustas*.
4. Si una ciudad tiene vida, éstas son *las épocas de vigor.*
5. Con estas renovaciones, la ciudad tiene una nueva *cara.*

Introducción

Amado Nervo (1870–1919) nació en México. Estudió
para sacerdote en el Seminario de Jacona, pero en 1891
dejó la carrera religiosa. Entró en el servicio diplomático
de su país a principios del siglo XX y pasó gran parte
de su vida en Madrid, París, Buenos Aires y Montevideo,
donde murió mientras servía de embajador de México
en el Uruguay. Aunque el autor escribió en varios géneros,
se destacó como poeta. En las poesías de su madurez se
le nota una preocupación por la muerte y el amor.

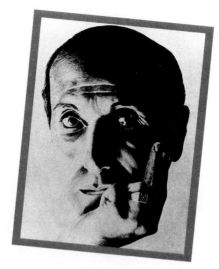

Amado Nervo

Lectura

En paz

Muy cerca de mi ocaso, yo te bendigo, Vida,
porque nunca me diste ni esperanza fallida
ni trabajos injustos, ni pena inmerecida;

porque veo al final de mi rudo camino
que yo fui el arquitecto de mi propio destino;
que si extraje las mieles o la hiel de las cosas,
fue porque en ellas puse hiel o mieles sabrosas;
cuando planté rosales, coseché siempre rosas.

...Cierto, a mis lozanías va a seguir el invierno;
¡mas° tú no me dijiste que mayo fuese eterno!
Hallé sin duda largas las noches de mis penas;
mas no me prometiste tú sólo noches buenas;
y en cambio tuve algunas santamente serenas...

Amé, fui amado, el sol acarició mi faz.
¡Vida, nada me debes! ¡Vida, estamos en paz!

mas *but*

Después de leer

Comprensión

A **La vida** Escojan.

1. ¿A quién se dirige el poeta en este poema?
   a. a Dios
   b. a la muerte
   c. a la vida
2. ¿Por qué dice el poeta «muy cerca de mi ocaso»?
   a. Habla por la tarde y se va a poner el sol.
   b. Se están acercando sus días finales.
   c. Él vive muy cerca de allí.
3. ¿Qué quiere decir el autor cuando dice que es «arquitecto de su propio destino»?
   a. Toma responsabilidad por lo bueno y lo malo de su vida.
   b. Está contento con los edificios que ha construido.
   c. Siempre ha sabido adonde dirigirse.

B **Otro significado** ¿Qué significa... ?

1. «si extraje las mieles o la hiel de las cosas, fue porque en ellas puse hiel o mieles sabrosas»
2. «cuando planté rosales, coseché siempre rosas»
3. «el invierno»
4. «mayo»
5. «a mis lozanías va a seguir el invierno»
6. «mas tú no me dijiste que mayo fuese eterno»

C **Lo que dice el poeta** Contesten.

1. ¿Tenía el autor noches de pena?
2. ¿Cómo las encontró?
3. ¿Tuvo sólo noches de pena?
4. ¿Qué dice el poeta en cuanto al amor?

Actividades comunicativas

A **Una feliz conclusión** Amado Nervo dice que la vida no le debe nada y que «estamos en paz». Explique por qué el poeta ha llegado a esa feliz conclusión.

B **Los embajadores** En España y Latinoamérica muchos autores y poetas han representado a su país como miembros del cuerpo diplomático. Busquen Ud. y su grupo algunos ejemplos.

1. Glaciar Moreno
2. Café, Buenos Aires
3. Teatro Colón, Buenos Aires
4. Iglesia de San Francisco, Salta
5. Uvas, Mendoza
6. Gaucho, Provincia de Entre Rios
7. Lago Nahuel Huapi, Bariloche

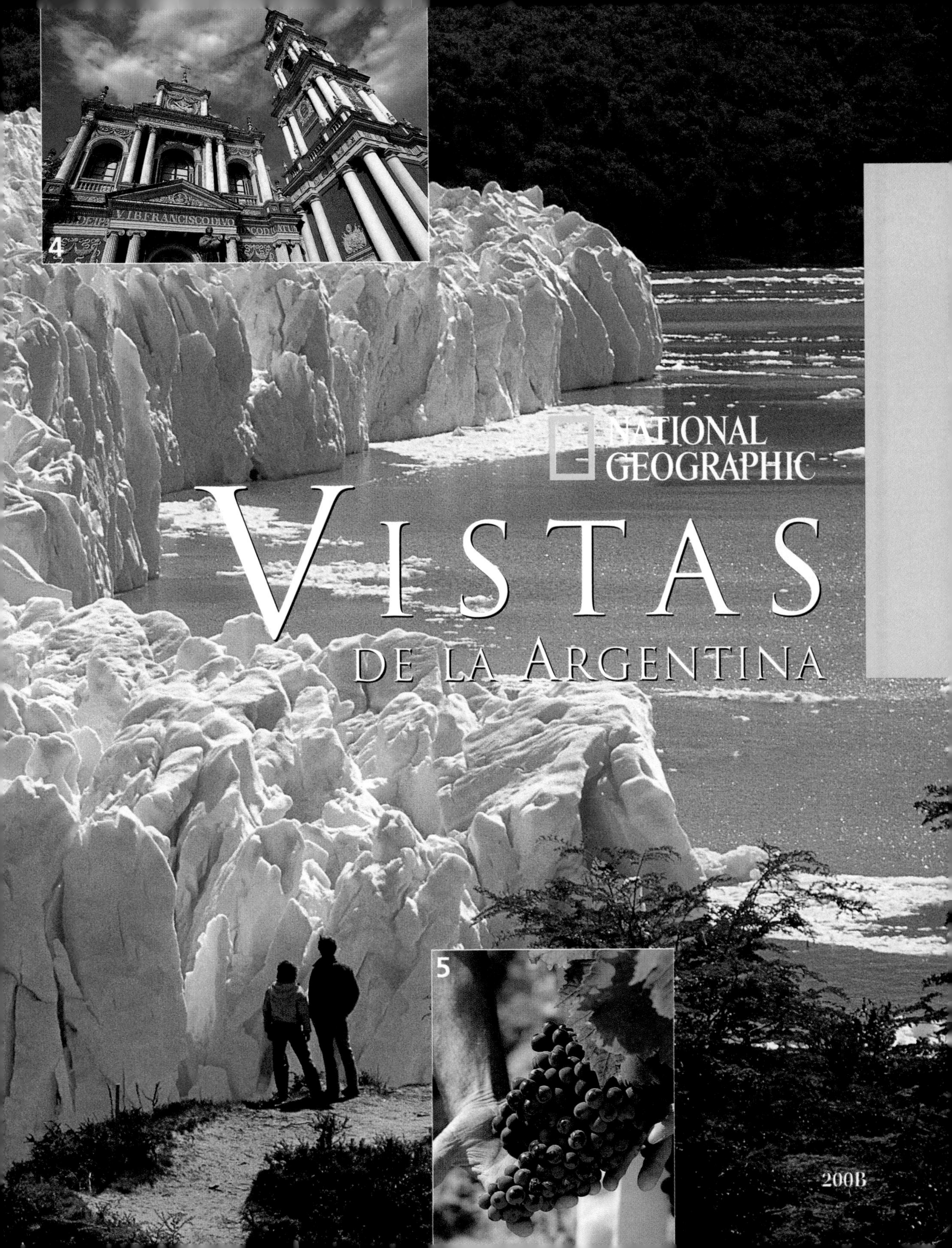

NATIONAL GEOGRAPHIC

VISTAS
DE LA ARGENTINA

4

5

Sucesos y acontecimientos

Objetivos

In this chapter you will do the following:

- read about the involvement of Spain in the history of the United States

- discuss petty crime situations

- express agreement or disagreement

- review how to tell what you and others have done recently, and how to express affirmative and negative ideas

- talk about actions completed before other actions; express what one would have done under certain circumstances; describe what will happen before something else occurs

- read about the ballad as an important Spanish literary form

- read and discuss a **romance,** «Abenámar,» and a **corrido,** «En Durango comenzó»

CULTURA
Acontecimientos históricos

Introducción

Las actualidades son acontecimientos o sucesos que tienen lugar en la actualidad—en el presente, hoy. Hay también acontecimientos importantes que tuvieron lugar en el pasado—acontecimientos o sucesos históricos. Al estudiar la historia de nuestro país, es imprescindible tomar en cuenta la enorme influencia española en ella—una influencia que empezó no años, sino siglos antes de la llegada de los ingleses.

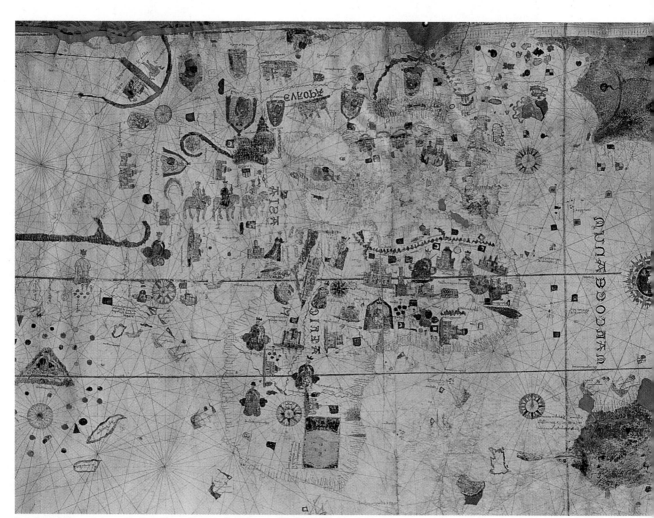

Detalle del mapa del mundo (1500), por Juan de la Cosa, cartógrafo de Cristóbal Colón

Vocabulario

la corona

la bandera

el navegante

el marino

la flotilla

la tripulación

la desembocadura

las carabelas

redondo

el globo

Los conquistadores desembarcaron.

imprescindible   absolutamente necesario   **el apoyo**   la ayuda
renombrado(a)   famoso(a), muy conocido(a)

⟊Práctica⟊

A **La navegación**   Contesten.

1. ¿Cuántas carabelas hay en la flotilla?
2. ¿Está hablando con su tripulación el navegante?
3. ¿Se ve la desembocadura del río?
4. ¿Desembarcan los marinos?
5. ¿Cuántas banderas hay en las carabelas?

B **¿Cuál es la palabra?**   Escojan.

1. Los tres barcos de Cristóbal Colón eran ___.
   a. carabelas   **b.** caramelos
2. Hay ocho barcos en la ___ del almirante.
   a. pastilla   **b.** flotilla
3. La ciudad de Nueva York está en la ___ del río Hudson.
   a. boca   **b.** desembocadura
4. El capitán Nemo era ___.
   a. un gran navegante   **b.** una gran tripulación
5. El globo no es cuadrado; es ___.
   a. rectangular   **b.** redondo
6. Los conquistadores ___ en cuanto llegaron al puerto.
   a. despegaron   **b.** desembarcaron
7. ___ de España es amarilla y roja.
   a. La bandera   **b.** La corona
8. El rey y la reina llevan ___.
   a. banderas   **b.** coronas

C **Palabras derivadas**   Escojan.

1. descubrir   **a.** la fundación, el fundador
2. fundar   **b.** la colonia, la colonización, el colono
3. desembarcar   **c.** la imaginación
4. navegar   **d.** el descubrimiento, el descubridor
5. llegar   **e.** la exploración, el explorador
6. viajar   **f.** el viaje, el viajero
7. entrar   **g.** la navegación, el navegante
8. colonizar   **h.** la entrada
9. explorar   **i.** el desembarque
10. imaginar   **j.** la llegada

Los españoles en la América del Norte

Un acontecimiento histórico de transcendental importancia es la llegada de los españoles a las Américas y su exploración del Nuevo Mundo. Una parte vital de este Nuevo Mundo son los Estados Unidos de América. He aquí una lista de algunos de los sucesos más significativos de este importantísimo período en la historia de esta nación.

Todo el mundo sabe que los españoles descubrieron y colonizaron la mayor parte de Centro y Sudamérica. Menos conocido es el hecho de que los españoles también exploraron y colonizaron gran parte de la América del Norte. Al dar una ojeada[1] a los hechos históricos ya citados, aprendemos

[1] **ojeada**   *quick glance*

1492 ⫶ Cristóbal Colón
al mando de una flotilla de tres carabelas—la Pinta, la Niña y la Santa María—sale de Palos de Moguer (Huelva) el 3 de agosto y llega a la isla de Guanahaní el 12 de octubre. Funda la primera colonia española, «Navidad», en La Española (Santo Domingo).

1513 ⫶ Juan Ponce de León
el gobernador de Puerto Rico, llega a la Florida.

1526 ⫶ Lucas Vázquez de Ayllón
establece una colonia, San Miguel de Guadalupe, en Carolina del Sur.

1533 ⫶ Fortún Jiménez
llega a las costas de California.

1527–1534 ⫶ Álvaro Núñez Cabeza de Vaca
explora el área desde Tampa, Florida, hasta el golfo de California.

1539–1542 ⫶ Hernán de Soto
pasa por las Carolinas y llega hasta Coosa (Birmingham, Alabama).

1540–1542 ⫶ Francisco Vázquez de Coronado
viaja por el territorio de Arizona y Nuevo México.

1540 ⫶ García López de Cárdenas
miembro de la expedición de Coronado, es el primer europeo que ve el Gran Cañón del Colorado.

1541 ⫶ De Soto
cruza el río Misisipí y entra en Arkansas y, después, Oklahoma.
Coronado llega hasta el centro de Kansas.

1542 ⫶ Juan Rodríguez Cabrillo
un portugués que navega bajo la bandera española, desembarca en San Diego, California.

1543 ⫶ Bartolomé Ferrelo
a cargo de la expedición de Rodríguez Cabrillo, quien murió en las islas del canal de Santa Bárbara, navega hasta la desembocadura del río Rogue en Oregón.

1607
Los ingleses fundan Jamestown en Virginia, la primera colonia británica en lo que hoy son los EE.UU.

1620
En Plymouth, Massachusetts, los ingleses fundan una colonia.

El Adelantado IUAN PONCE Descubridor de la Florida.

Juan Ponce de León

que en 1513, don Juan Ponce de León, el gobernador de Puerto Rico, llegó a la Florida en busca de la fuente de la juventud. Poco después, Lucas Vázquez de Ayllón fundó una colonia en Carolina del Sur, mientras Álvaro Núñez Cabeza de Vaca exploraba todo el sudoeste desde Tampa, Florida, hasta el golfo de California. Durante los años siguientes Hernán de Soto y Francisco Vázquez de Coronado viajaron por toda la región sur, sur-central y suroeste de lo que hoy son los Estados Unidos. Sólo hay que fijarse en las fechas para ver que había colonias españolas un siglo antes de la fundación de Jamestown por los ingleses.

Casa de Cristóbal Colón, República Dominicana

Réplica de la Santa María, España

Se ha dicho que quien escribe la historia determina la verdad. Durante muchos años, se les enseñaba a los estudiantes norteamericanos que la primera colonia europea en lo que hoy son los Estados Unidos fue Jamestown. La verdad es que en la Florida y en toda la zona del suroeste hasta e incluso California, los colonos eran hispanos y el primer idioma europeo que se habló en estas tierras fue el español, y no el inglés.

¡Otros hechos históricos interesantes sobre el descubrimiento y la colonización del Nuevo Mundo! Cristóbal Colón, el navegante genovés, tenía la idea revolucionaria de que el mundo era un globo, que era redondo, y presentó su teoría a Isabel la Católica, la reina de España. Ella le dio el apoyo[1] material y moral que necesitaba. El tres de agosto de 1492, Colón y los hermanos Pinzón salieron del puerto de Palos de Moguer en tres carabelas con tripulaciones de marinos españoles. Colón era el capitán de la *Santa María*, y los Pinzón, los capitanes de la *Pinta* y la *Niña*. Colón pensaba descubrir una ruta

más rápida para llegar a la India y conseguir[2] especias. Cuando llegó a las Américas no creía haber llegado a un «Nuevo Mundo» sino a la India. Por eso, las islas adonde llegaron Colón y sus marinos españoles se nombraron, «las Indias». Colón hizo cuatro viajes a las Américas y fue él quien fundó la primera colonia europea en el Nuevo Mundo. La fundó durante su primer viaje, en la isla de La Española, hoy Santo Domingo.

El verdadero nombre del famoso navegante italiano Cristóbal Colón era Cristóforo Colombo. Pero, como hizo sus viajes con barcos y tripulaciones españoles, patrocinado[3] por la Corona española, decidió españolizar su nombre. Los historiadores ingleses y norteamericanos siempre han insistido en señalar la nacionalidad italiana del gran almirante.

No obstante, cuando los navegantes italianos Sebastiano y Giovanni Caboto exploraron las costas de Norteamérica y Groenlandia, patrocinados por la Corona inglesa, los historiadores olvidaron su nacionalidad italiana y hablaron de otra gran hazaña[4] británica. Los italianos Giovanni y Sebastiano Caboto se conocen en la historia por sus nombres anglicanizados, John y Sebastian Cabot. Los antepasados de los renombrados[5] Cabot de Massachusetts son Giovanni y Sebastiano Caboto.

Italianos y holandeses navegaban bajo la bandera británica, y portugueses e italianos bajo la española. La verdad es que la tremenda obra de descubrimiento y colonización del continente norteamericano se debe a la imaginación, a la dedicación y al valor de individuos de muchos países.

[1] **apoyo** *help, support*

[2] **conseguir** *to get, obtain*
[3] **patrocinado** *sponsored*

[4] **hazaña** *deed*
[5] **renombrados** *famosos*

Comprensión

A **Fechas** Completen.

1. Los españoles llegan a la costa del estado de Oregón en ___.
2. La primera colonia británica en los EE.UU. se establece en el año ___.
3. Un explorador español es el primer europeo que ve el Gran Cañón del Colorado en ___.
4. Los españoles llegan a lo que hoy es Alabama en ___.
5. Probablemente el primer europeo que toca tierra en los EE.UU. lo hace en la Florida, en ___.

B **Nombres** Escojan.

1. ___ estableció una colonia en Santo Domingo.
   a. Colón   **b.** Cabeza de Vaca   **c.** Coronado

2. ___ murió en la costa de California.
   a. De Soto   **b.** Cabrillo   **c.** Ferrelo

3. El primer gobernador de Puerto Rico fue ___.
   a. Ponce de León   **b.** Vázquez de Ayllón   **c.** Cabeza de Vaca

4. El primero de los exploradores que tocó tierra en California fue ___.
   a. De Soto   **b.** Colón   **c.** Cabrillo

5. El puerto de donde partió Colón en su primer viaje fue ___.
   a. Guadalupe   **b.** San Diego   **c.** Palos

C **Los colonizadores** Contesten.

1. ¿Qué saben todos acerca de la historia del Nuevo Mundo?
2. ¿Cuál es un hecho menos conocido?
3. ¿Por cuánto tiempo había habido colonias españolas en la América del Norte cuando se fundó Jamestown?
4. ¿Quiénes fueron los primeros colonos europeos de la América del Norte?
5. ¿Y cuál fue el primer idioma europeo que se habló en las Américas?

Fernando e Isabel, los Reyes Católicos

D **El descubrimiento** Corrijan.

1. Colón tenía la idea revolucionaria de que la Tierra era un rectángulo.
2. Colón hizo sus expediciones patrocinado por la Corona italiana.
3. Los hermanos Pinzón eran italianos.
4. Los hermanos Pinzón eran los capitanes de la Santa María.
5. Los marinos a bordo de las carabelas de Colón eran ingleses.

E **Colón** Contesten.

1. ¿Cuántos viajes hizo Colón al Nuevo Mundo?
2. ¿Qué buscaba?
3. ¿Dónde y cuándo fundó Colón la primera colonia europea del Nuevo Mundo?
4. ¿Por qué cambió Cristóforo Colombo su nombre a Cristóbal Colón?
5. ¿Quiénes les cambiaron los nombres a Sebastiano y Giovanni Caboto?
6. ¿De quiénes son antepasados los famosos navegantes italianos Sebastiano y Giovanni Caboto?

Actividades comunicativas

A **Los viajes** Aquí tiene Ud. el itinerario de los cuatro viajes de Cristóbal Colón. Sea Ud. cartógrafo(a) y dibuje un mapa de los viajes de Colón.

Primer viaje	1492–1493 Cuba y La Española (Haití y la República Dominicana)
Segundo viaje	1493–1496 Dominica, Guadalupe, Antigua, Puerto Rico
Tercer viaje	1498–1500 Trinidad y Tobago, Granada
Cuarto viaje	1502–1504 Honduras, Panamá

B **Las colonias españolas** En 1492, Colón llegó a las Américas. Con este viaje patrocinado por la reina Isabel la Católica, empezó la expansión española. Por unos cuatro siglos España dominó gran parte del mundo. Perdió sus últimas colonias (Cuba, Puerto Rico, Guam y las Filipinas) en 1898 durante su guerra contra los Estados Unidos.

Durante el reinado de Felipe II en el siglo XVI, se decía «En el imperio español nunca se pone el sol». Explique por qué.

Un crimen

Vocabulario

el robo
el crimen
empujar
quitar
la cartera
el bolsillo
el carterista
la víctima del crimen
cortar
la comisaría

el truco   lo que se hace para engañar, alucinar o distraer a alguien

Práctica

A **Un robo**   Contesten.

1. ¿Hay muchos robos donde tú vives?
2. ¿Hay carteristas?
3. ¿Hay que protegerse de los carteristas sobre todo cuando hay mucha gente, en una muchedumbre, por ejemplo?
4. ¿Cuál es el truco de los carteristas?
5. ¿Son agradables los trucos?
6. ¿Qué les quitan los carteristas a sus víctimas?
7. ¿Es cortés empujar a una persona cuando quieres avanzar?
8. ¿Adónde va uno(a) a denunciar un robo?

Escenas de la vida

En la comisaría

MANUELA: Quiero denunciar un robo.

POLICÍA: ¿Cuál es el nombre de la víctima?

MANUELA: ¿La víctima? Soy yo, Manuela Contreras. Me robaron en el metro.

POLICÍA: ¿Cuándo?

MANUELA: Hace unos quince minutos.

POLICÍA: ¿Dónde?

MANUELA: En Independencia.

POLICÍA: ¿El ladrón llevaba algún arma?

MANUELA: No, que sepa yo. Era carterista. No me di cuenta de que me robaba.

POLICÍA: ¿Ud. puede explicar lo que pasó?

MANUELA: Sí, había mucha gente en el andén. Alguien me empujó. Creí que quería avanzar. Algunos momentos más tarde, cuando ya estaba en el metro, noté que alguien me había abierto el bolso.

POLICÍA: Claro. Es un truco de los carteristas. Trabajan en pares. Uno le empuja para distraerle mientras el otro le abre el bolso y le quita la cartera. ¿Cuánto dinero llevaba Ud.?

MANUELA: Unos 600 pesos y mis tarjetas de crédito.

POLICÍA: ¿Me podría dar una descripción del delincuente?

Comprensión

A **En la comisaría** Contesten.

1. ¿Qué denunció Manuela?
2. ¿Fue a la comisaría?
3. ¿Quién le robó?
4. ¿Dónde le robó?
5. ¿Cuántas personas había?
6. ¿Por qué la empujaron?
7. Mientras un individuo la empujaba, ¿qué hacía el otro?
8. ¿Qué le quitaron?
9. ¿Cuánto dinero perdió?
10. ¿Podía dar una descripción de los carteristas?

B **Palabras derivadas** Escojan.

1. denunciar
2. robar
3. armar
4. empujar
5. distraer
6. describir
7. explicar
8. avanzar

a. el empuje
b. el avance
c. la denuncia
d. la explicación
e. el robo
f. la distracción
g. la descripción
h. el arma

Actividades comunicativas

A **El /La locutor(a)** Ud. es el/la locutor(a) del noticiero de un canal de televisión en Costa Rica. Acaban de cometer un crimen. Descríbalo y dé los siguientes detalles.

> **el nombre de la víctima, su domicilio, el tipo de crimen, el lugar del crimen, cuándo tuvo lugar, cuántos criminales participaron, las consecuencias, una descripción del criminal o de los criminales**

B **En la comisaría** Imagínese que Ud. está en Colombia y que ha sido el/la víctima de un crimen. Ud. va a la comisaría a denunciar el crimen. Un(a) compañero(a) de clase será el/la agente de policía. Preparen una conversación.

Lenguaje
El acuerdo y el desacuerdo

Podemos usar las siguientes expresiones para indicar que estamos de acuerdo con algo o con alguien:

> **Yo estoy de acuerdo con Ud. (con eso).**
> **Yo tengo la misma opinión que Ud.**
> **A mi parecer, Ud. tiene razón.**

Estoy de acuerdo.

Para expresar que no estamos de acuerdo, podemos decir:

> **No estoy de acuerdo con José Luis.**
> **Francamente estoy en contra de su idea.**
> **Yo tengo una opinión completamente contraria a la suya.**
> **No apruebo tal proyecto.**
> **No me convence nada.**
> **No estoy convencido(a).**

 ¿De acuerdo o no?   Indiquen si están de acuerdo o no.

1. Es mejor vivir en una región donde no hace ni mucho frío ni mucho calor.
2. Se debe reducir las horas de trabajo de 40 a 35 horas por semana.
3. El gobierno debe mantener o subvencionar todas las universidades para que no sea necesario pagar matrícula.
4. Se debe hacer todo lo posible para eliminar el hambre y la miseria en el mundo.
5. Se debe permitir a los jóvenes conseguir (obtener) su permiso de conducir antes de que cumplan los 15 años.
6. Debemos tener cursos obligatorios en el verano.
7. Deben exigirles a los estudiantes que tomen por lo menos seis cursos cada semestre.
8. Debemos tener clases seis días a la semana.
9. Se debe imponer la pena de muerte, o sea, la pena capital en todos los estados de los EE.UU.
10. Es necesario tener campañas o programas contra los conductores que conducen sus vehículos después de haber tomado (bebido) alcohol.
11. Se debe subir el límite de velocidad en las autopistas.
12. Los profesores deben recibir mayor sueldo que los atletas.

¿Sí o no?

Si una persona le dice algo y Ud. quiere indicar que está de acuerdo, le puede decir:

Sí.	**Precisamente.**
Es verdad.	**Exactamente.**
Verdad.	**¡Cómo no!**
(Es) Cierto.	**Eso sí.**
Absolutamente.	**Efectivamente.**
Sin duda.	**Entendido.**
No hay duda.	**Ud. tiene razón.**
No cabe duda.	**De acuerdo.**
Seguro.	

Si Ud. quiere indicar que no sabe si está de acuerdo o no, puede decir:

Quizás.	**Si lo dice Ud. (dices tú).**
Puede ser.	**¿Ud. cree? (¿Crees?)**
Es posible.	**No sé si me convences.**
Ya veremos.	
Si Ud. quiere (tú quieres).	

Y si Ud. quiere indicar que no está de acuerdo, puede decir:

No.	**En mi vida.**
De ninguna manera.	**No puede ser.**
Jamás.	**No hay manera.**
Absolutamente no.	**¡Imposible!**

¡Imposible!

A ¡Qué barbaridad! Den una reacción personal.

1. El año que viene, habrá clases los sábados.
2. Van a eliminar las vacaciones de verano.
3. No habrá exámenes finales.
4. No habrá más bailes en la escuela.
5. Van a obligar a los muchachos a llevar saco y corbata a clase.
6. La primera clase será al mediodía.
7. No habrá más buses escolares y todos los alumnos tendrán que ir a la escuela a pie.
8. No habrá más escuelas mixtas. Las muchachas irán a una escuela y los muchachos a otra.

Una conversación que continúa

Cuando discutimos sobre los sucesos locales, los grandes acontecimientos o las actualidades mundiales, no es raro que la conversación que entablamos dure por un período de tiempo. Para comenzar una conversación, Ud. puede decir:

> **Oye, Josefa, ¿sabes que... ? o ¿qué piensas de... ?**
> **Pues, señor, ¿qué sabe de... ? o ¿qué piensa de... ?**

¿Sabes qué... ?

¡Dime!

Si durante la conversación, Ud. quiere tomar la palabra, Ud. puede decir:

> **Yo pienso (creo) que...**
> **Escúchame... (informal)**
> **Permítame decir(le) algo. (más formal)**

Si Ud. quiere decir algo que tiene que ver con algo que otro acaba de decir, Ud. puede decir:

> **A propósito,...**
> **En cuanto a eso,...**

Y si Ud. quiere cambiar la conversación, Ud. puede decir lo siguiente antes de continuar con otro tema:

> **Cambiando de tema,...**

Práctica

A **Una conversación** ¿Qué dirían Uds.?

1. para comenzar una conversación
2. para tomar la palabra durante una conversación
3. para cambiar la dirección de la conversación
4. para añadir algo a lo que otro acaba de decir

Actividad comunicativa

 A **Permítame decirle...** Trabajen en grupos de cuatro personas. Escojan temas un poco controversiales. Cada uno(a) de Uds. debe expresar su opinion.

Repaso de estructura

Telling what you have done recently
El presente perfecto

1. The present perfect tense is formed by using the present tense of the helping (auxiliary) verb **haber** and the past participle. Study the following forms of the present tense of the verb **haber.**

INFINITIVE	haber
yo	he
tú	has
él, ella, Ud.	ha
nosotros(as)	hemos
vosotros(as)	*habéis*
ellos, ellas, Uds.	han

2. The past participle of regular verbs is formed by dropping the infinitive ending **-ar, -er, -ir,** and adding **-ado** to **-ar** verbs, and **-ido** to both **-er** and **-ir** verbs.

hablar	**habl-**	**hablado**
comer	**com-**	**comido**
vivir	**viv-**	**vivido**

3. The following important verbs have irregular past participles.

abrir	abierto	freír	frito	poner	puesto
cubrir	cubierto	romper	roto	volver	vuelto
descubrir	descubierto	ver	visto	decir	dicho
escribir	escrito	morir	muerto	hacer	hecho

4. Study the forms of the present perfect tense of regular and irregular verbs.

INFINITIVE	hablar	pedir	hacer
yo	he hablado	he pedido	he hecho
tú	has hablado	has pedido	has hecho
él, ella, Ud.	ha hablado	ha pedido	ha hecho
nosotros(as)	hemos hablado	hemos pedido	hemos hecho
vosotros(as)	*habéis hablado*	*habéis pedido*	*habéis hecho*
ellos, ellas, Uds.	han hablado	han pedido	han hecho

5. The present perfect tense is used to express a past action without reference to a particular time. It usually denotes an occurrence that continues into the present or relates closely to the present. Observe and analyze the following sentences.

> **Su madre ha estado enferma.** *His mother has been ill.*

6. The adverb **ya** frequently accompanies a present perfect verb.

> **Ellos ya han salido.** *They have already left.*

Práctica

A **HISTORIETA Un robo**

Contesten según se indica.

1. ¿Le han robado? (Sí)
2. ¿Le han hecho daño (herido)? (No)
3. ¿Alguien ha llamado a la policía? (Sí)
4. ¿Él ha denunciado el robo en la comisaría? (Sí)
5. ¿Han llegado los policías al lugar del robo? (Sí)
6. ¿Han detenido a los maleantes? (No)
7. ¿Han identificado a los carteristas? (No)
8. ¿Roberto les ha dado una descripción de los carteristas? (Sí)

B **HISTORIETA Viajes personales**

Preguntas personales.

1. ¿Has hecho algunos viajes?
2. ¿Adónde has ido?
3. ¿Qué ciudades o países has visitado?
4. ¿Has conocido a mucha gente durante los viajes?
5. ¿Se han escrito?
6. ¿Se han visitado?
7. ¿Se han llamado por teléfono?

C **HISTORIETA ¡Qué suerte!**

Completen con el presente perfecto.

1. Nuestro amigo Ricardo no ___ (tener) muy buena suerte.
2. ¿No? ¿Qué le ___ (pasar)?
3. No sé exactamente. Pero sé que lo ___ (llevar) al hospital.
4. Pues, dime. ¿Se ___ (poner) enfermo o ___ (tener) un accidente?
5. No sé. Pregúntale a Teresa. Ella ___ (hablar) a su novia.

HOSPITAL SAN PABLO
NEUMOLOGÍA Y CIRUGÍA DEL TÓRAX
INFORMACIÓN:
20 401
DIRECCIÓN:
20 402
ADMINISTRACIÓN:
20 403
* Servicio de Rayos X
* Certificados Pulmonares
* Terapia Respiratoria
EL CONDOR
* Unidad de Salud Mental
* Farmacodependencia y Alcoholismo
20 543
COMUNIDAD HNAS. VICENTINAS
20 404
Barrio Zaragocilla * Apartado:1279

Affirmative and negative ideas
Palabras negativas y afirmativas

1. The most frequently used negative words in Spanish are:

nada	**ni... ni**
nadie	**ninguno (ningún)**
nunca	

2. Review and contrast the following affirmative and negative sentences.

AFFIRMATIVE	NEGATIVE
Yo sé que él tiene algo.	**Yo sé que él no tiene nada.**
Yo sé que alguien está allí.	**Yo sé que nadie está allí.**
Yo sé que él ve a alguien.	**Yo sé que él no ve a nadie.**
Yo sé que él siempre está.	**Yo sé que él nunca está.**
Yo sé que él tiene un perro o un gato.	**Yo sé que él no tiene ni un perro ni un gato.**
Yo sé que él tiene algún dinero.	**Yo sé que él no tiene ningún dinero.**

Note that **alguno** and **ninguno** shorten to **algún** and **ningún** before a masculine singular noun and carry a written accent.

3. In Spanish the placement of the negative word can vary and, unlike English, more than one negative word can be used in the same sentence.

Él nunca va allá.	**Él no va allá nunca.**
Nadie está.	**No está nadie.**
Él nunca dice nada a nadie.	

4. Note that the personal **a** must be used with **alguien** or **nadie** when either of these words is the direct object of the sentence.

Él vio *a* alguien.   **Él no vio *a* nadie.**

5. **Tampoco** is the negative word that replaces **también**.

Él lo sabe también.	**Él no lo sabe. (Ni) yo tampoco.**
A mí no me gusta.	**Ni a mí tampoco.**

SIEMPRE COMPARTIENDO

Nunca tanto tan cerca.

❖Práctica❖

A **No lo he hecho yo.** Contesten en forma negativa.

1. ¿Has escrito algo?
2. ¿Has comprado algo?
3. ¿Has visto a alguien?
4. ¿Has llamado a alguien?
5. ¿Has viajado allí con frecuencia?
6. ¿Has estado allí muchas veces?

B **¡No, mil veces no!** Contesten.

1. ¿Estás haciendo algo?
2. ¿Estás leyendo algo?
3. ¿Estás llamando a alguien?
4. ¿Vas a hacerle una llamada a alguien?
5. ¿Vas a viajar algún día a la luna?
6. ¿Te vas a comprar un yate y una avioneta?

C **El pobre bebé** Den la forma negativa.

1. El bebé tiene algo en la boca.
2. El bebé está con alguien.
3. El bebé está jugando con el gato o con el perro.
4. El bebé tiene miedo de algo.
5. El bebé ve a alguien.
6. El bebé siempre quiere algo de alguien.
7. Alguien está con el bebé.

D **Los otros tampoco** Den la forma negativa.

1. Él lo sabe y yo lo sé también.
2. Ella quiere ir y yo quiero ir también.
3. A él le gusta y a mí me gusta también.
4. Yo voy a ir y ellos van también.
5. Uds. lo van a hacer y nosotros también.

Uses of *sino* and *pero*
Sino y pero

1. **Sino** means "but" in the sense of "rather" or "on the contrary." It is used after a negative statement to contradict the negative statement.

   > **Él no es rico, sino pobre.**
   > **José no es rubio, sino moreno.**

2. **Pero** is used for "but" in all other cases.

   > **Trabaja mucho pero no gana dinero.**

A. **No, todo lo contrario.** Formen oraciones negativas.

> **alto / bajo**
> **Él no es alto, sino bajo.**

1. débil / fuerte
2. perezoso / ambicioso
3. gordo / flaco
4. interesante / aburrido
5. simpático / antipático
6. generoso / tacaño

¡LA GORDURA PUEDE SER HEREDITARIA!

DESCUBRA
CÓMO COMBATIRLA

Periodismo
Los titulares

Introducción

Si uno quiere informarse de las últimas noticias o actualidades, ¿qué puede hacer? Pues, puede comprar un periódico y leer los titulares en letras grandes de la primera plana. Si un titular le interesa, seguirá leyendo el subtítulo. Si el artículo le parece interesante leerá el primer párrafo, y para enterarse de todos los detalles del acontecimiento leerá el artículo entero. Pero son los titulares los que le llaman a uno la atención primero. No se puede menospreciar la importancia de un titular bien escrito. He aquí varios titulares de periódicos de España y Latinoamérica.

Vocabulario

el colectivo

el reloj

el chófer

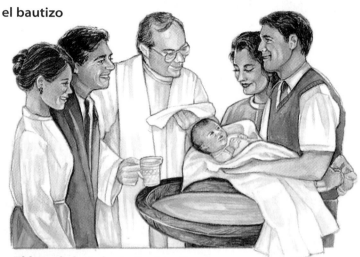

el bautizo

El hijo de la Infanta fue bautizado.

el infarto   el ataque cardíaco
la demora   la tardanza, el retraso
el riesgo   el peligro
el aumento   el incremento, lo contrario
de «reducción»

reducir   disminuir, bajar
aprobar   dar por bueno, autorizar
fracasar   no tener éxito

A   **¿Cuál es la palabra?**   Identifiquen.

1. un ataque al corazón
2. un tipo de minibus o taxi público
3. aparato que indica la hora
4. el retraso
5. lo contrario de aumentar

B   **De otra manera**   Expresen de
otra manera.

1. Su padre ha sufrido *un ataque al corazón.*
2. Existe *el peligro* de sufrir *otro ataque.*
3. La ambulancia llegó con *un retraso.*
4. Yo sé que no va a tener éxito y que va a *salir mal.*
5. No fumar *baja el peligro* de un *ataque cardíaco.*
6. No sé si pasan por aquí *los taxis públicos.*
7. *El conductor* maneja o conduce el carro.

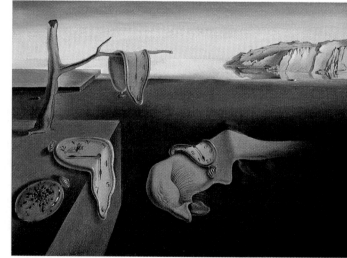

«La persistencia de la memoria» de Salvador Dalí

Los titulares

El Clarín, Buenos Aires
sábado 29 de julio

Última hora

CONTRA EL RELOJ PARA APROBAR EL PRESUPUESTO

LaJornada
DIRECTOR FUNDADOR: CARLOS PAYAN VELVER ■ DIRECTORA GENERAL: CARMEN LIRA SAADE ■ MEXICO, D.F. AÑO QUINCE ■ NUMERO 5086

Tranquilas elecciones en Chiapas

Madrid, domingo 18 de junio — El País
SANIDAD

El consumo de cigarrillos bajos en nicotina no reduce el riesgo de infarto

---

☆☆☆☆

Buenos Aires,
martes 3 de octubre

El Clarín

LOS CHOFERES TRABAJAN A CÓDIGO DESDE LA MEDIANOCHE

Demoras en el servicio de colectivos

Habrá inconvenientes hoy en el auto-transporte de pasajeros de corta y media distancia en esta Capital y en el Gran Buenos Aires. Los choferes aplican, desde la medianoche, el trabajo a código, que producirá demoras en el servicio. La protesta se debe al fracaso de las nego-ciaciones salariales con los empresarios. Podrían funcionar también con dificul-tad los subterráneos.

Madrid, lunes 5 de octubre — **ABC** DE SEVILLA

Ayer fue bautizado en el Palacio de la Zarzuela el hijo de los Duques de Lugo

---

Madrid, lunes 17 de septiembre

EL⬤MUNDO
DEL SIGLO VEINTIUNO

Muere Hugo Batalla, vicepresidente y presidente del Parlamento uruguayo

---

Comprensión

A **Los titulares** Contesten.

1. ¿Cómo trabajan los choferes?
2. ¿Qué habrá?
3. ¿A qué se debe la protesta?
4. ¿En qué ciudad habrá demoras?
5. ¿Por qué no se debe fumar cigarrillos bajos en nicotina?
6. ¿Cómo fueron las elecciones en Chiapas?
7. ¿Dónde tuvo lugar el bautizo del hijo de los Duques de Lugo?
8. ¿Quién fue el presidente del Parlamento uruguayo?

B **De otra manera** ¿Cómo expresan los titulares las siguientes ideas?

1. Ayer tuvo lugar el bautizo del hijo de los Duques de Lugo.
2. Elecciones sin problemas en Chiapas.
3. Falleció Hugo Batalla.
4. Queda muy poco tiempo para aprobar el presupuesto.

Actividades comunicativas

A **Los editores** Imagínese que Ud. trabaja para un periódico americano. Prepare una versión en inglés de cada titular.

B **En español** Lea los titulares en la primera plana de su periódico local. Escoja tres titulares. Prepare una versión en español de cada titular.

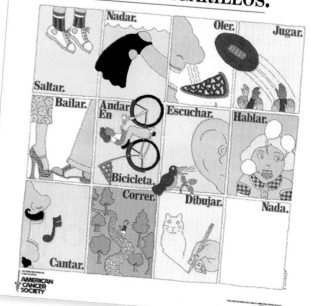

Los sucesos

Introducción

En los periódicos leemos las noticias mundiales que tratan de asuntos económicos, políticos, etc., de gran importancia en la arena internacional. Pero en los periódicos aparecen también muchos artículos sobre sucesos locales que sólo tienen interés en la región donde ocurren. En casi todas partes del mundo estos sucesos o acontecimientos locales son muy parecidos: accidentes, robos, asaltos, catástrofes naturales.

Incendio forestal, Chile

Vocabulario

las llamas

un incendio

el navío, la nave

hundirse

la ola

el marino

el naufragio

el/la maleante el/la delincuente
la madrugada las primeras horas
de la mañana
los damnificados las víctimas,
especialmente de una catástrofe
destruir causar la destrucción

sobrepasar exceder
ocasionar causar
fallecer morir
rescatar salvar, acudir al socorro (a la ayuda)
apoderarse de tomar, hacerse dueño de una cosa
ajena (de otro)

Práctica

A **Los sucesos** Completen.

1. Un ____ o fuego tiene ____ y humo.
2. El ____ es un barco. Y otra palabra
que significa ____ es ____.
3. Un delincuente es un ____.
4. Es un crimen ____ del dinero que
le pertenece a otro.

5. Un ____ es un miembro de la tripulación
(un tripulante).
6. Llegó otro barco para ____ a las víctimas
del naufragio.
7. Un barco que se pierde es un ____.

B **Las noticias** Expresen de otra manera.

1. *El barco* se hundió.
2. Llevaron a *las víctimas*
al hospital municipal.
3. El accidente tuvo lugar a las dos
de *la mañana*.

4. Tenemos que ir a *salvar* a las víctimas.
5. Más de 100 personas *murieron*.
6. El número de damnificados *excedió* los mil.
7. El incendio *causó* mucha destrucción en
la ciudad.

Incendio destruye 3 edificios

El Universo, Guayaquil

BOGOTÁ, (EFE).- Un incendio producido por un cortocircuito arrasó[1] ayer tres edificios de apartamentos en Fontibón, un suburbio de Santafé de Bogotá, y dejó 800 damnificados, informaron las autoridades.

La alcaldía de Fontibón, en el Distrito Capital, dijo que la conflagración se registró[2] en una cuadra formada por edificios de apartamentos, y que las llamas fueron controladas después de cinco horas.

La Oficina Nacional para la Prevención y Atención de Desastres anunció en Santafé de Bogotá que enviará alimentos y tiendas de campaña para atender a los damnificados, que se han refugiado provisionalmente en una iglesia local y en la sede de un colegio.

[1] **arrasó** *leveled*
[2] **registró** tuvo lugar

Comprensión

 A **Un incendio** Den la siguiente información.

1. dónde se produjo el incendio
2. lo que causó el incendio
3. lo que el incendio destruyó
4. el número de damnificados
5. dónde se encuentra Fontibón
6. cuántas horas tomó para controlar las llamas

Víctimas por ola de calor en México

CHIHUAHUA, (EFE).- Una ola de calor, con temperaturas que sobrepasan los 40 grados, ocasionó la muerte de al menos 6 personas y la deshidratación de varias decenas en los estados mexicanos de Tamaulipas y Chihuahua, informaron las autoridades. La mayoría de las víctimas del intenso calor son niños, uno de los cuales, de 11 meses, falleció cuando se alcanzaron los 44 grados centígrados en el municipio de Bachiniva, Chihuahua.

Una anciana murió el jueves pasado por el calor en Chihuahua, capital del estado del mismo nombre.

Comprensión

A **Una ola de calor** Den la siguiente información.

1. lo que ocasionó víctimas en México
2. la temperatura que se sobrepasó
3. el número de personas que murieron
4. los estados mexicanos donde hubo víctimas
5. quiénes fueron la mayoría de las víctimas
6. la temperatura que se alcanzó en Bachiniva, Chihuahua

Dos ecuatorianos mueren en naufragio

CARACAS, (EFE).- Dos marinos ecuatorianos y un costarricense murieron el lunes al hundirse en aguas venezolanas el navío La Mafia, de bandera dominicana, informaron ayer las autoridades de Puerto Cabello, 250 kilómetros al oeste de Caracas.

El navío, que llevaba 600 toneladas de cemento del puerto de Chichiriviche (Venezuela) al de San Juan de Puerto Rico, se hundió la madrugada del lunes al abrírsele una vía de agua cuando capeaba un temporal[1].

Los cinco supervivientes del naufragio, que estuvieron catorce horas a la deriva[2], sujetos a unas tablas, identificaron a las víctimas como Jorge Macías, ecuatoriano y capitán del barco, y su compatriota y cocinero Fiolvi Macías.

El hundimiento fue tan rápido que los dos ecuatorianos no tuvieron tiempo de abandonar la nave, mientras que el costarricense Quizano Palacios desapareció cuando una ola lo lanzó de la tabla que lo mantenía a flote.

Pulovio Moreno y Alicio Otero, maquinistas del buque siniestrado[3], indicaron que fueron rescatados por la motonave Cavaliere Star, que venía de Port Everglades (EE.UU.) y los dejó en el puerto venezolano de Tucacas.

[1] **capeaba un temporal** *weathering a storm*
[2] **a la deriva** *adrift*
[3] **siniestrado** *involved in the accident*

Comprensión

A Un naufragio   Contesten.

1. ¿De qué nacionalidad eran los tres marinos que murieron en el naufragio?
2. ¿Cómo se llamaba el navío?
3. ¿Qué carga llevaba?
4. ¿De dónde salió?
5. ¿Adónde iba?
6. ¿A qué hora ocurrió el naufragio?
7. ¿Cuántos supervivientes hubo?
8. ¿Cuántas horas estuvieron a la deriva?
9. ¿Por qué no tuvieron tiempo de abandonar la nave los dos tripulantes ecuatorianos?
10. ¿Cómo fueron rescatados los dos maquinistas?

Actividades comunicativas

A Los periodistas   En grupos de cuatro, escriban varios titulares sobre cosas que han ocurrido en el colegio o en la ciudad. Luego, den los titulares a otro grupo para que escriban un artículo corto para cada titular.

B Un acontecimiento   Prepare Ud. un artículo para un periódico sobre un acontecimiento local o nacional.

Estructura

An action completed prior to another action
El pluscuamperfecto

1. The pluperfect tense is formed by using the imperfect tense of the auxiliary verb **haber** and the past participle. Study the following forms of the pluperfect tense.

INFINITIVE	llegar	salir	hacer
yo	había llegado	había salido	había hecho
tú	habías llegado	habías salido	habías hecho
él, ella, Ud.	había llegado	había salido	había hecho
nosotros(as)	habíamos llegado	habíamos salido	habíamos hecho
vosotros(as)	habíais llegado	habíais salido	habíais hecho
ellos, ellas, Uds.	habían llegado	habían salido	habían hecho

2. The pluperfect tense is used the same way in Spanish as it is in English. The pluperfect describes a past action completed before another past action. Observe and analyze the following sentence.

> **Ellos ya habían salido cuando**   *They had already left when*
> **yo llegué.**   *I arrived.*

Note that both actions of the above sentence took place in the past. The action that took place first, "they had left," is in the pluperfect. The action that followed it, "I arrived," is in the preterite.

Práctica

A **Ya lo habían hecho.** Completen según el modelo.

> **terminar**
> **Cuando yo salí, ellos ya ___.**
> **Cuando yo salí, ellos ya habían terminado.**

1. cantar
2. bailar
3. ver el espectáculo
4. abrir los regalos
5. volver
6. servir la comida
7. comer
8. acostarse

B **Ya lo habían hecho.** Contesten según el modelo.

¿Escribirlo?
Pero ya lo habían escrito.

1. ¿Escribirlo?
2. ¿Devolverlo?
3. ¿Romperlo?
4. ¿Verlo?
5. ¿Abrirlo?
6. ¿Cubrirlo?
7. ¿Descubrirlo?
8. ¿Ponerlo?
9. ¿Decirlo?
10. ¿Hacerlo?

C **Y yo después…** Formen oraciones según el modelo.

Ellos salieron antes. Yo salí después.
Ellos ya habían salido cuando yo salí.

1. Ellos llegaron antes. Yo llegué después.
2. Ellos volvieron antes. Yo volví después.
3. Ellos lo vieron antes. Yo lo vi después.
4. Ellos le hablaron antes. Yo le hablé después.
5. Ellos lo hicieron antes. Yo lo hice después.
6. Ellos terminaron antes. Yo terminé después.

D HISTORIETA **Él había estado en España.**

Completen.

1. Roberto ____ (estar) en España antes de ir a Francia.
2. Él ____ (conocer) a Madrid antes de conocer a París.
3. Él ____ (aprender) el español antes de estudiar el francés.
4. Él ____ (estudiar) en la Universidad de Madrid antes de matricularse en la Sorbona.

Palacio de Oriente, Madrid, España

Expressing what one would have done
El condicional perfecto

1. The conditional perfect is formed by using the conditional of the auxiliary verb **haber** and the past participle. Study the following forms.

INFINITIVE	estudiar	recibir	decir
yo	habría estudiado	habría recibido	habría dicho
tú	habrías estudiado	habrías recibido	habrías dicho
él, ella, Ud.	habría estudiado	habría recibido	habría dicho
nosotros(as)	habríamos estudiado	habríamos recibido	habríamos dicho
vosotros(as)	*habríais estudiado*	*habríais recibido*	*habríais dicho*
ellos, ellas, Uds.	habrían estudiado	habrían recibido	habrían dicho

2. The conditional perfect is used in Spanish, as it is in English, to state what would have taken place had something else not interfered or made it impossible. Observe and analyze the following sentences.

> **Él habría hecho el viaje pero tenía que trabajar.**
> **Yo habría salido pero empezó a llover.**

> *He would have taken the trip but he had to study.*
> *I would have gone out but it started to rain.*

A HISTORIETA Durante el accidente

Preguntas personales.

1. ¿Habrías salvado a las víctimas?
2. ¿Habrías arriesgado *(risked)* tu vida?
3. ¿Les habrías dado primeros auxilios a las víctimas?
4. ¿Les habrías pedido ayuda a otras personas?
5. ¿Habrías hablado con los socorristas?
6. ¿Habrías llevado a las víctimas al hospital?
7. ¿Habrías ayudado a los damnificados?

Destrucción causada por el huracán Mitch, Tegucigalpa, Honduras

B Yo lo habría hecho pero... Completen.

1. Yo ___ (comer) pero no tenía hambre.
2. Yo lo ___ (tomar) pero no tenía sed.
3. Yo ___ (dormir) pero no tenía sueño.
4. Yo lo ___ (comprar) pero la verdad es que no tenía bastante dinero.
5. Yo lo ___ (hacer) pero francamente tenía miedo.
6. Yo lo ___ (decir) pero me daba vergüenza.

C Yo sé que ellos lo habrían hecho. Completen.

1. Ellos ___ (salir) pero no salieron porque empezó a llover.
2. Nosotros ___ (ir) a la playa pero no fuimos porque hacía mal tiempo.
3. Él me ___ (dar) el dinero pero no me lo dio porque no lo tenía.
4. Yo te lo ___ (decir) pero no te lo dije porque yo no tenía los resultados.
5. Él ___ (vivir) en la ciudad pero no vivía en la ciudad porque era imposible hallar un apartamento.

Describing events at different times in the future
El futuro perfecto

1. The future perfect tense is formed by using the future tense of the auxiliary verb **haber** and the past participle. Study the following forms of the future perfect.

INFINITIVE	hablar	ir	ver
yo	habré hablado	habré ido	habré visto
tú	habrás hablado	habrás ido	habrás visto
él, ella, Ud.	habrá hablado	habrá ido	habrá visto
nosotros(as)	habremos hablado	habremos ido	habremos visto
vosotros(as)	*habréis hablado*	*habréis ido*	*habréis visto*
ellos, ellas, Uds.	habrán hablado	habrán ido	habrán visto

2. The future perfect tense is used to express a future action that will be completed prior to another future action. Observe and analyze the following sentences.

Desgraciadamente ellos no estarán. Habrán salido antes de nuestra llegada.

Note in the above sentences that the people will not be present at some time in the future. They will not be present because they will have already left before our arrival. Their departure precedes our arrival even though both actions will be in the future. This tense is seldom used.

Práctica

A HISTORIETA ¿Qué habrás hecho antes de verme?

Contesten.

1. Antes de verme, ¿habrás hablado con Juan?
2. Antes de verme, ¿lo habrás invitado?
3. Antes de verme, ¿habrás comprado las entradas para el teatro?
4. Antes de verme, ¿habrás llamado al restaurante?
5. Antes de verme, ¿habrás hecho una reservación?

Shortened forms of adjectives
Adjetivos apocopados

1. Several adjectives in Spanish have a shortened form when they precede a masculine singular noun. They drop the **-o** ending. Observe the following.

bueno	Roberto es un buen tipo.
malo	No es un mal tipo.
primero	Él vive en el primer piso de una casa de apartamentos.
tercero	Sus abuelos viven en el tercer piso.

2. The adjective **grande** becomes **gran** when it precedes either a masculine or feminine noun in the singular. The shortened form, **gran,** conveys the meaning "great" or "famous" rather than "big" or "large." Observe the following.

un hombre grande	*a big man*
un gran hombre	*a great man*
una mujer grande	*a big woman*
una gran mujer	*a great woman*

3. The number **ciento** is shortened to **cien** before a masculine or feminine noun.

> **Él tiene cien libros en su biblioteca.**
> **Cada uno de sus cien libros tiene más de cien páginas.**

4. The word **Santo** is shortened to **San** before a masculine saint's name unless the name of the saint begins with **To-** or **Do-**.

San Pedro	**Santo Domingo**	**Santa María**
San Alfonso	**Santo Tomás**	**Santa Teresa**

Biblioteca Nacional,
Madrid, España

Práctica

A **Miguel de Cervantes Saavedra** Completen.

Don Quijote y Sancho Panza

1. Cervantes es más que un ___ (bueno) novelista. Es un ___ (grande) novelista.
2. En el ___ (primero) capítulo de su novela *El Ingenioso hidalgo don Quijote de la Mancha*, Cervantes describe al ___ (grande) caballero andante, don Quijote.
3. Cuando don Quijote salió de su pueblo la ___ (primero) vez, salió sin escudero. La segunda vez salió con un vecino, Sancho Panza. Sancho le sirvió de escudero. Don Quijote sabía que un ___ (grande) caballero andante como él no podía viajar por el mundo sin escudero.
4. El pobre Sancho no tenía ___ (ninguno) deseo de conquistar todos los males del mundo. Él quería volver a casa.
5. Esta ___ (grande) novela de Cervantes es muy larga. Tiene más de ___ (ciento) páginas. La verdad es que tiene casi ___ (ciento) capítulos.

Expressing exceptional qualities
El sufijo -ísimo(a)

1. The suffix **-ísimo(a)** can be added to adjectives to convey the meaning "most," "very," or "extremely."

guapo(a)	**Aquel señor es guapísimo.**	**Aquella señora es guapísima.**
simpático(a)	**Es simpatiquísimo.**	**Es simpatiquísima.**

2. If the adjective ends in a consonant, add **-ísimo(a)** directly to the singular form. If it ends in a vowel, drop the vowel before adding **-ísimo(a).**

fácil	**El examen es facilísimo.**
bueno(a)	**La profesora es buenísima.**

Práctica

A **Es fabuloso** Contesten según el modelo.

> **Él es muy alto, ¿no?**
> **Sí, es altísimo.**

1. Él es guapo, ¿no?
2. Y es interesante también, ¿no?
3. Me parece que es rico, ¿no?
4. Y su novia es muy guapa, ¿no?
5. Ella es muy simpática, ¿no?

Literatura
Un romance y un corrido

Antes de leer

Vamos a leer dos poemas que tratan de acontecimientos históricos—uno en España y el otro en México; uno en el siglo XV y el otro en el siglo XX. Pero antes, un poco de historia.

España: En 711, los moros invadieron a España. Vinieron del norte de África y no salieron hasta 1492, cuando el último rey moro, Boabdil, fue expulsado de Granada. Durante la conquista de España, los árabes construyeron mezquitas y palacios bellísimos, sobre todo en Andalucía: en Sevilla, Córdoba y Granada. La influencia cultural árabe en la península ibérica es enorme. En la lengua española hay muchas palabras que comienzan en **al; el alcázar,** por ejemplo, es un palacio. Estas palabras son todas de origen árabe: **alcázar, almohada, alhambra.**

México: En México, a principios del siglo XX, precisamente en 1910, estalló una revolución. Esta revolución fue una reacción contra la dictadura de Porfirio Díaz que duró 33 años. Desde 1906 los obreros organizaban huelgas. En 1910, diversos grupos se pusieron bajo el mando de Francisco I. Madero y se levantaron contra Porfirio Díaz. El 25 de mayo de 1911 el dictador renunció al poder y huyó del país. Madero fue elegido presidente fácilmente, pero no logró satisfacer los deseos de las distintas facciones. En el mismo año de 1911, Emiliano Zapata se levantó con un grupo de campesinos en Morelos, gritando «¡Tierra y Libertad!» Madero murió asesinado y Victoriano Huerta tomó el poder.

Venustiano Carranza, el gobernador del estado de Coahuila, no reconoció al nuevo gobierno. Consiguió el apoyo de viejos líderes como Francisco (Pancho) Villa, Emiliano Zapata y Álvaro Obregón. En julio de 1914, Huerta dejó el poder. Pancho Villa y Emiliano Zapata entraron en la Ciudad de México con el deseo de establecer un gobierno favorable a los obreros y campesinos. Carranza consiguió el apoyo de Obregón, quien derrotó a Villa y obtuvo la presidencia del país. El amigo de ayer llegó a ser el enemigo de hoy.

Emiliano Zapata fue asesinado durante la revolución por el coronel Jesús Guajardo. Pancho Villa murió asesinado en 1923, después de la revolución.

«Campamento zapatista» de Fernando Leal

Vocabulario

el alcázar

la mezquita

el rey

el monte

gritar

la laguna

la bolsa

El sargento gritó.

nacer   venir al mundo
labrar   trabajar la tierra
casarse   contraer matrimonio

la vida   el tiempo que vive una persona
la muerte   el final de la vida
el/la moro(a)   el/la árabe

la mentira   lo contrario de «la verdad»
el/la cautivo(a)   el/la prisionero(a), el/la preso(a)
la huerta   el huerto, el jardín
la viuda   la mujer cuyo esposo (marido) ha muerto
el golpe   el choque entre dos cuerpos

Práctica

A ¿Cuál es la palabra? Completen.

1. El ___ de España es Juan Carlos de Borbón.
2. El ___ es un palacio árabe.
3. La ___ es un edificio religioso islámico (mahometano).
4. La vida siempre termina con ___.
5. Cada persona ___, vive y ___.
6. El sargento ___ algo y todos lo oyeron.
7. Los árabes del norte de África eran conocidos como ___.
8. Los campesinos ___ la tierra.
9. En ___ crecen flores y legumbres.
10. El niño se cayó y se dio un ___ fuerte en la cabeza.
11. Ella se casó en 1950 y su marido murió hace poco. Ella es ___.

B Los soldados del rey

Contesten según se indica.

1. ¿Dónde estaba el rey moro? (en el alcázar)
2. ¿Qué llevaba el sargento en la bolsa? (provisiones)
3. ¿Dijo la verdad? (no, una mentira)
4. ¿Dónde está la huerta? (a orillas de la laguna)

C Expresiones equivalentes

Den otra palabra.

1. hablar en voz muy alta
2. el palacio
3. el jardín
4. el preso
5. la montaña
6. el lago pequeño
7. lo contrario de «la verdad»
8. trabajar
9. un edificio religioso mahometano

«La batalla contra los moros en Jerez» de Francisco de Zurbarán

Introducción

Durante la Edad Media en España, la gente se informaba de lo que pasaba por medio de los juglares que iban de castillo en castillo y transmitían las noticias en forma de verso. Recitaban cantares de gesta. Éstos casi siempre trataban de hazañas guerreras. El romance, o lo que llamamos *ballad* en inglés, se deriva de los antiguos cantares de gesta. Algunos romances «juglarescos» fueron compuestos por los juglares a partir del siglo XIV. Muchos de ellos narraban acontecimientos que acababan de ocurrir y estimulaban la imaginación de quienes los escuchaban. Ciertos romances juglarescos llamados «moriscos» tratan de la vida árabe en España. Otros llamados «fronterizos» tratan de las relaciones guerreras entre caballeros cristianos y moros. El romance que sigue, «Abenámar», es un romance fronterizo. En este romance el rey Juan II, el padre de Isabel la Católica, le habla al moro, Abenámar. Abenámar le muestra al rey los edificios importantes de la ciudad de Granada. Esta ciudad ya había sido sitiada por los españoles. Luego, el rey le habla a la ciudad de Granada como si fuera una señora con quien él quisiera casarse. Es interesante notar la respuesta de Granada y el significado de su respuesta.

El corrido es una composición popular mexicana. Se deriva, y sigue la tradición, del antiguo romance español que los conquistadores trajeron a América. El corrido tiene un carácter muy descriptivo. Hay muchos tipos de corridos. Algunos hablan de hechos y eventos locales. Otros de personajes legendarios y de momentos históricos. Los más famosos cuentan relatos de la Revolución mexicana. El corrido que sigue, «En Durango comenzó», trata de Pancho Villa, una figura importante de la Revolución mexicana.

Juglares de la Edad Media

Lectura

Abenámar

¡Abenámar, Abenámar,
moro de la morería,
el día que tú naciste
grandes señales° había!
Estaba la mar en calma,
la luna estaba crecida°:
moro que en tal signo nace,
no debe decir mentira.—
Allí respondiera el moro,
bien oiréis lo que decía:
—Yo te lo diré, señor,
aunque me cueste la vida,
porque soy hijo de un moro
y una cristiana cautiva;
siendo yo niño y muchacho
mi madre me lo decía:
que mentira no dijese,
que era grande villanía°:
por tanto pregunta, rey,
que la verdad te diría.
—Yo te agradezco, Abenámar,
aquesa° tu cortesía.
¿Qué castillos son aquéllos?
¡Altos son y relucían!
—El Alhambra era, señor,
y la otra la Mezquita;
los otros los Alixares,
labrados a Maravilla.
El moro que los labraba
cien doblas° ganaba al día,
y el día que no los labra
otras tantas se perdía;
desque° los tuvo labrados,
el rey le quitó la vida,
porque no labre otros tales
el rey del Andalucía.
El otro es Generalife,
huerta que par no tenía;
el otro Torres Bermejas,
castillo de gran valía°.—
Allí habló el rey don Juan,
bien oiréis lo que decía:

señales	*signs*
crecida	*full*
villanía	cosa no honrada ni honesta
aquesa	aquella
doblas	monedas antiguas
desque	desde que
valía	*valor*

Patio de los Leones, La Alhambra,
Granada, España

—Si tú quisieses°, Granada,
contigo me casaría;
daréte en arras° y dote°
a Córdoba y a Sevilla.
—Casada soy, rey don Juan,
casada soy, que no viuda;
el moro que a mí me tiene,
muy grande bien me quería.

quisieses quisieras

arras thirteen coins the groom gives to the bride
dote dowry

EN DURANGO COMENZÓ

«Emiliano Zapata» de Diego Rivera

En Durango comenzó
su carrera de bandido
En cada golpe que daba
Se hacía el desaparecido°

se hacía el desaparecido played a disappearing act

Cuando llegó a La Laguna
Robó la estación de Horizonte
Del entonces lo seguían
Por los pueblos y los montes

Un día ya en el nordeste
Entre Tirso y la Boquilla
Se encontraban acampanadas°
Las fuerzas de Pancho Villa

acampanadas in great danger

Gritaba Francisco Villa
El miedo no lo conozco
Que viva Pancho Madero
Y que muera Pascual Orozco

Gritaba Francisco Villa
En su caballo tordillo°
En la bolsa traigo plata
Y en la cintura casquillo°.

tordillo dapple-gray

Pancho Villa (en el centro)

casquillo empty shells, cartridges

Después de leer

Comprensión

A **Abenámar** Contesten.

1. ¿Cómo se llama el moro con quien está hablando el rey Juan II?
2. ¿Qué había en el cielo el día que nació el moro?
3. ¿Cómo estaba la mar?
4. ¿Y la luna?
5. ¿Qué no debe decir el moro?
6. ¿De quién es hijo el moro?
7. ¿Por qué no mentía nunca?
8. ¿Qué le muestra Abenámar al rey?
9. ¿Qué tiene el Generalife?
10. ¿Con quién, o con qué, habla el rey?
11. ¿Le contesta negativa o afirmativamente?

B **Edificios árabes** Den la siguiente información.

Prepare una lista de los edificios que el moro Abenámar le mostró al rey Juan II.

C **La respuesta de Granada** Analicen.

¿Cuál es el significado de la respuesta negativa que le dio la ciudad de Granada al rey Juan II?

D **El corrido** Contesten.

1. ¿Dónde comenzó Pancho Villa su carrera?
2. ¿Qué carrera comenzó?
3. ¿Qué robó al llegar a La Laguna?
4. ¿Quiénes lo seguían?
5. ¿Dónde lo seguían?
6. ¿Dónde se encontraban acampanadas las fuerzas de Pancho Villa?
7. ¿Qué gritó Pancho Villa?
8. ¿En qué estaba montado?
9. ¿Qué tenía en la bolsa?
10. ¿Y en la cintura?

El Generalife, palacio moro, Granada, España

Patio de la acequia en el Generalife

E **De otra manera** ¿Cómo se expresa lo siguiente en el corrido?

1. Pancho Villa les causaba daño a sus enemigos, las autoridades del gobierno.
2. Pero las autoridades no lo pudieron encontrar.
3. Yo no tengo miedo de nada ni temo a nadie.

F **Buscando información** Hagan lo siguiente.

1. Prepare una lista de los lugares mencionados en el corrido y búsquelos en un mapa de México.
2. Dé el nombre de un amigo y el de un enemigo de Pancho Villa.

Actividades comunicativas

A **Un edificio moro** Mire las fotografías de los edificios moros que aparecen en este capítulo. Escoja una y descríbala.

B **Los árabes en España** Prepare un informe sobre la influencia de los árabes en España.

C **El moro Abenámar** Escriba un párrafo dando un resumen de lo que sucedió en el romance «Abenámar».

D **Pancho Villa** En un párrafo, escriba lo que Ud. aprendió sobre Pancho Villa al leer el corrido «En Durango comenzó».

Pancho Villa, Emiliano Zapata y sus seguidores

CAPÍTULO 6

Los valores

Objetivos

In this chapter you will do the following:

- ∽ tell what values are important to Hispanics, both young and old, and compare them with yours

- ∽ identify other uses of the definite and indefinite articles, and of the prepositional pronouns

- ∽ read and discuss a letter to the editor published in a Spanish newspaper, and an article about bullfighter Francisco Rivera Ordóñez

- ∽ explain what you hope has happened and what you hoped would have happened, discuss contrary-to-fact situations, indicate ownership, and point out people and things

- ∽ read and discuss an excerpt from *Zalacaín el Aventurero* by Pío Baroja, and a short story, «Mi padre», by Manuel del Toro

CULTURA
Los valores culturales

Introducción

Los valores son ideas abstractas que los miembros de una cultura aceptan sobre lo que se considera bueno, deseable y apropiado, o, por lo contrario, malo, indeseable e inapropiado. Cada persona desarrolla sus propias metas y ambiciones, pero la cultura provee normas generales a sus miembros. Los valores no indican específicamente lo que el individuo debe hacer, pero sí dan una guía para evaluar a las personas, las ideas y los eventos en cuanto a su mérito, su moral o su «valor». Los valores de una cultura no cambian de repente. Rara vez cambian durante la vida de un solo individuo.

Con ciertas variantes y grados o niveles de importancia, algunos de los valores predominantes en la cultura occidental son: la importancia de la familia, el honor, la dignidad, el individualismo, la generosidad, la comodidad material, la igualdad de todas las personas, el nacionalismo, la eficiencia, la fe en la ciencia. Ahora bien, una cultura puede tener ciertos valores a pesar de que no se respeten. Se puede hablar del valor de la igualdad al mismo tiempo que se cree que su propio grupo es superior a otros. Se puede hablar del honor y portarse de forma deshonrada. Lo importante es que las culturas y las sociedades tienen sus propios valores, y esos valores no son siempre los mismos. Al no conocer los valores de una cultura podemos cometer errores graves cuando tratamos con sus miembros.

«Tamalada» de
Carmen Lomas Garza

Vocabulario

el/la desconocido(a) una persona a quien uno no conoce

el parentesco la relación, conexión familiar

el ascenso una promoción en el empleo

los recursos los bienes, medios de subsistencia

el eje una persona, cosa o circunstancia que constituye el centro de algo

la deshonra el deshonor, descrédito

lanzarse tirarse, como se lanza una pelota

girar dar vueltas

compartir dividir, repartir algo entre varias personas

recoger dar protección a un niño, recolectar, juntar

hacerse cargo de tomar la responsabilidad

la gota

el mendigo

los trapos

Práctica

A **Los valores** Completen.

1. La familia de Joselito es muy pobre y no tiene los ___ para mantener al niño.
2. Vamos a ___ al pequeño y traerlo a vivir con nosotros. Mira la ropa que tiene, el pobrecito se viste de ___. Parece un ___.
3. Y yo me ___ de ayudarle con sus estudios.
4. Joselito es de nuestra familia, no es un ___.
5. Su madre es la sobrina de mi cuñado, así es que existe un ___.
6. No importa, aunque no tuviera una ___ de nuestra sangre, todavía lo recogeríamos.
7. Tenemos bastante para ___ con el niño.
8. Y no nos vamos a preocupar del dinero, ganaré más porque acabo de recibir un ___.
9. No, tenemos que traerlo aquí, proteger el nombre de la familia y evitar la ___.
10. La familia es el ___ en torno al cual gira nuestra vida.

B **Palabras afines** Pareen.

1. la deshonra   **a.** reflection
2. suntuosamente   **b.** hierarchy
3. el reflejo   **c.** dishonor
4. la jerarquía   **d.** sumptuously

Los valores en común

La verdad es que no debemos hablar de la cultura hispánica, sino de las culturas hispánicas. España y la veintena de repúblicas hispanoamericanas no comparten todas los mismos valores. En algunos países hispanos la población mayoritaria es indígena, sin una gota de sangre española. En otros, hay tanta herencia italiana, alemana y africana como española. No obstante, hay muchos valores que todos tienen en común.

La familia

La familia es, ha sido siempre y probablemente seguirá siendo el eje en torno al cual gira la vida del hispano. El viejo refrán dice que «la sangre llama». Esto quiere decir que el parentesco impone obligaciones. Estas obligaciones pueden parecer muchas veces injustas y hasta inmorales. Por ejemplo, si soy dueño de una fábrica o un comercio, ¿a quién voy a emplear primero? ¿A alguien que viene de la calle o a un pariente? ¿Y a quién le voy a dar un ascenso? ¿Al hijo de mi primo o a un desconocido? Por otra parte, esta obligación requiere que yo haga todo lo necesario para defender el buen nombre de la familia. Si un hijo de mi primo ha hecho algo que puede traernos deshonra, y si sus padres no tienen los recursos, yo tomo la responsabilidad de proteger nuestro nombre.

Como ya se sabe, la familia nuclear era antes casi desconocida en los países hispanos. La familia hispana consistía en tíos, abuelos, primos, cuñados, nietos y biznietos, muchos de ellos, a veces, viviendo en la misma casa.

Hoy, como tantas otras cosas, la estructura familiar también está cambiando. La familia nuclear ya no es tan rara en España y Latinoamérica. No obstante, en una fiesta familiar todavía se ve, con mucha frecuencia, a cuatro generaciones alrededor de la mesa, gozando del calor humano que provee una familia numerosa.

Existen diferencias de significado en las denominaciones de los parientes en las culturas hispanas y anglosajonas. Para los hispanos, es más importante la generación que el parentesco exacto. Los hijos de los tíos son «primos hermanos». No hay primos terceros o cuartos. Si los primos son de la generación de los padres, se les llama «tíos». Y al hermano del abuelo, se le llama «tío abuelo».

Es muy común, especialmente en áreas rurales, que se «recoja» a los hijos de parientes pobres. Si los padres no pueden mantener a sus hijos, los parientes se hacen cargo de ellos. A veces, los niños recogidos no son realmente parientes, sino sólo vecinos. Aunque, a decir verdad, muchas veces se les trata como algo menos que un hijo y algo más que servidumbre[1].

La importancia de la familia se nota también en la costumbre de llevar los apellidos de la familia de la madre al igual que los del padre. Todos quieren saber quiénes son «tu gente». Y también se nota en el máximo tabú de faltarle el respeto a la madre. El insulto mayor en la cultura hispana es el insulto a la madre. Ha llegado a tal extremo que a veces se evita mencionar a la familia, y mucho menos a la madre.

La generosidad

La generosidad es un valor común a muchas culturas. El norteamericano es famoso por la manera en que abre las puertas de su casa al extraño; el árabe, el chino, el africano, todos valoran la generosidad. ¿Quién no ha oído de la costumbre del «potlatch», según la cual el indígena de Norteamérica, el Kwakiutl, regala todos sus bienes a sus vecinos, quedándose sin nada?

La generosidad del hispano es también un reflejo del orgullo. El español, por ejemplo, lucha sinceramente por pagar la cuenta en un café o restaurante. El anglosajón echa los dados[2], y si gana, no tiene que pagar la cuenta. El español también juega. Juega a las monedas, y si gana, paga. Es que no quiere «quedar mal». Sin tener dinero para sus propias necesidades, da una limosna al mendigo en la calle. ¿Es generosidad o es orgullo?

La dignidad

Legendario es el exagerado sentido de «dignidad» del castellano viejo. En los cuentos antiguos abundan ejemplos, como el caso del hidalgo[3] «venido a menos[4]» que, aunque esté pasando hambre, anda por la calle con un palillo[5] en la boca para que todos crean que acaba de comer suntuosamente. La dignidad también tiene que ver con el rol que la persona hace en la sociedad. El rol que asume la persona requiere ciertos modales y comportamiento. El norteamericano suele ser bastante flexible en cuanto a jerarquías. El director de una gran empresa se pone trapos para trabajar en su jardín, juega al sóftbol con los empleados, va a la pizzería con la familia, todos en blue jeans y tenis, deja que todos lo llamen por su nombre de pila. El director hispano suele ser siempre mucho más formal, conforme con la importancia de su posición. Su posición le indicará cómo debe vestirse, dónde puede comer, con quiénes puede divertirse y el respeto con que los demás deben tratarlo.

[1] **servidumbre** sirviente
[2] **echa los dados** *throws the dice*
[3] **hidalgo** *nobleman*
[4] **venido a menos** *having lost status*
[5] **un palillo** *a toothpick*

Zapatería, México D.F.

Comprensión

A **La familia**   Contesten.

1. ¿Por qué dice el autor que debemos pensar en «las culturas hispánicas»?
2. ¿Cuál es el grupo mayoritario en algunos países hispanos?
3. ¿Qué tiende a ser el centro de la vida hispana?
4. ¿Cuál es el refrán que se refiere a las obligaciones familiares?
5. ¿En qué consistía antes la familia hispana tradicional?

B **El parentesco**   Completen.

1. En una fiesta hispana podría haber parientes de varias ___.
2. Para los hispanos, llamar a uno «tío» o «primo» depende de la ___ de la persona.
3. Un primo hermano es el ___ de un tío.
4. A veces se ___ a los hijos de parientes pobres que no los pueden mantener.
5. Los niños recogidos no son siempre de la familia, a veces, son sólo ___.
6. La generosidad del hispano puede ser reflejo del ___.
7. Un tío abuelo es el ___ del abuelo.
8. Los hispanos suelen llevar ___ apellidos.

C **Más costumbres**   Contesten con **sí** o **no**.

1. El español echa los dados para no tener que pagar la cuenta.
2. El hispano da una limosna hasta cuando necesita el dinero.
3. Los norteamericanos suelen ser más flexibles que los hispanos en cuanto a jerarquías.
4. La familia nuclear no existe en los países hispanos.
5. A los niños recogidos se les trata siempre como si fueran hijos de la familia.
6. El «potlatch» es una costumbre de los indígenas de Centroamérica.

Atlixco, Puebla, México

Actividades comunicativas

A **El potlatch**   Busque información sobre la costumbre del «potlatch». Prepare un breve informe para presentar a la clase.

B **Un tabú**   En la cultura hispana el insulto a la madre es un tabú. ¿Existe este tabú en otras culturas? Con su grupo discuta la existencia de este tabú.

C **¿Quién paga?**   El juego para determinar quien paga o no paga existe en la cultura norteamericana y la hispana. Describa las diferencias y diga lo que Ud. opina. ¿Cuál de las costumbres, la hispana o la americana, prefiere Ud. y por qué?

El que invita paga

Vocabulario

el pelado

las monedas

Los dos señores están jugando a las monedas.

adivinar   predecir, descubrir
agradar   dar gusto, gustar

dar vergüenza   hacer sentir la
humillación, ponerse roja la cara

 **Práctica**

A **Se dice así**   Exprese de otra manera.

1. ¿Puedes *descubrir* lo que tengo en la mano?
2. Es algo que te va a *gustar*.
3. No quiero nada de ti. No soy un *pobre*.
4. Eso me *humilla*.

Escenas de la vida

GERARDO: Insisto. Dame la cuenta.

MAURICIO: De ninguna manera. Yo te invité. El que invita paga.

GERARDO: Pero tú nunca dejas que nadie pague. No puedo permitirlo.

MAURICIO: Pues, ¿por qué no jugamos a las monedas? Cada uno se pone de cero a tres monedas en la mano. Entonces adivinamos por turnos el total de monedas. El que gana, paga.

GERARDO: Bueno. Pero no me agrada nada. Esto me está dando vergüenza. Van a creer que soy un pelado.

Comprensión

A ¿Verdad o no?   Contesten con **sí** o **no.**

1. Gerardo quiere pagar la cuenta.
2. Mauricio no tiene ningún inconveniente en que Gerardo pague.
3. Mauricio dice que él tiene que pagar porque él invitó.
4. Gerardo dice que está bien que Mauricio pague.
5. A Gerardo le gusta mucho la idea del juego.
6. Gerardo está muy molesto con esta situación.
7. ¿A Gerardo le gusta la alternativa?

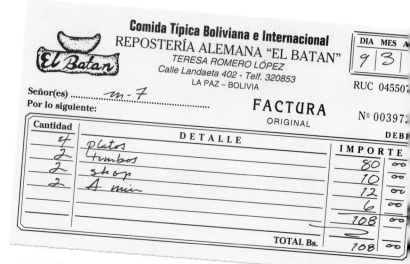

Actividad comunicativa

A **El juego de las monedas**   Explique en sus propias palabras el «juego de las monedas».

Lenguaje

Invitaciones

Te invito a tomar café.

Para invitar a una persona a comer o a tomar
algo, se dice:

> **Te invito a tomar…**
> **Quiero convidarte a un…**

Esto quiere decir que Ud. va a pagar.
Para evitar un problema como el de Mauricio, hay que contestar:

> **Te acompaño pero esta vez yo te invito, o no voy.**

Para sólo sugerir que vayan a tomar algo, se puede decir:

> **¿Te apetece tomar algo?**
> **Tengo mucha sed (hambre), voy a tomar algo.**
> **¿Qué te parece si entramos al café (la cafetería, etc.)?**

Si realmente quieres pagar, sin que haya mucho teatro, lo más fácil es decirle al camarero
en voz baja:

> **Me trae Ud. la cuenta a mí y a nadie más, por favor.**

Actividad comunicativa

A   **Mire, quiero…**   Ud. está en un café con sus amigos y no quiere que ninguno de
ellos pague la cuenta. Escriba una nota para el camarero. Indíquele quién es Ud. y lo
que quiere.

Repaso de estructura

Talking to and about other people and things
Usos especiales del artículo

In English, when we use an abstract noun or a noun in a generic or general sense, we do not use an article. In Spanish, the definite article is required before nouns used in a general sense and before abstract nouns. Compare the following Spanish and English sentences.

Los mendigos son pobres.   *Beggars are poor.*
Los cobardes tienen miedo.   *Cowards are afraid.*
La gente tiene que trabajar.   *People have to work.*
La bondad es una virtud.   *Kindness is a virtue.*

Práctica

A **Las clases de ciencias** Completen.

En ___(1)___ clases de ciencias aprendemos mucho. En ___(2)___ clase de biología, por ejemplo, estudiamos ___(3)___ amebas y ___(4)___ paramecios. En la clase de química aprendemos algo sobre ___(5)___ sustancias químicas y cómo afectan a ___(6)___ seres humanos. ___(7)___ hidrógeno y ___(8)___ oxígeno son necesarios para la vida humana. En la clase de física estudiamos ___(9)___ materia y ___(10)___ energía.

Addressing and referring to people
El artículo

1. The definite article must be used with titles in Spanish when speaking about someone.

> **El señor Antúnez es abogado.**
> **Su esposa, la doctora Antúnez, es médica.**

2. The article is not used with a person's title when speaking directly to the person.

> **—Buenos días, señor Antúnez.**
> **—Hasta mañana, doctora Antúnez.**

Práctica

A HISTORIETA En el consultorio de la médica

Completen con el artículo cuando sea necesario.

—Buenos días, ___₁ señor Gaona.

—Buenos días, ___₂ señorita Flores.

—¿Cómo se siente Ud. hoy?

—Bastante bien, gracias. ¿Está ___₃ doctora Antúnez?

—Lo siento. En este momento ___₄ doctora Antúnez no está. Tuvo que ir a la clínica para una reunión con ___₅ doctor Cela.

—¿Sabe Ud. a qué hora va a volver?

—Por lo general, ___₆ doctora Antúnez vuelve de la reunión a las dos y media. Voy a llamarla por teléfono.

—¡Aló! ___₇ señorita Vélez, ¿me puede hacer un favor? Cuando salga ___₈ doctora Antúnez, dígale que me llame. Ah, está allí. Le hablaré. Soy yo, Marta Flores, ___₉ doctora Antúnez. Estoy con ___₁₀ señor Gaona. Quiere saber cuándo Ud. vuelve... Bien. Se lo diré. Lo siento, ___₁₁ señor Gaona, pero ___₁₂ doctora Antúnez no vuelve esta tarde. Pero lo puede atender mañana a las dos.

—Entonces vuelvo mañana. Muchas gracias, ___₁₃ señorita Flores.

—Hasta mañana, ___₁₄ señor Gaona.

B ¿Qué hace la doctora Antúnez?
Contesten.

1. ¿Quién busca a la doctora?
2. ¿Quién le habla al señor en el consultorio?
3. ¿Está la doctora o no?
4. ¿Dónde está la doctora?
5. ¿Con quién está ella?
6. ¿Quién llama por teléfono?
7. ¿Quién contesta el teléfono?
8. ¿Quién volverá mañana?

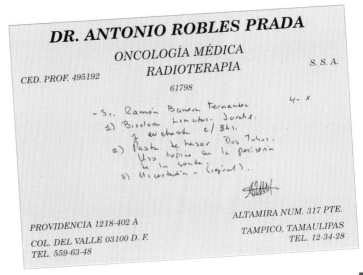

Talking about days of the week
El artículo con los días de la semana

In Spanish, the definite article is used with the days of the week to convey the meaning "on." Observe the following examples.

Tengo clases los lunes.   *I have classes on Mondays.*
El domingo voy al campo.   *On Sunday I'm going to the country.*

A **¿Durante qué días?**   Contesten.

1. ¿Qué días tienes clase de español?
2. ¿Y qué días no tienes clases?
3. ¿Qué haces los sábados?
4. ¿Adónde vas los domingos?
5. Y esta semana, ¿qué haces el sábado?
6. Y, ¿adónde vas el domingo?
7. Algunas personas dicen que deben tener clases los sábados. Tú, ¿qué crees?

LECCIONES Y DEBERES

	ASIGNATURAS	Exponer o Redactar	TEMAS
LUNES	Matemáticas		Ejercicios en la página 235.
MARTES	Historia		Leer el capítulo 9 y contestar las preguntas.
MIÉRCOLES	Inglés		Estudiar para el examen el jueves.
JUEVES	Química		Ir al laboratorio.
VIERNES	Lenguaje		Escribir una composición sobre mis metas personales.
SÁBADO	Geografía		Dibujar un mapa.
DOMINGO			

Articles of clothing and parts of the body
El artículo con los verbos reflexivos

1. In Spanish when you refer to parts of the body and articles of clothing, you use the definite article with the reflexive pronoun. Observe the following examples.

Yo me lavo las manos antes de comer. *I wash my hands before eating.*
Después de comer, me cepillo los *After eating, I brush my teeth and wash*
dientes y me lavo la cara.   *my face.*

2. Note also that the object noun is usually in the plural in English when the subject is plural. In Spanish, the noun is in the singular. Observe the following sentences.

Nosotros nos ponemos el casco *We put on our hardhats to work.*
para trabajar.
Y nos quitamos la corbata y la gorra. *And we take off our ties and caps.*

Since each person has only one hardhat, one tie, and one cap, the singular form is used, not the plural.

◆Práctica◆

A **Por la mañana** Completen.
1. Cuando me levanto, me lavo ____.
2. Y me cepillo ____.
3. Cuando hace frío, todos nos ponemos ____ para salir.
4. Cuando llegamos a la escuela, mi hermano y yo nos quitamos ____.
5. El profesor Pérez no ve muy bien y tiene que ponerse ____.

Telling what people are
Artículo indefinido

1. The indefinite article is omitted in Spanish when the verb **ser** is followed by an unmodified noun that denotes a profession or nationality. In English, the indefinite article is used. Observe the following sentences.

La señorita Valladares es abogada.	*Ms. Valladares is a lawyer.*
La señora Herrera es viuda.	*Mrs. Herrera is a widow.*
José Romero es viudo.	*José Romero is a widower.*

2. The indefinite article must be used whenever the noun that follows the verb **ser** is modified.

La señorita Valladares es una abogada muy hábil.	*Ms. Valladares is a very able lawyer.*
La señora Herrera es una viuda muy joven.	*Mrs. Herrera is a very young widow.*

Práctica

A **¿Qué y cómo?**   Sigan el modelo.

> **¿Qué es la doctora Rosas? (médica)**
> **Es médica. Y es una médica excelente.**

1. el señor Garcés (electricista)
2. la señorita Bernales (bióloga)
3. el señor Martín (contable)
4. la señora Robles (ingeniera)
5. la señorita Chávez (periodista)
6. el señor Marcos (secretario)

Sala de redacción de un periódico,
México D.F.

A pronoun after a preposition
Pronombres con preposición

1. A prepositional pronoun follows a preposition, **a, de, en, con, sin,** etc. In Spanish, the prepositional pronouns are the same as the subject pronouns except for **mí** and **ti** (**yo** and **tú**).

SUBJECT PRONOUNS	PREPOSITIONAL PRONOUNS	SUBJECT PRONOUNS	PREPOSITIONAL PRONOUNS
yo	mí	nosotros(as)	nosotros(as)
tú	ti	*vosotros(as)*	*vosotros(as)*
él	él	ellos	ellos
ella	ella	ellas	ellas
Ud.	Ud.	Uds.	Uds.

Fernando vive cerca de mí.
Ellos siempre salen con nosotros.
Allí está Josefina. ¿Quién está con ella?

2. With the preposition **con, mí** becomes **conmigo,** and **ti** becomes **contigo.**

Yo quería ir al centro contigo, pero saliste muy temprano.
¿Quieres ir conmigo mañana?

Práctica

A **¿Para quién es todo esto?** Contesten con **sí** y el pronombre apropiado.

1. Esta mochila, ¿es para Gabriela?
2. ¿Para quién es la linterna? ¿Para ti?
3. ¿La carpa es para los muchachos?
4. ¿Es para mí el botiquín?
5. Los sacos de dormir son para Uds., ¿verdad?
6. ¿Esas botas son para Eduardo?
7. La mesita es para nosotros, ¿no?
8. ¿Es para las chicas ese bote?
9. ¿Para quién es el hornillo? ¿Para Ud.?

Una carpa

B **¿Quién va con quién?** Contesten según se indica. Usen pronombres.

1. ¿Quién va con Ud.? (Antonia)
2. ¿Y quién va a ir conmigo? (Fernando)
3. ¿Los niños van con Uds.? (sí)
4. ¿Quién va contigo? (Ernesto)
5. ¿Las chicas van con Teresa? (no)
6. ¿Pepe va con los muchachos? (sí)

Periodismo
Una carta al director

Introducción

A veces, hay conflictos porque los valores de una cultura se oponen a los de otra cultura. El resultado puede ser tan grave como una guerra, o puede ser relativamente insignificante, solamente un malentendido entre individuos. Se ha comentado desde hace siglos sobre «el orgullo y la dignidad» del hispano. Estos valores probablemente hicieron que España entrara en guerra contra los Estados Unidos en 1898. Todo el mundo, incluso los españoles, sabía que España jamás podría ganar. Pero rendirse sin luchar hubiera sido deshonroso e indigno.

La carta que sigue la escribió un profesor norteamericano a un periódico español. En la carta, se nota que el profesor no necesariamente comparte los mismos valores que el guía español.

**«The Charge of the Rough Riders at San Juan Hill»,
de Frederic Remington**

Vocabulario

el carné

el presupuesto

la bondad

Ella está perpleja.

El guía cobró 4.000 pesetas.
Era inflexible.
Rehusó bajar su precio.

El señor se marchó.

el afecto   la devoción, la amistad
el cargo   la responsabilidad
el trayecto   la distancia, el camino
autorizar   dar la autorización, permitir

proponer   hacer una propuesta
terminantemente   categóricamente,
de manera concluyente

Práctica

A **¿Cuál es la palabra?**   Completen.

1. Yo los quiero mucho. Les tengo mucho ___.
2. Han sido tan buenos conmigo. Siempre me han tratado con ___.
3. Y hoy yo soy responsable por ellos. Yo estoy a ___ de ellos.
4. Yo pago lo que sea necesario. Lo pagaré de mi propio ___.

B **Expresiones equivalentes**   Expresen de otra manera.

1. Su jefe es *muy rígido.*
2. Ella le *expuso* un plan excelente.
3. Y él lo *rechazó.*
4. Él se negó a estudiarlo *de manera concluyente.*

C **Más expresiones equivalentes**   Pareen.

1. autorizar
2. cobrar
3. el trayecto
4. el carné
5. perplejo

a. hacer pagar
b. el documento de identidad
c. dar permiso
d. la distancia
e. confuso

CARTAS
AL DIRECTOR

Sr. Director:

Primero, quiero indicarles a Ud. y a sus lectores que siempre he tenido gran afecto por España y los españoles. Durante los quince años que llevo enseñando español en mi país, he llevado grupos de estudiantes a España casi cada año. Los españoles siempre nos han tratado con cortesía y bondad.

Pero el verano pasado ocurrió algo que me ha dejado un poco confuso. Se lo explicaré.

Yo tenía a mi cargo un grupo de veintidós estudiantes de secundaria. Todos los muchachos hablaban español bastante bien. Fuimos a visitar un monumento importante. Yo tenía un presupuesto bastante limitado. Me habían indicado que las visitas con guías costaban cierta cantidad. Como llegamos tarde, el último grupo de la mañana ya había comenzado su visita. Un señor se nos acercó. Nos dijo que era guía oficial y nos mostró su carné. Él dijo que era «guía trilingüe» y que cobraba una cantidad bastante por encima de la tarifa por visitas oficiales. Yo le dije que me parecía mucho. Él me contestó que era porque los guías de las visitas oficiales sólo hablaban español, y él era «guía trilingüe» y estaba autorizado a cobrar la cantidad que había mencionado. Yo le dije que sí, que entendía, pero que no queríamos que hablara ni inglés ni francés, sólo español, como los guías para las visitas oficiales. Iban a cerrar pronto, y el tiempo se nos iba. Yo le dije que llevara a los muchachos y que hablaríamos después.

Después de la visita el señor vino a cobrar. Yo le dije que me parecía justo que él cobrara más, pero que lo que él quería era mucho. Le propuse que dividiéramos en dos la diferencia entre la tarifa «oficial» y lo que él quería, y yo lo pagaría con mucho gusto. Él rehusó terminantemente.

—Soy guía trilingüe, y ésa es la tarifa.

—Pero sólo me autorizan pagar la tarifa oficial.

—Entonces, es un regalo. Adiós.

Yo no pude creerlo. El señor dio la vuelta y empezó a marcharse. Yo fui detrás de él, tratando de pagarle. Y él repitió:

—Es un regalo.

Así estuvimos durante un trayecto de cien metros. Yo, con el dinero en la mano, ofreciéndoselo. Y él repitiendo aquello del «regalo». Yo todavía no lo entiendo. Ese señor había pasado hora y media con los estudiantes. Ellos estuvieron muy contentos con la visita. Yo quise ser justo con el señor. La diferencia entre las dos tarifas saldría de mi propio bolsillo.[1]

Yo les pregunto, ¿por qué fue tan inflexible ese señor? Lo que yo le propuse me parece sumamente razonable. ¿No les parece a Uds.?

Sigo perplejo. Espero que alguien me explique la curiosa conducta del guía.

Filadelfia, Pensilvania
EE.UU.

[1] **bolsillo** *pocket*

Comprensión

A **El guía** Contesten.

1. ¿Cuál es la profesión de la persona que escribe?
2. ¿Qué actitud muestra hacia España?
3. ¿Qué ha hecho muchas veces durante los últimos años?
4. ¿A quiénes han tratado los españoles con bondad?
5. ¿Cuándo ocurrió el incidente que cuenta el escritor?
6. ¿Qué eran las 22 personas que iban con el señor?
7. ¿Qué iban a visitar?

B **Un incidente** Escojan.

1. El incidente le dejó al escritor ___.
   a. confuso **b.** inflexible **c.** autorizado

2. La habilidad de hablar español de los estudiantes era ___.
   a. casi nada **b.** muy poca **c.** bastante buena

3. Todos fueron a visitar ___.
   a. una universidad **b.** un teatro **c.** un monumento

4. Lo que era «limitado» era ___ que tenía el profesor.
   a. el tiempo **b.** la paciencia **c.** el dinero

5. El último grupo de la mañana ya había ___ la visita.
   a. comenzado **b.** cancelado **c.** terminado

Cúpula del Mihrab, Gran Mezquita de Córdoba, España

Ruinas de Medina Azara, Córdoba, España

Real Monasterio de San Lorenzo de El Escorial, España

C **Un guía trilingüe** Corrijan las oraciones falsas.

1. El guía le enseñó su dinero al señor.
2. El guía hablaba dos idiomas.
3. El guía cobraba menos que la tarifa oficial para grupos.
4. Además del español, el guía hablaba italiano y alemán.
5. El profesor quería que el guía hablara solamente inglés.
6. Los guías para las visitas oficiales hablaban inglés y francés.
7. Después de la visita, el guía vino a pagar.
8. El guía aceptó la propuesta del señor.

D **Análisis** Expliquen.

1. ¿Por qué tenía prisa el profesor en comenzar la visita?
2. ¿Qué quería decir el profesor con «le dije que llevara a los muchachos y que hablaríamos después»?
3. ¿Cuál fue la proposición que le hizo el profesor al guía?
4. ¿Qué quería decir el guía con «es un regalo»?
5. Explique por qué el profesor no quería pagar la cantidad que quería cobrar el guía.

Monasterio Abadía de Montserrat, Barcelona, España

Actividades comunicativas

A **Un asunto personal** Con su grupo, discutan y determinen si la propuesta del profesor fue «razonable» o no.

B **Un malentendido** Escriba lo que Ud. considera el problema fundamental al que se refiere la carta del profesor. ¿Cuál ha sido el conflicto de valores?

C **Un lugar interesante** Describa a la clase, en detalle, un lugar de interés turístico en su pueblo o ciudad.

D **Un anuncio** Con su grupo, prepare un anuncio ofreciendo sus servicios como guía para turistas hispanos que visitan su estado. Incluya los lugares de interés, las horas y los días de visita y las tarifas.

Ávila, España

La influencia de la familia

Introducción

En una cultura donde tanta influencia tiene la familia y donde el respeto a los padres es un valor universal, no es raro que un hijo siga los pasos del padre y del abuelo. Y si añadimos la importancia que tiene la valentía en la jerarquía de valores, es casi de esperar que Francisco Rivera Ordóñez, hijo de «Paquirri» y nieto de Antonio Ordóñez, se hiciera torero.

Hoy Francisco Rivera Ordóñez es uno de los toreros más famosos de España. La siguiente entrevista apareció en la revista *Hola* cuando él comenzaba su carrera y sólo tenía 19 años.

Antonio Ordóñez

«Paquirri», padre de Francisco Rivera Ordóñez

Vocabulario

el toreo

el torero

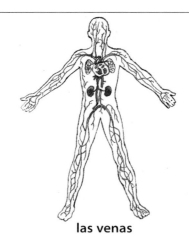

las venas

la casta   la clase, la calidad
la meta   el gol, el objetivo, el fin
la tontería   una cosa estúpida, una estupidez
el poder   la fuerza, la energía
la afición   la inclinación, el amor por alguien o algo

elegir   seleccionar, escoger
vengar   tomar venganza, vindicar

fluir   correr un líquido como el agua o la sangre
heredar   recibir de los padres, abuelos, etc.
estar dispuesto(a)   estar listo(a) o preparado(a) para hacer algo
asemejarse   ser parecido a
extrañar   sorprender, asombrar
aportar   dar, contribuir

taurino(a)   que tiene relación con el toreo

Práctica

A HISTORIETA **Expresiones equivalentes**

Expresen de otra manera.

1. A mí me *sorprende* mucho que sea torero.
2. Sé que siempre le ha interesado *el arte de torear*.
3. Pero no creía que iba a meterse en el mundo *de los toros*.
4. Ya sé que corre por sus *arterias* sangre taurina.
5. Y que *ha recibido* de su padre y su abuelo el deseo de torear.
6. Tiene una gran *inclinación* al toreo.

B **¿Cuál es la palabra?**   Completen.

1. La ___ del torero es llegar a ser el número uno.
2. El muchacho es muy valiente, tiene mucha ___ de torero.
3. En eso se ___ mucho a su padre, es igual que él.
4. El chico ___ ___ a hacer cualquier cosa para triunfar.
5. Por sus venas ___ sangre de grandes toreros.

Antonio Ordóñez

LA MUERTE DE PAQUIRRI

Cuando se cumplen nueve años de la trágica muerte de Paquirri

FRANCISCO RIVERA ORDÓÑEZ

«Nunca elegí ser torero para vengar la muerte de mi padre, aquéllo fue un accidente.»

Ya han pasado nueve años desde la trágica muerte de Francisco Rivera, «Paquirri», en el coso[1] de Pozoblanco. Su hijo mayor, Francisco Rivera Ordóñez, a sus diecinueve años, ha heredado la afición familiar y está dispuesto a continuar con éxito la tradición.

Por sus venas fluye sangre taurina, pues es nieto, hijo y sobrino de toreros. Tras dos años como novillero, en los que fue dirigido por su apoderado[2] y abuelo, Antonio Ordóñez, Francisco nos habla ahora del pasado, del presente y del futuro.

—¿En qué momento te diste cuenta de que querías ser torero?

—Desde muy pequeño, pero cuando me decían «torea» sentía miedo y no quería. Ya a los dieciséis años comencé a ir al campo y a prepararme, hasta que mi abuelo me dijo: «Vas a debutar».

Desde que recuerdo he oído hablar de mi padre, de mi abuelo, de mi tío, de toda la familia. Por tanto, era normal que sintiera curiosidad.

—¿A quién crees que te asemejas en el ruedo[3]?

—No sé si me parezco más a mi padre o a mi abuelo, porque no les he visto torear. Lo que sí he visto han sido videos, pero no es igual. Creo que tengo mi propio estilo.

—¿Qué recuerdas del día que debutaste en Ronda?

—Ese día me di cuenta de la responsabilidad que tenía, porque la plaza estaba llena, y eso, allí, nunca había ocurrido en una novillada sin picadores[4]. El paseíllo[5] fue muy duro.

—¿Cuáles han sido los consejos[6] que has recibido de tu abuelo?

—Que esto es muy difícil, que lo más fácil es que yo no sea torero. Mi abuelo conoce esto bien y sabe lo difícil que es.

[3] **el ruedo** *the bullring*
[4] **una novillada sin picadores** *a novice bullfight*
[5] **el paseíllo** el desfile de toreros
[6] **los consejos** *advice*

[1] **el coso** la plaza de toros
[2] **apoderado** *manager*

> ## «Mi abuelo ha sido siempre mejor torero que mi padre, pero mi padre era más valiente, tenía más poder y mucha casta.»

—**Vuestras relaciones actuales parecen no ser todo lo buenas que se desearía.**

—No. Lo que ocurre es que he cambiado de apoderado. Mi abuelo me había dicho que cuando creyera que estaba preparado para volar me dejaría. Y es lo que ha pasado. En la última época, él me protegía demasiado, sufría mucho cuando me veía torear y pasaba malos ratos. Mi abuelo es mi amigo, mi consejero[7] y ha sido casi mi padre, aunque también tengo a mi madre, claro.

—**Si tuvieras que elegir entre dos toreros: Paquirri y Antonio Ordóñez, ¿con cuál te quedarías?**

> ## «La separación de mi abuelo y mía tenía que ocurrir; él me dijo que cuando estuviera preparado me dejaría volar.»

—Considero más bonito el toreo que hacía mi abuelo. Creo que es la forma de torear adecuada. Mi abuelo ha sido mejor torero que mi padre. Sin embargo, mi padre tenía más poder, era más valiente y, además, tenía mucha casta. Mi abuelo ha sido el número uno de todos los tiempos. No hay más vuelta de hoja[8]. Por eso no es de extrañar que diga que mi abuelo es mejor que mi padre.

—**¿A qué aspiras en la vida?**

—Lo que me motiva y a lo que aspiro es a ser más que mi abuelo. Es difícil, casi imposible, pero ésa es mi meta.

—**¿Se puede pensar que elegiste este camino quizá para vengar la muerte de tu padre en el ruedo?**

—Cuando tenía diez años y murió mi padre decidí ser torero. Pero que yo sea torero para vengar la muerte de mi padre es una tontería. En ese caso sería exterminador de toros. La muerte de mi padre me ha afectado y marcado en la misma medida que puede afectar a cualquier niño al que se le muera su padre. La muerte de mi padre no ha tenido nada que ver en mi decisión de torear. Al contrario. Yo nunca he pensado en ello, sino en la gloria que aportó mi padre al toreo... ¿Y si mi padre hubiese perdido la vida en un coche, entonces ya nunca me hubiera podido montar en uno?

---

[7] **consejero** *advisor*
[8] **No hay más vuelta de hoja.** *No ifs, ands, or buts.*

Una corrida de toros

Comprensión

A **Paquirri** Contesten.

1. ¿Cuál era el verdadero nombre de «Paquirri»?
2. ¿Cuál era su profesión?
3. ¿Dónde murió Paquirri?
4. ¿Qué relación existe entre Paquirri y Francisco Rivera Ordóñez?
5. ¿Cuántos años tenía Francisco Rivera Ordóñez cuando lo entrevistaron?
6. ¿Qué ha heredado él de su padre?
7. ¿Qué parientes de Francisco han tenido la misma profesión?
8. ¿Cuántos años hace que Francisco es torero?

B **El joven Francisco** Completen.

1. Antonio Ordóñez es el ___ del joven Francisco.
   a. padre   **b.** tío   **c.** abuelo
2. El joven comenzó a prepararse para su profesión cuando tenía ___ años.
   a. nueve   **b.** dieciséis   **c.** diecinueve
3. El joven Francisco cree que su estilo es ___.
   a. como el de su padre   **b.** como el de su abuelo   **c.** original en él mismo
4. Francisco se dio cuenta de su responsabilidad cuando ___.
   a. debutó en Ronda   **b.** su abuelo se lo dijo   **c.** murió su padre
5. El primer apoderado de Francisco era también su ___.
   a. padre   **b.** tío   **c.** abuelo
6. «Vuestras relaciones» son las relaciones entre ___.
   a. Paquirri y su hijo   **b.** el joven Francisco y su abuelo
   c. Paquirri y Antonio Ordóñez
7. Más que nada, el joven Francisco quiere ___.
   a. ser mejor que su abuelo   **b.** vengar a su padre   **c.** no ser torero

C **¿Sí o no?** Corrijan las oraciones erróneas.

1. El padre, el tío y el abuelo de Francisco han sido todos toreros.
2. Paquirri murió en la plaza de toros de Ronda.
3. Francisco se preparaba para su profesión en la ciudad.
4. Francisco debutó en la plaza de toros de Pozoblanco.
5. Su abuelo le decía que el toreo era muy fácil.
6. El abuelo pasaba malos ratos cuando veía torear a su nieto.
7. El joven cree que su padre era mejor torero que su abuelo.
8. Francisco tenía dieciséis años cuando se murió su padre.
9. La muerte de su padre no influyó en su decisión de torear.

D **¿Dónde dice... ?** Busquen.

1. quién fue su primer apoderado
2. cómo fue su debut como torero
3. lo que el joven piensa del toreo de su padre
4. lo que dice del toreo de su abuelo
5. cuándo decidió hacerse torero
6. lo que lo motivó a hacerse torero

Ronda, España

Actividades comunicativas

A **Hemingway** El famoso autor norteamericano Ernest Hemingway escribió mucho sobre los toros. Una de sus últimas obras fue *The Dangerous Summer*, en la que habla de una temporada taurina con Antonio Ordóñez. Lea la obra y prepare un resumen en español.

B **Debate** Muchas personas creen que la corrida de toros es salvaje y que se debe prohibir. Muchos españoles dicen lo mismo del boxeo. Dividan su grupo en dos y preparen un debate sobre el tema: ¿Prohibir el boxeo o la corrida? ¿Por qué o por qué no?

Estructura

Feelings about what has happened
El presente perfecto del subjuntivo

1. The present perfect subjunctive is formed by using the present subjunctive of the auxiliary verb **haber** and the past participle. Study the following forms of the present perfect subjunctive.

INFINITIVE	hablar	comer	vivir
yo	haya hablado	haya comido	haya vivido
tú	hayas hablado	hayas comido	hayas vivido
él, ella, Ud.	haya hablado	haya comido	haya vivido
nosotros(as)	hayamos hablado	hayamos comido	hayamos vivido
vosotros(as)	hayáis hablado	hayáis comido	hayáis vivido
ellos, ellas, Uds.	hayan hablado	hayan comido	hayan vivido

2. The present perfect subjunctive is used when the action in the dependent clause occurred before the action in the main clause.

Me alegro mucho de que tú hayas venido.   *I'm very glad that you have come.*
Dudo que ellos lo hayan visto.   *I doubt that they have seen it.*

◆Práctica◆

A  **Un buen estudiante**   Contesten según el modelo.

> **¿Luis ha recibido una nota alta?**
> **Es posible que haya recibido una nota alta.**

1. ¿El profesor le ha felicitado?
2. ¿Ha ganado Luis un premio?
3. ¿Le han dado una beca?
4. ¿Tú también has recibido un sobresaliente?
5. ¿Yo he sacado una nota buena también?
6. ¿Hemos sido los mejores de la escuela?

B No, no lo creo.   Contesten con **no, no creo.**

1. ¿La viuda ha llegado?
2. ¿Ella llamó?
3. ¿El hijo ha ido a buscarla?
4. ¿Los parientes la vieron salir?
5. ¿Ella ha indicado cómo viene?
6. ¿Uds. la han conocido?
7. ¿Se habrá perdido?
8. ¿Yo le di malas direcciones?

C HISTORIETA El informe

Completen con el presente perfecto del subjuntivo.

Aunque es posible que ellos ——— (terminar) la obra, nosotros lo dudamos. Primero,
es difícil que los materiales ——— (llegar) a tiempo. Y, segundo, no es posible que ———
(poder) pagar a todos los empleados a tiempo. Los bancos se negaron a ayudarlos,
y es probable que ——— (tener) que vender alguna
maquinaria. Quizás ellos ——— (encontrar) dinero en
otra parte, pero es dudoso.

Para que su negocio funcione...

Cuente con todo nuestro apoyo.

El Banco Bilbao Vizcaya le ofrece toda una serie de soluciones para que usted consiga los mejores resultados en su negocio.

Productos financieros, equipos tecnológicos y servicios especializados para el comercio, con el eficaz complemento de nuestra experiencia en el servicio a la pequeña y mediana empresa.

Toda una línea de apoyo para que su negocio funcione.

BANCO BILBAO VIZCAYA

Feelings about what had happened
Pluscuamperfecto del subjuntivo

1. The pluperfect subjunctive is formed with the imperfect subjunctive of the auxiliary verb **haber** and the past participle. Study the forms of the pluperfect subjunctive.

INFINITIVE	hablar	comer	vivir
yo	hubiera hablado	hubiera comido	hubiera vivido
tú	hubieras hablado	hubieras comido	hubieras vivido
él, ella, Ud.	hubiera hablado	hubiera comido	hubiera vivido
nosotros(as)	hubiéramos hablado	hubiéramos comido	hubiéramos vivido
vosotros(as)	hubierais hablado	hubierais comido	hubierais vivido
ellos, ellas, Uds.	hubieran hablado	hubieran comido	hubieran vivido

2. The pluperfect subjunctive is used after a verb in a past tense that requires the subjunctive, when the action of the verb in the subjunctive occurred prior to the action of the verb in the main clause.

> **Me sorprendió que ellos hubieran hecho tal cosa.**
>
> *It surprised me that they had (would have) done such a thing.*

Práctica

Una guardia civil

A **La Guardia Civil** Completen con el pluscuamperfecto del subjuntivo.

1. Temíamos que ellos ___ (volver).
2. Pero nos alegramos de que la Guardia Civil ___ (venir).
3. Yo dudaba que ellos ___ (poder) regresar a casa.
4. Nadie creía que los guardias civiles ___ (arrestar) a los ladrones.
5. Era increíble que ellos ___ (encontrar) a todos.

B **Lo dudaba.** Contesten con **Dudaba que** y el pluscuamperfecto del subjuntivo.

1. ¿Ellos habían conseguido muchos clientes nuevos?
2. ¿Ramírez había recibido un contrato?
3. ¿La empresa había vendido todo el producto?
4. ¿Tú habías conocido al director?
5. ¿El tesorero había pedido dinero prestado al banco?
6. ¿Nosotros habíamos comprado sus acciones (*stocks*)?
7. ¿Yo había recibido su informe anual?

Discussing contrary-to-fact situations
Cláusulas con si

1. **Si** *(If)* clauses are used to express contrary-to-fact conditions. **Si** clauses conform to a specific sequence of tenses. Study these examples.

Si tengo tiempo, iré al cementerio.	*If I have time, I will go to the cemetery.*
Si tuviera tiempo, iría al cementerio.	*If I had time, I would go to the cemetery.*
Si hubiera tenido tiempo, habría ido al cementerio.	*If I had had time, I would have gone to the cemetery.*

2. The sequence of tenses for *si* clauses is as follows.

MAIN CLAUSE	SI CLAUSE
Future	Present indicative
Conditional	Imperfect subjunctive
Conditional perfect	Pluperfect subjunctive

A **¿Qué harías?**   Contesten.

1. Si cierran la escuela la semana que viene, ¿qué harás?
2. Si te dieran un carro nuevo, ¿adónde irías?
3. Si tú fueras un gran atleta, ¿con qué equipo jugarías?
4. Si tú hubieras podido hablar con Abraham Lincoln, ¿qué le habrías dicho?
5. Si tú no hubieras decidido estudiar español, ¿qué otra asignatura habrías escogido?
6. Si cualquier persona aceptara tu invitación a un baile, ¿a quién invitarías?
7. Si encuentras un millón de dólares en la calle, ¿qué harás?

La Recoleta, cementerio en Buenos Aires, Argentina

B Lo que haré, haría o habría hecho si...

Completen.

1. pagar Yo trabajaré en la muralla si ellos me ___.
   Juana también trabajaría si le ___.
   Y el sábado pasado, tú habrías trabajado si te ___.

2. pedir Yo visitaré el cementerio si mi abuela me lo ___.
   Paco también iría si su abuela se lo ___.
   Y la semana pasada, todos nosotros habríamos ido
   si abuela nos lo ___.

3. ir Yo recogeré las flores si ___ al campo.
   Ella también recogería las flores si ___ al campo.
   Y sé que Uds. habrían recogido las flores si ___
   al campo.

4. recibir Yo asistiré a la corrida si ___ una entrada.
   Y tú también asistirías a la corrida si ___ una entrada.
   El domingo pasado todos los chicos habrían asistido a
   la corrida si ___ una entrada.

5. hacer Yo saldré del caserío si ___ un esfuerzo.
   Tú saldrías del caserío también si ___ un esfuerzo.
   Los chicos habrían salido del caserío si ___ un esfuerzo.

Expressing ownership
El mío, el tuyo, el suyo, el nuestro y el vuestro

1. A possessive pronoun replaces a noun that is modified by a possessive adjective. The possessive pronoun must agree in number and gender with the noun it replaces. Possessive pronouns are accompanied by definite articles.

> **Yo tengo mi mochila, no la tuya.**   *I have my knapsack, not yours.*

POSSESSIVE ADJECTIVE	POSSESSIVE PRONOUN
mi, mis	el mío, la mía, los míos, las mías
tu, tus	el tuyo, la tuya, los tuyos, las tuyas
nuestro, nuestra, nuestros, nuestras	el nuestro, la nuestra, los nuestros, las nuestras
vuestro, vuestra, vuestros, vuestras	*el vuestro, la vuestra, los vuestros, las vuestras*
su, sus	el suyo, la suya, los suyos, las suyas

2. Note that the definite article is often omitted after the verb **ser.**

> **Estos libros son de Marta. Son suyos. No son míos.**

To emphasize whose they are, the article can be used.

> **Éstos son los míos y aquéllos son los tuyos.**

A **¿Suyos o míos?** Cambien al pronombre posesivo.

1. Carlos viajó en su carro y yo viajé en *mi carro*.
2. Llegamos a la fiesta en casa de Nilda. Su casa está muy cerca de *nuestra casa*.
3. Nilda tocó sus discos y Carlos tocó *sus discos*.
4. Yo también toqué *mis discos*.
5. Los chicos dejaron sus mochilas en el suelo y yo dejé *mi mochila* allí también.
6. Nilda quería escribir algo pero no tenía una pluma y tú le diste *tu pluma*.

B **HISTORIETA** **En la estación de ferrocarril**

Completen.

NORA: Sara, no tengo mi boleto. ¿Tú tienes ___?
$\overline{1}$

SARA: Claro que sí. Yo lo puse en mi bolsa, y tú lo pusiste en ___.
$\overline{2}$

NORA: Ay, ¿y mis maletas? No sé dónde están ___.
$\overline{3}$

SARA: Allí están mis maletas, ¿ves? Y ___ están al lado de ___, cerca del
$\overline{4}$ $\overline{5}$
mostrador.

NORA: Ah, sí. ¿Dónde está tu mochila? Mi mochila no es tan grande como ___.
$\overline{6}$
___ es muy pequeña.
$\overline{7}$

SARA: Sí, pero mira mis maletas y tus maletas. Mis maletas son pequeñas. ___ son
$\overline{8}$
enormes comparadas con ___.
$\overline{9}$

C **El exagerado** Escriban una oración. Usen la imaginación.

Mi carro es grande.
El tuyo es grande, pero el mío es ___.

1. Mis padres son ricos.
2. Mi profesora es excelente.
3. Mis amigas son inteligentes.
4. Mi madre es senadora.

D **Porque son así.** Completen.

1. Es nuestra maleta, porque ___ es grande y verde.
2. Es mi boleto, porque ___ lleva mi nombre.
3. Es tu anorak, porque ___ es viejo.
4. Son mis patines, porque ___ son grises.
5. Son mis botas, porque ___ son así.

Expressing ownership
El **suyo**, la **suya**, los **suyos**, las **suyas**

1. The possessive pronouns **el suyo**, **la suya**, **los suyos**, and **las suyas** replace a noun that is modified by the possessive adjective **su**. Whenever it is unclear to whom the possessive pronoun is referring, a prepositional phrase is substituted for clarification.

el suyo	la suya	los suyos	las suyas
el de él	la de él	los de él	las de él
el de ella	la de ella	los de ella	las de ella
el de Ud.	la de Ud.	los de Ud.	las de Ud.
el de ellos	la de ellos	los de ellos	las de ellos
el de ellas	la de ellas	los de ellas	las de ellas
el de Uds.	la de Uds.	los de Uds.	las de Uds.

2. In a sentence such as **Elena lleva el suyo,** the intended meaning is "Elena is wearing hers," since the subject of the sentence is the person who is wearing her own garment. If the intended meaning were "Elena is wearing his (sweater, etc.)," it would be stated as **Elena lleva el de él,** in order to avoid confusion.

A **Él tiene la suya.** Sigan los modelos.

Ramón tiene su entrada.
Ramón tiene la entrada de Elena.

Ramón tiene la suya.
Ramón tiene la de ella.

1. Ramón está en su asiento.
2. Él está guardando el asiento de Elena.
3. Ahora, ella tiene su entrada.
4. Los amigos buscan sus asientos.
5. Ellos tienen el programa de Elena y el de Ramón.
6. Y Ramón no tiene su programa.

M a r z o
3 • 4 • 5   **CONCIERTO** *13* CICLO I

ORQUESTA NACIONAL DE ESPAÑA

Stanislaw Skrowacewsky *director*
Trío Werdehr de Michigan

Carl Maria von Weber *Obertura de "Oberón, J 306"* • Stanislaw Skrowacewsky *Triple concierto* (Estreno en España) • Dimitri Shostakovich *Sinfonía núm. 1 en fa menor, opus 10*

M a r z o
10 • 11 • 12   **CONCIERTO** *14* CICLO II

ORQUESTA NACIONAL DE ESPAÑA

David Parry *director*
Anne Mercier *violín*

Benjamin Britten *Cuatro interludios marinos de "Peter Grimes", opus 33 a* • José Manuel López López *Concierto para violín* (Encargo OCNE. Estreno) • Mussorgski/Ravel *Cuadros de una exposición*

M a y o
5 • 6 • 7   **CONCIERTO** *18* CICLO II

ORQUESTA Y CORO NACIONALES DE ESPAÑA

Aldo Ceccato *director*

Robert Schumann *El Paraíso y La Peri, opus 50*

M a y o
12 • 13 • 14   **CONCIERTO** *19* CICLO I

ORQUESTA NACIONAL DE ESPAÑA

Jorge Velázco *director*
Silvia Torán *piano*

Rodolfo Halffter *Dos ambientes sonoros* (Estreno en España) • Felix Mendelssohn-Bartholdy *Concierto para piano y orquesta núm. 1 en sol menor, opus 25* • Johannes Brahms *Sinfonía núm. 1 en do menor, opus 68*

Pointing out people and things
Los pronombres demostrativos

1. The demonstrative pronouns are the same as the demonstrative adjectives, except that they often carry a written accent mark to distinguish them from the adjectives.

ADJECTIVES	PRONOUNS
este, esta, estos, estas	éste, ésta, éstos, éstas
ese, esa, esos, esas	ése, ésa, ésos, ésas
aquel, aquella, aquellos, aquellas	aquél, aquélla, aquéllos, aquéllas

> **Este libro es excelente, me gusta mucho éste.**
> **Ese libro es aburrido, no me gusta ése para nada.**

2. Remember **ése, ésa,** etc., refer to things near the person spoken to and not very far from the speaker. **Aquél, aquélla,** etc., refer to things distant from both the speaker and the person spoken to.

Práctica

A HISTORIETA ¿Este coche o aquél?

Completen con pronombres o adjetivos demostrativos.

1. Este coche es más caro que ___ (allá).
2. Pero esta camioneta no es tan buena como ___ que tú tienes.
3. El mecánico ___ (allá) me dijo que el motor es excelente.
4. Pero otro mecánico, ___ aquí, dice que usa mucho aceite.
5. También me gusta ___ modelo aquí.

Literatura
Zalacaín el Aventurero

de Pío Baroja

Antes de leer

El filósofo y académico español Salvador de Madariaga
(1886–1978) escribió que «la clave de sus emociones y el motor
de sus actos puros... son, respectivamente: para el inglés, *fair play*,
para el francés, *le droit°*; para el español, *el honor.*»

le droit *right*

Mucho se ha escrito sobre el
sentido del honor del español.
Ese sentido del honor que se
refleja en el orgullo. Dijo un
francés que en España siempre
habría una monarquía porque
cada español se considera un
rey. Además de su natural
orgullo y su sentido del honor
siente una tremenda lealtad
hacia la familia y el buen nombre
de la familia. El honor de la
familia se defiende hasta la
muerte. No importa que se trate
de una familia de nobles o de la
más pobre de las familias.

El trozo que sigue es de la
novela *Zalacaín el Aventurero*
de Pío Baroja. El protagonista,
Martín Zalacaín, nace en un
caserío cerca de un pueblo del
norte de España. Es de una familia
muy pobre. Su padre muere joven

PÍO BAROJA

ZALACAÍN
EL
AVENTURERO

viruelas
smallpox

en una epidemia de viruelas°. Martín es un niño pequeño cuando
muere el padre. Mientras los demás niños se educan en la escuela,
Martín aprende en la calle. Un día, el hijo de una familia rica lo
llama «ladrón». Y es verdad, porque Martín robaba fruta de los
árboles de esa familia. Pero el niño, no contento con llamar ladrón
a Martín, dice: —Toda tu familia es de ladrones. —Lo demás nos
lo cuenta Pío Baroja.

Vocabulario

un cementerio — una cruz

una muralla

el tejado

un caserío

una gallina

un huevo

la pared

un pato

la piedra — el cartelón

una bofetada   un puñetazo   un empujón

la villa   la ciudad
el/la soltero(a)   una persona no casada
el/la viudo(a)   una persona cuyo(a) esposo(a) está muerto(a)
el odio   la aversión, la antipatía, la animosidad, la hostilidad
el/la ladrón(a)   el/la que roba

atravesar   cruzar

adivinar   tratar de descubrir alguna cosa ignorada, descubrir el futuro
soñar (ue)   representar en la fantasía, lo que sucede mientras dormimos
habitar   vivir, residir
pertenecer a   ser posesión de
asustar   causar miedo
matar   quitarle la vida a alguien

⟡Práctica⟡

A **El cementerio** Contesten.

1. ¿Es grande el cementerio?
2. ¿Hay estrellas de David en el cementerio?
3. ¿Hay una muralla alrededor del cementerio?
4. Al lado del cementerio, ¿hay un caserío?
5. ¿Es humilde o elegante el caserío?
6. ¿Está en malas condiciones el tejado del caserío?
7. ¿Están en malas condiciones las paredes del caserío?
8. ¿Hay un cartel en la pared del caserío?
9. ¿Es de piedra la muralla?
10. ¿Hay gallinas y patos en el patio del caserío?
11. ¿Ponen huevos las gallinas?

B **Unas definiciones** Identifiquen.

1. un golpe dado con el puño
2. un golpe dado en la cara con la mano abierta
3. la mano cerrada
4. un golpe brusco que causa movimiento
5. lo contrario de «el amor» o «el cariño»

C **¿Cuál es la palabra?** Completen.

1. Cuando no sabes algo por cierto, a veces tienes que ___.
2. Ese caserío ___ a una familia pobre.
3. Una familia pobre ___ este caserío.
4. La madre tiene cinco hijos. Era ___ hasta los 25 años y luego se casó. Su marido murió hace poco. Hace unos meses que la pobre señora es ___.
5. La pobre mujer ___ cada noche con una vida mejor, menos penosa, con menos miseria.
6. El ___ cuando roba casi siempre le ___ a su víctima.
7. El ladrón le roba a su víctima. El asesino la ___.

Introducción

Pío Baroja nació en San Sebastián en el País Vasco en 1872. Estudió para médico, carrera que ejerció por poco tiempo en un pueblo muy pequeño. Fue también propietario de una panadería. Finalmente, se dedicó a lo que quería hacer—escribir. Escribió más de cien novelas. Cuando Hemingway recibió el Premio Nóbel de literatura dijo que Baroja, y no él, lo debía recibir.

En sus novelas Baroja ha creado millares de personajes, algunos inolvidables. Le encantan los vagabundos, los aventureros, los hombres cínicos y resentidos que desprecian la sociedad. Critica tanto en su obra que se ha dicho que no cree en nada. Nadie ha escapado su censura—ni los políticos, ni los militares, ni los religiosos, ni los aristócratas. Sin embargo, hay en su obra cierta simpatía hacia los oprimidos, los no conformistas, los miserables. Baroja viajó mucho y durante sus viajes observó, sobre todo, la vida de los de la clase baja.

Pío Baroja

El trozo que sigue de su novela famosa *Zalacaín el Aventurero* describe la juventud de un muchacho pobre y oprimido en el norte de España.

Lectura

Zalacaín el Aventurero

CÓMO VIVIÓ Y SE EDUCÓ MARTÍN ZALACAÍN ◆ Un camino en cuesta baja° de la Ciudadela pasa por encima del cementerio y atraviesa el portal de Francia. Este camino, en la parte alta, tiene a los lados varias cruces de piedra° que terminan en una ermita° y por la parte baja, después de entrar en la ciudad, se convierte en calle. A la izquierda del camino, antes de la muralla, había hace años un caserío viejo, medio derruido° con el tejado terrero° lleno de pedruscos y la piedra arenisca de sus paredes desgastada° por la acción de la humedad y del aire. En frente de la decrépita y pobre casa, un agujero° indicaba donde estuvo en otro tiempo el escudo°, y debajo de él se adivinaban, más bien que se leían, varias letras que componían una frase latina: *Post funera virtus vivit.*

En este caserío nació y pasó los primeros años de su infancia Martín Zalacaín de Urbia, el que más tarde había de ser llamado Zalacaín, el Aventurero; en este caserío soñó sus primeras aventuras y rompió los primeros pantalones.

en cuesta baja *going downhill*

cruces de piedra *stone crosses*
una ermita *a hermitage*
derruido *pulled down*
terrero *mud, earthen*
desgastada *dilapidated*

un agujero *hole*
el escudo *coat-of-arms*

Pueblo del norte de España

Los Zalacaín vivían a pocos pasos de Urbia, pero ni Martín ni su familia eran ciudadanos; faltaban a su casa unos metros para formar parte de la villa.

El padre de Martín fue labrador, un hombre oscuro y poco comunicativo, muerto en una epidemia de viruelas; la madre de Martín tampoco era mujer de carácter; vivió en esta oscuridad psicológica normal entre la gente del campo, y pasó de soltera a casada a viuda en absoluta inconsciencia. Al morir su marido quedó con dos hijos, Martín y una niña menor llamada Ignacia.

El caserío donde habitaban los Zalacaín pertenecía a la familia de Ohando, familia la más antigua, aristocrática y rica de Urbia.

Vivía la madre de Martín casi de la misericordia de los Ohando.

En tales condiciones de pobreza y de miseria, parecía lógico que, por herencia y por la acción del ambiente, Martín fuese como su padre y su madre, oscuro, tímido y apocado°, pero el muchacho resultó decidido, temerario° y audaz°.

En esta época los chicos no iban tanto a la escuela como ahora, y Martín pasó mucho tiempo sin sentarse en sus bancos. No sabía de ella más sino que era un sitio oscuro, con unos cartelones blancos en las paredes, lo cual no le animaba a entrar. Le alejaba también de aquel modesto centro de enseñanza el ver que los chicos de la calle no le consideraban como uno de los suyos a causa de vivir fuera del pueblo y de andar siempre hecho un andrajoso°.

Por este motivo les tenía odio; así que cuando algunos chiquillos de los caseríos de extramuros entraban en la calle y comenzaban a pedradas° con los ciudadanos, Martín era de los más encarnizados° en el combate; capitaneaba las hordas bárbaras, las dirigía y hasta las dominaba.

Tenía entre los demás chicos el ascendiente de su audacia y de su temeridad. No había rincón del pueblo que Martín no conociera. Para él Urbia era la reunión de todas las bellezas, el compendio de todos los intereses y magnificencias.

apocado cobarde
temerario *reckless, bold*
audaz *bold*

andrajoso *in rags*

a pedradas *throwing stones*
encarnizados furiosos

Nadie se ocupaba de él, no compartía con los demás chicos la escuela y huroneaba° por todas partes. Su abandono° le obligaba a formarse sus ideas espontáneamente y a templar la osadía° con la prudencia.

Mientras los niños de su edad aprendían a leer, él daba la vuelta a la muralla, sin que le asustasen las piedras derrumbadas° ni las zarzas° que cerraban el paso.

Sabía donde había palomas torcaces° e intentaba coger sus nidos, robaba fruta y cogía moras y fresas silvestres°.

A los ocho años Martín gozaba de una mala fama, digna ya de un hombre. Un día al salir de la escuela Carlos Ohando, el hijo de la familia rica que dejaba por limosna° el caserío a la madre de Martín, señalándole con el dedo gritó:

—¡Ése! Ése es un ladrón.

—¿Yo? —exclamó Martín.

—Tú, sí. El otro día te vi que estabas robando peras en mi casa. Toda tu familia es de ladrones.

Martín, aunque respecto a él no podía negar la exactitud del cargo, creyó que no debía permitir este ultraje° dirigido a los Zalacaín y abalanzándose° sobre el joven Ohando le dio una bofetada morrocotuda°. Ohando contestó con un puñetazo, se agarraron los dos y cayeron al suelo; se dieron de trompicones°, pero Martín, más fuerte, tumbaba° siempre al contrario. Un alpargatero° tuvo que intervenir en la contienda y a puntapiés° y a empujones separó a los dos adversarios. Martín se separó triunfante y el joven Ohando, magullado y maltrecho° se fue a su casa.

La madre de Martín, al saber el suceso, quiso obligar a su hijo a presentarse en casa de Ohando y a pedir perdón a Carlos, pero Martín afirmó que antes lo mataría. Ella tuvo que encargarse de dar toda clase de excusas y explicaciones a la poderosa familia.

Desde entonces, la madre miraba a su hijo como a un réprobo°.

—¿De dónde ha salido este chico así? —decía, y experimentaba al pensar en él un sentimiento confuso de amor y de pena, sólo comparable con el asombro y la desesperación de la gallina cuando empolla° huevos de pato y ve que sus hijos se zambullen° en el agua sin miedo y van nadando valientemente.

huroneaba *exploraba*
abandono *neglect*
la osadía *daring*

derrumbadas *fallen*
las zarzas *brambles*
palomas torcaces *wild doves*
moras y fresas silvestres *wild blackberries and strawberries*

dejaba por limosna *gave as charity*

ultraje *abuso*
abalanzándose *rushing, falling upon*

morrocotuda *dura, fuerte*
trompicones *golpes*
tumbaba *knocked down*
un alpargatero *a shoemaker*
puntapiés *kicking*
magullado y maltrecho *bruised and battered*

un réprobo *a criminal*

empolla *hatch*
se zambullen *dive*

Aldea del norte de España

Después de leer

Comprensión

A **Martín** Contesten.

1. ¿Por qué no eran ciudadanos de Urbia los Zalacaín?
2. ¿A quiénes pertenecía el caserío donde habitaban los Zalacaín?
3. ¿Cómo era la familia de los dueños?
4. ¿Qué sabía Martín de la escuela?
5. ¿Por qué los muchachos de la escuela no consideraban a Martín como uno de los suyos?
6. ¿De qué fama gozaba Martín cuando sólo tenía ocho años?
7. ¿Quién lo llamó «ladrón»? ¿Por qué?
8. ¿Qué pasó cuando lo llamó «ladrón»?
9. ¿Fue a su casa a pedir perdón Martín?
10. ¿Quién lo hizo? ¿Cómo?

Vejer de la Frontera, Andalucía, España

B **La familia de Martín** Hagan lo siguiente.

1. Dé una descripción de la casa de los Zalacaín.
2. Describa a la familia de Martín.
3. Describa a Martín. Mencione sus características.
4. Describa la reacción de la madre de Martín ante su carácter y su comportamiento.

Actividades comunicativas

A **La biografía** Escriba la biografía de Zalacaín el Aventurero.

B **El reportero** Imagínese que Ud. es reportero(a) del periódico en el pequeño pueblo de Urbia. Ud. está encargado(a) de escribir un artículo para la edición de mañana sobre este suceso o acontecimiento.

C **Soy sociólogo(a).** Imagínese que trabaja como sociólogo(a). Analice la influencia del ambiente en que vivía Zalacaín sobre el desarrollo de su carácter.

D **Le aconsejo que...** Imagínese que trabaja como psicólogo(a) y dígale a Martín lo que debe hacer. Dele consejos.

Mi padre

Manuel del Toro

El campo, Puerto Rico

Antes de leer

La valentía o la bravura, es un valor que se estima en la cultura hispana como en todas las culturas. Pero hay una gran diferencia entre la persona valiente y el «bravucón», el tipo que constantemente muestra su fuerza y su falta de miedo. El bravucón es, casi siempre, valiente en apariencia solamente. En el cuento que sigue veremos a un «guapo», un típico bravucón, tratando de impresionar a los demás con su fanfarronería. Y veremos a un valiente de verdad. El niño del cuento aprende una importante lección sobre la verdad y las apariencias.

Vocabulario

la sien

el mentón

la cicatriz

el barril de macarelas

ARROZ ARROZ

Los hombres tallaban con una baraja.

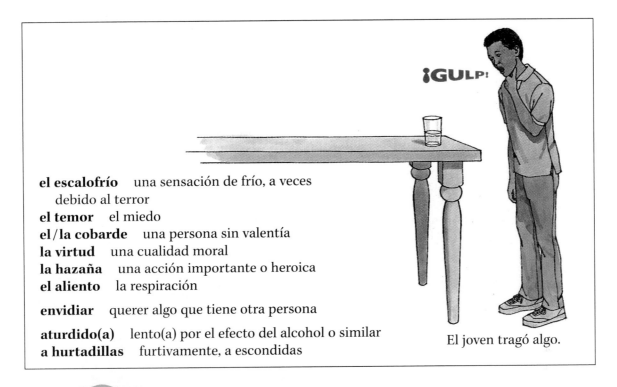

el escalofrío   una sensación de frío, a veces debido al terror

el temor   el miedo

el/la cobarde   una persona sin valentía

la virtud   una cualidad moral

la hazaña   una acción importante o heroica

el aliento   la respiración

envidiar   querer algo que tiene otra persona

aturdido(a)   lento(a) por el efecto del alcohol o similar

a hurtadillas   furtivamente, a escondidas

El joven tragó algo.

⊰Práctica⊱

A ¿Cuál es la palabra?   Completen.

1. Rogelio tiene miedo de todo, es un ___.
2. Se le ve el ___ en los ojos.
3. Y le dan ___ como si hiciera mucho frío.
4. Ni puede respirar, le falta el ___.
5. Le gusta escuchar los cuentos de las ___ de los héroes.
6. Pobre Rogelio, les ___ a los héroes porque no puede ser como ellos.

B Unas definiciones   Den la palabra que se define.

1. un conjunto de pedazos de cartón que se usa para el póker y otros juegos
2. un objeto grande, de madera, que se usa para guardar vinos, pescado, etc.
3. la marca que queda después de curarse una herida
4. en estado confuso, sin todas sus facultades
5. la fuerza o el valor moral, la integridad
6. de manera furtiva, sin dejar que se note
7. hacer que una cosa pase por la boca

Introducción

En el mundo hispano ha habido grandes figuras literarias que sobresalieron en otros campos también. Pío Baroja era médico y panadero. Salvador de Madariaga era estadista. Gabriela Mistral era maestra de escuela rural. Alonso de Ercilla era soldado. Rómulo Gallegos, Manuel Azaña y Juan Bosch fueron presidentes de sus repúblicas. José Martí era héroe nacional. Docenas de literatos hispanos han servido en el cuerpo diplomático.

El cuento que sigue, «Mi padre», del puertorriqueño Manuel del Toro, apareció en *Asomante*, la revista literaria de la facultad de graduados de la Universidad de Puerto Rico en Río Piedras. Muchos poetas, dramaturgos, cuentistas y críticos importantes han contribuido a *Asomante*.

La obra literaria de Manuel del Toro no es abundante. Como tantos otros intelectuales hispanos, el señor del Toro se ha dedicado a otra profesión, pero ha mantenido su vocación de escritor.

En «Mi padre» el autor evoca un Puerto Rico rural casi desaparecido. Es el Puerto Rico del «jíbaro», el campesino sencillo que se dedicaba al cultivo del tabaco y a la agricultura.

Lectura

Mi padre

De niño siempre tuve el temor de que mi padre fuera un cobarde. No porque le viera correr seguido de cerca por un machete como vi tantas veces a Paco el Gallina y a Quino Pascual. ¡Pero era tan diferente a los papás de mis compañeros de clase! En aquella escuela de barrio donde el valor era la virtud suprema, yo bebía el acíbar° de ser el hijo de un hombre que ni siquiera usaba cuchillo. ¡Cómo envidiaba a mis compañeros que relataban una y otra vez sin cansarse nunca de las hazañas de sus progenitores°! Nolasco Rivera había desarmado a dos guardias insulares. A Perico Lugo le dejaron por muerto en un zanjón° con veintitrés tajos de perrillo°. Felipe Chaveta lucía una hermosa herida desde la sien hasta el mentón.

Mi padre, mi pobre padre, no tenía ni una sola cicatriz en el cuerpo. Acababa de comprobarlo con gran pena mientras nos bañábamos en el río aquella tarde sabatina° en que como de costumbre veníamos de voltear las talas de tabaco°. Ahora seguía yo sus pasos hundiendo mis pies descalzos en el tibio polvo del camino y haciendo sonar mi trompeta. Era ésta un tallo de amapola° al que mi padre con aquella mansa habilidad para todas las cosas pequeñas había convertido en trompeta con sólo hacerle una incisión longitudinal.

Al pasar frente a La Aurora me dijo:

—Entremos aquí. No tengo cigarros para la noche.

el acíbar *bitterness*

sus progenitores sus padres
un zanjón *a ditch*
tajos de perrillo los cortes con un cuchillo

sabatina del sábado
las talas de tabaco *tobacco stalks*
un tallo de amapola *a poppy stem*

Del asombro por poco me trago la trompeta. Porque papá nunca entraba a La Aurora, punto de reunión de todos los guapos del barrio. Allí se jugaba baraja, se bebía ron y casi siempre se daban tajos. Unos tajos de machete que convertían brazos nervudos en cortos muñones°. Unos tajos largos de navaja que echaban afuera intestinos y se entraba la muerte.

Después de dar las buenas tardes, papá pidió cigarros. Los iba escogiendo uno a uno con fruición° de fumador, palpándolos° entre los dedos y llevándolos a la nariz para percibir su aroma. Yo, pegado al mostrador forrado de zinc, trataba de esconderme entre los pantalones de papá. Sin atreverme a tocar mi trompeta, pareciéndome que ofendía a los guapetones hasta con mi aliento, miraba a hurtadillas de una a otra esquina del ventorrillo°. Acostado sobre la estiba de arroz° veía a José el Tuerto comer pan y salchichón echándole los pellejos al perro sarnoso° que los atrapaba en el aire con un ruido seco de dientes. En la mesita del lado tallaban con una baraja sucia Nolasco Rivera, Perico Lugo, Chus Maurosa y un colorado que yo no conocía. En un tablero colocado sobre un barril se jugaba dominó. Un grupo de curiosos seguía de cerca las jugadas. Todos bebían ron.

Fue el colorado el de la provocación. Se acercó a donde estaba papá alargándole la botella de la que ya todos habían bebido.

—Dése un palo, don.

—Muchas gracias, pero yo no puedo tomar.

—Ah, ¿conque me desprecia porque soy un pelao?

—No es eso, amigo. Es que no puedo tomar. Déselo usted en mi nombre.

—Este palo se lo da usted o ca... se lo echo por la cabeza.

Lo intentó pero no pudo. El empellón° de papá lo arrojó contra el barril de macarelas. Se levantó aturdido por el ron y por el golpe y palpándose el cinturón con ambas manos dijo:

—Está usted de suerte, viejito, porque ando desarmao.

—A ver, préstenle un cuchillo. —Yo no podía creer pero era papá el que hablaba.

Todavía al recordarlo un escalofrío me corre por el cuerpo. Veinte manos se hundieron en las camisetas sucias, en los pantalones raídos, en las botas enlodadas, en todos los sitios en que un hombre sabe guardar su arma. Veinte manos surgieron ofreciendo en silencio de jíbaro encastado° el cuchillo casero, el puñal de tres filos, la sevillana corva°...

—Amigo, escoja el que más le guste.

—Mire, don, yo soy un hombre guapo pero usté es más que yo.

Así dijo el colorado y salió de la tienda con pasito lento.

Pagó papá sus cigarros, dio las buenas tardes y salimos. Al bajar el escaloncito escuché al Tuerto decir con admiración:

—Ahí va un macho completo.

Mi trompeta de amapola tocaba a triunfo. ¡Dios mío que llegue el lunes para contárselo a los muchachos!

muñón lo que queda de un brazo o pierna amputada

fruición el placer, la anticipación de un placer

palpándolos tocar algo con las manos para saber cómo es

ventorrillo bodega

la estiba de arroz el montón de sacos de arroz

sarnoso *mangy*

el empellón *shove*

jíbaro encastado un puro y legítimo campesino puertorriqueño

el cuchillo casero, el puñal de tres filos, la sevillana corva tres tipos de cuchillo

Comprensión

A **No era cobarde.** Completen.

1. El niño creía que posiblemente su padre fuera un ___.
2. A Paco el Gallina y a Quino Pascual muchas veces les corrían detrás con un ___.
3. El padre del niño era muy ___ a los padres de sus amigos.
4. La virtud más importante para los niños de la escuela era el ___.
5. Y el padre del niño no usaba ___.

B **Las cicatrices** Contesten.

1. ¿Qué les había quitado Nolasco Rivera a unos guardias insulares?
2. ¿Qué dejaron en el cuerpo de Perico Lugo?
3. ¿Qué tenía Felipe Chaveta entre la sien y el mentón?
4. ¿Cuántas cicatrices llevaba el padre del niño?
5. ¿En qué día de la semana ocurrió este incidente?
6. ¿Qué acababan de hacer padre e hijo antes de bañarse?

C **Lo que pasó** Escojan.

1. ¿De qué era la trompeta del niño?
   a. De parte de una planta.   **b.** De madera y metal.   **c.** De papel.
2. ¿Dónde consiguió el niño la trompeta?
   a. La compró en La Aurora.   **b.** Su padre se la hizo.
   c. El niño la encontró en la escuela.
3. ¿Por qué entró el padre en La Aurora?
   a. Para jugar baraja.   **b.** Para tomar ron.   **c.** Para comprar cigarros.
4. ¿Quiénes se reunían en La Aurora?
   a. Los bravucones del barrio.   **b.** Los alumnos de la escuela.
   c. Los músicos del pueblo.
5. ¿Qué es lo que palpaba y olía el padre?
   a. Las talas de tabaco.   **b.** Los cigarros.   **c.** Las macarelas.
6. ¿Con qué frecuencia entraba el padre a La Aurora?
   a. Nunca entraba.   **b.** De vez en cuando.   **c.** Todas las noches.
7. ¿Qué hacía José el Tuerto?
   a. Jugaba baraja.   **b.** Dormía.   **c.** Comía.
8. ¿Cuántas personas jugaban baraja?
   a. Tres.   **b.** Cuatro.   **c.** Cinco.
9. ¿Qué le ofrece uno de los hombres al padre?
   a. Un trago de ron.   **b.** Un cigarro.   **c.** Un árbol.
10. ¿Por qué no acepta el padre?
    a. Porque no fuma.   **b.** Porque no bebe.   **c.** Porque no tiene hambre.

D **Quiere decir.** ¿Qué querrá decir...?

1. Dése un palo.
2. ... ando desarmao.
3. ... usté es más guapo que yo.
4. Ahí va un macho completo.
5. Mi trompeta de amapola tocaba a triunfo.

E **¿Qué es?** Comenten.

1. La palabra «colorado» normalmente quiere decir «con color o rojo». En Puerto Rico el inglés ha tenido mucha influencia en el habla. ¿Qué quiere decir «colorado» en el cuento cuando se refiere a una persona?
2. Describa «La Aurora» en sus propias palabras.
3. ¿Cuál habrá sido el oficio del padre?

Actividades comunicativas

A **Mi papá**   Imagínese que Ud. es el niño del cuento. ¿Qué le va a decir a los amiguitos cuando vuelva a la escuela?

B **No es cobarde.**   Este tema de la persona que parece ser cobarde, pero que no lo es, es bastante frecuente en la literatura, el teatro y el cine. Piense en un ejemplo y escriba un resumen en español del cuento, drama o película.

Niños puertorriqueños

1. Selva tropical, serranía del Darién
2. Indio guambiano leyendo a sus hijos, provincia de Cauca
3. Pueblo cerca de Bogotá
4. Guitarrista, Cartagena
5. Aeropuerto, Medellín
6. Bogotá, centro
7. Playa Boca Grande, Cartagena

4

NATIONAL
GEOGRAPHIC

VISTAS

DE COLOMBIA

5

294B

CAPÍTULO 7

La salud y el bienestar

Objetivos

In this chapter you will do the following:

- ∾ read about some health-related statistics from Latin American countries
- ∾ handle health care situations such as having a medical checkup
- ∾ discuss physical and mental health
- ∾ review irregular comparative and superlative adjectives, the comparative of equality, reflexive verbs, and reciprocal actions
- ∾ read and discuss newspaper articles about student health in Ecuador, a healthy diet, and noise pollution
- ∾ find out the uses of the relative pronouns and of **por** and **para**
- ∾ read and discuss excerpts from the following literary works: «Un día de éstos,» a short story by Gabriel García Márquez, and *La tía Julia y el escribidor,* a novel by Mario Vargas Llosa

CULTURA

Estadísticas sobre la salud

Introducción

En la América Latina hay 19 repúblicas. Hay grandes diferencias entre ellas, hasta en el nivel de su desarrollo industrial y económico. No cabe duda que el nivel del desarrollo influye en los servicios médicos disponibles para los ciudadanos. En la mayoría de las grandes ciudades hay hospitales modernos con el equipo más avanzado. Pero en muchas zonas rurales y aisladas hay una falta de personal y servicios médicos.

Hospital, Buenos Aires, Argentina

Vocabulario

los alimentos

el pescado

el enfermero   la médica   el médico   la enfermera

inscribir matricular

estatal del estado, del gobierno

médico(a) de la medicina

diario(a) de cada día

alimenticio(a), alimentario(a) de los alimentos

pesquero(a) del pescado

Práctica

A **¿Cuál es la palabra?** Completen.

1. El cirujano es un ___ especialista.
2. El ___ ayuda o asiste al médico.
3. Los cereales, la carne y los huevos son todos ___.
4. El atún y las sardinas son ___.
5. La industria ___ es importante en los países que tienen mucha costa.
6. Es importante tener una buena dieta ___.
7. No es un hospital privado. Es ___.
8. Los que están gravemente enfermos necesitan de mucha atención ___.

B **Palabras derivadas** Escojan.

1. asistir
2. consumir
3. contener
4. caracterizar
5. extraer
6. exportar
7. inscribir

a. la inscripción
b. la extracción
c. la asistencia, el/la asistente(a)
d. el consumo, el consumidor
e. la característica
f. la exportación
g. el contenido

Algunas estadísticas médicas y alimentarias interesantes

Dentistas

México es el país latinoamericano con el mayor número de dentistas.

Uruguay es el país con la mayor proporción de dentistas: 8 por cada mil habitantes.

Guatemala es el país con el menor número de dentistas.

Honduras es el país con el menor número de dentistas por cada mil habitantes.

Médicos y enfermeros

Argentina es el país latinoamericano con el mayor número de médicos. También cuenta con la mayor proporción de médicos por cada mil habitantes: 26,7.

Guatemala es el país que cuenta no sólo con el menor número de médicos pero también con el menor número por cada mil habitantes: 1,2.

México es el país con el mayor número de enfermeras.

Uruguay es el país con el mayor número de enfermeras por cada mil habitantes.

La República Dominicana es el país que cuenta con el menor número de enfermeras. Y también es el país que tiene el menor número de enfermeras por cada mil habitantes: 0,9.

Estudiantes de medicina

México es el país latinoamericano con el mayor número de estudiantes de medicina.

El Salvador es el país con el menor número de estudiantes matriculados en medicina.

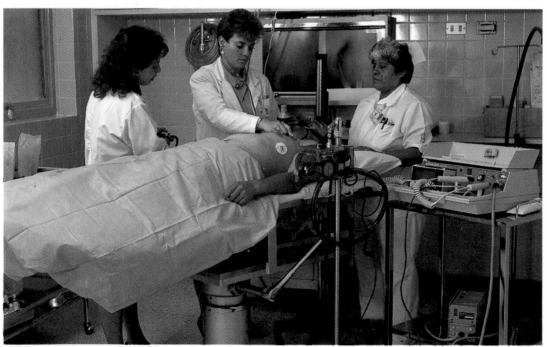

Hospital, Puebla, México

Hospital, Puebla, México

Argentina es el país cuyos habitantes tienen el mayor consumo diario de proteínas; con un régimen alimenticio de 112,8 g. por habitante, de los cuales el 67% es de origen animal.

La República Dominicana es el país donde la dieta de la población tiene el menor contenido de proteínas: 46,3 g. por habitante, de los cuales el 38% es de origen animal.

Hospitales

Argentina es el país con el mayor número de hospitales.

Honduras es el país que tiene el menor número de hospitales.

En Hispanoamérica existen dos países en los que el Estado ha asumido el control total de los hospitales: Uruguay y Cuba. Es decir, en esas naciones el 100% de los centros de asistencia médica son estatales.

La República Dominicana es el país con la menor proporción de hospitales del gobierno; sólo el 40,7% de los hospitales existentes son propiedad del Estado.

Argentina es el país que cuenta con el mayor número de camas por hospital.

Paraguay es el país con el menor número de camas por hospital.

Alimentos

Argentina es el país cuya dieta alimenticia tiene el más alto contenido de calorías: 3.368 calorías diarias, promedio aritmético anual.

Ecuador es el país con el menor número de calorías consumidas: 2.081 calorías diarias, promedio aritmético anual.

Clínica rural, México

Producción agropecuaria

Argentina es el país con la mayor producción de carne y siempre se ha caracterizado por ofrecerle al mundo productos de este tipo de una calidad extraordinaria.

Chile es el país con mayor producción pesquera. Sus volúmenes de extracción lo han colocado en el séptimo lugar de la producción mundial.

Argentina es el país que tradicionalmente ha exportado la mayor cantidad de productos comestibles.

México es el país con el mayor volumen de productos comestibles importados.

Hacienda, las Pampas, Argentina

Comprensión

A **En Latinoamérica** Den algunos datos sobre los siguientes países.

1. Argentina
2. Honduras
3. Cuba
4. Uruguay
5. Ecuador
6. Chile
7. la República Dominicana
8. México

Botes pesqueros, Antofagasta, Chile

Actividades comunicativas

A **Los comestibles** Prepare Ud. una lista de todos los alimentos o comestibles que pueda identificar en español. De esta lista, decida cuáles son altos en calorías y cuáles son bajos en calorías. Decida cuáles son buenos para la salud y cuáles no son muy buenos para la salud.

B **¡Qué mal me siento!** Ud. se siente mal. Vaya a la farmacia. Descríbale los síntomas al/a la farmacéutico(a) (un[a] compañero[a] de clase) y pregúntele qué le puede recetar. El/La farmacéutico(a) le va a hacer algunas preguntas sobre su salud y le va a recomendar algo para aliviar sus síntomas.

C **En la consulta** Trabajando con un(a) compañero(a) de clase, imagínense que están en la sala de consulta de un(a) médico(a). Uno será el/la médico(a) y el/la otro(a) será el/la paciente. Preparen una conversación.

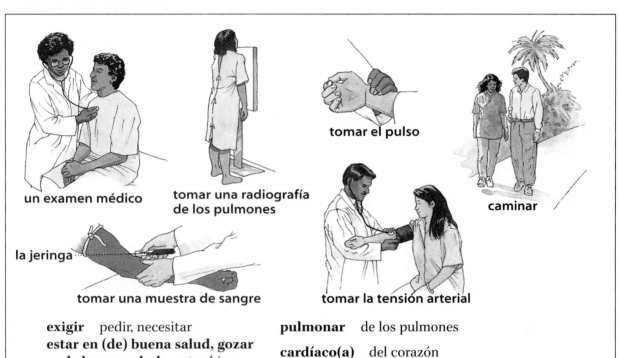

Conversación

La salud

Vocabulario

un examen médico

tomar una radiografía de los pulmones

tomar el pulso

caminar

la jeringa

tomar una muestra de sangre

tomar la tensión arterial

exigir   pedir, necesitar
estar en (de) buena salud, gozar de buena salud   estar bien

pulmonar   de los pulmones
cardíaco(a)   del corazón

Práctica

A   Cosas de la salud   ¿Sí o no?

1. La tensión arterial crónicamente alta o elevada es peligrosa.
2. Hay que introducir una jeringa para tomar una muestra de sangre.
3. Los rayos equis son una radiografía.
4. Caminar es una actividad física.
5. Comer entre comidas es bueno para la salud.

B   ¿Cuál es la palabra?   Den la palabra apropiada.

1. de los pulmones
2. del corazón
3. andar a pie
4. la presión arterial

Escenas de la vida

Un examen médico

MARCOS: Acabo de hacerme un examen médico.

CRISTINA: ¿Por qué?

MARCOS: Porque quiero jugar al fútbol con el equipo de la escuela y exigen un examen físico completo.

CRISTINA: ¿Qué te hizo el médico?

MARCOS: Pues, me tomó el pulso y la tensión.

CRISTINA: ¿Y?

MARCOS: Todo normal. Sabes, el médico me dijo que muchos adolescentes también tienen una tensión arterial elevada. Es algo que yo no sabía.

CRISTINA: ¿Te tomó una muestra de sangre?

MARCOS: Sí, y no me gustó nada, pero quería hacerme un análisis de sangre.

CRISTINA: ¿Tienes los resultados?

MARCOS: Sí, me dijo que todo está normal—el nivel de colesterol, de azúcar, etc.

CRISTINA: ¿Te tomó una radiografía de los pulmones?

MARCOS: Sí. Salió negativa, ningún problema pulmonar. Y el electrocardiograma, también normal. No tengo problemas cardíacos.

CRISTINA: Entonces, mi amor, estás muy bien de salud.

MARCOS: Sí. Estoy muy bien de salud y de forma.

¡Estoy en forma!

CRISTINA: Siempre estás en forma porque haces ejercicios. Nunca en mi vida he visto a nadie que haga tanto ejercicio como tú.

MARCOS: Sí, me gusta caminar y hacer jogging. Y escojo con mucho cuidado los alimentos que como. Sigo una dieta buena.

CRISTINA: Me imagino que comienzas el día con un buen desayuno.

MARCOS: Ah, sí. Yogur, cereales. Tomo tres comidas al día y no como entre comidas.

CRISTINA: ¿Nunca?

MARCOS: Casi nunca.

CRISTINA: Pues, estoy de acuerdo contigo. La salud personal es muy importante. Estar en forma está muy de moda.

Comprensión

A **Un examen físico** Contesten.

1. ¿Qué acaba de hacerse Marcos?
2. ¿Por qué?
3. ¿Qué le ha hecho el médico?
4. ¿Ha recibido Marcos los resultados?
5. ¿Cuáles son los resultados?
6. ¿Tiene problemas o trastornos?
7. ¿Está siempre en forma Marcos?
8. ¿Qué hace para mantenerse en forma?
9. ¿Cuándo come?
10. ¿Come entre comidas?

B **La salud de Marcos** Den la siguiente información.

1. la tensión arterial de Marcos
2. su nivel de colesterol
3. el resultado de su radiografía pulmonar
4. el resultado de su electrocardiograma
5. el deporte que quiere practicar
6. los ejercicios que le gustan
7. el número de comidas que come cada día

Actividades comunicativas

A **La consulta** En sus propias palabras, describa una consulta con el médico.

B **Me pongo en forma.** Explique todo lo que Ud. hace para mantenerse en forma.

C **La higiene personal** Converse con un(a) compañero(a) de clase sobre la importancia de la higiene personal. Expliquen lo que Uds. hacen para mantener una buena higiene personal.

D **Un formulario médico**
Complete el siguiente formulario médico. Escriba en otro papel.

CLÍNICA SAN BERNARDO

ORDEN DE INGRESO

Número

Documento: _____
Historia Clínica: _____
Registro Movimiento Enfermos: _____

Asegurado
Beneficiario

NOMBRE Y APELLIDOS: _____

DIAGNÓSTICO PROVISIONAL _____

FACULTATIVO QUE ORDENÓ EL INGRESO: _____

PLANTA: _____ HABITACIÓN: _____ CAMA NÚMERO: _____

SERVICIO: _____

Compañía de Seguros _____

Nº de Póliza ☐☐☐☐☐☐☐☐☐☐☐

PROCEDENCIA

URGENCIA ☐
CONSULTA ☐
OTRAS ☐

INGRESO

Día ___ de _____ de 1.9 ___ hora _____

MOTIVO: _____

El Médico de guardia.

ALTA

Día ___ de _____ de 1.9 ___ hora _____

CAUSA: _____

El Jefe de la Clínica.

Lenguaje
La salud

Si quiere saber cómo está alguien, le puede preguntar:

¿Cómo está Ud.?

¿Cómo está Ud.?	**¿Cómo te sientes?**
¿Cómo le va?	**¿Cómo estás?**
¿Cómo se siente Ud.?	**¿Cómo te va?**
	¿Qué tal?

Si alguien le hace una de estas preguntas a Ud., puede
contestar de varias maneras:

POSITIVO	NEGATIVO
Estoy muy bien, gracias.	**Así, así.**
Muy bien.	**No me siento bien.**
	Estoy enfermo(a).
	Tengo ___.

Sin embargo, hay que señalar que por lo general uno contesta que está bien hasta cuando
no sea verdad. Solemos discutir nuestro verdadero estado de salud sólo con gente que
conocemos bien.

Si Ud. se despide de alguien que está enfermo, le puede decir:

¡Cuídese bien!
¡Cuídate bien!

Hay muchas expresiones que podemos usar para describir nuestro estado físico.
Algunas son:

Tengo hambre.

Tengo hambre.
Él no tiene mucho apetito.
Ella está cansada (agotada, rendida, molida).
Yo no duermo bien.
No puedo dormirme.
No puedo conciliar el sueño.
Tengo un hambre que me mata.
Come como un pájaro.
Paso la noche dando vueltas en la cama.

⟡Práctica⟡

A **¿Estás enfermo(a)?** Preguntas personales.

1. ¿Cómo estás hoy?
2. ¿Estás en forma?
3. ¿Qué haces para mantenerte en forma?
4. ¿Conoces a alguien que esté enfermo? ¿Qué tiene?
5. ¿Cómo te sientes cuando tienes un resfriado?
6. ¿Estás cansado(a)?
7. ¿Duermes bien o no?
8. ¿Te duermes en cuanto te acuestas o no?
9. ¿Te gusta comer?
10. ¿Siempre tienes apetito?
11. ¿Te gusta comer entre comidas?

B **¿Cómo se dice?** Expresen de otra manera.

1. ¿Qué tal?
2. Muy bien.
3. No estoy muy bien.
4. Tengo mucha hambre.
5. ¡Qué sueño tengo!
6. No duermo bien.
7. No puedo dormirme.

El estado mental

Estoy triste.

Estoy contenta.

Estoy enojada.

El estado mental tiene mucho que ver con nuestra salud y nuestro bienestar. Hay cosas que nos ponen contentos y otras que nos ponen tristes o deprimidos. Para expresar nuestra felicidad o nuestra tristeza, podemos decir:

> **Estoy contento(a).**
> **Estoy alegre.**
> **Estoy (Soy) feliz.**
> **Estoy de buen humor.**
> **Estoy de mal humor.**
> **Estoy triste.**
> **Estoy deprimido(a).**
> **Estoy nervioso(a), preocupado(a).**

Hay muchas cosas que nos pueden hacer infelices, que nos afectan negativamente porque nos molestan.

> **Esto me molesta. Me fastidia.**
> **Esto me enfada, me enoja, no me alegra.**
> **Esto me da rabia, me pone furioso(a).**

❖Práctica❖

A **¿Cómo estás?** Preguntas personales.

1. Hoy, ¿estás contento(a) o triste?
2. ¿Estás siempre contento(a)?
3. Hoy, ¿estás de buen humor o de mal humor?
4. ¿Siempre estás de buen humor?
5. ¿Estás enfadado(a) o enojado(a) ahora? Si contestas que sí, ¿por qué? ¿Qué o quién te ha enojado o enfadado?

B **¿Cómo te sientes?** Expliquen.

1. Tu hermanito(a) siempre está haciendo cositas que a ti no te gustan.
2. Tu amigo(a) te pidió prestada la bicicleta. Se la prestaste y la perdió. La dejó en alguna parte pero no se acuerda dónde.
3. Un(a) buen(a) amigo(a) está muy enfermo(a).
4. Acabas de recibir una noticia muy buena.
5. Acabas de recibir una noticia muy mala.
6. Has ganado la lotería.
7. Has recibido tres notas muy malas.
8. Una persona a quien conoces acaba de morir.

C **Me molesta.** Completen.

1. Él me enfada cuando ___.
2. Me molesta saber que ___.
3. Ella me da rabia cuando ___.
4. Yo estaba furioso(a) porque ___.
5. Mis padres se ponen furiosos cuando yo ___.
6. Estoy deprimido(a) porque ___.

❖Actividades comunicativas❖

A **Estoy alegre.** Con un(a) compañero(a) de clase, comenten sobre las cosas que les molestan, les ponen contentos, les dan rabia y los deprimen. Luego digan lo que cada uno(a) hace cuando siente estas emociones. Indiquen si se comportan de la misma manera o no.

B **Mauricio y Mayela** Mauricio y Mayela descubren que mañana van a tener un examen de historia importantísimo. La profesora de historia es bastante exigente y nunca avisa cuando va a dar un examen. ¿Cómo se sienten Mauricio y Mayela? Con un(a) compañero(a) de clase, preparen una conversación entre Mayela y Mauricio en la que describen sus reacciones.

Repaso de estructura

Making comparisons
Formas irregulares del comparativo y del superlativo

1. Review the comparative and superlative forms of the following adjectives.

bueno(a)	**mejor**	**el/la mejor**
malo(a)	**peor**	**el/la peor**
grande	**mayor**	**el/la mayor**
pequeño(a)	**menor**	**el/la menor**

2. **Menor** and **mayor** are used to refer to age and quantity. For size, **más grande** or **más pequeño** are usually used.

> **Si no me equivoco, su hermana es la mayor de la familia.**
> **La mayor parte de sus parientes vive(n) en Los Ángeles.**
> **Su familia es más grande que la nuestra.**

3. **Mejor** and **peor** are also used as adverbs.

bien	**mejor**	**el mejor**
mal	**peor**	**el peor**

> **El médico dice que estará mejor mañana.**
> **El enfermo está peor hoy.**

Práctica

A HISTORIETA La familia Ugarte

Contesten.

1. Emilio tiene 18 años y su hermana Pepita tiene 16. ¿Quién es menor? ¿Quién es mayor?

2. Emilio y Pepita tienen muchos primos. Su prima Lupita tiene sólo ocho meses, mientras que su primo Paco tiene unos 25 años. De todos sus primos, ¿quién es la menor? ¿Quién es el mayor?

3. Emilio no se siente muy bien hoy. Tiene catarro. ¿Cómo estará mañana?

¿El mayor o el menor? Preguntas personales.

1. ¿Cómo estás hoy? Y mañana, ¿estarás mejor o peor?
2. En tu escuela, ¿cuál es la mejor nota que se puede recibir?
3. ¿Y cuál es la peor?
4. ¿En qué curso recibes la mejor calificación?
5. ¿Y la peor?
6. ¿Quién es menor, tu madre o tu padre?
7. ¿Quién es el/la mayor de tu familia?
8. ¿Y quién es el/la menor de tu familia?
9. ¿Vive la mayor parte de tus parientes en la misma región o no?

Comparing people and things
Comparativo de igualdad

1. Very often we compare two items that have the same characteristics. Such a comparison is called the comparison of equality. In English we use the expression *as... as*. In Spanish **tan... como** is used with either an adjective or an adverb.

    José es tan deportista como su hermana.
    Él juega tan bien como ella.

2. The comparison of equality can also be used with nouns. In English we use *as much as, as many as*. In Spanish the expression **tanto... como** is used with nouns. **Tanto** must agree with the noun it modifies.

    Ella tiene tanta fuerza como él.
    Ella ha ganado tantos campeonatos como él.

3. Note that when a pronoun follows a comparative construction either the subject pronoun or a negative word is used.

    Ella juega mejor que yo. Tiene más trofeos que nadie.

Práctica

A **Los dos son iguales.** Completen.

1. Él hace ___ ejercicios ___ ella.
2. Ella ha corrido en ___ carreras ___ él.
3. Ella es ___ ágil ___ él.
4. El bróculi tiene ___ vitaminas ___ las judías verdes.
5. Las verduras son ___ buenas para la salud ___ las frutas.
6. Estos cigarrillos contienen ___ nicotina ___ los otros.
7. Estos cigarrillos son ___ dañinos para la salud ___ los otros.

What people do for themselves
Formas regulares de los verbos reflexivos

1. A reflexive verb is one in which the action of the verb is both executed and received by the subject.

> **Me lavo.** *I wash myself.*

2. Since the subject also receives the action of the verb, an additional pronoun is used. This pronoun is called a reflexive pronoun. Review the following forms.

INFINITIVE	lavarse	bañarse
yo	me lavo	me baño
tú	te lavas	te bañas
él, ella, Ud.	se lava	se baña
nosotros(as)	nos lavamos	nos bañamos
vosotros(as)	os laváis	os bañáis
ellos, ellas, Uds.	se lavan	se bañan

3. The following verbs have a stem change in both the present and preterite tenses.

> **despedirse (i, i)**
> **vestirse (i, i)**
> **divertirse (ie, i)**
> **sentirse (ie, i)**
> **dormirse (ue, u)**

4. Remember that a reflexive pronoun is used only when the subject also receives the action of the verb. If a person or object other than the subject receives the action of the verb, no reflexive pronoun is used. Look at the following sentences.

> **María se lava.**
> **María lava el carro.**
>
> **Papá se acuesta.**
> **Papá acuesta al bebé.**
>
> **Ella se mira en el espejo.**
> **Ella mira al niño.**

Práctica

A HISTORIETA Algunas costumbres mías

Contesten.

1. ¿A qué hora te acuestas?
2. ¿Te duermes en seguida o pasas la noche dando vueltas en la cama?
3. ¿A qué hora te levantas?
4. ¿Te despiertas fácilmente?
5. ¿Te bañas o te duchas antes de acostarte o después de levantarte?
6. ¿Te desayunas antes de salir para la escuela?
7. ¿Te cepillas los dientes después de tomar el desayuno?
8. ¿Te pones un uniforme para ir a la escuela?
9. ¿Te vistes elegantemente para ir a la escuela?
10. ¿Te diviertes con tus amigos en la escuela?
11. ¿Te despides de tus amigos cuando sales de la escuela?

B No me dormí. Escriban las siguientes oraciones en el pretérito.

1. Juan se acuesta a las diez y media.
2. Se duerme en seguida.
3. Desgraciadamente, yo no me duermo en seguida.
4. ¿A qué hora se acuestan Uds.?
5. ¿Y a qué hora se levantan?
6. Nosotros nos desayunamos en casa.
7. ¿Te desayunas en casa o en la escuela?
8. Juan se despide de sus padres antes de salir para la escuela.
9. Juan y sus amigos se divierten mucho en la escuela.

C ¿Reflexivo o no? Completen con el pronombre reflexivo cuando sea necesario.

1. Yo ____ acuesto a las once de la noche.
2. Yo ____ baño antes de acostarme.
3. Mamá ____ lava al bebé y luego papi ____ acuesta al bebé.
4. Cada mañana yo ____ despierto a mi hermano. Si no lo hiciera yo, él no ____ despertaría nunca.
5. Mi perrito tiene el pelo muy largo. Yo ____ cepillo al perrito tres o cuatro veces a la semana.

Reciprocal actions
Sentido recíproco

A reciprocal verb expresses a mutual action or relationship. In English you use "each other" or "one another." In Spanish, you use a reflexive pronoun.

Ellos se vieron pero no se hablaron.	*They saw one another but they didn't speak to one another.*
Nos besamos en la mejilla.	*We kissed each other on the cheek.*
Los dos hermanos se parecen mucho.	*The two brothers look a lot like each other.*

Práctica

A Se conocieron en la fiesta.   Completen.

1. Él me vio y yo lo vi. Nosotros ___ ___ en la tienda por departamentos.
2. Ella me conoció y yo la conocí. Nosotros ___ ___ en la fiesta de Alejandro.
3. Ella le escribió a él y él le escribió a ella. Ellos ___ ___ la semana pasada.
4. Él la quiere y ella lo quiere. Ellos ___ ___.
5. El niño ayuda a la niña y la niña ayuda al niño. Los niños ___ ___ mucho.
6. Carlos encontró a María y María encontró a Carlos. Ellos ___ ___ por casualidad en la esquina de Madero y Correo.

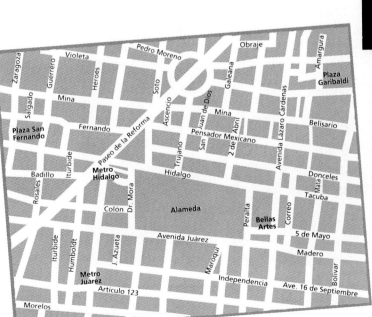

Periodismo

Salud estudiantil

Introducción

Recientemente el Ministerio de Educación del Ecuador ha tomado varias medidas relacionadas con la salud de los alumnos en las instituciones educativas del país. Han prohibido el uso (el consumo) y la venta (el expendio) de cigarrillos en las escuelas. Han establecido reglamentos respecto a los alimentos que se permiten consumir en las escuelas y también sobre cómo deben ser manipulados estos alimentos.

El artículo que sigue apareció en un periódico de Quito.

Vocabulario

el aula

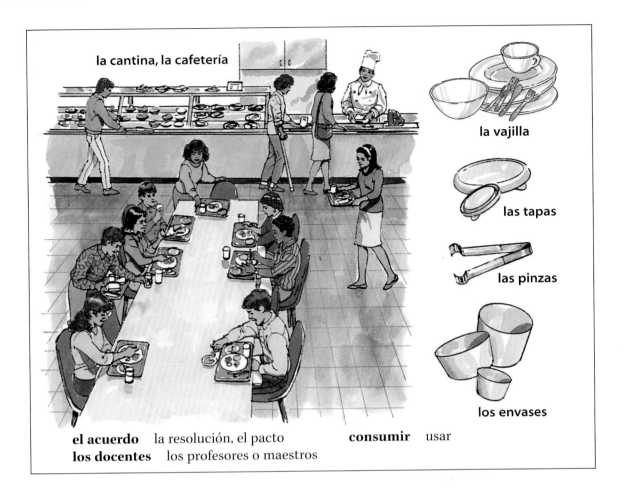

la cantina, la cafetería

la vajilla

las tapas

las pinzas

los envases

el acuerdo   la resolución, el pacto   **consumir**   usar
los docentes   los profesores o maestros

⊹Práctica⊹

A **En la escuela**   Completen.

1. Los ___ enseñan y los alumnos aprenden.
2. Los alumnos están sentados en filas en el ___.
3. Sirven el almuerzo en la cafetería. Para no tocar los sándwiches con las manos, las señoras los sirven con ___.
4. El envase tiene una ___ para cerrarlo.
5. Las tazas, los platos, etc. son ___.

B **Se dice así.**   Expresen de otra manera.

1. Han llegado a *una resolución*.
2. *Los maestros* enseñan a los alumnos.
3. Enseñan a los alumnos en *la sala de clase*.
4. En la escuela *usan* mucho papel.

Libreta Salud estudiantil y no se fumará en colegios

QUITO—El Ministerio de Educación expidió tres acuerdos mediante los cuales se procurará[1] mejorar[2] la calidad de vida de miles de estudiantes de los diferentes establecimientos educativos del país.

Mediante el Decreto 2368, se regula y establece oficialmente la Libreta de Salud Integral en todo el país, la misma que tendrá un costo de 1.000 sucres y servirá como único documento legal para la matrícula de primer año en los tres niveles del sistema educativo; con el respectivo seguimiento de los 5 a los 18 años de edad.

Prohibido fumar

El segundo acuerdo tiene relación con la prohibición de consumir cigarrillos y alcohol en los establecimientos de todos los niveles educativos del país, dentro y fuera del aula. Para este efecto, se mantendrá en los locales educativos un estricto control del uso y abuso del cigarrillo y alcohol, por parte de los docentes.

Igualmente, se prohíbe el expendio[3] de cigarrillos y alcohol en los establecimientos y se responsabilizará a las autoridades de los mismos, por el fiel cumplimiento de esta norma.

Reglamento

El tercer Decreto, Nº 2371, habla de la expedición del reglamento para el manejo y administración de bares en establecimientos educativos del país; el mismo establece que los alimentos y bebidas que se expendan deben ser naturales y frescos, sin fermentación, cuyas características físicas, químicas y biológicas, no atenten contra la salud de los consumidores.

Los alimentos procesados industrialmente, deben poseer el Registro Sanitario con fecha de preparación y caducidad[4]. Los alimentos deben transportarse en envases limpios y con tapa de seguridad. Deben ser manipulados para su expendio con pinzas limpias, inoxidables[5] y servido en vajillas desechables[6] o fundas[7] plásticas originales.

SE PROHÍBE FUMAR

[1] **se procurará** *will try*
[2] **mejorar** *to improve*
[3] **el expendio** *sale, distribution*
[4] **caducidad** *expiration*
[5] **inoxidables** *rustproof*
[6] **desechables** *disposable*
[7] **fundas** *wrappers*

Comprensión

A **Última noticia**   Contesten.

1. ¿Qué expidió el Ministerio de Educación?
2. ¿Dónde?
3. ¿Qué prohíbe el segundo acuerdo?
4. ¿Qué se mantendrá en las escuelas?
5. ¿Cómo deben ser los alimentos que se sirven en las escuelas?
6. ¿Qué deben poseer los alimentos procesados industrialmente?
7. ¿Cómo deben transportarse?
8. ¿Cómo deben ser servidos?

B **Los reglamentos**   ¿Sí o no?

1. Se puede fumar fuera de las aulas pero no dentro de ellas.
2. Se prohíbe la venta de los cigarrillos en las escuelas.
3. Los envases para los alimentos no tienen que tener tapa de seguridad.
4. En las escuelas tienen que servir los alimentos en envases.
5. Tienen que servir los alimentos en vajillas desechables o fundas plásticas originales.

Actividades comunicativas

A **Debe tener...**   Prepare Ud. una lista de las reglas que debe tener su escuela para mejorar la calidad de vida de los estudiantes.

B **Yo creo que...**   Escriba un párrafo en el que explica por qué son buenos o malos los nuevos decretos del gobierno ecuatoriano.

La dieta

Introducción

Hoy en día a mucha gente le gusta mantenerse en forma y gozar de buena salud. Para conservarse en forma hay que mantener un peso apropiado y comer bien. Hay que comer alimentos que contienen vitaminas, minerales, hidratos de carbono (carbohidratos), proteínas, etc.

En la revista *Vanidades,* en una columna titulada *Dieta—Buenos consejos,* escrita por la doctora Estrella Mederos-Sibila, apareció una pregunta importante con las correspondientes respuestas de la doctora Mederos-Sibila.

Vocabulario

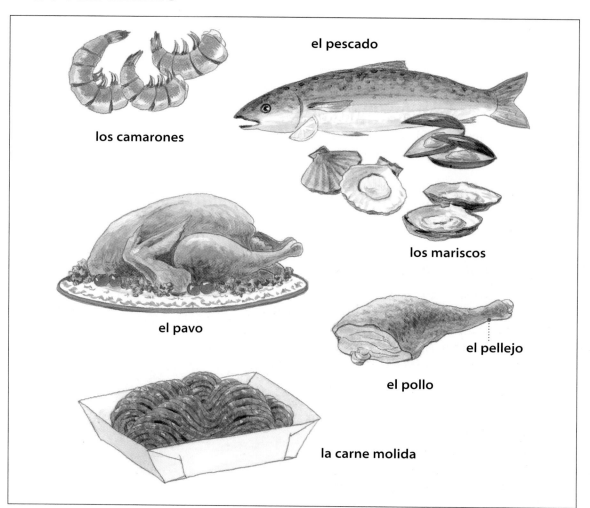

el pescado

los camarones

los mariscos

el pavo

el pellejo

el pollo

la carne molida

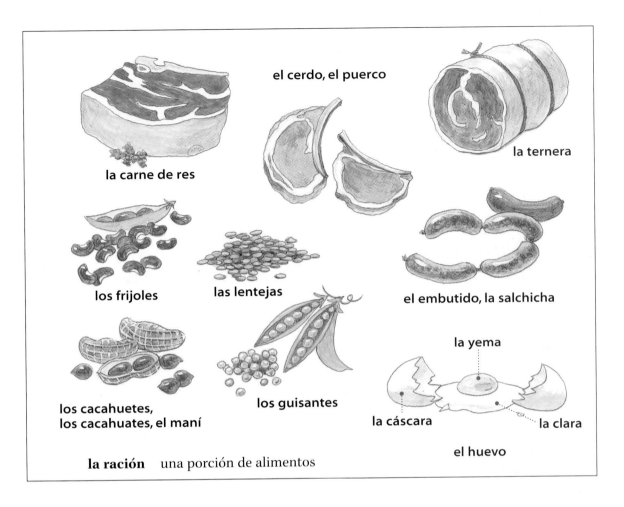

el cerdo, el puerco

la carne de res

la ternera

los frijoles

las lentejas

el embutido, la salchicha

los cacahuetes,
los cacahuates, el maní

los guisantes

la yema

la cáscara

la clara

el huevo

la ración   una porción de alimentos

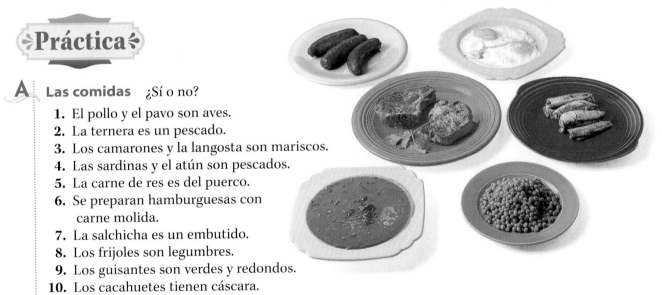

✦Práctica✦

A **Las comidas**   ¿Sí o no?

1. El pollo y el pavo son aves.
2. La ternera es un pescado.
3. Los camarones y la langosta son mariscos.
4. Las sardinas y el atún son pescados.
5. La carne de res es del puerco.
6. Se preparan hamburguesas con carne molida.
7. La salchicha es un embutido.
8. Los frijoles son legumbres.
9. Los guisantes son verdes y redondos.
10. Los cacahuetes tienen cáscara.
11. El huevo contiene una yema y una clara.
12. El huevo tiene pellejo.

dieta

BUENOS CONSEJOS

LAS MEJORES PROTEÍNAS

¿Cuáles son las proteínas mejores, más sanas?

Sin duda las que contienen menos grasa. En ese caso, trate de dar preferencia a las siguientes:

- pescados y mariscos
- pollo y pavo sin pellejo
- pavo molido (sólo 15% de grasa)
- carne de res (vacuno), ternera, carnero y cerdo (puerco) sin grasa

Coma raciones pequeñas, de 7 oz o menos al día. Coma también proteínas vegetales, como la contenida en las legumbres: frijoles, lentejas, guisantes, mantequilla de maní (cacahuete) o tofú. Y sólo dos yemas de huevo a la semana (incluyendo las que necesite para hornear[1] o preparar platos mixtos).

Por otra parte, restrinja el consumo de: camarones, pollo frito, pato, carne molida con su grasa, embutidos e hígado[2] y otras vísceras[3].

[1] **hornear** *to bake*
[2] **hígado** *liver*
[3] **vísceras** *organ meats*

⚜ Comprensión ⚜

A **Los buenos alimentos**   Contesten.

1. ¿Contienen grasa algunas proteínas?
2. ¿Es mejor comer las proteínas que contienen más o menos grasa?
3. ¿Cómo se debe comer el pollo?
4. ¿Contienen grasa las carnes como la carne de res y de cerdo?
5. ¿Es aconsejable comer raciones grandes o pequeñas?
6. ¿Cuáles son algunas legumbres que contienen proteínas?
7. ¿Se debe comer muchas o pocas yemas de huevo a la semana?
8. ¿Para qué se usan mucho las yemas de huevo?
9. ¿Cuáles son algunos alimentos que se deben evitar o por lo menos comer muy poco?

B **¿Cuál es otra palabra?**   Escojan.

1. la carne molida
2. la carne de res
3. el cerdo
4. el cacahuete
5. el embutido

a. el bife
b. la salchicha, el chorizo
c. el maní, el cacahuate
d. la carne picada
e. el puerco

⚜ Actividades comunicativas ⚜

A **Una comida sana**   Con dos compañeros(as), planifiquen una comida buena y sana para la clase. Presenten el menú a la clase.

B **Una encuesta**   Entreviste a cuatro compañeros(as) para descubrir sus comidas y bebidas preferidas. Tome apuntes y escriba un resumen de los resultados. Luego, dígale a la clase quién, en su opinión, sigue la mejor dieta, la más sana. También indique quién, en su opinión, sigue la peor dieta, la menos sana. Defienda sus opiniones.

La contaminación por el ruido

Introducción

Se habla mucho de la contaminación del ambiente. Desgraciadamente, todos estamos expuestos a la contaminación por el ruido. Muchísima gente sufre de trastornos auditivos. Todos los que trabajan en lugares ruidosos pueden sufrir una pérdida de audición. Muchos jóvenes, sobre todo los que tocan su música a todo volumen, sufren de problemas auditivos.

El artículo que sigue apareció en la revista *Eres* de México. Es una revista dedicada en particular a la juventud.

Vocabulario

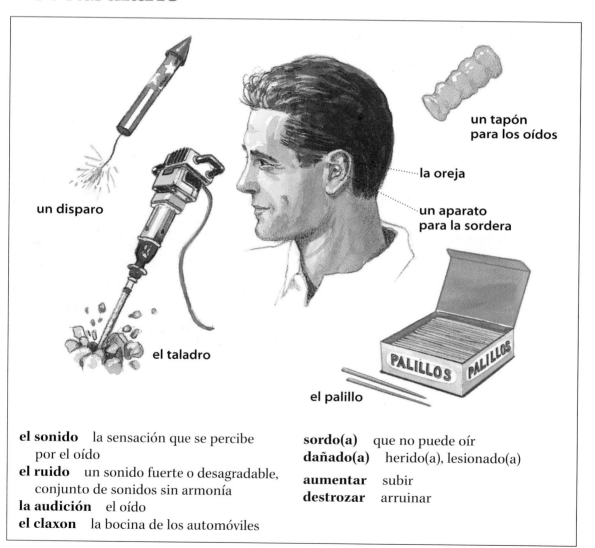

un disparo

el taladro

un tapón para los oídos

la oreja

un aparato para la sordera

el palillo

PALILLOS   PALILLOS

el sonido   la sensación que se percibe por el oído

el ruido   un sonido fuerte o desagradable, conjunto de sonidos sin armonía

la audición   el oído

el claxon   la bocina de los automóviles

sordo(a)   que no puede oír

dañado(a)   herido(a), lesionado(a)

aumentar   subir

destrozar   arruinar

Práctica

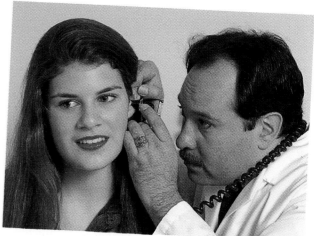

A ¿Cuál es la palabra? Completen.

1. Él ha sufrido una pérdida de audición casi total. Es ___ y tiene que llevar ___.
2. Un ___ puede ser agradable pero el ___ es casi siempre desagradable.
3. Un ___ nos puede proteger contra ruidos peligrosos y dañinos.
4. Un sonido fuerte como el del ___ de una pistola cerca de la oreja puede ___ el oído.
5. El ___ es una máquina ruidosa que se usa en lugares de construcción.
6. En las ciudades el ruido que causan los ___ de muchos coches puede ser muy desagradable.
7. Un ___ es para los dientes, no para los oídos.
8. Él no habla, sino que ___.

B Una expresión equivalente Escojan.

1. aumentar
2. un aparato
3. el claxon
4. gritar
5. destrozar
6. la audición

a. levantar mucho la voz
b. subir, elevar
c. la máquina
d. derrotar, destruir, arruinar
e. el oído
f. la bocina

Cómo protegernos...
de la contaminación por el
¡Ruido!

Por Pilar Obón

Por si no lo sabes, hoy somos 20% más sordos, en general, que hace algunos años. No sólo ha aumentado grueso la contaminación por ruido, sino que somos mucho más ruidosos que antes, posiblemente debido al estrés que nos hace gritar, pegarnos al claxon, poner el estéreo o el compact a todo volumen, etcétera.

La pérdida del oído, ya sea parcial o total, es el resultado más común del acto casi suicida de exponernos a altos volúmenes de sonido, igual si éstos proceden de una motoconformadora[1] que de un walkman al tope[2]. Algunas cosas te causan pérdida inmediata del oído, como por ejemplo un disparo que suene a unos cuantos centímetros de tu tímpano, que es súper delicado. Pero la mayoría de los ruidos que nos afectan, van causando una pérdida gradual de la audición que para colmo[3], es difícil detectar,

porque ocurre tan lentamente que casi no te das cuenta.

Las primeras que se afectan, son las frecuencias que están en la parte superior de la escala. Probablemente necesitas ir a checarte la audición si eres incapaz de escuchar el tic-tac de un reloj, palabras aisladas en una conversación o una música tocada a bajo volumen. Otros signos de alarma son dolor, un zumbido[4] en el oído, o una sensación de embotamiento[5] después de escuchar ruidos muy fuertes. A veces, lo que se pierde es la capacidad para escuchar algunos sonidos que vibran en una frecuencia específica. Así como tu lengua[6] tiene papilas especializadas para captar el sabor amargo o el dulce, tu oído posee también células específicas para ruidos

determinados, más graves o más agudos[7]. Si algunas de esas células son dañadas, entonces perderás la capacidad de escuchar en la frecuencia en la que ellas están especializadas en captar.

NO SÓLO SORDO SINO...
La contaminación por ruido no solamente puede causar que te quedes sordo o sorda como una tapia[8], fíjate. Checa que también puede provocarte una notable elevación en la presión sanguínea[9], acrecentar tu neura[10], disminuir tus reflejos y tu capacidad para el trabajo e, incluso, producirte una elevación de los niveles de colesterol, de azúcar en la sangre y de la producción de ácidos en el estómago, con ulcerosas consecuencias.

---

[1] **motoconformadora** *road grader*
[2] **al tope** *at the highest level*
[3] **para colmo** *to make matters worse*

[4] **un zumbido** *a buzzing, ringing*
[5] **embotamiento** *dullness, drowsiness*
[6] **lengua** *tongue*

[7] **agudos** *sharp*
[8] **una tapia** *a wall*
[9] **la presión sanguínea** *la tensión arterial*
[10] **acrecentar tu neura** *ponerse nervioso*

Y todavía no terminamos. Según varios estudios realizados en Estados Unidos, se ha comprobado que los niños y jóvenes que se encuentran en escuelas ubicadas en zonas muy ruidosas, son lentos para aprender, no entienden nada y tienen muchas dificultades para concentrarse. Si los niños son pequeños y los ruidos muy fuertes, pueden incluso confundir el sonido de algunas letras y tener problemas de lenguaje. ¿Qué tal?

CÓMO PROTEGERTE

A menos que quieras terminar usando un aparatito para sordera o un cono pegado a tu oreja, tienes que comenzar a protegerte de la contaminación por ruido, sobre todo si vives en una ciudad muy poblada y sonorífera. Aquí tienes algunos tips:

➤ Favor de no traer el walkman a todo volumen pegado en los oídos. Perderás tu audición antes de mucho tiempo.

➤ Cuando vayas a la disco procura salirte a ratos o irte a descansar a un sitio menos ruidoso (el baño, por ejemplo) de cuando en cuando. Se supone que uno no debe soportar un ruido de ese tamaño por más de dos horas seguidas.

➤ El programa de la televisión no va a ser más interesante si le subes todo el volumen, así que trata de escucharlo a su volumen normal.

➤ El estéreo, compact y demás artilugios[11] de sonido se hicieron para que los disfrutes, no para que destroces tu tímpano y el de los demás. Muchos se sienten ¡importantísimos! yendo en un coche cuyo estéreo puede escucharse a tres cuadras. En realidad, están demostrando terrible tontería. No sólo corren el peligro de quedarse sordos, sino también de hacer más lentos sus reflejos y atontarse a tal grado que se estrellarán sin remedio a la primera emergencia. ¡Bájenle!

➤ Si estás expuesto o expuesta a una gran cantidad de ruido, lo mejor es irte a checar más o menos cada seis meses con un especialista.

➤ Y hablando del oído, favor de no andarse metiendo palillos ni pasadores con el objeto de limpiarse la cerilla[12], porque en una de ésas, te llevas el tímpano y para qué quieres. Si sientes tapados[13] los oídos ver con el doctor para que te haga una limpieza.

➤ Si vas a ir a un lugar con ruido excesivo (una fábrica con maquinaria pesada, por ejemplo), unos tapones para los oídos pueden serte de gran utilidad.

➤ Finalmente…

((((((RUIDOS Y DECIBELES))))))

Seguramente sabes que el sonido se mide en decibeles, unidad que se abrevia db. El problema es que un sonido se vuelve **DIEZ VECES MAYOR** con cada aumento de 10 decibeles. Esto significa, por ejemplo, que un sonido de 80 decibeles no es el doble de uno de 40 db, sino que es **CUARENTA VECES** más fuerte. Lo ideal para el oído humano son 50 db. Al llegar a 70 db, se afecta tu sistema nervioso. Una exposición prolongada a 85 db causa pérdida del oído y 120 decibeles provocan dolor. Más de 180 decibeles son capaces de derrumbar[14] un edificio de concreto. Aquí tienes una mini-tabla para que cheques los niveles de sonido.

- ✖ 30 db: murmullos suaves.
- ✖ 40 db: música tocada a bajo volumen o conversación normal.
- ✖ 60 db: trasteo[15] en la cocina, licuadora, batidora, etc.
- ✖ 80 db: taladro cercano.
- ✖ 90 db: gritos destemplados[16], escándalo de cláxones y tráfico en general.
- ✖ 100 db: discotecas, música en vivo, principalmente de rrrrrrrock.
- ✖ 120 db: motoconformadoras, perforadoras de pavimento.
- ✖ 150 db: despegue de un avión.
- ✖ 180 db: lanzamiento de terrible cohete espacial

[11] **artilugios** *gadgets*	[14] **derrumbar** *to knock down*	
[12] **la cerilla** *wax*	[15] **trasteo** *bustle*	
[13] **tapados** *clogged*	[16] **destemplados** *excesivos*	

Comprensión

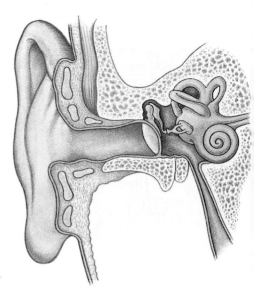

A **El ruido y la sordera**   ¿Sí o no?

1. Hoy hay más sordos que antes.
2. Somos más ruidosos que antes.
3. Es imposible sufrir una pérdida inmediata de la audición.
4. El tímpano es una membrana tensa situada en el interior del oído.
5. Es difícil herir o dañar el tímpano.
6. El oído posee células específicas para ciertos ruidos.
7. Un sonido de 80 decibeles es el doble de uno de 40 db.

B **Los ruidos**   Contesten.

1. ¿Está aumentando o bajando la contaminación por ruido?
2. ¿Qué nos hace hacer el estrés?
3. ¿En qué resulta la exposición a altos volúmenes de sonido?
4. ¿Qué causan la mayoría de los ruidos?
5. ¿Cuáles son algunos síntomas que indican la pérdida de la audición?
6. Además de la sordera, ¿cuáles son otras condiciones que pueden provocar la contaminación por ruido?
7. ¿Qué unidad se usa para medir el sonido?
8. ¿Cuántas veces más fuerte es un sonido de 80 decibeles que uno de 40?

C **Un análisis**   Expliquen.

¿Cómo y por qué es posible perder la capacidad de oír ciertos sonidos?

D **¿Cuál es la palabra?**   Completen.

1. Los sonidos de ___ decibeles provocan dolor.
2. Lo ideal para el oído humano son sonidos de ___ decibeles.
3. Los sonidos que llegan a ___ decibeles afectan el sistema nervioso.

Actividades comunicativas

A **Protección**   Prepare Ud. una lista de precauciones que puede tomar para protegerse contra la contaminación por ruido.

B **¿Es malo el ruido?**   Trabajando con un(a) compañero(a) de clase, preparen una lista de ruidos. Luego, determinen cuáles son agradables/desagradables, inofensivos/peligrosos.

Estructura

Combining sentences
Pronombre relativo **que**

1. Relative pronouns replace nouns or pronouns and are used to join two short sentences. The most common relative pronoun is **que.** It can be used as a subject or an object. It can refer to a person or thing.

SUBJECT
La señora está hablando. La señora ganó el concurso.
La señora que está hablando ganó el concurso.

El trofeo está en la mesa. El trofeo es para ella.
El trofeo que está en la mesa es para ella.

OBJECT
El concurso es importantísimo. Ella ganó el concurso.
El concurso que ella ganó es importantísimo.

Tú conociste a la señora. La señora ganó el concurso.
Tú conociste a la señora que ganó el concurso.

2. The relative pronoun **que** is used after a short preposition when it refers to a place or thing.

Es el concurso de que yo te hablaba el otro día.
Es el concurso en que participó.

3. **Quien** and **quienes** refer only to people. They are usually used as the object of a preposition. When used as a direct object, **quien(es)** must be preceded by the preposition **a.**

La señora que tú conociste es la tía de Jaime.
La señora a quien tú conociste es la tía de Jaime.

El señor de quien tú me hablas es periodista.
Las señoras con quienes yo trabajé eran mexicanas.

ESTRUCTURA

Práctica

A HISTORIETA El señor que se mantiene en forma

Formen una sola oración.

> **El señor es médico. El señor se mantiene en forma.**
> **El señor que se mantiene en forma es médico.**

1. El señor es médico. El señor está haciendo ejercicios.
2. El señor hace ejercicios. Los ejercicios son rigurosos.
3. Él va al gimnasio. El gimnasio tiene el mejor equipo.
4. Él sigue un régimen alimenticio. El régimen es muy estricto.
5. Él sigue un régimen. El régimen es rico en carbohidratos y fibra.
6. Él está leyendo un libro. El libro trata de la nutrición y la forma física.
7. Ese señor escribió el libro. Ese señor está hablando ahora.

B HISTORIETA ¿De quién o de qué hablas?

Completen.

1. El libro del ____ tú me hablas es de ella.
2. Ella es la señora ____ vino a la fiesta anoche, ¿no?
3. Sí, es la señora ____ tú conociste en la fiesta.
4. ¿Es la misma señora con ____ yo hablaba?

Specifying who or what is being referred to
El que, la que, los que y las que

1. The longer pronouns, **el que, la que, los que,** and **las que,** are used to add emphasis. They mean "who," "the one(s)," or "that" in English.

De todos los libros, el que estoy leyendo ahora es el más interesante.	*Of all the books, the one (that) I am reading now is the most interesting.*
De todas mis hermanas, la que tiene más talento es mi hermana mayor.	*Of all my sisters, the one who has the most talent is my older sister.*

Note that these pronouns agree in gender and number with the word they refer to.

2. The pronouns **el que, la que, los que,** and **las que** often begin a sentence. Observe the following.

El que habla ahora es mi hermano.	*The one who is talking now is my brother.*
La que hablará mañana es mi hermana.	*The one who will speak tomorrow is my sister.*
Los que hablaron ayer fueron mis padres.	*The ones who spoke yesterday were my parents.*

3. Note the sequence of tenses in the above sentences. If the verb following **el que** is in the present or future, the present tense of **ser** is used in the main clause. If the verb that follows **el que** is in the preterite, the preterite of **ser** is used in the main clause.

A **¿Quién es el que lo hace?** Contesten según el modelo.

> **¿Quién está haciendo calentamiento? (mi primo)**
> **El que está haciendo calentamiento es mi primo.**

1. ¿Quién está haciendo ejercicios? (mi amigo)
2. ¿Quién hizo los ejercicios aeróbicos? (su novia)
3. ¿Quién ganó la carrera? (José)
4. ¿Quién salió primero? (José)
5. ¿Quiénes ganarán el campeonato? (los Tigres)
6. ¿Quiénes recibirán la Copa Mundial? (ellos)
7. ¿Quién presentará (otorgará) el trofeo? (la directora)

Previously stated ideas
Lo que, cuyo

1. The neuter relative pronoun **lo que** is used to refer to a previously stated idea, situation, or event, or to one that will be stated later. It is equivalent to the English "what."

Lo que necesito es más dinero.	*What I need is more money.*
Lo que me encanta es leer un buen libro.	*What I like is to read a good book.*
Lo que me gustaría hacer es ir al cine.	*What I'd like to do is go to the movies.*

2. The relative pronoun **cuyo** expresses possession and corresponds to the English "whose" or "of which." Note that **cuyo** agrees with the noun it modifies.

El señor cuya hija está hablando ahora es el director de la compañía.	*The man whose daughter is speaking now is the director of the company.*
Tiene una gran compañía cuyo nombre he olvidado.	*He has a large company, the name of which I have forgotten.*

Práctica

A **Lo que te hace falta** Sigan el modelo.

Necesito dinero.
Lo que necesito es dinero.

1. Digo la verdad.
2. Necesito más dinero.
3. Tengo que comprarme un carro.
4. Dices la verdad.
5. Te hace falta dinero.

B HISTORIETA **El señor rico cuyo dinero...**

Completen.

1. El señor ____ tienda acabamos de visitar es muy rico.
2. Es un señor ____ recursos económicos son increíbles.
3. Es el señor ____ esposa conduce un Rolls.
4. Perdón. Su esposa es la señora ____ chófer conduce un Rolls.
5. Es el matrimonio ____ hijos tienen un Jaguar.
6. Es una familia ____ riqueza es increíble.

Contrasting *por* and *para*
Por y para

1. The prepositions **por** and **para** have very specific uses in Spanish. They are not interchangeable. These two prepositions are often translated into English as "for." Such a translation is quite restrictive, because these two words express many ideas in addition to "for."

The preposition **para** is used to indicate destination or purpose.

El avión salió para Bogotá.	*The plane left for Bogotá.*
Este regalo es para María.	*This gift is for Mary.*
Ella estudia para abogada.	*She is studying to be a lawyer.*

2. The preposition **por,** in contrast to **para,** is more circuitous. Rather than expressing a specific destination, **por** conveys the meanings "through," "by," and "along."

Ellos viajaron por la América del Sur.	*They traveled through South America.*
Su barco pasó por las costas de las Galápagos.	*Their boat passed by the shores of the Galápagos.*
El ladrón entró en la casa por la ventana.	*The thief entered the house through the window.*

3. **Por** also has the meanings "in behalf of," "in favor of," and "instead of." Observe and analyze the difference in meaning in the following sentences.

Compré el regalo para mi madre.	*I bought the gift for my mother.* (I am going to give the gift to my mother.)
Compré el regalo por mi madre.	*I bought the gift for my mother.* (The gift is for another person, but my mother could not go out to buy it so I went for her.)

4. The preposition **por** is used after the verbs **ir, mandar, volver,** and **venir** in order to show the reason for the errand.

El joven fue a la tienda por pan.	*The young man went to the store for bread.*
Ellos mandaron por el médico.	*They sent for the doctor.*

A HISTORIETA **Salen para Barcelona.**

Contesten.

1. ¿Va a salir para Barcelona Teresa?
2. ¿Va a viajar por Cataluña?
3. ¿Va a estudiar para enfermera en Barcelona?
4. ¿Va a andar por Las Ramblas Teresa?
5. ¿Va a comprar regalos para sus parientes?
6. Algunos amigos quieren que ella les compre algunas cositas y le dieron el dinero. ¿Va a comprar las cositas por ellos?

Las Ramblas, Barcelona, España

B HISTORIETA **Al mercado**

Completen.

1. Hoy yo salí ____ el mercado a las ocho de la mañana.
2. Natalia no pudo ir así que yo fui ____ ella.
3. Cuando salí del mercado, di un paseo ____ el centro de la ciudad.
4. Pasé ____ las elegantes tiendas de la calle Serrano.
5. Entré en una de las tiendas y compré un regalo ____ mi madre. Se lo voy a dar mañana.
6. Cuando volví a casa, el hijo de Natalia vino ____ las cosas que yo le había comprado en el mercado.

Expressing duration
Por y para con expresiones de tiempo

1. The preposition **para** is used to indicate a time deadline.

Ellos tienen que estar aquí para el día ocho.	*They have to be here by the eighth.*

2. **Por,** in contrast to **para,** is used to define a period of time.

Van a estar aquí por una semana.	*They are going to be here for a week.*

3. **Por** is also used to express an indefinite time.

Creo que ellos van a volver por diciembre.	*I think they are going to return around December.*

Práctica

A **¿Para cuándo y por cuánto tiempo?** Contesten.

1. ¿Pueden Uds. llegar para las ocho?
2. ¿Y pueden tener los resultados para mañana?
3. Cuando vienen Uds. mañana, ¿pueden quedarse aquí por una semana?
4. La última vez que vinieron, Uds. estuvieron por dos semanas, ¿no?
5. ¿Piensan Uds. volver otra vez por Navidad?

B HISTORIETA Los árabes

Completen.

Los árabes salieron del Norte de África ____ España en el siglo ocho. Invadieron a
España en el año 711, y estuvieron en el país ____ unos ocho siglos. Viajaron ____ toda
la Península Ibérica. Por eso, si uno hace un viaje ____ España, verá la influencia de los
árabes en casi todas partes del país. Pero si uno viaja ____ Andalucía en el sur del país,
visitará sin duda la famosa Alhambra de Granada, el Alcázar de Sevilla y la Mezquita
de Córdoba, tres monumentos famosos de los árabes. ____ mañana yo tengo que
preparar un informe sobre la influencia musulmana en España ____ mi clase de
español. Así que yo fui hoy a la biblioteca ____ los libros que necesitaba ____ hacer
mis investigaciones.

La Alhambra, Granada, España

Por and *para* with the infinitive
Por y *para* con el infinitivo

1. When followed by an infinitive, **para** expresses purpose and means "in order to."

> **Tengo que ir a la biblioteca para**   *I have to go to the library (in order)*
> **hacer mis investigaciones.**   *to do my research.*

2. When **por** is followed by an infinitive, it expresses what remains to be done.

> **No he terminado mi informe.**   *I haven't finished my report.*
> **Me queda mucho por hacer.**   *There is still a lot to do.*

3. The expression **estar para** means "to be about to" or "to be ready to."

> **Ellos están para salir pero no sé**   *They are about (ready) to leave, but*
> **lo que van a hacer porque**   *I don't know what they are going*
> **está para llover.**   *to do because it is about to rain.*

4. The expression **estar por** means "to be inclined to." It does not mean that the action will immediately take place.

> **Estoy por salir porque hace**   *I'm in the mood to go out because*
> **buen tiempo.**   *the weather is nice.*

Práctica

A **¿Estás listo(a) o dispuesto(a)… ?**
Contesten.

1. ¿Quieres ir a tu cuarto para estudiar?
2. ¿Tienes que preparar un informe para obtener una buena nota?
3. ¿Estás para trabajar o para divertirte?
4. Para el informe, ¿te queda mucho por hacer?
5. ¿Fuiste a la biblioteca por los libros que te hacían falta?
6. Yo estoy para salir. ¿Estás para salir también?

Biblioteca del Congreso, Buenos Aires, Argentina

B HISTORIETA ¿Listo(a) o dispuesto(a)?

Completen.

1. Ya me bañé y me vestí y estoy ___ salir.
2. ¡Ay, pero mira! Está ___ llover.
3. Tendré que subir ___ mi paraguas.
4. Quiero ir al teatro. ___ ir al teatro tendré que tomar un taxi porque no hay bus que pase ___ el teatro.
5. Me pregunto si tendré que hacer cola ___ comprar las entradas.
6. Estoy ___ divertirme. Al salir del teatro voy a visitar uno de los mesones de Cuchilleros.
7. Trabajé todo el día y todavía me queda mucho ___ hacer.

LAS CUEVAS
DE
LUIS CANDELAS

HORNO DE ASAR

CUCHILLEROS, 1
Teléfono 366 54 28
28005 MADRID

Other uses of *por* and *para*
Otros usos de **por** y **para**

1. **Para** is used to express a comparison.

Para cubano él habla muy bien el inglés.	*For a Cuban, he speaks English very well.*
Y para americano Roberto habla muy bien el español.	*And for an American, Robert speaks Spanish very well.*

2. **Por** is used to express means, manner, or motive.

La carta llegó por correo aéreo.	*The letter arrived by air mail.*
Los soldados lucharon por la libertad de su país.	*The soldiers fought for the freedom of their country.*

3. **Por** is used to express "in exchange for."

Él me pagó cien dólares por el trabajo que hice.	*He paid me a hundred dollars for the work I did.*
Él cambió pesos por dólares.	*He exchanged pesos for dollars.*

4. **Por** is also used to express an opinion or estimation.

Yo lo tomé por francés pero es español.	*I took him for French but he is Spanish.*

5. **Por** is used to indicate measure or number.

Las papas se venden por kilo.	*They sell potatoes by the kilo.*
Este avión vuela a mil kilómetros por hora.	*This plane flies 1,000 kilometers per hour.*

A **¿Comparado con quién?** Completen.

1. ___ español, el señor Chaval habla muy bien el francés.
2. ___ argentina, la señora Filitti sabe mucho de los Estados Unidos.
3. Ella vino a Miami en avión. Dijo que el avión volaba a unos mil kilómetros ___ hora.
4. Ella cambió sus pesos ___ dólares antes de salir de la Argentina.
5. La primera vez que yo conocí a la señora Filitti, yo la tomé ___ italiana. La verdad es que ella es de ascendencia italiana pero hace años que su familia vive en la Argentina.
6. La señora Filitti sabe que a mí me gustan mucho los zapatos argentinos. Ella me trajo dos pares. No quería que yo le pagara pero yo le di el dinero ___ los zapatos.
7. Hoy llegó un paquete para la señora Filitti. El paquete llegó ___ correo aéreo.

B **Un resumen** Contesten con **por** o **para**.

1. ¿Cuál es el destino del tren? ¿Barcelona?
2. ¿A quién vas a dar los dulces? ¿Al niño?
3. Cuando vendiste el carro, ¿te dieron mil dólares?
4. Es mexicano pero habla muy bien el inglés, ¿verdad?
5. ¿Cuándo piensas venir? ¿En abril?
6. ¿Te queda mucho o poco por hacer?
7. ¿Cuándo lo terminarás? ¿Mañana?
8. Ellos pasaron mucho tiempo en Cataluña, ¿verdad?
9. ¿Cómo mandaron el paquete que acabas de recibir? ¿Correo aéreo?

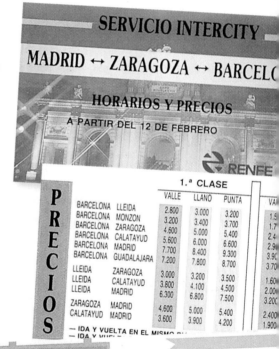

C **Un resumen** Escriban las oraciones con **por** o **para**.

1. Andan *en* el parque.
2. Mañana salen *con destino a* Barcelona.
3. Los chicos van ahora *en la dirección de* la ciudad.
4. Tengo que estar allí *no más tarde de* las tres.
5. *A pesar de que es* viejo, viaja mucho.
6. Hay un montón de trabajo *que tengo que* terminar.
7. Papá no podía asistir, así que yo fui *en lugar de* él.
8. Los chicos corrieron *en* la calle.
9. Voy al mercado *en busca de* carne.
10. Mis padres lo pagaron *en vez de* mí.
11. Subimos al tren *con destino a* Granada.
12. *A pesar de que es* rico, no es generoso.
13. Nos gusta viajar *en* Colombia.
14. Estaremos en Cali *durante* siete días.

Literatura
Un día de éstos

de Gabriel García Márquez

Antes de leer

«Un día de éstos» del famoso autor colombiano Gabriel García Márquez tiene lugar en el gabinete o consulta de un dentista. Ud. verá por la descripción que es un gabinete viejo. El hijo del dentista le dice que le duele un diente (una muela) al alcalde y que éste quiere que el dentista se lo saque. El dentista detesta al alcalde. Lea lo que el dentista le hace.

Vocabulario

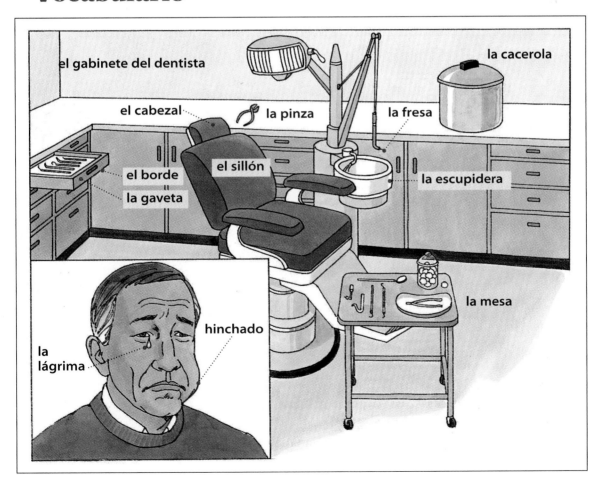

el gabinete del dentista

la cacerola

el cabezal · · · la pinza

la fresa

el borde

el sillón

la gaveta

la escupidera

la mesa

la lágrima

hinchado

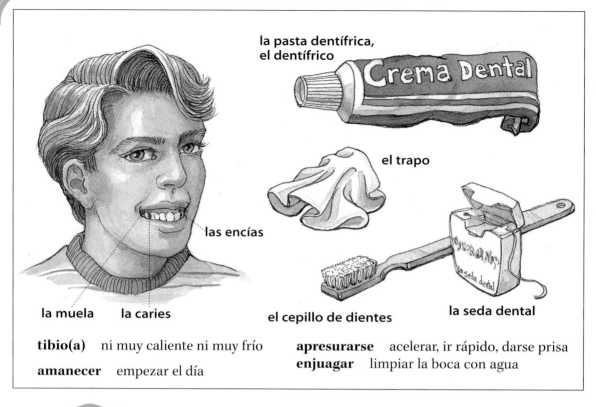

la pasta dentífrica, el dentífrico

el trapo

las encías

la muela   la caries

el cepillo de dientes

la seda dental

tibio(a)   ni muy caliente ni muy frío

amanecer   empezar el día

apresurarse   acelerar, ir rápido, darse prisa

enjuagar   limpiar la boca con agua

Práctica

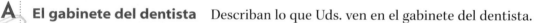

A   **El gabinete del dentista**   Describan lo que Uds. ven en el gabinete del dentista.

B   **La higiene dental**   Preguntas personales.

1. ¿Cómo se llama su dentista?
2. ¿Cuántas veces al año tiene Ud. una consulta con el dentista?
3. ¿Le hace un examen dental?
4. ¿Le limpia los dientes?
5. ¿Tiene Ud. muchas caries?
6. ¿Cuántas veces al día se cepilla Ud. los dientes?
7. ¿Tiene un cepillo de dientes suave?
8. ¿Usa Ud. una pasta dentífrica antitártaro?
9. ¿Utiliza Ud. la seda dental?

C   **¿Cuál es la palabra?**   Escojan la palabra.

1. Se debe enjuagar la boca con agua ___.
   a. helada   **b.** muy caliente   **c.** tibia

2. ___ es un diente.
   a. La caries   **b.** La muela   **c.** La encía

3. Amanece ___.
   a. por la noche   **b.** por la tarde   **c.** por la mañana

4. Él tiene que ___ porque tiene que ver al dentista a las nueve en punto.
   a. cepillarse los dientes   **b.** apresurarse   **c.** amanecer

Introducción

Gabriel García Márquez es indudablemente uno de los más importantes escritores de la literatura hispánica. Es el más brillante exponente de la tendencia literaria contemporánea denominada «realismo mágico».

García Márquez nació en Aracataca, Colombia, en 1928. Estudió periodismo en la Universidad Nacional de Colombia en Bogotá y leyes en la Universidad de Cartagena. Ha sido periodista en Barranquilla, Bogotá y Cartagena. Ha trabajado también en Italia, España y México.

Inicialmente, Gabriel García Márquez escribió cuentos cortos para los periódicos donde trabajaba. Ahora escribe novelas. Ya ha escrito muchas. Una de las más famosas es *Cien años de soledad,* publicada en 1967. Otra novela popularísima de García Márquez es *El amor en los tiempos del cólera.* En 1982, García Márquez recibió el premio Nóbel de Literatura.

«Un día de éstos» es un cuento de su obra *Los funerales de la Mamá Grande.* Para comprender esta selección hay que conocer el fondo histórico. La lucha entre liberales y conservadores en Colombia fue acompañada de mucha violencia. Comenzó en 1948 con el asesinato del candidato liberal y laborista José Eliecer Gaitán. Este suceso produjo un clima de terror por todo el país. En una sola década, murieron trágicamente más de 300.000 personas. García Márquez se ocupa de esta lucha fratricida en «Un día de éstos». El dentista le tiene tanto odio y rencor al alcalde que poder hacerle sufrir le da una gran satisfacción.

Gabriel García Márquez

Lectura

Un día de éstos

El lunes amaneció tibio y sin lluvia. Don Aurelio Escovar, dentista sin título y buen madrugador°, abrió su gabinete a las seis. Sacó de la vidriera una dentadura postiza° montada aún en el molde de yeso° y puso sobre la mesa un puñado de instrumentos que ordenó de mayor a menor, como en una exposición. Llevaba una camisa a rayas, sin cuello, cerrada arriba con un botón dorado, y los pantalones sostenidos con cargadores° elásticos. Era rígido, enjuto°, con una mirada que raras veces correspondía a la situación, como la mirada de los sordos.

Cuando tuvo las cosas dispuestas sobre la mesa rodó la fresa hacia el sillón de resortes y se sentó a pulir la dentadura postiza. Parecía no pensar en lo que hacía, pero trabajaba con obstinación, pedaleando en la fresa incluso cuando no se servía de ella.

Después de las ocho hizo una pausa para mirar el cielo por la ventana y vio dos gallinazos° pensativos que se secaban al sol en el caballete° de la casa vecina. Siguió trabajando con la idea de que antes del almuerzo volvería a llover. La voz destemplada de su hijo de once años lo sacó de su abstracción.

—Papá.

—¿Qué?

—Dice el Alcalde que si le sacas una muela.

—Dile que no estoy aquí.

Estaba puliendo° un diente de oro. Lo retiró a la distancia del brazo y lo examinó con los ojos a medio cerrar. En la salita de espera volvió a gritar su hijo.

—Dice que sí estás porque te está oyendo.

El dentista siguió examinando el diente. Sólo cuando lo puso en la mesa con los trabajos terminados, dijo:

—Mejor.

Volvió a operar la fresa. De una cajita de cartón donde guardaba las cosas por hacer, sacó un puente° de varias piezas y empezó a pulir el oro.

—Papá.

madrugador *early riser*

una dentadura postiza *a set of false teeth*
yeso *plaster*

cargadores *suspenders*

enjuto *lean*

gallinazos *buzzards*
el caballete *chimney cowl*

puliendo *polishing*

un puente *a dental bridge*

—¿Qué?

Aún no había cambiado de expresión.

—Dice que si no le sacas la muela te pega un tiro°.

Sin apresurarse, con un movimiento extremadamente tranquilo, dejó de pedalear en la fresa, la retiró del sillón y abrió por completo la gaveta inferior de la mesa. Allí estaba el revólver.

—Bueno —dijo. —Dile que venga a pegármelo.

Hizo girar° el sillón hasta quedar de frente a la puerta, la mano apoyada en el borde de la gaveta. El Alcalde apareció en el umbral°. Se había afeitado la mejilla izquierda, pero en la otra, hinchada y dolorida, tenía una barba de cinco días. El dentista vio en sus ojos marchitos muchas noches de desesperación. Cerró la gaveta con la punta de los dedos y dijo suavemente:

—Siéntese.

—Buenos días —dijo el Alcalde.

—Buenos —dijo el dentista.

Mientras hervían los instrumentos, el Alcalde apoyó el cráneo en el cabezal de la silla y se sintió mejor. Respiraba un olor glacial. Era un gabinete pobre: una vieja silla de madera, la fresa de pedal y una vidriera con pomos de loza°. Frente a la silla, una ventana con un cancel de tela° hasta la altura de un hombre. Cuando sintió que el dentista se acercaba, el Alcalde afirmó los talones y abrió la boca.

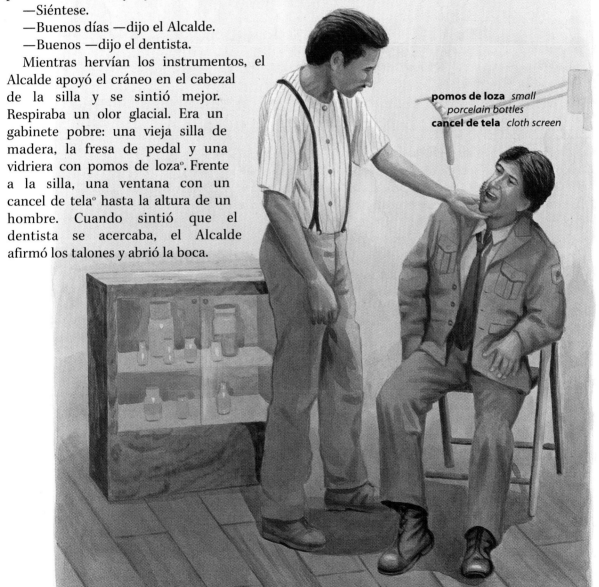

te pega un tiro *he'll shoot you*

girar *turn around*
el umbral *the doorway*

pomos de loza *small porcelain bottles*
cancel de tela *cloth screen*

Don Aurelio Escovar le movió la cara hacia la luz. Después de observar la muela dañada, ajustó la mandíbula con una cautelosa presión de los dedos.

—Tiene que ser sin anestesia —dijo.

—¿Por qué?

—Porque tiene un absceso.

El Alcalde lo miró a los ojos. —Está bien —dijo, y trató de sonreír. El dentista no le correspondió. Llevó a la mesa de trabajo la cacerola con los instrumentos hervidos y los sacó del agua con unas pinzas frías, todavía sin apresurarse. Después rodó la escupidera con la punta del zapato y fue a lavarse las manos en el aguamanil°. Hizo todo sin mirar al Alcalde. Pero el Alcalde no lo perdió de vista.

Era un cordal inferior°. El dentista abrió las piernas y apretó la muela con el gatillo° caliente. El Alcalde se aferró° a las barras de la silla, descargó toda su fuerza en los pies y sintió un vacío helado en los riñones°, pero no soltó un suspiro. El dentista sólo movió la muñeca. Sin rencor, más bien con una amarga ternura, dijo:

—Aquí nos paga veinte muertos°, teniente.

El Alcalde sintió un crujido° de huesos en la mandíbula y sus ojos se llenaron de lágrimas. Pero no suspiró hasta que no sintió salir la muela. Entonces la vio a través de las lágrimas. Le pareció tan extraña a su dolor, que no pudo entender la tortura de sus cinco noches anteriores.

Inclinado sobre la escupidera, sudoroso°, jadeante°, se desabotonó la guerrera° y buscó a tientas° el pañuelo en el bolsillo del pantalón. El dentista le dio un trapo limpio.

—Séquese las lágrimas —dijo.

El Alcalde lo hizo. Estaba temblando. Mientras el dentista se lavaba las manos, vio el cielo raso desfondado° y una telaraña° polvorienta con huevos de araña° e insectos muertos. El dentista regresó secándose las manos. —Acuéstese —dijo—y haga buches de agua de sal. El alcalde se puso de pie, se despidió con un displicente saludo militar, y se dirigió a la puerta estirando las piernas, sin abotonarse la guerrera.

—Me pasa la cuenta —dijo.

—¿A usted o al municipio?

El Alcalde no lo miró. Cerró la puerta, y dijo, a través de la red° metálica:

—Es la misma vaina°.

aguamanil *washstand*

un cordal inferior *a bottom wisdom tooth*
el gatillo *forceps*
se aferró *clung to, grasped*
los riñones *kidneys*

muertos *deaths (you have caused)*
un crujido *a crackle, creak*

sudoroso *sweaty*
jadeante *panting*
la guerrera *military jacket*
a tientas *groping*

el cielo raso desfondado *the broken ceiling*
una telaraña *a spider web*
araña *spider*

la red *the screen*

la misma vaina *la misma cosa*

Después de leer

Comprensión

A El dentista   Contesten.

1. ¿Qué le dice al dentista su hijo?
2. ¿Qué quiere el dentista que su hijo le diga al alcalde?
3. ¿Qué le va a hacer el alcalde si no le saca la muela?
4. ¿Qué tomó el dentista de la gaveta inferior de su mesa?
5. Según el dentista, ¿cómo tenía que sacarle la muela?
6. ¿Qué le dijo el dentista al alcalde que hiciera?

B Descripciones   Hagan lo siguiente.

1. Describa al dentista.
2. Describa el gabinete del dentista.
3. Describa al alcalde mientras el dentista le sacaba la muela.

C ¿Qué quiere decir?   Expliquen el significado.

1. Aquí nos paga veinte muertos, teniente.
2. El dentista le dio un trapo limpio.
   —Séquese las lágrimas —dijo.
3. —Me pasa la cuenta —dijo (el alcalde).
   —¿A Ud. o al municipio?
   —Es la misma vaina.

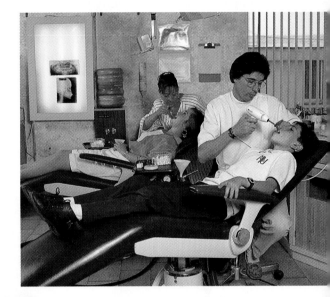

Actividades comunicativas

A El tema principal   En sus propias palabras, explique lo que Ud. considera el tema principal de este cuento.

B ¡Qué tensión!   Entre el dentista y el alcalde hay mucha tensión. Prepare Ud. una lista de las acciones que introduce el autor para indicar esta tensión.

C La corrupción   En un párrafo corto, explique cómo García Márquez critica la corrupción que existe en el gobierno.

D Un debate   Con un(a) compañero(a) de clase preparen un debate. ¿Son justos y aceptables los deseos de venganza y el comportamiento del dentista o no? ¿Por qué?

La tía Julia y el escribidor

de Mario Vargas Llosa

Antes de leer

El trozo de la novela *La tía Julia y el escribidor* del famoso autor peruano Mario Vargas Llosa trata de un médico, el doctor Alberto de Quinteros. La acción tiene lugar en San Isidro, un suburbio de la clase acomodada de Lima, la capital del Perú. Al médico le interesa mucho estar en forma. Por consiguiente, frecuenta el Gimnasio Remigius que está a unas cuadras de su casa. En el gimnasio ve a su sobrino, Richard, un joven muy guapo. Esta tarde la sobrina del doctor, la hermana de Richard, va a casarse. Ella es una muchacha bellísima. Uds. descubrirán si su familia está satisfecha o no con el joven a quien ella ha escogido como marido.

Vocabulario

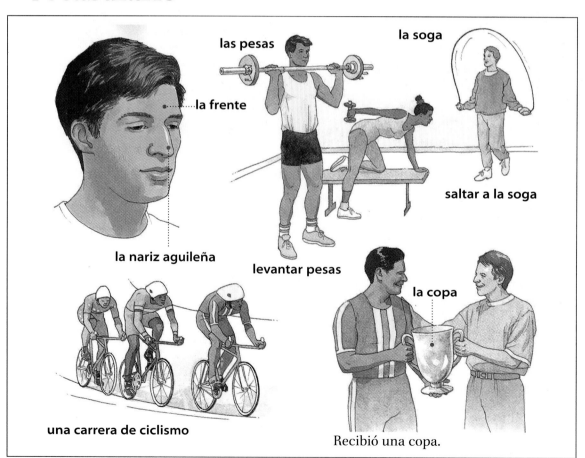

las pesas

la soga

la frente

saltar a la soga

la nariz aguileña

levantar pesas

la copa

una carrera de ciclismo

Recibió una copa.

el azulejo

la ducha   el casillero

El joven anuda
los cordones.

el ladrido

los visillos   la valla

el césped

El señor palmeó
al perro.
El perro ladra.

el perro

el galeno   el/la médico(a)
el vientre   el estómago
el/la ciego(a)   el/la que no tiene vista,
no puede ver

cotidiano(a)   de todos los días

apuesto(a)   muy guapo(a) y elegante
flaco(a)   delgado(a), lo contrario
de gordo

regar   darle agua a una planta
podar   cortar ramas de plantas o árboles

Práctica

A HISTORIETA **En el gimnasio**

Contesten.

1. ¿Vas a un gimnasio?
2. Antes de hacer ejercicios fuertes, ¿calientas?
3. ¿Te gusta levantar pesas?
4. ¿Te gusta saltar a la soga?
5. ¿Te gusta el ciclismo?
6. Cuando vas al gimnasio, ¿pones tu ropa en un casillero?
7. ¿Anudas los cordones de tus tenis?
8. Después de hacer ejercicios, ¿tomas una ducha?

B **Una casa bonita**   Completen.

1. Los ___ cubren las ventanas.
2. Delante de la casa hay un ___ que hay que ___ para que esté verde.
3. Es una lástima que el ___ no pueda ver el jardín.
4. Alrededor del jardín hay una ___ de madera.
5. Ellos tienen un perro en el jardín. El perro no ___ mucho.

Introducción

Mario Vargas Llosa, uno de los más famosos escritores hispanoamericanos de hoy, nació en Arequipa, Perú, en 1936. Hizo sus estudios primarios en Cochabamba, Bolivia, y los secundarios en Lima. Se licenció en letras en la Universidad de San Marcos de Lima. Recibió su doctorado de la Universidad de Madrid. Vargas Llosa ha residido en París, Barcelona y Londres. Recibió el Premio Internacional de Literatura Rómulo Gallegos en 1967.

Mario Vargas Llosa

Durante un período turbulento en su país, Vargas Llosa fue candidato para la presidencia (1990). Casi todo el mundo creyó que él ganaría las elecciones pero al último momento salió victorioso Alberto Fujimori, el primer presidente de origen japonés de un país hispanoamericano.

Lectura

La tía Julia y el escribidor

Era una de esas soleadas mañanas de la primavera limeña, en que los geranios amanecen más arrebatados°, las rosas más fragantes y las buganvilias más crespas°, cuando un famoso galeno de la ciudad, el doctor Alberto de Quinteros—frente ancha, nariz aguileña, mirada penetrante, rectitud y bondad en el espíritu— abrió los ojos y se desperezó° en su espaciosa residencia de San Isidro. Vio, a través de los visillos, el sol dorando el césped del cuidado jardín que encarcelaban vallas de crotos, la limpieza del cielo, la alegría de las flores, y sintió esa sensación bienhechora° que dan ocho horas de sueño reparador y la conciencia tranquila.

Era sábado y, a menos de alguna complicación de último momento con la señora de los trillizos°, no iría a la clínica y podría dedicar la mañana a hacer un poco de ejercicio y a tomar una sauna antes del matrimonio de Elianita. Su esposa y su hija se hallaban en Europa, cultivando su espíritu y renovando su vestuario°, y no regresarían antes de un mes. Otro, con sus medios de fortuna y su apostura°—sus cabellos nevados en las sienes° y su porte distinguido, así como su elegancia de maneras, despertaban miradas de codicia incluso en señoras incorruptibles—, hubiera aprovechado la momentánea soltería° para echar algunas canas° al aire. Pero Alberto de Quinteros era un hombre al que ni el juego, ni las faldas ni el alcohol atraían más de lo debido, y entre sus conocidos—que eran legión—circulaba este apotegma°: «Sus vicios son la ciencia, su familia y la gimnasia».

arrebatados *flushed*
crespas *curled*

se desperezó *stretched*

bienhechora *kind*

los trillizos *the triplets*

vestuario *ropa*
apostura *bearing*
las sienes *temples*

soltería *single life*
echar canas *have some fun*

apotegma *refrán*

Ordenó el desayuno y, mientras se lo preparaban, llamó a la clínica. El médico de guardia le informó que la señora de los trillizos había pasado una noche tranquila y que las hemorragias de la operada del fibroma habían cesado. Dio instrucciones, indicó que si ocurría algo grave lo llamaran al Gimnasio Remigius, o, a la hora de almuerzo, donde su hermano Roberto, e hizo saber que al atardecer se daría una vuelta° por allá. Cuando el mayordomo le trajo su jugo de papaya, su café negro y sus tostadas con miel de abeja°, Alberto de Quinteros se había afeitado y vestía un pantalón gris de corduroy, unos mocasines sin taco° y una chompa° verde de cuello alto. Desayunó echando una ojeada° distraída a las catástrofes e intrigas matutinas° de los periódicos, cogió su maletín deportivo y salió. Se detuvo unos segundos en el jardín a palmear a Puck, el engreído° fox-terrier que lo despidió con afectuosos ladridos.

El Gimnasio Remigius estaba a pocas cuadras, en la calle Miguel Dasso, y al doctor Quinteros le gustaba andarlas. Iba despacio, respondía a los saludos del vecindario, observaba los jardines de las casas que a esa hora eran regados y podados, y solía parar un momento en la Librería Castro Soto a elegir algunos best-sellers. Aunque era temprano, ya estaban frente al Davory los infalibles muchachos de camisas abiertas y cabelleras alborotadas°. Tomaban helados, en sus motos o en los guardabarros° de sus autos sport, se hacían bromas y planeaban la fiesta de la noche. Lo saludaron con respeto, pero apenas los dejó atrás, uno de ellos se atrevió° a darle uno de esos consejos que eran su pan cotidiano en el Gimnasio, eternos chistes° sobre su edad y su profesión, que él soportaba con paciencia y buen humor: «No se canse mucho, doctor, piense en sus nietos». Apenas lo oyó pues estaba imaginando lo linda que se vería Elianita en su vestido de novia diseñado para ella por la casa Christian Dior de París.

No había mucha gente en el Gimnasio esa mañana. Sólo Coco, el instructor, y dos fanáticos de las pesas, el Negro Humilla y Perico Sarmiento, tres montañas de músculos equivalentes a los de diez hombres normales. Debían de haber llegado no hacía mucho tiempo, estaban todavía calentando:

—Pero si ahí viene la cigüeña° —le estrechó la mano Coco.

—¿Todavía en pie, a pesar de los siglos? —le hizo adiós el Negro Humilla.

Perico se limitó a chasquear° la lengua y a levantar dos dedos, en el característico saludo que había importado de Texas. Al doctor Quinteros le agradaba esa informalidad, las confianzas que se tomaban con él sus compañeros de Gimnasio, como si el hecho de verse desnudos y de sudar° juntos los nivelara en una fraternidad donde desaparecían las diferencias de edad y posición. Les contestó que si necesitaban sus servicios estaba a sus órdenes, que a los primeros mareos o antojos° corrieran a su consultorio donde tenía listo el guante de jebe° para auscultarles la intimidad.

se daría una vuelta *he would stop by*
miel de abeja *honey*

taco *heel*
una chompa *a jersey*
ojeada *glance*
matutinas *de la mañana*
el engreído *spoiled*

cabelleras alborotadas *rumpled hair*
los guardabarros *the fenders*

se atrevió *dared*

chistes *jokes*

la cigüeña *the stork*

chasquear *click*

sudar *to sweat*

antojos *cravings*
jebe *elastic, rubber*

—Cámbiate y ven a hacer un poco de warm up —le dijo Coco, que ya estaba saltando en el sitio otra vez.

—Si te viene el infarto, no pasas de morirte, veterano —lo alentó Perico, poniéndose al paso de Coco.

—Adentro está el tablista° —oyó decir al Negro Humilla, cuando entraba al vestuario.

Y, en efecto, ahí estaba su sobrino Richard, en buzo° azul, calzándose las zapatillas. Lo hacía con desgano°, como si las manos se le hubieran vuelto de trapo, y tenía la cara agria y ausente. Se quedó mirándolo con unos ojos azules totalmente idos y una indiferencia tan absoluta que el doctor Quinteros se preguntó si no se había vuelto invisible.

—Sólo los enamorados se abstraen así —se acercó a él y le revolvió los cabellos. Baja de la luna, sobrino.

—Perdona, tío —despertó Richard, enrojeciendo° violentamente, como si lo acabaran de sorprender haciendo algo sucio—. Estaba pensando.

—Me gustaría saber en qué maldades —se rió el doctor Quinteros, mientras abría su maletín, elegía un casillero y comenzaba a desvestirse—. Tu casa debe ser un desbarajuste° terrible. ¿Está muy nerviosa Elianita?

Richard lo miró con una especie de odio súbito y el doctor pensó qué le ha picado a este muchacho. Pero su sobrino, haciendo un esfuerzo notorio por mostrarse natural, esbozó° un amago de sonrisa:

—Sí, un desbarajuste. Por eso me vine a quemar un poco de grasa°, hasta que sea hora.

El doctor pensó que iba a añadir: «de subir al patíbulo»°. Tenía la voz lastrada por la tristeza, y también sus facciones y la torpeza° con que anudaba los cordones y los movimientos bruscos de su cuerpo revelaban incomodidad, malestar íntimo, desasosiego°. No podía tener los ojos quietos: los abría, los cerraba, fijaba la vista en un punto, la desviaba, la regresaba, volvía a apartarla, como buscando algo imposible de encontrar. Era el muchacho más apuesto de la tierra, un joven dios bruñido° por la intemperie— hacía tabla aun en los meses más húmedos del invierno y descollaba también en el basquet, el tenis, la natación y el fulbito—, al que los deportes habían modelado un cuerpo de esos que el Negro Humilla llamaba «locura de todos»: ni gota de grasa, espaldas anchas que descendían en una tersa línea de músculos hasta la cintura de avispa y unas largas piernas duras y ágiles que habrían hecho palidecer de envidia al mejor boxeador. Alberto de Quinteros había oído con frecuencia a su hija Charo y a sus amigas comparar a Richard con Charlton Heston y sentenciar que todavía era más churro°, que lo dejaba botado en pinta°. Estaba en primer año de arquitectura, y según Roberto y Margarita, sus padres, había sido siempre un modelo: estudioso, obediente, bueno con ellos y con su

el tablista	*the surfer*
buzo	*jogging suit*
con desgano	*reluctantly*
enrojeciendo	*blushing*
un desbarajuste	*a mess*
esbozó	*outlined*
grasa	*fat*
patíbulo	*scaffold*
la torpeza	*slowness*
desasosiego	*uneasiness*
bruñido	*tanned*
churro	guapo
botado en pinta	*better looking*

hermana, sano, simpático. Elianita y él eran sus sobrinos preferidos y por eso, mientras se ponía el suspensor, el buzo, las zapatillas—Richard lo esperaba junto a las duchas, dando unos golpecitos contra los azulejos—el doctor Alberto de Quinteros se apenó al verlo tan turbado.

—¿Algún problema, sobrino? —le preguntó, como al descuido, con una sonrisa bondadosa—. ¿Algo en que tu tío pueda echarte una mano?

—Ninguno, qué ocurrencia —se apresuró a contestar Richard, encendiéndose de nuevo como un fósforo—. Estoy regio° y con unas ganas bárbaras de calentar.

regio *super*

—¿Le llevaron mi regalo a tu hermana? —recordó de pronto el doctor—. En la Casa Murguía me prometieron que lo harían ayer.

—Una pulsera bestial —Richard había comenzado a saltar sobre las losetas° blancas del vestuario—. A la flaca° le encantó.

las losetas *the tiles*
la flaca *the thin one*

—De estas cosas se encarga tu tía, pero como sigue paseando por las Europas, tuve que escogerla yo mismo. —El doctor Quinteros hizo un gesto enternecido:— Elianita, vestida de novia, será una aparición.

Porque la hija de su hermano Roberto era en mujer lo que Richard en hombre: una de esas bellezas que dignifican a la especie y hacen que las metáforas sobre las muchachas de dientes de perla, ojos como luceros, cabellos de trigo y cutis de melocotón, luzcan mezquinas. Menuda, de cabellos oscuros y piel muy blanca, graciosa hasta en su manera de respirar, tenía una carita de líneas clásicas, unos rasgos que parecían dibujados por un miniaturista del Oriente. Un año más joven que Richard, acababa de terminar el colegio, su único defecto era la timidez —tan excesiva que, para desesperación de los organizadores, no habían podido convencerla de que participara en el Concurso Miss Perú —y nadie, entre ellos el doctor Quinteros, podía explicarse por qué se casaba tan pronto y, sobre todo, con quien. Ya que el Pelirrojo Antúnez tenía algunas virtudes —bueno como el pan, un título de Business Administration por la Universidad de Chicago, la compañía de fertilizantes que heredaría y varias copas en carreras de ciclismo—pero, entre los innumerables muchachos de Miraflores y San Isidro que habían hecho la corte a Elianita y que hubieran llegado al crimen por casarse con ella, era, sin duda, el menos agraciado y (el doctor Quinteros se avergonzó por permitirse este juicio sobre quien dentro de pocas horas pasaría a ser su sobrino) el más soso° y tontito.

soso *dull, inane*

—Eres más lento para cambiarte que mi mamá, tío —se quejó Richard, entre saltos.

Cuando entraron a la sala de ejercicios, Coco, en quien la pedagogía era una vocación más que un oficio, instruía al Negro Humilla, señalándole el estómago, sobre este axioma de su filosofía:

—Cuando comas, cuando trabajes, cuando estés en el cine…, en todos los momentos de tu vida, y, si puedes, hasta en el féretro°: ¡hunde la panza°!

el féretro *the coffin*
hunde la panza *pull in the belly*

—Diez minutos de warm ups para alegrar el esqueleto, Matusalén —ordenó el instructor.

Mientras saltaba a la soga junto a Richard, y sentía que un agradable calor iba apoderándose interiormente de su cuerpo, el doctor Quinteros pensaba que, después de todo, no era tan terrible tener cincuenta años si uno los llevaba así. ¿Quién, entre los amigos de su edad, podía lucir un vientre tan liso y unos músculos tan despiertos? Sin ir muy lejos, su hermano Roberto, pese a ser tres años menor, con su rolliza° y abotagada° apariencia y la precoz curvatura de espalda, parecía llevarle diez. Pobre Roberto, debía de estar triste con la boda de Elianita, la niña de sus ojos. Porque, claro, era una manera de perderla. También su hija Charo se casaría en cualquier momento —su enamorado, Tato Soldevilla, se recibiría dentro de poco de ingeniero— y también él, entonces, se sentiría apenado° y más viejo. El doctor Quinteros saltaba a la soga sin enredarse ni alterar el ritmo, con la facilidad que da la práctica, cambiando de pie y cruzando y descruzando las manos como un gimnasta consumado. Veía, en cambio, por el espejo, que su sobrino saltaba demasiado rápido, con atolondramiento°, tropezándose. Tenía los dientes apretados, brillo de sudor en la frente y guardaba los ojos cerrados como para concentrarse mejor. ¿Algún problema de faldas, tal vez?

—Basta de soguita°, flojonazos° —Coco, aunque estaba levantando pesas con Perico y el Negro Humilla, no los perdía de vista y les llevaba el tiempo—. Tres series de sit ups. Sobre el pucho°, fósiles.

Los abdominales eran la prueba de fuerza del doctor Quinteros. Los hacía a mucha velocidad, con las manos en la nuca, en la tabla alzada a la segunda posición, aguantando la espalda a ras del suelo y casi tocando las rodillas con la frente. Entre cada serie de treinta dejaba un minuto de intervalo en que permanecía tendido, respirando hondo. Al terminar los noventa, se sentó y comprobó, satisfecho, que había sacado ventaja a Richard. Ahora sí sudaba de pies a cabeza y sentía el corazón acelerado.

—No acabo de entender por qué se casa Elianita con el Pelirrojo Antúnez —se oyó decir a sí mismo, de pronto—. ¿Qué le ha visto?

Fue un acto fallido y se arrepintió° al instante, pero Richard no pareció sorprenderse. Jadeando°—acababa de terminar los abdominales— le respondió con una broma:

—Dicen que el amor es ciego, tío.

—Es un excelente muchacho y seguro que la hará muy feliz— compuso las cosas el doctor Quinteros, algo cortado—. Quería decir que, entre los admiradores de tu hermana, estaban los mejores partidos de Lima. Mira que basurearlos° a todos para terminar aceptando al Pelirrojo, que es un buen chico, pero tan, en fin...

—¿Tan calzonudo°, quieres decir? —lo ayudó Richard.

—Bueno, no lo hubiera dicho con esa crudeza —aspiraba y

rollizo *roly-poly*
abotagada *hinchada*

apenado *triste*

atolondramiento *confusion*

soguita *jump rope*
flojonazos *perezosos*

sobre el pucho *enseguida*

se arrepintió *was sorry*
jadeando *panting*

basurearlos *throw them away like trash*

calzonudo *estúpido*

expulsaba el aire el doctor Quinteros, abriendo y cerrando los brazos—. Pero, la verdad, parece algo caído del nido. Con cualquier otra sería perfecto, pero a Elianita, tan linda, tan viva, el pobre le llora. —Se sintió incómodo con su propia franqueza—. Oye, no lo tomes a mal, sobrino.

—No te preocupes, tío —le sonrió Richard—. El Pelirrojo es buena gente y si la flaca le ha hecho caso por algo será.

Después de leer

Comprensión

A **Un día en la vida del doctor**   Contesten.

1. ¿Qué tiempo hacía?
2. ¿Qué día era?
3. ¿Tenía que pasar el doctor Quinteros la mañana en la clínica?
4. ¿Cómo podría pasar la mañana?
5. ¿Dónde estaban su esposa y su hija?
6. ¿Qué tipo de hombre era el doctor Quinteros?
7. ¿Qué comió para el desayuno?
8. ¿Cómo fue al gimnasio?
9. ¿A quién encontró el médico en el gimnasio?
10. ¿Parecía estar de buen humor Richard?
11. ¿Quién iba a casarse? ¿Cuándo?
12. ¿Por qué no participó ella en el concurso de Miss Perú?
13. ¿Quién es Charo?
14. ¿Qué le dijo el doctor a su sobrino?
15. ¿Por qué no comprende el médico por qué su sobrina haya escogido al joven con quien se va a casar?
16. ¿Cómo le contesta Richard a su tío?

B **¿Cómo son?**   Den una descripción de los siguientes personajes.

1. Alberto de Quinteros
2. Richard
3. Elianita
4. Roberto de Quinteros

Actividades comunicativas

A **En el gimnasio**   Prepare Ud. una lista de todo lo que hizo el doctor Quinteros en el gimnasio.

B **San Isidro**   San Isidro es un barrio elegante entre el centro de Lima y el océano Pacífico. ¿Cómo alude el autor a la elegancia o al nivel de vida de los residentes de San Isidro? Cite algunos ejemplos.

CAPÍTULO 8

Raíces

Objetivos

In this chapter you will do the following:

- discuss the ethnic background of the people of Latin America and Spain

- express yourself politely

- read and discuss a magazine article about the Mayan civilization, letters written by indigenous people of Latin America, and a magazine article about Jewish migration to the islands of the Caribbean during the seventeenth and eighteenth centuries

- tell what was done by someone, describe what is done in general, and talk about activities in the present and the past

- read and discuss the following literary works: a selection from the autobiography of Rigoberta Menchú; «Búcate plata,» a poem by Nicolás Guillén; «El prendimiento de Antoñito el Camborio en el camino de Sevilla,» a poem by Federico García Lorca; and «¡Quién sabe!,» a poem by José Santos Chocano

CULTURA

La herencia etnocultural de los hispanos

Introducción

En Hispanoamérica hay una gran diversidad étnica y racial. En 1992, los peruanos eligieron presidente de la República a don Alberto Fujimori, peruano de ascendencia japonesa. Y fue reelecto en 1995. Rigoberta Menchú, maya guatemalteca, recibió el Premio Nóbel de la Paz en 1992. El libertador de Chile y héroe nacional es el general Bernardo O'Higgins. Antonio Maceo, patriota y gran héroe militar cubano, era de ascendencia africana. Murió luchando contra los españoles en la Guerra de la Independencia cubana. Los españoles también son producto de diversas culturas y etnias.

Bernardo O'Higgins

Rigoberta Menchú

Antonio Maceo

Alberto Fujimori

Vocabulario

la raíz

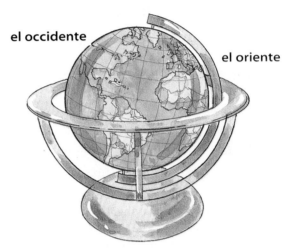

el occidente

el oriente

la ascendencia   una serie de antecesores de una persona

la voz   la palabra

el genio   el carácter, el temperamento

el conocimiento   las nociones, las ideas, el saber

el quechua, el aymará   pueblos indígenas y sus lenguas

la mezcla   la mixtura, la composición, la combinación

el esfuerzo   el empleo de la fuerza, el impulso, el trabajo

la política   la doctrina y la actividad de un gobierno

el impulso   el estímulo, la motivación

el/la traficante   el que trafica, el que compra y vende

el maltrato   el abuso, el trato duro o cruel

la norma   el modelo, lo típico

el/la esclavo(a)   la persona sin libertad que tiene que trabajar para otro

la antigüedad   el tiempo antiguo

expulsar   echar, expeler, desterrar

enriquecerse   hacerse rico

musulmán (musulmana)   islámico(a), mahometano(a)

grato(a)   agradable, placentero(a)

forzado(a)   obligatorio(a), obligado(a) por la fuerza

Práctica

A HISTORIETA Sinónimos

Expresen de otra forma.

1. El oro sirvió de *estímulo* a muchos conquistadores.
2. Ellos tuvieron que hacer un *trabajo* enorme para conquistar a los aztecas.
3. Después, vino el *abuso* de los indígenas.
4. La *doctrina* del gobierno era de defender a los indios.
5. No obstante, el abuso de los indígenas era *lo típico*.
6. En el español moderno hay varias *palabras* indígenas.
7. El mestizaje es la *fusión* de sangre española con la indígena.

B Lo contrario Den los antónimos de las siguientes palabras.

1. voluntario
2. desagradable
3. empobrecer
4. admitir
5. ignorancia

C HISTORIETA ¿Cuál es la palabra?

Completen cada oración con una palabra apropiada.

1. Los ___ en esclavos buscaban a sus víctimas en África.
2. A los esclavos se les obligaba al trabajo ___.
3. El ___ de los indios y negros por los conquistadores era típico.
4. Algunos religiosos hicieron un gran ___ por proteger a los indígenas.
5. También la ___ oficial era bastante benévola, aunque en la práctica no siempre se respetó.
6. Los hijos de españoles e indígenas son mestizos; el mestizaje es la ___ de la sangre española con la indígena.
7. Hay latinoamericanos de ___ europea, indígena, negra y asiática.

D ¿Sí o no? Corrijan las oraciones falsas.

1. Las raíces de los españoles están en las Américas.
2. España, Francia y los EE.UU. son países de oriente.
3. El Japón, la China y las Filipinas son países de occidente.
4. Los conquistadores se enriquecieron con el oro de América.
5. Los esclavos no gozan de la libertad.
6. La religión de los musulmanes es el islám.
7. El quechua y el aymará son lenguas europeas.

Hernán Cortés y los aztecas

La fusión del Viejo Mundo y el Nuevo Mundo

 El español tiene sus raíces en Iberia, en Grecia, en Roma, en el norte de Europa y en África. Los árabes llegaron del norte de África en el año 711. En poco tiempo, conquistaron casi toda la Península Ibérica. No fue hasta 1492 que los cristianos pudieron expulsarlos de su último reino, el reino de Granada.

Los árabes estuvieron en la Península por casi ochocientos años. Eran dueños de todas las tierras entre Bagdad y Córdoba. Su influencia en España ha sido profunda. Dejaron incomparables monumentos artísticos, como la Alhambra y el Generalife de Granada, la Giralda de Sevilla y la Mezquita de Córdoba. Dejaron la lengua castellana enriquecida de voces árabes: *alcázar*, *almohada*, *alcalde*, *ojalá* y muchas más. Dejaron costumbres y tradiciones. Y dejaron su sangre y su genio.

La Giralda, Sevilla, España

Sobre todo en «al Andalus», Andalucía, donde por más tiempo estuvieron.

Durante ocho siglos, los árabes y los cristianos se encontraron en una interminable, si bien intermitente, lucha para dominar la Península. Los cristianos conquistaron Jaén en 1246 y Sevilla en 1248, dejando muy reducido el territorio musulmán. A pesar de estas victorias, la lucha continuó hasta 1492.

Fernando e Isabel conquistaron el reino de Granada en 1492. Boabdil, el último rey moro, lloró de pena al abandonar su querida Granada. Y hoy, en la poesía árabe todavía se lamenta la pérdida de la riqueza y belleza de «al Andalus».

Fernando e Isabel expulsaron no solamente a los árabes sino también a los judíos que habían residido en España durante siglos. Tanto cristianos como judíos vivían en paz en los reinos árabes de España. El gran filósofo judío, Maimónides, por ejemplo, nació en Córdoba en 1135.

1492. Esta fecha, aunque para los españoles y los árabes recuerda la conquista de Granada, para casi todo el resto del mundo recuerda el viaje de Cristóbal Colón al Nuevo Mundo. Y para millones de negros africanos e indígenas americanos, el recuerdo de la llegada de europeos a las Américas no es nada grato.

Grandes grupos de indígenas vivían en las Américas, desde Alaska y el Canadá hasta la Tierra del Fuego. En el norte vivían los dakota, apaches y seminoles. En las Antillas vivían los caribes y taínos; en México y Centroamérica, los aztecas y mayas. Y en Sudamérica estaban los quechuas, incas, guaraníes, araucanos, aymarás, patagones y muchos más. Las culturas de algunos de estos grupos, los aztecas, incas y mayas en particular, fueron bastante avanzadas. Los conocimientos de los mayas en la arquitectura, la escultura y la astronomía fueron realmente extraordinarios.

A diferencia de la América del Norte, en Latinoamérica la influencia indígena es significativa. En Bolivia, por ejemplo, la mayor parte de la población actual (54%) es indígena. Los pueblos quechua y aymará son los más numerosos. En Bolivia el español, aunque lengua oficial, es una lengua minoritaria.

Los europeos llegaron en el siglo XV y conquistaron los pueblos indígenas de toda la América. Pero hubo una diferencia importante entre las colonizaciones de Angloamérica y Latinoamérica. Mientras que hubo poca mezcla de las razas blanca e indígena en Norteamérica, en Latinoamérica era casi la norma. En varios países hispanos la población más numerosa hoy día es la mestiza (México, 55%), o sea, la población de sangre europea e indígena.

A pesar de los esfuerzos de religiosos como Fray Bartolomé de las Casas y la política benévola de la corona, los abusos y el maltrato de los indígenas eran (y, lamentablemente, siguen siendo), en muchas partes, muy común. No obstante, es importante notar que la política española con respecto a los indígenas fue mucho más benévola y justa que la política de los otros países colonizadores.

Durante cuatro siglos, catorce millones de negros fueron sacados de África por ingleses, portugueses, holandeses y españoles, y traídos a las Américas como esclavos. Es probable que los españoles trajeran a los primeros esclavos africanos para trabajar en las minas de La Española por el año 1502. Fray Bartolomé de las Casas, el gran defensor de los indios, dio impulso al horrible tráfico de esclavos negros cuando sugirió que ellos sustituyeran a los indios en el trabajo forzado, ya que, según él, eran más fuertes y resistían mejor el calor y las fatigas. En 1517, el Emperador Carlos V les concedió a varias casas comerciales un monopolio para la importación de esclavos de África a las Antillas. Así fue que los primeros negros llegaron a Cuba, Puerto

Los indios de Quisqueya

Rico, Santo Domingo y Jamaica.

Los traficantes en esclavos recogían su carga humana en las costas de África entre Ghana y Angola. Muchos esclavos eran del interior. En luchas entre tribus eran tomados prisioneros y vendidos en la costa a los traficantes blancos.

Las poblaciones de ascendencia africana en Latinoamérica se concentran en ciertas áreas: en las Antillas, en las costas del Caribe de México y Centroamérica, Colombia, Venezuela y sobre todo en el Brasil. Así como la mezcla de la sangre indígena con la española dio el mestizo, la fusión de la sangre española con la negra dio el mulato. Y de estas combinaciones han resultado muchas otras.

En Latinoamérica también hay importantes poblaciones europeas no españolas: italianos y rusos, serbocroatas, alemanes, ingleses e irlandeses. Y no solamente de Europa, sino del Medio Oriente y Asia han venido inmigrantes—libaneses y sirios, chinos, coreanos y japoneses.

El hispanoamericano es el fruto de toda esta rica variedad de razas y culturas, desde los romanos y fenicios de la antigüedad, los mayas, incas y aztecas precolombinos, los conquistadores españoles, hasta los inmigrantes de ayer y hoy, salidos de los viejos mundos de oriente y occidente en busca de una vida nueva en un nuevo mundo.

Comprensión

A **¿Quiénes son los hispanos?** Contesten según la lectura.

1. ¿Cuánto tiempo estuvieron los árabes en España?
2. ¿Cuál fue la extensión del territorio árabe?
3. ¿Cuáles son algunos monumentos árabes en España?
4. Además de monumentos, ¿qué dejaron los árabes en España?
5. ¿En qué región de España estuvieron por más tiempo los árabes?
6. ¿A quiénes expulsaron Fernando e Isabel además de los árabes?

B **La conquista árabe** Completen.

1. Los cristianos lucharon contra los ___ para dominar a España.
2. La lucha duró unos ___ años.
3. En 1248, los cristianos conquistaron ___.
4. Antes de 1200, Jaén y Sevilla formaban parte del territorio ___.
5. En 1492, la lucha entre cristianos y musulmanes ___.
6. El nombre que los árabes dan a Andalucía es ___.
7. El último rey moro fue ___.

C **¿Sí o no?** Corrijan según la lectura.

1. Cristóbal Colón viajó desde España al Viejo Mundo.
2. Los dakota vivían en Sudamérica.
3. En el Caribe estaban los taínos.
4. Los guaraníes, araucanos y mayas son grupos europeos.
5. Los patagones sabían mucho de arquitectura.

Fray Bartolomé de las Casas

D **El Nuevo Mundo** Contesten según la lectura.

1. ¿Por qué no es grato para muchos el recuerdo del viaje de Colón?
2. ¿Qué trató de hacer Fray Bartolomé de las Casas?
3. ¿Cuál era la política de la Corona respecto a los indígenas?
4. ¿Quiénes traficaban en esclavos?
5. ¿En qué regiones de Latinoamérica se concentra la población negra?
6. ¿De dónde han venido inmigrantes a Latinoamérica?

Actividades comunicativas

A **Las poblaciones indígenas** Durante la conquista de las Américas las poblaciones indígenas del Caribe casi desaparecieron. Explique por qué.

B **Fray Bartolomé de las Casas** Ud. y su grupo, escriban la carta de las Casas a Carlos V en defensa de los indios.

Vocabulario

la vivienda

Es una vivienda humilde.

el entrenamiento

Los jóvenes están recibiendo entrenamiento.

En esta escuela rural alfabetizan a los indígenas.
Les enseñan a leer y a escribir el español.

el maya-quiché   una lengua de los
   mayas guatemaltecos
los bisabuelos   los padres de los abuelos
el/la opresor(a)   el/la dominador(a), déspota,
   tirano(a)
Limón/Puerto Limón   una provincia y ciudad
   de Costa Rica

reconocer   considerar y aceptar
influir   tener influencia

étnico(a)   con relación a una nación o raza
autóctono(a)   indígena, natural, originario(a),
   aborigen
culpable   responsable, que tiene la culpa

británico

❧ Práctica ❧

A. **No hablan español.**   Completen.

1. El programa de ____ les enseñará
   a todos a leer.
2. Son mayas y no hablan español.
   Hablan ____.
3. Ellos hablan una lengua ____.
4. Ellos forman parte del grupo ____ más
   grande del país.

B. **HISTORIETA   El puesto de Andrés**

Expresen de otra manera.

1. Antes de tomar el puesto le darán *una
   preparación* especial.
2. Ellos *se dan cuenta* que el trabajo es difícil.
3. Tendrá que vivir en el campo en *una
   residencia* humilde.
4. Él habla inglés bastante bien, ya que es de
   ascendencia *inglesa*.
5. Los ingleses siempre *han tenido influencia* en este país.
6. Algunos han sido *responsables por* algunas injusticias.
7. Han sido libertadores y también *déspotas*.
8. Uno de ellos era el *padre del abuelo* de Andrés.

Escenas de la vida

El voluntario y la directora del Cuerpo de Paz

DAVID: ¿En qué tipo de programa voy a trabajar?

PILAR: Es un programa de alfabetización en lenguas indígenas para personas mayores. Se trata de alfabetizar a la gente en su propio idioma.

DAVID: Y los que vamos a participar en el programa tenemos que aprender esas lenguas, ¿verdad?

PILAR: Claro. En tu caso, como vas a trabajar con unos grupos mayas, tienes que aprender el maya-quiché. Pero no te preocupes, aquí en el centro lo aprenderás.

DAVID: Pero yo creía que Guatemala era un país de habla española. ¿No es así?

PILAR: El español es la lengua oficial, pero se reconoce la importancia de las lenguas autóctonas y la necesidad de preservarlas y protegerlas. Además, en muchas escuelas hay programas de educación bilingüe.

DAVID: ¿Hay muchas personas de origen indígena en Guatemala?

PILAR: ¿Que si hay? El 50% de la población es indígena. Los indígenas son el mayor grupo étnico del país. Y muchos no hablan español.

DAVID: Pues, no lo sabía. Interesante. Y, ¿qué hacemos mañana?

PILAR: Mañana comienza el entrenamiento. Tendrás clases en maya-quiché por la mañana, de 7 a 12. Después del almuerzo, de 1 a 3, es el curso sobre cultura maya. Y de las 3:30 hasta las 5:30, metodología y técnicas de enseñar.

DAVID: Dos preguntitas: ¿Cómo llegaré al pueblo donde voy a trabajar, y dónde voy a vivir?

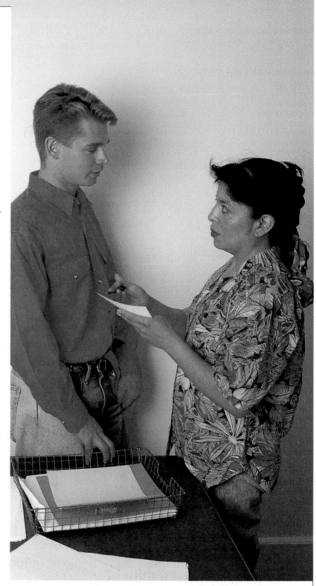

PILAR: Bueno, la única forma de llegar a tu lugar es tomar el bus al pueblo más cercano y después caminar. En cuanto a la vivienda, tendrás una casita como la de la gente de allí. Ya te lo explicaremos todo. Ahora debes conocer al equipo del centro y a los demás voluntarios.

Los africanos en Latinoamérica

LUCIO: Yo no sabía que había tanta gente de ascendencia africana en Latinoamérica.

CELIA: Pues, sí. Hay mucha gente, y han influido mucho en las culturas de casi todos los países, especialmente en el Caribe, Centroamérica y el norte de Sudamérica.

LUCIO: Y tú, Celia. Eres costarricense, pero tu apellido es Taylor. ¿De dónde son tus padres?

CELIA: Mis padres son de aquí. Y mis abuelos también. Pero mis bisabuelos eran de Barbados. Vinieron a Centroamérica durante la construcción del canal de Panamá. Cuando terminó la construcción, se quedaron.

LUCIO: ¿Tú hablas inglés, pues?

CELIA: Sí, hombre. Casi todos los que vivimos en Limón somos bilingües. Hablamos inglés y español. Y muchas de las costumbres y los gustos en comida, por ejemplo, nos vienen de Barbados, Jamaica, Trinidad y las otras islas.

LUCIO: Esto es interesantísimo. ¿Todos los negros latinoamericanos vienen de las islas británicas, entonces?

CELIA: No, no, no. Hay otros lugares en Centroamérica, como Limón, Bluefields en Nicaragua, y por supuesto, Belice, un país independiente, donde la lengua oficial es el inglés. La mayoría de la gente allí es de ascendencia africana. Sus antepasados vinieron con los ingleses. Pero, acuérdate que las poblaciones negras de Cuba, la República Dominicana, Puerto Rico, Venezuela, Colombia y otros países hispanoamericanos son importantes. Y ellos no tienen nada que ver con los ingleses.

LUCIO: Claro. El horrible tráfico en esclavos africanos. Los ingleses, portugueses, holandeses y españoles, todos fueron culpables. Llevaron a los africanos a trabajar en sus colonias.

CELIA: Y no te olvides de los franceses. Ellos llevaron esclavos a Haití. Fue en Haití donde por primera vez en la historia, los esclavos negros se levantaron contra sus opresores y establecieron una república independiente.

LUCIO: ¡Qué poco sé de todo esto!, Celia. Me parece que tengo mucho que aprender.

Comprensión

A **Trabajando en Guatemala** Escojan.

1. En su trabajo, David va a ___.
   a. enseñar a leer y a escribir   **b.** construir viviendas   **c.** conducir un bus
2. Antes de comenzar a trabajar, David tiene que aprender ___.
   a. a conducir   **b.** una lengua autóctona   **c.** el español
3. El 50 por ciento de la población guatemalteca es ___.
   a. española   **b.** indígena   **c.** africana
4. La lengua oficial de Guatemala es el ___.
   a. maya-quiché   **b.** inglés   **c.** español
5. David va a tener ___ horas diarias de clase en maya-quiché.
   a. 2   **b.** 3   **c.** 5

B **Cuestión de lenguas** Completen.

1. Ellos creen que es importante ___ y ___ las lenguas indígenas.
2. En varias escuelas enseñan en español y otra lengua. Son programas ___.
3. Para ir al pueblo donde va a vivir, David va a tomar ___.
4. Él va a vivir en una ___ como las de los indígenas.
5. No les pagan mucho a David y a sus colegas porque son ___.

C **La influencia africana** Contesten.

1. ¿En qué partes de Latinoamérica se nota mucho la influencia africana?
2. ¿De dónde viene el apellido de Celia?
3. ¿Cuál es la nacionalidad de Celia?
4. ¿En qué trabajaron los bisabuelos de Celia?
5. ¿En qué parte de Costa Rica hablan inglés y español?
6. ¿Cuáles son tres lugares en Centroamérica donde la gente habla inglés?

D **Diferentes poblaciones** Completen.

1. En Belice, mucha gente es de ascendencia ___.
2. Muchas personas que se establecieron en Bluefields, Limón y Belice vinieron de las islas ___.
3. Cuba, la República Dominicana y Puerto Rico tienen importantes poblaciones ___.
4. Los ingleses, portugueses, holandeses, españoles y franceses eran traficantes de ___.
5. La primera república negra, fundada por esclavos, fue ___.

Camareras del restaurante La Caña, República Dominicana

Lenguaje
Para continuar una conversación

Cuando Ud. quiere cambiar de tema de una conversación, debe decir algo como:

Muy interesante. Ajá. Eh, quería hacerle una pregunta...
Pues, no lo sabía. A propósito, ¿qué le parece si...
No me digas. Interesante. Una cosa,...
Ud. sabe mucho de eso. Ah, antes de que se me olvide...

Lo importante es que le indique a la persona que Ud. estaba escuchando y que tenía interés en lo que decía.

Una cosa...

También es cortés decir algo antes de hacer una pregunta, como, por ejemplo:

Eh, quería preguntarle, ¿cómo...?
Por favor, una preguntita. ¿Qué...?
Si me permite. ¿Cuál es...?

Las siguientes recomendaciones sobre la conversación vienen de _El libro de los buenos modales_ por F.Y.R. Torralva Tomás:

Es más importante saber escuchar que saber hablar.
Escuchar con comprensión, tolerancia y amabilidad; no estar al acecho[1] para cortar el hilo de la conversación.
Podemos interrumpir y hacer una observación, pero con oportunidad, de vez en cuando.
Resulta molesto y grosero no parar de hablar, impidiendo que intervengan los demás.
El que habla debe dar la sensación de que quien escucha es un personaje importante para él.
No poner en primer término el «yo» y los propios problemas, o cuestiones que sólo a nosotros pueden interesar.
Saber cambiar el tema de la conversación cuando se aborden cuestiones inoportunas.
Hay que decir lo que se piensa, pero se debe pensar lo que se dice.

[1] **estar al acecho** _to be on the alert_

Actividades comunicativas

A **Los buenos modales** Dé Ud. ejemplos de personas que no siguieron las recomendaciones de *El libro de los buenos modales*. Indique como reaccionó Ud. ¿Cuáles de estas recomendaciones considera Ud. las más importantes?

B **Belice y Haití** En la conversación entre Celia y Lucio se habló de Belice y de Haití. Escoja uno de los dos y prepare un breve informe sobre el país.

C **El canal de Panamá** Mucha gente salió de Trinidad, Jamaica, Barbados y las otras islas británicas para trabajar en la construcción del canal de Panamá. Busque datos y prepare un informe sobre la mano de obra que construyó el canal.

D **Los esclavos** Se ha hablado mucho del trato de los indígenas de las Américas por los españoles y por los ingleses. Con su grupo, estudien las colonizaciones de las dos Américas y preparen un informe contrastándolas. Los profesores de historia y de estudios sociales les podrán ayudar.

La Habana, Cuba

Construcción del canal de Panamá

Repaso de estructura

Describing actions in progress
El participio presente

1. The present participle "-ing" in English is formed by dropping the ending of the infinitive and adding **-ando** to **-ar** verbs, and **-iendo** to **-er** or **-ir** verbs.

bailar	comer	vivir
bail-	com-	viv-
bailando	comiendo	viviendo

2. Many stem-changing verbs have a stem change in the present participle.

sentir	sintiendo	decir	diciendo
preferir	prefiriendo	venir	viniendo
pedir	pidiendo	dormir	durmiendo

3. The following verbs have a **y** in the present participle.

creer	creyendo	oír	oyendo
leer	leyendo	construir	construyendo
traer	trayendo	distribuir	distribuyendo

4. The present participle is used with the verb **estar** to form the progressive tenses. Review the forms of the present and imperfect progressive.

	PRESENT PROGRESSIVE		
INFINITIVE	hablar	comer	vivir
yo	estoy hablando	estoy comiendo	estoy viviendo
tú	estás hablando	estás comiendo	estás viviendo
él, ella, Ud.	está hablando	está comiendo	está viviendo
nosotros(as)	estamos hablando	estamos comiendo	estamos viviendo
vosotros(as)	estáis hablando	estáis comiendo	estáis viviendo
ellos, ellas, Uds.	están hablando	están comiendo	están viviendo

INFIMITIVE	IMPERFECT PROGRESSIVE		
	hablar	comer	vivir
yo	estaba hablando	estaba comiendo	estaba viviendo
tú	estabas hablando	estabas comiendo	estabas viviendo
él, ella, Ud.	estaba hablando	estaba comiendo	estaba viviendo
nosotros(as)	estábamos hablando	estábamos comiendo	estábamos viviendo
vosotros(as)	*estabais hablando*	*estabais comiendo*	*estabais viviendo*
ellos, ellas, Uds.	estaban hablando	estaban comiendo	estaban viviendo

5. A progressive tense is used to describe an action that is actually taking place at the time in question. The most commonly used progressive tenses are the present and imperfect, and sometimes the future. The present progressive indicates what is taking place right now and the imperfect progressive is used to indicate what was actually taking place at the past time in question.

PRESENT PROGRESSIVE
En este momento, Susana está tocando el piano.
Ella está tocando el piano y su amigo está cantando.

IMPERFECT PROGRESSIVE
Mientras Susana estaba tocando el piano y su amigo estaba cantando, su hermano menor estaba comiendo un helado.

6. Note that the progressive tenses can also be formed with the verbs **ir, venir, andar, continuar,** and **seguir.**

Él va caminando.
Él viene cantando.
Ellos andan estudiando.
Ella continúa luchando.
Ellas siguen trabajando.

Práctica

A · HISTORIETA En el teatro

Contesten según se indica.

1. ¿Qué obra están presentando? (*Mi adorado Juan*)
2. ¿Está teniendo mucho éxito. (sí, muchísimo)
3. ¿Quién está haciendo el papel de Juan? (Víctor Salinas)
4. ¿Y quién está haciendo el papel de Irene? (Susana Cordiel)
5. ¿Te está picando el interés? ¿Quieres ir a verla? (sí)

B · HISTORIETA Una fiesta

Contesten.

1. ¿Está dando Marcos una fiesta?
2. ¿Están bailando sus amigos?
3. ¿Están escuchando discos y cintas?
4. ¿Todos se están divirtiendo mucho?
5. ¿Está sirviendo Marcos refrescos?
6. ¿Están comiendo todos?
7. ¿Están charlando juntos?
8. ¿Lo están pasando bien?

C · El surf y el wind surf   Completen con el imperfecto progresivo.

1. El viento ___ (soplar).
2. Todos ___ (hacer) calentamiento.
3. Ellos ___ (ejercitar).
4. Los windsurfers ___ (llevar) guantes.
5. Pero los surfers no ___ (llevar) guantes.
6. Algunos ___ (esperar) las olas.
7. Otros ___ (correr) las olas.

D · HISTORIETA Lo que estaba haciendo en aquel entonces

Cambien en el imperfecto progresivo.

1. En aquel entonces, José vivía en el dormitorio de la universidad.
2. Estudiaba medicina en la Facultad de Medicina.
3. Cuando no asistía a clases, trabajaba en el hospital.
4. Trabajaba mucho pero no ganaba mucho dinero.
5. En aquel entonces, él salía con Yolanda.
6. Ella seguía cursos en la Facultad de Filosofía y Letras.
7. Cuando ella no estudiaba, daba clases de inglés.

E · HISTORIETA Están celebrando.

Contesten según se indica.

1. ¿Qué están bailando? (el tango)
2. ¿Quiénes lo están bailando? (un grupo de amigos)
3. ¿Qué instrumento está tocando el señor? (el organillo)
4. ¿Dónde están bailando? (en la calle)
5. ¿Qué están celebrando? (una fiesta patronal)

Telling how actions are carried out
Adverbios en -mente

1. An adverb modifies a verb, an adjective, or another adverb. In Spanish, many adverbs end in **-mente.** To form an adverb from an adjective that ends in **e** or a consonant, you simply add **-mente** to the adjective. Study the following.

ADJECTIVE	+ *mente*	ADVERB
decente		**decentemente**
reciente		**recientemente**
principal		**principalmente**
general		**generalmente**

2. To form an adverb from an adjective that ends in **-o,** add **-mente** to the feminine **-a** form of the adjective.

FEMININE ADJECTIVE	+ *mente*	ADVERB
sincera		**sinceramente**
cariñosa		**cariñosamente**

3. When more than one adverb ending in **-mente** modifies a verb, only the last adverb carries the **-mente** ending. Study the following.

> **Él habló lenta y claramente.**
> **Yo se lo digo honesta y sinceramente.**

Práctica

A. Los adverbios Formen adverbios con los siguientes adjetivos.

1. triste
2. puntual
3. elegante
4. rápido
5. respetuoso
6. humilde
7. loco
8. discreto
9. rico
10. posible

B. ¿Cómo lo hacen? Contesten según el modelo.

> **¿Cómo habla Ramón? (lento/claro)**
> **Ramón habla lenta y claramente.**

1. ¿Cómo responde Luisa? (sincero/honesto)
2. ¿Cómo enseña la profesora? (claro/cuidadoso)
3. ¿Cómo se viste ella? (sencillo/elegante)
4. ¿Cómo conduce Pepe? (rápido/peligroso)
5. ¿Cómo se porta el niño? (cortés/respetuoso)

Periodismo
Los mayas

Introducción

Los mayas eran oriundos de Guatemala. De Guatemala pasaron a la península de Yucatán en México, a Belice y Honduras. La cultura de los mayas era aun más avanzada que la de los aztecas a quienes encontró Cortés cuando llegó a México. La arquitectura de los mayas era notable como atestiguan las famosas ruinas de templos y pirámides en Palenque, Uxmal, Tikal y Copán. Se sitúa el apogeo de su cultura y civilización en el año 250 después de Jesucristo. Poco antes del año

900 D. de J.C. desaparecen. Su desaparición ha sido un enigma. No se sabe precisamente cómo ni por qué desaparecieron. El artículo que sigue es de la revista *Mundo 21.* Nuevos descubrimientos arqueológicos indican que existe la posibilidad de que los mayas quisieron lograr una gran expansión territorial y que las confrontaciones bélicas que acompañaban esa expansión fueran la causa más importante de la decadencia del Imperio Maya.

Vocabulario

el soberano, el rey

el auge   el apogeo, la cima
la tarea   el trabajo, la labor
la meta   el objetivo

señalar   indicar
desarrollar   aumentar, perfeccionar

lograr   obtener, conseguir
soler (ue)   tener la costumbre
enfatizar   dar énfasis a

pacífico(a)   lo contrario de guerrero(a)
          o bélico(a)

Práctica

A HISTORIETA Expresiones equivalentes

Expresen de otra manera.

1. Es necesario *indicar* a los mayas cuya cultura *se formó y se perfeccionó* en Centroamérica.
2. El período de verdadero *apogeo* del imperio maya empezó alrededor del año 250 después de Jesucristo.
3. El imperio empezó a decaer durante el reinado del *rey* Regidor.
4. *El objetivo* del equipo de arqueólogos es tratar de explicar la decadencia del imperio.
5. No es *un trabajo* fácil.
6. Hay que *dar énfasis al hecho de* que hay teorías diferentes para explicar la desaparición y destrucción del Imperio Maya.
7. Ellos *tenían la costumbre de* hacer la guerra.

B Palabras derivadas Pareen.

1. señalar
2. desarrollar
3. lograr
4. enfatizar

a. el desarrollo
b. el logro
c. el énfasis
d. la señal

DESCIFRANDO UN ENIGMA...

¿QUÉ PASÓ REALMENTE CON LA CIVILIZACIÓN MAYA?

por EULALIA DÍAZ   Ilustraciones: ARMANDO ESTÉVEZ

Los hallazgos[1] de las excavaciones realizadas en Guatemala parecen indicar que un rey maya—cuya tumba y pertenencias han sido descubiertas en las selvas de Petén—trató de lograr una gigantesca expansión territorial que llegó a convertirse en una verdadera catástrofe bélica[2] y ecológica... ¡Posiblemente ésta sea una de las causas más importantes de la inexplicable decadencia del Imperio Maya!

El Dr. Arthur A. Demarest

Vasijas polícromas

Sin duda alguna, entre las grandes civilizaciones precolombinas de nuestra América, es imprescindible señalar a los mayas, cuya cultura se desarrolló en Centroamérica, dejando muestras impresionantes de los logros alcanzados en diversos órdenes del conocimiento y el arte.

Precisamente a partir del estudio de los restos que han llegado hasta nuestros días de toda esta grandeza, desde hace mucho tiempo los historiadores han definido que el período de verdadero auge del imperio maya comenzó alrededor del año 250 D. de J.C. con el surgimiento de grandes ciudades y centros destinados a ceremonias rituales. Igualmente, los estudiosos concluyen que este desarrollo formidable terminó—al menos en el sur de Guatemala—poco antes del año 900 D. de J.C., de forma inexplicable...

¿Qué factores abalanzaron[3] a este imperio floreciente[4], y en pleno auge, a la desintegración total? Hasta ahora los especialistas no habían podido formular una hipótesis sólida que fundamentase una respuesta lógica a esta incógnita[5]... pero los estudios realizados recientemente, han dado un giro[6] total a las investigaciones.

¡UN AMBICIOSO PROYECTO DE INVESTIGACIONES SE HA PUESTO EN MARCHA! SU OBJETIVO: ¡DEMOSTRAR QUE LOS MAYAS FUERON AUDACES[7] GUERREROS!

Un equipo de arqueólogos—bajo la dirección del doctor Arthur A. Demarest, de la Universidad de Vanderbilt, en Tennessee (Estados Unidos)—se ha dado a la tarea de desentrañar[8] los misterios de la civilización maya, como parte de las investigaciones del Proyecto Arqueológico Regional de Petexbatún, un programa que comenzó hace algunos años y en el que participan especialistas de diferentes disciplinas científicas.

---

[3] **abalanzaron** *pushed*
[4] **floreciente** *flourishing*
[5] **incógnita** *unknown*

[1] **los hallazgos** los descubrimientos
[2] **bélica** hostil, guerrero

[6] **un giro** *a turn*
[7] **audaces** *bold*
[8] **desentrañar** *get to the bottom of*

La Plaza de Dos Pilas antes del año 670 D. de J.C.

ción Guggenheim y el Museo Smithsonian, entre otras organizaciones.

LA IMPORTANCIA DE LOS JEROGLÍFICOS, PARA DESCIFRAR LA HISTORIA DE LOS MAYAS

Los Reyes mayas solían mandar a grabar[15] en jeroglíficos, inscritos en estelas[16] o monumentos públicos, todos los acontecimientos que ocurrían durante su reinado; asimismo, datos tales como su nacimiento, su matrimonio, los hijos que tenían, sus conquistas, adquisiciones, derrotas y hasta su muerte. La estela encontrada—grabada sobre piedra caliza[17]—seguramente encierra valiosos secretos sobre la historia de este pueblo, los que serán develados[18] por los expertos en escritura maya una vez que los jeroglíficos se descifren.

UN HALLAZGO TRASCENDENTAL PARA EL CURSO DE LAS INVESTIGACIONES: ¡UNA TUMBA REAL!

Adentrándose en la selva de Petén, (en Dos Pilas), el Dr. Demarest y su equipo hallaron recientemente lo que ellos mismos clasifican como «un tesoro arqueológico de valor incalculable.» Se trata de una tumba al parecer de un personaje importante entre los antiguos mayas... de un rey cuyo nombre aún se desconoce hasta que sea revelado por la lectura de los jeroglíficos que aparecen en los objetos que le acompañaban, y al que los científicos han llamado Regidor II. La antigüedad de los restos hallados se estima en unos 1.200 años.

La tumba real fue encontrada a más de 9,5 metros de profundidad, bajo las ruinas de la pirámide o templo funeral que se halla en la Gran Plaza de Dos Pilas, antigua capital de la región de Petexbatún. En su interior se encontró una osamenta[19]

El objetivo central del proyecto consiste, precisamente, en demostrar que la naturaleza bélica de los mayas y sus esfuerzos expansionistas condujeron a la caída[9] y desaparición de la civilización, al menos en esa región de Guatemala... ¡y ya los científicos han comenzado a arribar[10] a las primeras conclusiones fundamentadas en el hallazgo de fosos, paredes y zanjas[11] construidos por los mayas como obras militares o para la defensa!

Lograr esto no ha sido fácil; se han necesitado abundantes recursos humanos y materiales. Por ejemplo, hace algún tiempo se sumaron a estas tareas más de veinte arqueólogos y técnicos, incluyendo catedráticos y estudiantes, tanto guatemaltecos como extranjeros, además de unos noventa trabajadores que colaboran con el equipo de expertos.

El amplio programa de estudios con que cuenta este magno empeño[12], se ha dividido para su mejor organización en unos seis subproyectos, cada uno de los cuales tiene sus propias metas, metodologías, equipos de investigación y codirectores. Toda esta organización cuenta con el respaldo[13] de prestigiosas instituciones, como son la propia Universidad de Vanderbilt y el Instituto de Antropología e Historia de Guatemala, patrocinados[14] por la Sociedad Geográfica Nacional de los Estados Unidos, la Funda-

---

[9] **la caída** *downfall*	[13] **el respaldo** *backing, support*	[17] **piedra caliza** *limestone*
[10] **arribar** *llegar*	[14] **patrocinados** *sponsored*	[18] **develados** *revealed*
[11] **zanjas** *trenches*	[15] **grabar** *engrave*	[19] **una osamenta** *un esqueleto, unos*
[12] **empeño** *undertaking*	[16] **estelas** *inscribed stone slabs*	*huesos*

Fortificaciones alrededor de Dos Pilas

Sin embargo, no todos los estudiosos están de acuerdo con esta hipótesis, y aunque muchos arqueólogos estiman que el reciente descubrimiento es un gran aporte a los estudios sobre los mayas, otros no están del todo dispuestos a aceptar la posibilidad de que la decadencia de ese imperio se debió a una rápida escalada bélica y a una desmedida[22] expansión terri-

El campamento científico

perfectamente conservada que—según el Dr. Demarest—«tiene puesta una bellísima cofia[20] y un collar hecho de conchas, madreperlas y jade, montado en una máscara». También fue hallada la estela real, cuchillas de obsidiana (que se cree que se utilizaban en ceremonias de sacrificios humanos y rituales mágicos) y piezas de cerámica—verdaderas obras de arte—adornadas con jeroglíficos, entre las que están hermosas vasijas policromas con escenas de episodios en la historia maya.

LOS CIENTÍFICOS OPINAN QUE EL REGIDOR II FUE UNA FIGURA IMPORTANTE EN LA CULTURA MAYA

Según estima el Dr. Demarest, «todo parece indicar que el Regidor II fue una figura clave[21] en toda una secuencia de eventos catastróficos para los mayas, en los cuales el gobierno central del imperio maya se dividió en una docena de estados guerreros, que militarizaron la región durante un período de cincuenta años». Si las teorías del destacado especialista son ciertas, el Regidor II fue, sin duda, uno de los reyes más importantes en la cultura maya, cuya ambición expansionista lo llevó a conquistar los estados vecinos y a obtener el control de diversas rutas de comercio con un activo intercambio comercial en la zona.

torial, que provocó el desequilibrio, el empobrecimiento y la pérdida de la fe[23] del pueblo maya en su soberano.

MUCHOS CIENTÍFICOS DE PRESTIGIO SE MUESTRAN CAUTELOSOS[24] ANTE LOS DESCUBRIMIENTOS... ¡PERO LAS INVESTIGACIONES SIGUEN AVANZANDO!

El doctor Jeremy A. Sabloff, experto en arqueología maya (de la Universidad de Pittsburgh, Estados Unidos), estima que el hallazgo del doctor Demarest es muy importante, pero expresa dudas de que un solo factor, como una destructiva guerra, haya sido la causa principal de la decadencia de la civilización maya.

El Dr. Sabloff enfatiza el hecho de que «esa civilización no desapareció de repente, al final de su período clásico, pues mientras

---

[20] **cofia**   *headgear*
[21] **una figura clave**   *a key figure*
[22] **desmedida**   excesiva
[23] **la fe**   *faith*
[24] **cautelosos**   *cautious, wary*

que las ciudades del sur de Guatemala se encontraban ya en decadencia, todavía en el norte los mayas edificaban grandes centros ceremoniales... en el área de Yucatán, por ejemplo».

Por su parte, el doctor David Webster (Arqueólogo de la Universidad Estatal de Pennsylvania, Estados Unidos, y destacado especialista en el tema maya), considera que «los descubrimientos realizados en las excavaciones de Dos Pilas tienden a crear una nueva visión *revisionista* dentro de la historia conocida de este pueblo, pues hasta hace muy poco se consideraba que éste había sido pacífico y laborioso».

A pesar de todas las opiniones encontradas sobre este tema fascinante, los hallazgos de fosas, máscaras de guerra, sacrificios humanos y rituales—además de la tumba y las extensas fortificaciones excavadas en Dos Pilas—evidencian una gran actividad bélica y parecen indicar que los mayas fueron mucho más militaristas y guerreros que lo que se pensaba anteriormente.

¿SE ENCONTRARÁ EN LA TUMBA DEL REGIDOR II LA VERDAD HISTÓRICA SOBRE LA DECADENCIA DEL PUEBLO MAYA Y SU CULTURA?

El Dr. Demarest estima que los descubrimientos realizados y los conocimientos recopilados por su equipo hasta el presente, indican que aunque el expansionismo maya inicialmente produjo riqueza y bienestar al lugar—principalmente bajo los reinados de los Regidores II y III—posteriormente el reino de Petexbatún empezó a debilitarse a causa de tantas y tan seguidas guerras.

Según este experto, los mayas construyeron viviendas, centros ceremoniales y campos de cultivo, pero llegó un momento en que empezaron a vivir bajo la continua amenaza[25] de la violencia, por lo cual se vieron precisados a emplear tiempo, energía y fuerza de trabajo en la construcción de empalizadas[26] (como la descubierta en Dos Pilas), y kilómetros de murallas de piedra (en la cercana región de Aguateca), un gran sistema de fosos (en Punta de Chimino) y otras murallas en torno a campos cercanos... Y como las guerras causaron la muerte de muchos de los hombres que trabajaban como

Objetos líticos encontrados en Dos Pilas

agricultores en tiempo de paz, esto trajo como consecuencia dificultades desde el punto de vista económico, al reducirse las cosechas[27] y el intercambio comercial. La vida se convirtió en un perenne estado de sitio[28], y el pueblo se vio obligado a vivir amurallado para poder protegerse.

CONCLUSIÓN

Aunque los conceptos e hipótesis planteados por el Dr. Demarest son aún controversiales y no han sido plenamente demostrados, las investigaciones actuales indudablemente muestran que los mayas atravesaron por un período de extrema violencia y completo caos social antes de su derrumbe[29]...

¿Cuál será, en definitiva, la verdad histórica? Los científicos que trabajan en Dos Pilas se esfuerzan por encontrarla.

---

[25] **amenaza** *threat*
[26] **empalizadas** *stockades, palisades*
[27] **las cosechas** *harvests*

[28] **sitio** *siege*
[29] **derrumbe** *collapse*

Comprensión

A Los mayas   Contesten.

1. ¿Cuál es una posible causa de la desaparición del Imperio Maya?
2. ¿Cómo se supone que los mayas construían sus ciudades inicialmente?
3. ¿Cuándo se vieron obligados a construir empalizadas y murallas?
4. ¿Qué quiere demostrar el equipo del doctor Demarest?
5. ¿Qué solían mandar a grabar en jeroglíficos los reyes mayas?
6. ¿Dónde descubrieron la tumba del Regidor II?
7. ¿Qué se encontró en la tumba?
8. ¿En qué se dividió el Imperio Maya?
9. Según el doctor Demarest, ¿qué quería hacer el Regidor II?
10. ¿Qué cree el doctor Sabloff?
11. Sin embargo, ¿qué evidencian los hallazgos de fosas y máscaras de guerra y las fortificaciones excavadas?
12. Según el doctor Demarest, ¿qué produjo el expansionismo maya inicialmente?
13. ¿Y qué causó la decadencia?
14. ¿Cuál es la conclusión de este artículo?

Chac-mool, el portador de ofrendas a los dioses

B ¿Qué es?   Identifiquen.

1. Petén
2. el doctor Arthur Demarest
3. Dos Pilas

C Información   Den la siguiente información.

1. dónde se desarrolló la cultura maya
2. el período de auge del imperio en el sur de Guatemala

Actividad comunicativa

A El derrumbe final   Explique en sus propias palabras cómo el expansionismo militar hubiera podido resultar en la decadencia y el derrumbe final del imperio maya.

Unas cartas

Introducción

Después de siglos de persecución y marginación, los grupos indígenas en Latinoamérica empiezan a luchar por sus derechos y por su cultura. Una manera de mantener la cultura es por medio del idioma. En Bolivia y en otros países hay programas de alfabetización para grupos indígenas. En estos programas los participantes aprenden a escribir en su propio idioma, ya sea el quechua, el aymará, el guaraní o cualquier otro.

Éstas son traducciones al español de cartas escritas originalmente en lengua guaraní. El guaraní se habla en Paraguay y también en partes de Bolivia.

Una muchacha boliviana

Tamaraeme
Asamblea del Pueblo Guaraní

Vocabulario

la cartilla

La alumna anotó las letras del alfabeto en su cuaderno.

la voluntad   el ánimo, el deseo, la intención   **comunicar**   decir, informar

engañar   dar a la mentira la apariencia de la verdad

A   **Expresiones equivalentes**   Expresen de otra manera.

1. Quiero *decir* a todo el mundo lo que estoy aprendiendo.
2. Primero, aprendemos *el alfabeto*.
3. Todos tenemos mucha *intención* de aprender.
4. *Apuntamos* todo en el papel.
5. Ahora nadie nos va a *explotar* en el mercado.

Rodeo- Juri_araTiniLaraSa-1992
che ambondo- aiKuaaKá- Peve
che_yemboe - iPorä oreve-Kuae
yemboeguasu_omee-yemoatängatu
ñande- yaikatu-yambaKuatia -
tendonde_vese-chePuereä
ambongeta- kuatiariru
erer- añavë - ambongeta-ñoma
michi michi -
Kuae -yembongeta_peñoma
cheaPɨ - ayeroviaPɨta
chee cheeve Féliz Romero vaca

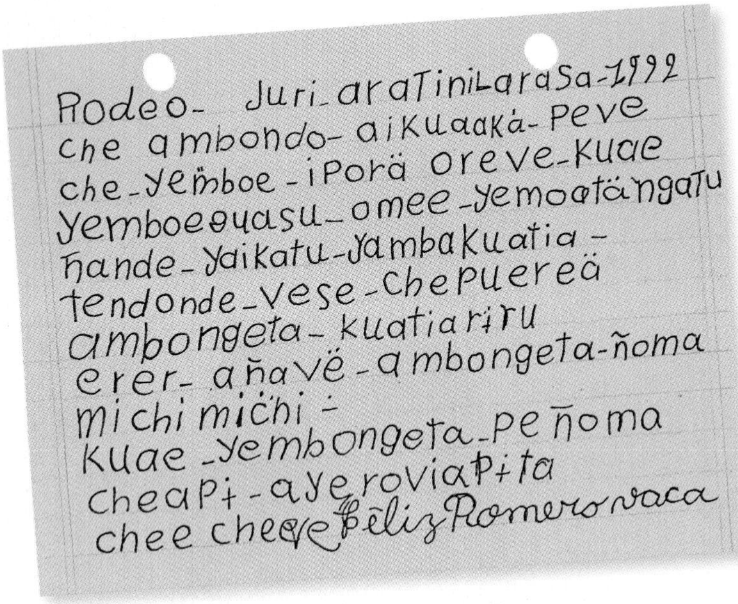

Rodeo, 7 de agosto

Les comunico que estoy aprendiendo. A todos nos gusta esta enseñanza porque nos da fuerza. Nosotros sabemos escribir, al comienzo no podía leer la cartilla, pero ahora ya leo de a poquito.

Termino en estas letras.

Mi nombre
Félix Romero Vaca

Rodeo, 7 de julio

Antes, yo no sabía escribir en nuestro idioma, ahora ya estoy aprendiendo algo.

Estoy estudiando con voluntad para que cuando venda mi producto ya no sea engañada.

Estoy en el grupo de Marciano Cuéllar, me llamo Teófila Segundo y tengo 33 años.

A las autoridades del TEKO les mando saludos.

Teófila Segundo

Ródeo Juri aratini arasa
eta chaupopa chaupa mokoi
chembaetɨko aikua Tenande vese
ambaekuatia ñande ñeepe
añavë aikuamaaï michi michi
chekɨrëɨ kotɨ ayemboe
che heyupe guarä amaemeëyave
ngaraama che motavɨ
chejaeko marciano igrupo
Pegua
cheko Cheree Teofila Segundo
cheonoi 33 arasa
muruvichareta tekopeguareta
amondotamaraëmë peve

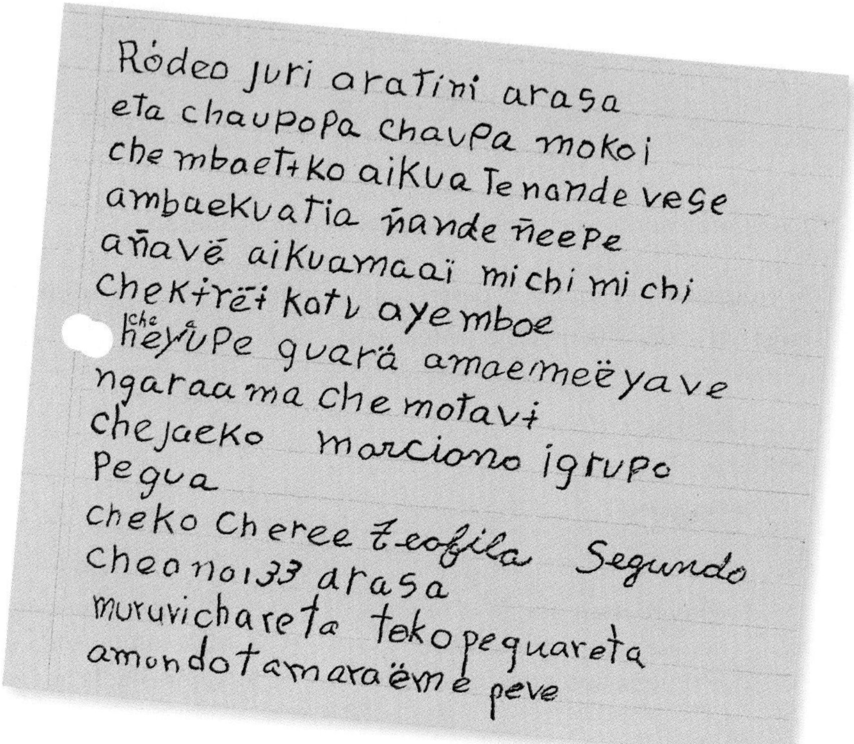

Urundeiti, 15 de junio

Saludos a todos.

Ya sabemos leer y escribir un poco en guaraní.

Eso les puedo contar a ustedes jefes.

Ahora anotaré mi nombre, para que sepan que yo, Marina Curinda, ya sé escribir mi nombre. El que me enseña tiene un buen carácter.

Marina Curinda
22 años

Comprensión

A **La carta de Félix Romero** Escojan.

1. Félix Romero es de ___.
   a. Urundeiti   **b.** Rodeo   **c.** TEKO

2. Él dice que la enseñanza les da ___.
   a. fuerza   **b.** voluntad   **c.** autoridad

3. Al principio él no sabía leer ___.
   a. las instrucciones   **b.** el alfabeto   **c.** la comunicación

B **La carta enviada el 7 de julio** Completen.

1. El siete de julio ___ escribió una carta.
2. Ella estudia mucho para que nadie la pueda ___.
3. Ella está aprendiendo a ___ su propio idioma.
4. La persona que enseña a su grupo es ___.

C **La carta de Marina Curinda** Contesten.

1. ¿Dónde vive Marina Curinda?
2. ¿A quiénes saluda ella?
3. ¿Qué puede hacer ella ahora?
4. ¿A quién se lo puede contar?
5. ¿Qué piensa ella de la persona que le enseña?
6. ¿Cuál es el idioma de Marina Curinda?

D **Ideas principales** ¿De qué tratan estas cartas? Escriba un párrafo explicando lo que Ud. cree que es. También indique su reacción.

Indios guaraníes

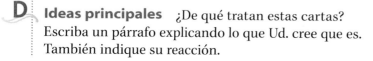

Actividades comunicativas

A **Un grupo indígena** Escoja un grupo de la lista y prepare un breve informe sobre el grupo.

los aztecas	**los taínos**	**los aymarás**	**los quechuas**
los mayas	**los araucanos**	**los guaranís**	**los incas**

B **Debate** En varios países se celebra la llegada de Cristóbal Colón al Nuevo Mundo el doce de octubre. Muchos indígenas protestan, diciendo que esta fecha conmemora un evento terrible para ellos. Preparen y presenten un debate sobre el tema: «Cristóbal Colón y la llegada de los europeos: ¿para bien o para mal?».

Los judíos en el Caribe

Introducción

El artículo que sigue apareció en un folleto publicado por el Museo de Arte Moderno de Bogotá para una exposición de fotografías tomadas por los miembros de una expedición enviada al Caribe por el Museo Beth Hatefutsuth en Israel. El propósito de la expedición fue localizar y tomar fotografías de las ruinas de las comunidades judías en el Caribe, sobre todo en Surinam; Coro, Venezuela; Barranquilla, Colombia; Panamá; Santo Tomás y San Eustaquio.

Los judíos que fueron al Caribe habían sido expulsados de España en 1492.

Vocabulario

los judíos   los hebreos, los israelitas
el hogar   la casa

perseguir   seguir a uno que huye
expulsar   echar de una región

Práctica

A ¿Cuál es la palabra?   Completen.

1. La ___ es un templo de los judíos.
2. El ___ es el maestro del culto hebreo o judío.
3. Las sinagogas se construían alrededor de cuatro ___.
4. Los españoles ___ a los judíos en 1492.
5. Los ___ fueron expulsados de España durante la Inquisición.

LA NACIÓN

Los judíos españoles y portugueses en la zona del caribe

LA NACIÓN

✡ Alrededor de 200.000 judíos fueron expulsados de España en 1492. Cerca de 50.000 se dirigieron a países del Mediterráneo pero la gran mayoría cruzó la frontera hacia Portugal. Cinco años después fue promulgada la ley para expulsar de Portugal a los judíos, pero cuando se dieron cuenta del daño económico que esto causaría al país, decretaron en su lugar que los judíos portugueses estaban, por ley, obligados a bautizarse. Aquéllos que lo hicieron fueron conocidos como «Nuevos Cristianos» o «Miembros de la Nación Hebrea en Portugal» («La Nación»). Vivieron a la sombra de la Inquisición, la cual perseguía a los que seguían observando el judaísmo en secreto. Los «Nuevos Cristianos» de Portugal aprovecharon cualquier oportunidad para salir del país. Encontraron refugio en Bayona y Burdeos (Francia), en Hamburgo y especialmente en Amsterdam. En sus nuevos hogares gozaron, en gran medida, de libertad religiosa, podían regresar al judaísmo y establecer comunidades. Algunos de ellos se dedicaron al comercio que estaba desarrollándose a comienzos del siglo XVII y vinieron al Nuevo Mundo. Allí se reunieron con los miembros de «La Nación» que lograron emigrar directamente de Portugal.

Los judíos que llegaron a la región del Caribe se encontraron con un

La sinagoga Mikve Israel, la más antigua de Sudamérica, Willemstad, Curazao

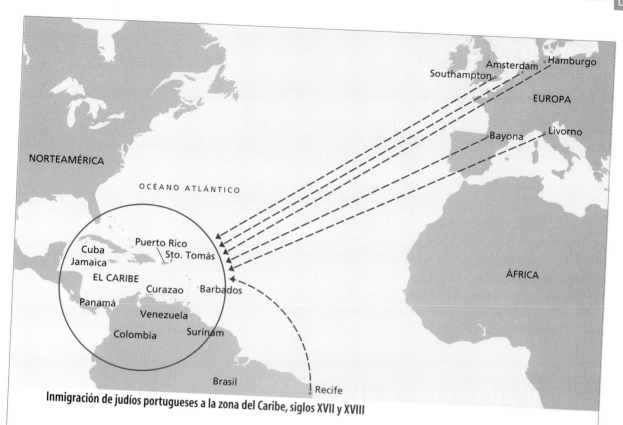

Inmigración de judíos portugueses a la zona del Caribe, siglos XVII y XVIII

ambiente análogo al de Europa. La Ley Católica de España y Portugal había sido desplazada por las fuerzas protestantes de Holanda, Bretaña y Dinamarca. Eran tolerantes con colonizadores de otras religiones y se les otorgó privilegios, garantizándoles una gran libertad. Algunas comunidades judías gozaron de autonomía y en Surinam tenían una milicia.

Los judíos fueron pioneros en varios campos de la economía. Muchos eran propietarios de plantaciones de caña de azúcar y café. Algunos estuvieron entre los primeros en refinar azúcar en la zona.

Miembros de «La Nación» establecieron comunidades en Surinam, Barbados, Curazao, Jamaica, las Islas Vírgenes, San Eustaquio, Venezuela, Colombia, Panamá y en otras zonas del Caribe. Conservaron sus privilegios y trataron de gozar de los mismos derechos que tenían los judíos en otras partes. Existía un sentimiento de mutua responsabilidad que trascendió fronteras y estados. Rabinos líderes, procedentes de comunidades más grandes visitaban regularmente las islas que no tenían rabinos para realizar servicios religiosos. Aspectos materiales unían también a los miembros de «La Nación», tales como la arquitectura común de sus sinagogas, construidas alrededor de 4 pilares centrales (que llamaban las 4 madres) o la costumbre de cubrir el piso de la sinagoga con arena.

Los judíos también desempeñaron un rol dentro de los movimientos de liberación de la zona, durante el siglo XIX. Simón Bolívar, Libertador de Venezuela, Colombia, el Ecuador y el Perú encontró refugio y ayuda entre los judíos de Curazao cuando planeó su lucha contra los españoles.

Comprensión

A **Los emigrantes judíos** Contesten.

1. ¿Cuántos judíos fueron expulsados de España en 1492?
2. ¿Adónde fue la mayoría de ellos?
3. ¿Qué estaban obligados a hacer los judíos en Portugal?
4. ¿Cómo se llamaban?
5. ¿Dónde encontraron refugio muchos judíos que salieron de Portugal?
6. ¿Qué podían hacer en sus nuevos hogares?
7. ¿A qué se dedicaron algunos de ellos?
8. En el Caribe, ¿eran tolerantes los colonizadores con personas de otras religiones?
9. ¿Qué tenían los judíos en Surinam?
10. ¿Qué trabajo hacían muchos judíos?
11. ¿Cómo estaban construidas sus sinagogas?
12. ¿De qué cubrían el piso de la sinagoga?
13. ¿Cómo desempeñaron los judíos un rol dentro del movimiento de liberación?

Actividad comunicativa

A **El ladino** Una lengua interesante derivada del español es el ladino. ¿Qué es el ladino? Es el idioma que hablan los descendientes de los judíos de origen español que huyeron de España durante la Inquisición. La mayoría de los judíos que fueron expulsados de España se establecieron en los países del sur, como por ejemplo, en el norte de África y en la Península de los Balcanes. Estos judíos se llaman sefardíes y su lengua es el ladino. El ladino que hablan los sefardíes se parece mucho al español que se hablaba en el siglo XV. Incluye también algunas importaciones turcas, árabes y griegas. Se escribe con un alfabeto parecido al alfabeto hebreo.

El Tiempo es un semanario que se edita actualmente en Tel Aviv-Jaffa en lengua judeoespañola. El aviso al lado del nombre del periódico dice: «Sobre la rogativa (la petición) de muchos lectores de cultura no latina, nuestro semanario adoptó la ortografía fonética».

Lea el siguiente artículo en ladino y tradúzcalo al español.

ANIO 18 No 841
30 Agorot
Sobre la rogativa de muchos lectores de cultura no latina, nuestro semanario adopto la ortografia fonetica.

EL TIEMPO
SEMANAL-POLITICO Y LITERARIO
אל טיאמפ (הזמן) שבועון פוליטי וספרותי בשפה הספניולית

◆◆◆◆◆◆◆◆◆

Un traktorista ferido gravemente por un akto de sabotaje de los sirianos

«Un miembro del kibutz Chamir, Nadav Beler, de 24 anios, fue ferido gravemente viernes pasado kuando su traktor trompezo kon una mina siriana.

El traktor salto por la fuerte detonasion del explosivo y el traktorista fue gravemente ferido. Los primeros kuydos le fueron dados sobre el lugar por los medikos y ambulansia que yegaron de prisa.

Despues el ferido fue transportado kon elikoptero al hospital Poris, el mas serkano al lugar.»

Echkol: vamos a fixar nuestra propia politika en lo ke konserna nuestra seguridad

Estructura

Telling what was done
La voz pasiva

1. The true passive voice is used much less in Spanish than in English. In Spanish, the active voice is almost always preferred. Compare these sentences that illustrate the active and passive voice in English.

ACTIVE
The Arabs conquered Spain.

PASSIVE
Spain was conquered by the Arabs.

2. The true passive in Spanish is formed by using the verb **ser** with the past participle.

ACTIVE
Los árabes conquistaron a España.

PASSIVE
España fue conquistada por los árabes.

Remember that the past participle agrees with the subject. The agent or performer of the action is introduced by the preposition **por.** Note that **por** is replaced by **de** if emotion is expressed.

El soberano fue admirado de todos.

3. The true passive is frequently used in an elliptical (shortened) form for newspaper headlines.

Costa destruida por huracán

 Práctica

A HISTORIETA El rey moro

Cambien las oraciones en la voz pasiva según el modelo.

> **El rey moro mandó un ultimátum.**
> **Un ultimátum fue mandado por el rey moro.**

1. Las tropas moras invadieron a España.
2. El Califa dirigió la campaña árabe.
3. Los árabes tomaron Granada.
4. Los árabes ganaron la guerra.
5. Siglos después, los españoles reconquistaron a Granada.
6. Los defensores defendieron la ciudad durante muchos meses.

La Alhambra, Granada, España

What is done in general
La voz pasiva con se

1. In Spanish, the true passive is often replaced by the reflexive pronoun **se** and the third person singular or plural of the verb, especially when the agent or person carrying out the action is not expressed.

> **Se prohíbe fumar.**   *Smoking is prohibited.*
> **Aquí se venden periódicos.**   *Newspapers are sold here.*

Note that the subject often follows the verb in this construction.

2. The **se** construction is also used when the subject is indefinite.

> **Se dice que él no puede**   *They say (It is said) that he*
> **ganar.**   *can't win.*

Práctica

A | HISTORIETA La paella

Completen usando **se**.

1. ___ (Preparar) la paella a base de arroz.
2. Primero ___ (hervir) el agua para el arroz.
3. Cuando el agua está hirviendo, ___ (echar) el arroz.
4. ___ (Agregar) también azafrán y sal.
5. Aparte, ___ (cocinar) el chorizo y el pollo.
6. Para presentarla ___ (poner) encima pimientos y varios mariscos.
7. ___ (Servir) la paella en una gran paellera.
8. Es un plato que ___ (comer) con gusto.
9. Después de comerla ___ (recomendar) echar una siesta.

B | ¿Dónde se vende(n)... ?

Contesten.

1. fruta
2. leche
3. mariscos
4. tomates
5. carne
6. lechuga
7. chuletas
8. pan
9. muebles
10. ropa
11. pasteles
12. perfume
13. aspirinas
14. zapatos
15. flores
16. jabón

Activities in the present and past
Verbos que terminan en -uir

1. Verbs that end in **-uir** have a **y** in all forms of the present tense except **nosotros** and **vosotros,** and in the third person singular and plural, **él, ella, Ud., ellos, ellas, Uds.,** of the preterite. Study these forms of the verb **construir.**

	PRESENT	PRETERITE
yo	construyo	construí
tú	construyes	construiste
él, ella, Ud.	construye	construyó
nosotros(as)	construimos	construimos
vosotros(as)	*construís*	*construisteis*
ellos, ellas, Uds.	construyen	construyeron

**El señor Garcés construye casas
   de campo.
Él construyó la casa de los Romero.
Los señores Romero distribuyen
   libros de texto.**

2. Other verbs ending in **-uir** are:

destruir	*to destroy*
disminuir	*to diminish, to lessen*
distribuir	*to distribute*
huir	*to flee, to escape*
incluir	*to include*
sustituir	*to substitute*

3. Note that the verb **oír** follows the same pattern as the verbs above except for the **yo** form in the present tense, **oigo.**

oír   oigo   oyes   oye   oímos   *oís*   oyen

4. The verbs **leer, oír,** and **caer** follow the pattern of the **-uir** verbs in the preterite tense.

leer	**leí**	**leíste**	**leyó**	**leímos**	*leísteis*	**leyeron**
oír	**oí**	**oíste**	**oyó**	**oímos**	*oísteis*	**oyeron**
caer	**caí**	**caíste**	**cayó**	**caímos**	*caísteis*	**cayeron**

❖Práctica❖

A · HISTORIETA Los constructores

Completen.

1. La compañía ___ (construir) fábricas.
2. El año pasado, ellos ___ (construir) solamente dos.
3. Nosotros ___ (oír) hablar de ellos con frecuencia.
4. Parece que sus ganancias ___ (caer) bastante el año pasado.
5. Una explosión ___ (destruir) una de las fábricas en construcción.
6. El responsable de la explosión ___ (huir).
7. Hoy ___ (distribuir) los dividendos de fin de año.
8. Los cheques no ___ (incluir) nada extra para nadie.

B · HISTORIETA ¿Qué oyes?

Completen con el presente de **oír**.

—Rosa, ¿qué ___(1) tú?

—¿Yo? No ___(2) nada.

—¿Que tú no ___(3) nada? Pero Ramón y yo sí que ___(4) algo.

—Es que Uds. ___(5) algo que nadie más ___(6).

—Pues todo el mundo ___(7) algo, y tú no ___(8) nada. Y tú
 tienes razón, ¿no?

C · ¿Qué oíste? Completen la conversación de la Práctica B con el pretérito de **oír**.

D · HISTORIETA Ayer en clase

Completen con el pretérito.

1. ¿Tú ___ (oír) lo que pasó en clase?
2. No, no ___ (oír) nada.
3. Pues, Carlos y Tina ___ (leer) un artículo.
4. Paco entonces ___ (leer) otro.
5. En ese momento, todo el mundo ___ (oír) un
 ruido tremendo.
6. Unos criminales que ___ (huir) de la policía
 entraron en la clase.
7. Paco se ___ (caer) al suelo de miedo.
8. Los criminales ___ (destruir) mucho en la clase.
9. Pero esta vez no ___ (huir) ni uno de ellos.
10. Todos ___ (caer) en manos de la policía.

Literatura
Costumbres quichés

En muchas partes de Latinoamérica la población indígena es significativa, y en algunos países, mayoritaria. A pesar de lo numerosa que es la población indígena, su participación en la vida económica y social nacional es frecuentemente muy limitada. Las poblaciones indígenas se ven marginadas. Muchas veces son víctimas de pobreza y discriminación. Siempre ha habido defensores de los indígenas, como Fray Bartolomé de las Casas en el México del siglo XVI. Pero hoy, desde México hasta Tierra del Fuego, son los mismos indígenas que luchan por la justicia y por sus derechos.

Vocabulario

la cosecha del maíz

la candela

la milpa

el cultivo

sembrar

el/la ladino(a)   mestizo(a), indio(a) que habla castellano

el antepasado   abuelo, ancestro

desperdiciar   perder, malgastar

herir   causar daño, lastimar

compuesto(a)   hecho(a), producido(a)

sagrado(a)   venerable, santo(a), con valor religioso

⟨Práctica⟩

A **La naturaleza**   Completen.

1. Los recursos naturales son limitados, no se deben ___.
2. Los indígenas respetan el agua y la tierra porque creen que son cosas ___.
3. Los indígenas también respetan a sus abuelos y otros ___.
4. Ellos prefieren los productos naturales, no los productos ___ por máquinas.
5. No puedo ver sin la luz que nos da ___.
6. Nunca debemos ___ o lastimar a nadie.
7. Los campesinos tienen que ___ bien los campos si quieren una cosecha buena.
8. El ___ del maíz es importante para los indígenas.

Introducción

Rigoberta Menchú pertenece a los quichés, grupo indígena de Guatemala, descendientes de los mayas. Ella nació en 1959 en la pequeña aldea de Chimel en el estado guatemalteco de El Quiché en el norte del país.

A los veintitrés años de edad Rigoberta Menchú contó la historia de su vida a Elizabeth Burgos quien la redactó tal como se la contó Rigoberta. Dice Burgos:

«La historia de su vida es más un testimonio sobre la de Guatemala. Por ello es ejemplar, puesto que encarna la vida de todos los indios del continente americano. Lo que ella dice a propósito de su vida, de su relación con la naturaleza, de la vida, la muerte, la comunidad, lo encontramos igualmente entre los indios norteamericanos, los de América Central y los de Sudamérica.»

Rigoberta Menchú ha luchado por los derechos de los indígenas, no sólo de Guatemala, sino de toda la América. En 1992 ella recibió el Premio Nóbel de la Paz.

En la selección de su libro *me llamo Rigoberta Menchú y así me nació la conciencia* ella nos habla de la importancia de la naturaleza en la vida de los quichés.

La selección comienza con unas frases del *Popol Vuh*, el libro sagrado de los quichés de Guatemala que data del siglo XVI.

Lectura

me llamo Rigoberta Menchú y así me nació la conciencia

Capítulo X *La naturaleza* (fragmento)

Tojil, en la oscuridad que le era propicia, con una piedra golpeó el cuero de su sandalia, y de ella, al instante, brotó una chispa, luego un brillo y en seguida una llama y el nuevo fuego lució esplendoroso. (Popol Vuh)

Entonces también desde niños recibimos una educación diferente de la que tienen los blancos, los ladinos. Nosotros, los indígenas, tenemos más contacto con la naturaleza.
... respetamos una serie de cosas de la naturaleza. Las cosas más importantes para nosotros. Por ejemplo, el agua es algo sagrado. La explicación que nos dan nuestros padres desde niños es que no hay que desperdiciar el agua, aunque haya. El agua es algo puro, es algo limpio y es algo que da vida al hombre. Sin el agua no se puede vivir, tampoco hubieran podido vivir nuestros antepasados... Tenemos tierra. Nuestros padres nos dicen «Hijos, la tierra es la madre del hombre porque es la que da de comer al hombre.» Y más nosotros que nos basamos en el cul... porque nosotros los indígenas comemos maíz, frijol y yerb... campo y no sabemos comer, por ejemplo, jamón o ques... compuestas con aparatos, con máquinas. Entonces e... que la tierra es la madre del hombre. Y de hecho ... nos enseñan a respetar esa tierra. Sólo se pued...

Guatemala

LITERATURA

cuando hay necesidad. Esa concepción hace que antes de sembrar nuestra milpa, tenemos que pedirle permiso a la tierra.

Cuando se pide permiso a la tierra, antes de cultivarla, se hace una ceremonia.... En primer lugar se le pone una candela al representante de la tierra, del agua, del maíz, que es la comida del hombre. Se considera, según los antepasados, que nosotros los indígenas estamos hechos de maíz. Estamos hechos del maíz blanco y del maíz amarillo, según nuestros antepasados. Entonces, eso se toma en cuenta. Y luego la candela, que representa al hombre como un hijo de la naturaleza, del universo. Entonces, se ponen esas candelas y se unen todos los miembros de la familia a rezar. Más que todo pidiéndole permiso a la tierra, que dé una buena cosecha. También se reza a nuestros antepasados, mencionándoles sus oraciones, que hace tiempo, hace mucho tiempo, existen.

Después de leer

Comprensión

A. Tradiciones Contesten.

1. Según Rigoberta Menchú, ¿cuáles son las cosas más importantes para los indígenas?
2. ¿Quién es la *madre del hombre*, y por qué se le considera así?
3. En la ceremonia que describe Rigoberta Menchú se pone una candela ante tres cosas, ¿cuáles son?
4. ¿Qué importancia tiene el maíz blanco y el amarillo en la tradición de los indígenas?

B. El Popol Vuh Expliquen.

El capítulo X comienza con unas frases del *Popol Vuh*. ¿A qué cree usted que se refieren?

Actividades comunicativas

A. Una entrevista Guatemala. Su c. es un voluntario del Cuerpo de Paz en Ud. le hace una enero(a) es un miembro del grupo quiché. costumbres y tradic. le pregunta sobre su vida diaria, sus

B. Los quichés Hoy día Guatemala. Sus tradicione información sobre los quich000 quichés viven en presentar a la clase. res son únicas. Busque un informe para

Búcate plata

de Nicolás Guillén

Ilustres poetas latinoamericanos como el cubano Nicolás Guillén han tomado la experiencia negra para crear maravillosas poesías. En el poema «Búcate plata», de Nicolás Guillén, se nota que el poeta ha imitado el habla de los negros cubanos. Al leer el poema, piensen en la difícil situación en que se encuentra la mujer. Y noten que le molesta mucho el «¿qué dirán?» En las Antillas, y en Cuba en particular, decirle a uno «mi negro» o «mi negra» es expresarle cariño.

Vocabulario

la plata, el dinero   **las galletas**   **correr**

dar un paso

Un joven dio un paso atrás. El otro corrió.

Práctica

A **Unas definiciones**   Den la palabra.

1. un tipo de pan duro
2. irse de prisa, abandonar un sitio
3. moverse sin ir muy lejos
4. otro término para «el dinero»

B **¿Cómo se pronuncia?**   Pareen.

1. arroz   **a.** búcate
2. nada más   **b.** arró
3. búscate   **c.** tó
4. está   **d.** na má
5. después   **e.** etá
6. todo   **f.** depué

Introducción

Nicolás Guillén nació en Camagüey, Cuba, en 1902. Muy temprano, introdujo en sus versos el folklore negro de su país. Es el mejor cultivador de la poesía afrocubana. Su poesía a la vez nos ofrece magníficas escenas costumbristas y un fervoroso ataque contra la explotación del negro antillano. En «Búcate plata» la mujer lamenta no poder gozar de las comodidades que tienen otros. Ella siente pena por el hombre, pero «hay que comer».

Nicolás Guillén

Lectura

Búcate plata

Búcate plata,
búcate plata,
porque no doy un paso má;
etoy a arró con galleta,
na má.

Yo bien sé como etá tó,
pero viejo, hay que comer:
búcate plata,
búcate plata,
porque me voy a correr.

Depué dirán que soy mala,
y no me querrán tratar°,
pero amor con hambre, viejo,
¡qué va!
Con tanto zapato nuevo,
¡qué va!
Con tanto reló, compadre,
¡qué va!
Con tanto lujo°, mi negro,
¡qué va!

Cosecha de la caña de azúcar, Cuba

tratar tener alguna relación con una persona

lujo opulencia

Después de leer

Comprensión

A **No está contenta.** Contesten.

1. ¿Qué es lo que le pide la mujer al hombre?
2. ¿Qué es lo único que ella come ahora?
3. ¿Qué va a hacer ella si las cosas no cambian?
4. ¿Qué ve ella que la hace sentir mal?

B **¿Qué quiere decir... ?** Expliquen el significado.

1. ... no doy un paso má;
2. Depué dirán que soy mala, y no me querrán tratar,
3. pero amor con hambre, viejo, ¡qué va!
4. Yo bien sé como etá tó.

C **¿Dónde dice?** Busquen dónde indica...

Trinidad, Cuba

1. que ella comprende que las cosas son difíciles
2. que ella va a abandonar a «su viejo»
3. que la gente hablará mal de ella
4. que otros tienen mucho

Actividades comunicativas

A **Un resumen** Prepare un resumen del poema en sus propias palabras.

B **Debate** Divida su grupo en dos y debatan el tema: ¿Tiene razón la mujer o no en abandonar al hombre en «Búcate plata»?

C **La influencia africana** Con su grupo, busquen información sobre la influencia africana en las Antillas. ¿De qué parte de África vino la mayoría de los negros? ¿Cuándo llegaron? ¿Cuál es el tamaño de la población negra en los distintos países?

El prendimiento de Antoñito el Camborio en el camino de Sevilla

Antes de leer

El romance que sigue, «El prendimiento de Antoñito el Camborio en el camino de Sevilla», es obra del gran poeta español Federico García Lorca. García Lorca era andaluz y es en Andalucía donde se encuentra la mayoría de los gitanos españoles. El Antoñito del poema es gitano, del clan de los Camborio.

Los gitanos se encuentran en Irlanda, Hungría, Rumania y en toda Europa. Se cree que los gitanos tienen su origen en el norte de la India. Los gitanos europeos están siempre en camino de un lugar a otro. Los gitanos españoles, no. Los gitanos tienen sus propias costumbres y hasta su propia lengua, *el caló*. A pesar de haber vivido en España desde hace siglos, siempre se les considera «diferentes». Los gitanos siempre han sufrido del prejuicio racial. Hay quienes los acusan de ladrones, de traficantes en droga, etc. Al mismo tiempo, los gitanos españoles tienen fama de ser los mejores intérpretes del cante y del baile flamencos, y de producir algunos de los mejores y más finos toreros. Los gitanos también contribuyen a esa mezcolanza de razas y culturas que ha formado al español.

La Guardia civil española es el cuerpo destinado a mantener el orden en el campo y en los caminos. Hasta hace poco los guardias civiles llevaban un tricornio, un sombrero de tres picos. Al leer el poema, trate de determinar dónde residen las simpatías del poeta, ¿con el gitano o con los guardias civiles?

Gitanas, Córdoba, España

Vocabulario

los toros

el tricornio

la aceituna

el oro

el hombro

el codo

el arroyo

el guardia civil

Tiró el limón al agua.

la sangre   el líquido rojo que corre por las venas
el calabozo   la prisión

el potro   un caballo joven
redondo(a)   de forma circular

⟨Práctica⟩

A   **¿Cuál es la palabra?**   Completen.

1. Los ___ y los ___ son animales.
2. El ___ y el ___ son partes del cuerpo humano.
3. El ___ es una fruta.
4. El ___ es un metal precioso.
5. La ___ es la fruta del olivo.
6. El ___ es un río pequeño.

7. Un miembro de la policía nacional española es un ___ ___.
8. El sombrero que lleva es un ___.
9. Le sale ___ de la herida causada por un cuchillo.
10. Los policías lo llevan al ___.

Introducción

Federico García Lorca (1898–1936) nació
en una aldea de la provincia de Granada, en
Andalucía. Hijo de una familia acomodada,
pasó una infancia feliz en el campo. Estudió
derecho y filosofía y letras en la Universidad
de Granada, y también en la Universidad
de Madrid. Desde muy joven, García Lorca
tenía afición a la pintura, al teatro y a la
música. Manuel de Falla, el famoso
compositor español, dijo de él «si hubiera
querido ser músico, hubiera sido tan bueno
como el poeta que es».

Federico García Lorca

Durante su corta vida, García Lorca viajó
por Europa, la América del Sur, el Canadá
y los Estados Unidos. En algunos países
trabajó como director de teatro. En 1929
y 1930, pasó una temporada en Nueva York,
donde se matriculó en una clase de inglés
en la Universidad de Columbia. Durante
su estadía en Nueva York, dio conferencias
sobre música, folklore y poesía. Escribió
una colección de poesías titulada *Poeta
en Nueva York*. En 1936, al comenzar la
Guerra Civil española, García Lorca murió
misteriosa y trágicamente, asesinado en
su querida Granada.

A pesar de haber muerto muy joven,
García Lorca dejó una producción
caudalosa de poesía y teatro. En la poesía
de García Lorca hay teatro y en su teatro
hay poesía. Toda su obra combina lo lírico
con lo dramático. De todos los poetas de
habla española de este siglo, es García Lorca
quien ha cruzado con mayor
éxito las fronteras de la lengua.
Su obra se ha traducido en
muchos idiomas.

El poema que sigue es
de su *Romancero gitano*,
publicado en 1928. Un
romancero es una colección
de romances. Ud. verá al leer
este romance que la poesía
de García Lorca está llena
de imágenes, de formas, de
sonidos, de sensaciones y
de misterio. Su obra es como
teatro poético. Al leer «El
prendimiento de Antoñito
el Camborio en el camino
de Sevilla», trate de formarse
una imagen mental de lo
que está pasando.

Andalucía, España

Lectura

El prendimiento de Antoñito el Camborio en el camino de Sevilla

«La gitana» de Isidro Nonell

Antonio Torres Heredia,
hijo y nieto de Camborios,
con una vara de mimbre°
va a Sevilla a ver los toros.
Moreno de verde luna,
anda despacio y garboso°.
Sus empavonados bucles°
le brillan entre los ojos.
A la mitad del camino
cortó limones redondos,
y los fue tirando al agua
hasta que la puso de oro.
Y a la mitad del camino,
bajo las ramas de un olmo°,
guardia civil caminera
lo llevó codo con codo.

El día se va despacio,
la tarde colgada° a un hombro
dando una larga torera°
sobre el mar y los arroyos.
Las aceitunas aguardan
la noche de Capricornio,
y una corta brisa, ecuestre°,
salta los montes de plomo°.
Antonio Torres Heredia,
hijo y nieto de Camborios,
viene sin vara de mimbre
entre los cinco tricornios.

—Antonio, ¿quién eres tú?
Si te llamaras Camborio,
hubieras hecho una fuente
de sangre con cinco chorros°.
Ni tú eres hijo de nadie,
ni legítimo Camborio.
¡Se acabaron los gitanos
que iban por el monte solos!
Están los viejos cuchillos
tiritando° bajo el polvo.

A las nueve de la noche
lo llevan al calabozo,
mientras los guardias civiles
beben limonada todos.
Y a las nueve de la noche
le cierran el calabozo,
mientras el cielo reluce
como la grupa° de un potro.

una vara de mimbre *a reed stick*

garboso *gracefully*
empavonados bucles *carefully combed (slick) curls*

un olmo *an elm*

colgada *hanging on*
una larga torera *a pass with a cape in a bullfight*

ecuestre *relativo al caballo*
plomo *lead*

chorros *spurts*

tiritando *shivering*

grupa *flank*

Después de leer

Comprensión

A **El gitano** Contesten.

1. ¿Cómo se llama el gitano?
2. ¿Qué lleva en la mano?
3. ¿Adónde va?
4. ¿Qué quiere ver?
5. ¿Cómo es la piel del gitano?
6. ¿Cómo anda?
7. ¿Cómo lleva el pelo?
8. ¿Qué brilla entre sus ojos?
9. ¿Qué corta de los árboles?
10. ¿Dónde los tira?
11. ¿Por dónde van caminando los guardias civiles?
12. ¿Cómo llevan a Antoñito?

Guardias civiles

B **¿Cómo se sabe?** Expliquen.

1. A Antoñito lo han tomado preso los guardias. ¿Cómo viene ahora?
2. Hay más de un guardia civil. ¿Cúantos hay? ¿Cómo se sabe?
3. En el poema alguien dice: «Antonio, ¿quién eres tú?» ¿Quién le está hablando a quién?
4. ¿Quién le está diciendo que es cobarde? ¿Por qué? Si fuera un verdadero Camborio, ¿qué habría hecho?
5. ¿Qué pasa a las nueve de la noche? ¿Qué hacen los guardias?

C **Los símbolos** Escojan.

1. ¿Qué significa «moreno de verde luna»?
   a. El gitano camina de noche.
   b. El gitano tiene el pelo negro, la piel morena y los ojos verdes.
   c. El gitano de piel morena es joven.

2. ¿Qué significa «la tarde colgada a un hombro»?
   a. El gitano tiene algo que le cubre el hombro.
   b. El tiempo pasa despacio y el gitano está preocupado y pensativo.
   c. Van a colgar a Antoñito durante la tarde.

3. ¿Qué significa «hubieras hecho una fuente de sangre»?
   a. Hubieras recibido una herida.
   b. Hubieras apuñalado (herido con un cuchillo) a los guardias.
   c. Le hubiera salido mucha sangre de su herida.

4. ¿Qué significa «una corta brisa ecuestre»?

    a. una brisa fría

    b. un viento fuerte de invierno

    c. una brisa repentina como la que surge cuando pasa rápido un caballo

5. ¿Qué significa «salta los montes de plomo»?

    a. Los montes de esta región contienen mucho plomo.

    b. Los montes y los olivos que crecen allí son grises.

    c. Los montes tienen piedras que saltan cuando pasan los caballos.

6. ¿Qué significa «están los viejos cuchillos tiritando bajo el polvo»?

    a. Los cuchillos brillan tanto que es imposible verlos.

    b. Los gitanos ya no usan cuchillo, han perdido su bravura.

    c. Los cuchillos están enterrados en un cementerio.

D **Los significados** ¿Qué cree Ud. que significa... ?

1. la vara de mimbre

2. Las aceitunas aguardan la noche de Capricornio.

❧Actividades comunicativas❧

A **Una descripción** García Lorca nos da una descripción bastante completa del aspecto físico de Antoñito. Describa al joven.

B **La marcha del día** ¿Cuál es la imagen que García Lorca usa para describir la marcha del día?

C **Una crítica** En un párrafo, describa como Antoñito se critica a sí mismo.

D **Los gitanos** Según la voz que le habla a Antoñito, ¿cómo han cambiado los gitanos?

E **Prosa en verso** Muchos críticos literarios dicen que la obra de García Lorca es siempre teatro poético, sea en prosa o en verso. Lea una vez más el poema. Luego, trabajando con un(a) compañero(a) de clase, preparen una escena dramática basándola en lo que sucedió en el poema.

Un gitano, Granada, España

¡Quién sabe!

de José Santos Chocano

Antes de leer

El fragmento que sigue es del poema «Tres notas del alma indígena» del conocido poeta peruano, José Santos Chocano. Aquí Chocano le habla al indio de hoy. Le pregunta si se ha olvidado de la grandeza del pasado, cuando los indios eran dueños de las Américas. La respuesta del indio, «¡Quién sabe, señor!», significa que se niega a opinar. Esa contestación es muy típica del habla del indio.

Vocabulario

la frente

el sudor

labrar

El indio está labrando la tierra.
Tiene una mirada taciturna, melancólica.
Está sudando (transpirando).

ignorar no saber, no conocer   **el amo** el jefe, el patrón, el dueño

Práctica

A **La tierra** Contesten.

1. ¿Qué hace el indio?
2. ¿Qué expresión tiene en la cara?
3. ¿Por qué está sudando?
4. ¿Dónde tiene el sudor?

B **Una expresión equivalente** Expresen de otra manera.

1. El indio está *trabajando en el campo*.
2. Su *patrón* es bastante cruel.
3. El indio trabaja duro y está *transpirando*.
4. Tiene *una expresión* triste.
5. Él *no conoce* las grandezas pasadas de su gente.

Indígenas mayas

Indígena boliviana

Indígena peruano

Introducción

José Santos Chocano (1875–1934) nació en el Perú. Durante su vida tumultuosa viajó por muchos países de Hispanoamérica y vivió varios años en Madrid. En sus poesías Chocano cantó las hazañas de su gente y describió la naturaleza americana: los volcanes, la cordillera andina y las selvas misteriosas.

Chocano se sentía inca. Él quería ser indio y español a la vez. Esa fusión de lo indígena y lo español la sentía en sus venas porque una de sus abuelas descendía de un capitán español y la otra era de una familia inca. La voz del poeta era la de un mestizo que conocía a su gente y su tierra. Se declaró a sí mismo cantor «autóctono y salvaje» de la América de habla española.
—Walt Whitman tiene el Norte, pero yo tengo el Sur, —dijo Chocano.

José Santos Chocano

Lectura

¡Quién sabe!

—Indio que labras con fatiga
tierras que de otros dueños son:
¿Ignoras tú que deben tuyas
ser, por tu sangre y tu sudor?
¿Ignoras tú que audaz codicia°,
siglos atrás te las quitó?
¿Ignoras tú que eres el Amo?
—¡Quién sabe, señor!

audaz codicia *bold greed*

—Indio de frente taciturna
y de pupilas sin fulgor°.
¿Qué pensamiento es el que escondes
en tu enigmática° expresión?
¿Qué es lo que buscas en tu vida?
¿Qué es lo que imploras a tu Dios?
¿Qué es lo que sueña tu silencio?
—¡Quién sabe, señor!

sin fulgor *without spark or brightness*

enigmática *puzzling*

Cultivo del maíz en el altiplano

~Después de leer~

Comprensión

A **El indio**   Contesten.

1. ¿Qué hace el indio hasta estar rendido (muy cansado)?
2. ¿Cuáles son tres cosas que es posible que el indio no sepa?
3. ¿Cómo contesta el indio?
4. ¿Sabemos si el indio tiene las respuestas a las preguntas?

B **Sus tierras**   Expliquen.

1. ¿Por qué le dice el autor al indio que las tierras deben ser suyas por su sangre y su sudor?
2. El autor le pregunta al indio si sabe que ya hace siglos una audaz codicia le quitó sus tierras. ¿A qué o a quiénes se refiere el autor?
3. ¿Por qué habrá escrito el autor *el amo* con letra mayúscula?

C **Chocano dice...**   Contesten.

1. ¿Cómo describe José Santos Chocano a los indios?
2. ¿Cómo dice Chocano... ?
   El indio parece melancólico.
   Parece que no tiene alegría ni esperanza.
   Tiene una mirada vaga.
   Parece que está pensando en algo pero no se lo revela a nadie.

Actividades comunicativas

A **Latinoamérica**   Ernest Lewald dice en su libro *Latinoamérica: Sus culturas y sociedades*: «Según los investigadores antropológicos, el indio latinoamericano añadió a su estoicismo y rutina de tiempos precolombinos el silencio y la introversión tan propia de pueblos subyugados. Ha sido muy fácil observar que el indio en la actualidad se muestra inaccesible y pasivo frente al hombre moderno, aunque es locuaz y cooperativo dentro de su grupo comunal». ¿Cómo coinciden las palabras del poeta José Santos Chocano con las observaciones de los investigadores antropológicos?

B **Un mensaje**   Las obras de la mayoría de los intelectuales o de los escritores latinoamericanos tienen algún mensaje para el pueblo. En estos versos, ¿qué le está diciendo el poeta al indio? ¿Quiere Chocano que el indio acepte su situación con una resignación fatalista?

1. Selva tropical y cataratas de Hocha
2. Caracas
3. Pintando un mural de Simón Bolívar, Ciudad Bolívar
4. Guacamayo escarlata, Parque Nacional Canaima
5. Llanero con ganado, Río Orinoco
6. Hacienda cerca de Mérida
7. Monumento a los Próceres (héroes) de la Independencia, Caracas

4

NATIONAL GEOGRAPHIC
VISTAS
DE VENEZUELA

5

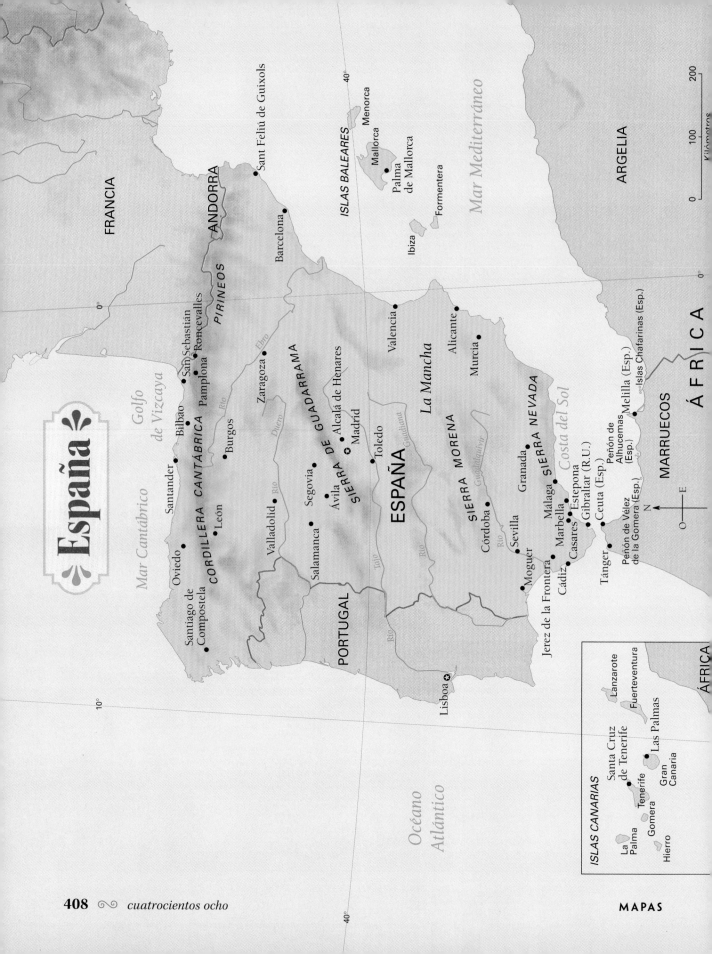

España

FRANCIA

ANDORRA

PORTUGAL

ESPAÑA

MARRUECOS

ARGELIA

ÁFRICA

Mar Cantábrico

Golfo de Vizcaya

PIRINEOS

CORDILLERA CANTÁBRICA

SIERRA DE GUADARRAMA

SIERRA MORENA

SIERRA NEVADA

La Mancha

Costa del Sol

Mar Mediterráneo

Océano Atlántico

ISLAS BALEARES

Menorca
Mallorca
Palma de Mallorca
Formentera
Ibiza

Santiago de Compostela
Oviedo
Santander
Bilbao
San Sebastián
Roncevalles
Pamplona
Burgos
León
Valladolid
Salamanca
Segovia
Ávila
Alcalá de Henares
Madrid
Toledo
Zaragoza
Barcelona
Sant Felíu de Guixols
Valencia
Alicante
Murcia
Córdoba
Sevilla
Moguer
Jerez de la Frontera
Cádiz
Granada
Málaga
Marbella
Casares
Estepona
Gibraltar (R.U.)
Ceuta (Esp.)
Tánger
Lisboa

Río Ebro
Río Duero
Río Tajo
Río Guadiana
Río Guadalquivir

Peñón de Vélez de la Gomera (Esp.)
Peñón de Alhucemas (Esp.)
Melilla (Esp.)
Islas Chafarinas (Esp.)

N
O E
S

0   100   200
Kilómetros

ÁFRICA

ISLAS CANARIAS
Lanzarote
Fuerteventura
Santa Cruz de Tenerife
La Palma
Tenerife
Gomera
Hierro
Las Palmas
Gran Canaria

40°
0°
10°
40°

La América del Sur

Mar Caribe

Océano
Atlántico

Océano
Pacífico

Cartagena • Maracaibo • • Caracas
VENEZUELA • GUYANA
Medellín • • Georgetown SURINAM
Tolima • • Santafé de Bogotá • Paramaribo • Cayena
Cali • COLOMBIA GUAYANA
FRANCESA

Islas
Galápagos
(Ecuador)

Otavalo •
Quito • • Volcán Cotopaxi
ECUADOR
Guayaquil • • Cuenca • Iquitos

Río Orinoco

Río Amazonas

BRASIL

PERÚ
Lima • MACHU PICCHU
Miraflores • Cuzco
• Pisac
Ica • Lago Titicaca
• La Paz
TIWANAKU
• Sucre

BOLIVIA

Brasilia •

PARAGUAY São Paulo •
Salta • Asunción • Río de Janeiro •

Vicuña • • Córdoba
Viña del Mar • Mendoza URUGUAY
Valparaíso • • Rosario Montevideo •
Santiago • Buenos Aires •
CHILE ARGENTINA
Mar del Plata •
Lago Villarrica
Pucón •

Puerto Montt • • Bariloche
Chiloé •

CORDILLERA DE LOS ANDES

ATACAMA DESERT

CORDILLERA DE LOS ANDES

PATAGONIA

Islas
Malvinas
(R.U.)

0   500   1000
Kilómetros

PARQUE NACIONAL TORRES DEL PAINE
Punta Arenas •

N
O   E
S

México, La América Central y El Caribe

Océano Atlántico

Océano Pacífico

Golfo de México

Golfo de California

Mar Caribe

ESTADOS UNIDOS

MÉXICO

Los Ángeles
San Diego
Tijuana
Mexicali
Nogales
Tucson
Phoenix
Santa Fe
Albuquerque
El Paso
Ciudad Juárez
Chihuahua
Nuevo Laredo
Dallas
San Antonio
Nueva Orléans
Tampa
Miami

Río Grande
Bravo
Río
Río
Misisipi

La Paz
Puerto Vallarta
Guadalajara
San Luis Potosí
Guanajuato
San Miguel de Allende
México
Coyoacán
Taxco
Puebla
Veracruz
Parque La Venta
Acapulco
Oaxaca
San Cristóbal de las Casas
Chichicastenango
Golfo de UXMAL
Campeche
Mérida
Campeche
:::CHICHÉN ITZA
:::PARQUE NACIONAL TIKAL
Belmopan

ISLAS BAHAMAS

La Habana
Matanzas
Cienfuegos
Isla de la Juventud
CUBA
Camagüey
Santiago de Cuba
Guantánamo

JAMAICA
Kingston

HAITÍ
Puerto Príncipe

REPÚBLICA DOMINICANA
Santo Domingo

PUERTO RICO
Arecibo
San Juan
Santurce
Ponce

ANTILLAS MENORES

BELICE
GUATEMALA
Guatemala
Antigua
San Salvador
EL SALVADOR
HONDURAS
:::COPAN
Tegucigalpa
NICARAGUA
Managua
COSTA RICA
Puntarenas
San José
Puerto Limón
RESERVACIÓN AMISTAD
PANAMÁ
Panamá
Colón

VENEZUELA
Caracas
Río
Orinoco

COLOMBIA
Barranquilla
Cartagena
Medellín

N
O — E
S

0   100   200
Kilómetros

Verbos

A. Verbos regulares

INFINITIVO	hablar *to speak*	
PARTICIPIO PRESENTE[1]	hablando	
PRESENTE	yo hablo tú hablas él, ella, Ud. habla	nosotros(as) hablamos *vosotros(as) habláis* ellos, ellas, Uds. hablan
PRETÉRITO	yo hablé tú hablaste él, ella, Ud. habló	nosotros(as) hablamos *vosotros(as) hablasteis* ellos, ellas, Uds. hablaron
IMPERFECTO	yo hablaba tú hablabas él, ella, Ud. hablaba	nosotros(as) hablábamos *vosotros(as) hablabais* ellos, ellas, Uds. hablaban
FUTURO	yo hablaré tú hablarás él, ella, Ud. hablará	nosotros(as) hablaremos *vosotros(as) hablaréis* ellos, ellas, Uds. hablarán
CONDICIONAL	yo hablaría tú hablarías él, ella, Ud. hablaría	nosotros(as) hablaríamos *vosotros(as) hablaríais* ellos, ellas, Uds. hablarían
PRESENTE PERFECTO[2]	yo he hablado tú has hablado él, ella, Ud. ha hablado	nosotros(as) hemos hablado *vosotros(as) habéis hablado* ellos, ellas, Uds. han hablado
PLUSCUAMPERFECTO	yo había hablado tú habías hablado él, ella, Ud. había hablado	nosotros(as) habíamos hablado *vosotros(as) habíais hablado* ellos, ellas, Uds. habían hablado
CONDICIONAL PERFECTO	yo habría hablado tú habrías hablado él, ella, Ud. habría hablado	nosotros(as) habríamos hablado *vosotros(as) habríais hablado* ellos, ellas, Uds. habrían hablado
FUTURO PERFECTO	yo habré hablado tú habrás hablado él, ella, Ud. habrá hablado	nosotros(as) habremos hablado *vosotros(as) habréis hablado* ellos, ellas, Uds. habrán hablado
SUBJUNTIVO PRESENTE	yo hable tú hables él, ella, Ud. hable	nosotros(as) hablemos *vosotros(as) habléis* ellos, ellas, Uds. hablen
SUBJUNTIVO IMPERFECTO	yo hablara tú hablaras él, ella, Ud. hablara	nosotros(as) habláramos *vosotros(as) hablarais* ellos, ellas, Uds. hablaran
PRESENTE PERFECTO DEL SUBJUNTIVO	yo haya hablado tú hayas hablado él, ella, Ud. haya hablado	nosotros(as) hayamos hablado *vosotros(as) hayáis hablado* ellos, ellas, Uds. hayan hablado
PLUSCUAMPERFECTO DEL SUBJUNTIVO	yo hubiera hablado tú hubieras hablado él, ella, Ud. hubiera hablado	nosotros(as) hubiéramos hablado *vosotros(as) hubierais hablado* ellos, ellas, Uds. hubieran hablado
IMPERATIVO FORMAL	hable Ud. hablen Uds.	
IMPERATIVO FAMILIAR	habla tú	

[1] Verbos con gerundio irregular: *caer: cayendo, construir: construyendo, contribuir: contribuyendo, distribuir: distribuyendo*

[2] Verbos con participio pasado irregular: *abrir: abierto, cubrir: cubierto, devolver: devuelto, escribir: escrito, freír: frito, morir: muerto, ver: visto*

Verbos regulares

INFINITIVO	**comer**	
	to eat	
PARTICIPIO PRESENTE	comiendo	
PRESENTE	yo como	nosotros(as) comemos
	tú comes	*vosotros(as) coméis*
	él, ella, Ud. come	ellos, ellas, Uds. comen
PRETÉRITO	yo comí	nosotros(as) comimos
	tú comiste	*vosotros(as) comisteis*
	él, ella, Ud. comió	ellos, ellas, Uds. comieron
IMPERFECTO	yo comía	nosotros(as) comíamos
	tú comías	*vosotros(as) comíais*
	él, ella, Ud. comía	ellos, ellas, Uds. comían
FUTURO	yo comeré	nosotros(as) comeremos
	tú comerás	*vosotros(as) comeréis*
	él, ella, Ud. comerá	ellos, ellas, Uds. comerán
CONDICIONAL	yo comería	nosotros(as) comeríamos
	tú comerías	*vosotros(as) comeríais*
	él, ella, Ud. comería	ellos, ellas, Uds. comerían
PRESENTE PERFECTO	yo he comido	nosotros(as) hemos comido
	tú has comido	*vosotros(as) habéis comido*
	él, ella, Ud. ha comido	ellos, ellas, Uds. han comido
PLUSCUAMPERFECTO	yo había comido	nosotros(as) habíamos comido
	tú habías comido	*vosotros(as) habíais comido*
	él, ella, Ud. había comido	ellos, ellas, Uds. habían comido
CONDICIONAL PERFECTO	yo habría comido	nosotros(as) habríamos comido
	tú habrías comido	*vosotros(as) habríais comido*
	él, ella, Ud. habría comido	ellos, ellas, Uds. habrían comido
FUTURO PERFECTO	yo habré comido	nosotros(as) habremos comido
	tú habrás comido	*vosotros(as) habréis comido*
	él, ella, Ud. habrá comido	ellos, ellas, Uds. habrán comido
SUBJUNTIVO PRESENTE	yo coma	nosotros(as) comamos
	tú comas	*vosotros(as) comáis*
	él, ella, Ud. coma	ellos, ellas, Uds. coman
SUBJUNTIVO IMPERFECTO	yo comiera	nosotros(as) comiéramos
	tú comieras	*vosotros(as) comierais*
	él, ella, Ud. comiera	ellos, ellas, Uds. comieran
PRESENTE PERFECTO DEL SUBJUNTIVO	yo haya comido	nosotros(as) hayamos comido
	tú hayas comido	*vosotros(as) hayáis comido*
	él, ella, Ud. haya comido	ellos, ellas, Uds. hayan comido
PLUSCUAMPERFECTO DEL SUBJUNTIVO	yo hubiera comido	nosotros(as) hubiéramos comido
	tú hubieras comido	*vosotros(as) hubierais comido*
	él, ella, Ud. hubiera comido	ellos, ellas, Uds. hubieran comido
IMPERATIVO FORMAL	coma Ud.	
	coman Uds.	
IMPERATIVO FAMILIAR	come tú	

Verbos regulares

INFINITIVO	**vivir** *to live*	
PARTICIPIO PRESENTE	viviendo	
PRESENTE	yo vivo tú vives él, ella, Ud. vive	nosotros(as) vivimos *vosotros(as) vivís* ellos, ellas, Uds. viven
PRETÉRITO	yo viví tú viviste él, ella, Ud. vivió	nosotros(as) vivimos *vosotros(as) vivisteis* ellos, ellas, Uds. vivieron
IMPERFECTO	yo vivía tú vivías él, ella, Ud. vivía	nosotros(as) vivíamos *vosotros(as) vivíais* ellos, ellas, Uds. vivían
FUTURO	yo viviré tú vivirás él, ella, Ud. vivirá	nosotros(as) viviremos *vosotros(as) viviréis* ellos, ellas, Uds. vivirán
CONDICIONAL	yo viviría tú vivirías él, ella, Ud. viviría	nosotros(as) viviríamos *vosotros(as) viviríais* ellos, ellas, Uds. vivirían
PRESENTE PERFECTO	yo he vivido tú has vivido él, ella, Ud. ha vivido	nosotros(as) hemos vivido *vosotros(as) habéis vivido* ellos, ellas, Uds. han vivido
PLUSCUAMPERFECTO	yo había vivido tú habías vivido él, ella, Ud. había vivido	nosotros(as) habíamos vivido *vosotros(as) habíais vivido* ellos, ellas, Uds. habían vivido
CONDICIONAL PERFECTO	yo habría vivido tú habrías vivido él, ella, Ud. habría vivido	nosotros(as) habríamos vivido *vosotros(as) habríais vivido* ellos, ellas, Uds. habrían vivido
FUTURO PERFECTO	yo habré vivido tú habrás vivido él, ella, Ud. habrá vivido	nosotros(as) habremos vivido *vosotros(as) habréis vivido* ellos, ellas, Uds. habrán vivido
SUBJUNTIVO PRESENTE	yo viva tú vivas él, ella, Ud. viva	nosotros(as) vivamos *vosotros(as) viváis* ellos, ellas, Uds. vivan
SUBJUNTIVO IMPERFECTO	yo viviera tú vivieras él, ella, Ud. viviera	nosotros(as) viviéramos *vosotros(as) vivierais* ellos, ellas, Uds. vivieran
PRESENTE PERFECTO DEL SUBJUNTIVO	yo haya vivido tú hayas vivido él, ella, Ud. haya vivido	nosotros(as) hayamos vivido *vosotros(as) hayáis vivido* ellos, ellas, Uds. hayan vivido
PLUSCUAMPERFECTO DEL SUBJUNTIVO	yo hubiera vivido tú hubieras vivido él, ella, Ud. hubiera vivido	nosotros(as) hubiéramos vivido *vosotros(as) hubierais vivido* ellos, ellas, Uds. hubieran vivido
IMPERATIVO FORMAL	viva Ud. vivan Uds.	
IMPERATIVO FAMILIAR	vive tú	

B. Verbos con cambio radical

INFINITIVO	pedir[3] (e>i) *to ask for*	
PARTICIPIO PRESENTE	pidiendo	
PRESENTE	yo pido tú pides él, ella, Ud. pide	nosotros(as) pedimos *vosotros(as) pedís* ellos, ellas, Uds. piden
PRETÉRITO	yo pedí tú pediste él, ella, Ud. pidió	nosotros(as) pedimos *vosotros(as) pedisteis* ellos, ellas, Uds. pidieron
IMPERFECTO	yo pedía tú pedías él, ella, Ud. pedía	nosotros(as) pedíamos *vosotros(as) pedíais* ellos, ellas, Uds. pedían
FUTURO	yo pediré tú pedirás él, ella, Ud. pedirá	nosotros(as) pediremos *vosotros(as) pediréis* ellos, ellas, Uds. pedirán
CONDICIONAL	yo pediría tú pedirías él, ella, Ud. pediría	nosotros(as) pediríamos *vosotros(as) pediríais* ellos, ellas, Uds. pedirían
PRESENTE PERFECTO	yo he pedido tú has pedido él, ella, Ud. ha pedido	nosotros(as) hemos pedido *vosotros(as) habéis pedido* ellos, ellas, Uds. han pedido
PLUSCUAMPERFECTO	yo había pedido tú habías pedido él, ella, Ud. había pedido	nosotros(as) habíamos pedido *vosotros(as) habíais pedido* ellos, ellas, Uds. habían pedido
CONDICIONAL PERFECTO	yo habría pedido tú habrías pedido él, ella, Ud. habría pedido	nosotros(as) habríamos pedido *vosotros(as) habríais pedido* ellos, ellas, Uds. habrían pedido
FUTURO PERFECTO	yo habré pedido tú habrás pedido él, ella, Ud. habrá pedido	nosotros(as) habremos pedido *vosotros(as) habréis pedido* ellos, ellas, Uds. habrán pedido
SUBJUNTIVO PRESENTE	yo pida tú pidas él, ella, Ud. pida	nosotros(as) pidamos *vosotros(as) pidáis* ellos, ellas, Uds. pidan
SUBJUNTIVO IMPERFECTO	yo pidiera tú pidieras él, ella, Ud. pidiera	nosotros(as) pidiéramos *vosotros(as) pidierais* ellos, ellas, Uds. pidieran
PRESENTE PERFECTO DEL SUBJUNTIVO	yo haya pedido tú hayas pedido él, ella, Ud. haya pedido	nosotros(as) hayamos pedido *vosotros(as) hayáis pedido* ellos, ellas, Uds. hayan pedido
PLUSCUAMPERFECTO DEL SUBJUNTIVO	yo hubiera pedido tú hubieras pedido él, ella, Ud. hubiera pedido	nosotros(as) hubiéramos pedido *vosotros(as) hubierais pedido* ellos, ellas, Uds. hubieran pedido
IMPERATIVO FORMAL	pida Ud. pidan Uds.	
IMPERATIVO FAMILIAR	pide tú	

[3] Verbos similares: *freír: friendo, repetir: repitiendo, seguir: siguiendo, sentir: sintiendo, medir: midiendo, sonreír: sonriendo*

Verbos con cambio radical

INFINITIVO	preferir⁴ (e>ie) *to prefer*	
PARTICIPIO PRESENTE	prefiriendo	
PRESENTE	yo prefiero tú prefieres él, ella, Ud. prefiere	nosotros(as) preferimos *vosotros(as) preferís* ellos, ellas, Uds. prefieron
PRETÉRITO	yo preferí tú preferiste él, ella, Ud. prefirió	nosotros(as) preferimos *vosotros(as) preferisteis* ellos, ellas, Uds. prefirieron
IMPERFECTO	yo prefería tú preferías él, ella, Ud. prefería	nosotros(as) preferíamos *vosotros(as) preferíais* ellos, ellas, Uds. preferían
FUTURO	yo preferiré tú preferirás él, ella, Ud. preferirá	nosotros(as) preferiremos *vosotros(as) preferiréis* ellos, ellas, Uds. preferirán
CONDICIONAL	yo preferiría tú preferirías él, ella, Ud. preferiría	nosotros(as) preferiríamos *vosotros(as) preferiríais* ellos, ellas, Uds. preferirían
PRESENTE PERFECTO	yo he preferido tú has preferido él, ella, Ud. ha preferido	nosotros(as) hemos preferido *vosotros(as) habéis preferido* ellos, ellas, Uds. han preferido
PLUSCUAMPERFECTO	yo había preferido tú habías preferido él, ella, Ud. había preferido	nosotros(as) habíamos preferido *vosotros(as) habíais preferido* ellos, ellas, Uds. habían preferido
CONDICIONAL PERFECTO	yo habría preferido tú habrías preferido él, ella, Ud. habría preferido	nosotros(as) habríamos preferido *vosotros(as) habríais preferido* ellos, ellas, Uds. habrían preferido
FUTURO PERFECTO	yo habré preferido tú habrás preferido él, ella, Ud. habrá preferido	nosotros(as) habremos preferido *vosotros(as) habréis preferido* ellos, ellas, Uds. habrán preferido
SUBJUNTIVO PRESENTE	yo prefiera tú prefieras él, ella, Ud. prefiera	nosotros(as) prefiramos *vosotros(as) prefiráis* ellos, ellas, Uds. prefieran
SUBJUNTIVO IMPERFECTO	yo prefiriera tú prefirieras él, ella, Ud. prefiriera	nosotros(as) prefiriéramos *vosotros(as) prefirierais* ellos, ellas, Uds. prefirieran
PRESENTE PERFECTO DEL SUBJUNTIVO	yo haya preferido tú hayas preferido él, ella, Ud. haya preferido	nosotros(as) hayamos preferido *vosotros(as) hayáis preferido* ellos, ellas, Uds. hayan preferido
PLUSCUAMPERFECTO DEL SUBJUNTIVO	yo hubiera preferido tú hubieras preferido él, ella, Ud. hubiera preferido	nosotros(as) hubiéramos preferido *vosotros(as) hubierais preferido* ellos, ellas, Uds. hubieran preferido
IMPERATIVO FORMAL	prefiera Ud. prefieran Uds.	
IMPERATIVO FAMILIAR	prefiere tú	

⁴Verbos similares: *pensar: pensando, perder: perdiendo, sugerir: sugiriendo*

Verbos con cambio radical

INFINITIVO	servir (e>i) *to serve*	
PARTICIPIO PRESENTE	sirviendo	
PRESENTE	yo sirvo tú sirves él, ella, Ud. sirve	nosotros(as) servimos *vosotros(as) servís* ellos, ellas, Uds. sirvieron
PRETÉRITO	yo serví tú serviste él, ella, Ud. sirvió	nosotros(as) servimos *vosotros(as) servisteis* ellos, ellas, Uds. sirvieron
IMPERFECTO	yo servía tú servías él, ella, Ud. servía	nosotros(as) servíamos *vosotros(as) servíais* ellos, ellas, Uds. servían
FUTURO	yo serviré tú servirás él, ella, Ud. servirá	nosotros(as) serviremos *vosotros(as) serviréis* ellos, ellas, Uds. servirán
CONDICIONAL	yo serviría tú servirías él, ella, Ud. serviría	nosotros(as) serviríamos *vosotros(as) serviríais* ellos, ellas, Uds. servirían
PRESENTE PERFECTO	yo he servido tú has servido él, ella, Ud. ha servido	nosotros(as) hemos servido *vosotros(as) habéis servido* ellos, ellas, Uds. han servido
PLUSCUAMPERFECTO	yo había servido tú habías servido él, ella, Ud. había servido	nosotros(as) habíamos servido *vosotros(as) habíais servido* ellos, ellas, Uds. habían servido
CONDICIONAL PERFECTO	yo habría servido tú habrías servido él, ella, Ud. habría servido	nosotros(as) habríamos servido *vosotros(as) habríais servido* ellos, ellas, Uds. habrían servido
FUTURO PERFECTO	yo habré servido tú habrás servido él, ella, Ud. habrá servido	nosotros(as) habremos servido *vosotros(as) habréis servido* ellos, ellas, Uds. habrán servido
SUBJUNTIVO PRESENTE	yo sirva tú sirvas él, ella, Ud. sirva	nosotros(as) sirvamos *vosotros(as) sirváis* ellos, ellas, Uds. sirvan
SUBJUNTIVO IMPERFECTO	yo sirviera tú sirvieras él, ella, Ud. sirviera	nosotros(as) sirviéramos *vosotros(as) sirvierais* ellos, ellas, Uds. sirvieran
PRESENTE PERFECTO DEL SUBJUNTIVO	yo haya servido tú hayas servido él, ella, Ud. haya servido	nosotros(as) hayamos servido *vosotros(as) hayáis servido* ellos, ellas, Uds. hayan servido
PLUSCUAMPERFECTO DEL SUBJUNTIVO	yo hubiera servido tú hubieras servido él, ella, Ud. hubiera servido	nosotros(as) hubiéramos servido *vosotros(as) hubierais servido* ellos, ellas, Uds. hubieran servido
IMPERATIVO FORMAL	sirva Ud. sirvan Uds.	
IMPERATIVO FAMILIAR	sirve tú	

Verbos con cambio radical

INFINITIVO	volver[5] (o>ue) *to return*	
PARTICIPIO PRESENTE	volviendo	
PRESENTE	yo vuelvo tú vuelves él, ella, Ud. vuelve	nosotros(as) volvemos *vosotros(as) volvéis* ellos, ellas, Uds. vuelven
PRETÉRITO	yo volví tú volviste él, ella, Ud. volvió	nosotros(as) volvimos *vosotros(as) volvisteis* ellos, ellas, Uds. volvieron
IMPERFECTO	yo volvía tú volvías él, ella, Ud. volvía	nosotros(as) volvíamos *vosotros(as) volvíais* ellos, ellas, Uds. volvían
FUTURO	yo volveré tú volverás él, ella, Ud. volverá	nosotros(as) volveremos *vosotros(as) volveréis* ellos, ellas, Uds. volverán
CONDICIONAL	yo volvería tú volverías él, ella, Ud. volvería	nosotros(as) volveríamos *vosotros(as) volveríais* ellos, ellas, Uds. volverían
PRESENTE PERFECTO	yo he vuelto tú has vuelto él, ella, Ud. ha vuelto	nosotros(as) hemos vuelto *vosotros(as) habéis vuelto* ellos, ellas, Uds. han vuelto
PLUSCUAMPERFECTO	yo había vuelto tú habías vuelto él, ella, Ud. había vuelto	nosotros(as) habíamos vuelto *vosotros(as) habíais vuelto* ellos, ellas, Uds. habían vuelto
CONDICIONAL PERFECTO	yo habría vuelto tú habrías vuelto él, ella, Ud. habría vuelto	nosotros(as) habríamos vuelto *vosotros(as) habríais vuelto* ellos, ellas, Uds. habrían vuelto
FUTURO PERFECTO	yo habré vuelto tú habrás vuelto él, ella, Ud. habrá vuelto	nosotros(as) habremos vuelto *vosotros(as) habréis vuelto* ellos, ellas, Uds. habrán vuelto
SUBJUNTIVO PRESENTE	yo vuelva tú vuelvas él, ella, Ud. vuelva	nosotros(as) volvamos *vosotros(as) volváis* ellos, ellas, Uds. vuelvan
SUBJUNTIVO IMPERFECTO	yo volviera tú volvieras él, ella, Ud. volviera	nosotros(as) volviéramos *vosotros(as) volvierais* ellos, ellas, Uds. volvieran
PRESENTE PERFECTO DEL SUBJUNTIVO	yo haya vuelto tú hayas vuelto él, ella, Ud. haya vuelto	nosotros(as) hayamos vuelto *vosotros(as) hayáis vuelto* ellos, ellas, Uds. hayan vuelto
PLUSCUAMPERFECTO DEL SUBJUNTIVO	yo hubiera vuelto tú hubieras vuelto él, ella, Ud. hubiera vuelto	nosotros(as) hubiéramos vuelto *vosotros(as) hubierais vuelto* ellos, ellas, Uds. hubieran vuelto
IMPERATIVO FORMAL	vuelva Ud. vuelvan Uds.	
IMPERATIVO FAMILIAR	vuelve tú	

[5] Verbos similares: *envolver: envolviendo, devolver: devolviendo.*

Verbos irregulares

INFINITIVO	**buscar**
	to look for

PARTICIPIO PRESENTE	buscando	
PRESENTE	yo busco	nosotros(as) buscamos
	tú buscas	*vosotros(as) buscáis*
	él, ella, Ud. busca	ellos, ellas, Uds. buscan
PRETÉRITO	yo busqué	nosotros(as) buscamos
	tú buscaste	*vosotros(as) buscasteis*
	él, ella, Ud. buscó	ellos, ellas, Uds. buscaron
IMPERFECTO	yo buscaba	nosotros(as) buscábamos
	tú buscabas	*vosotros(as) buscabais*
	él, ella, Ud. buscaba	ellos, ellas, Uds. buscaban
FUTURO	yo buscaré	nosotros(as) buscaremos
	tú buscarás	*vosotros(as) buscaréis*
	él, ella, Ud. buscará	ellos, ellas, Uds. buscarán
CONDICIONAL	yo buscaría	nosotros(as) buscaríamos
	tú buscarías	*vosotros(as) buscaríais*
	él, ella, Ud. buscaría	ellos, ellas, Uds. buscarían
PRESENTE PERFECTO	yo he buscado	nosotros(as) hemos buscado
	tú has buscado	*vosotros(as) habéis buscado*
	él, ella, Ud. ha buscado	ellos, ellas, Uds. han buscado
PLUSCUAMPERFECTO	yo había buscado	nosotros(as) habíamos buscado
	tú habías buscado	*vosotros(as) habíais buscado*
	él, ella, Ud. había buscado	ellos, ellas, Uds. habían buscado
CONDICIONAL PERFECTO	yo habría buscado	nosotros(as) habríamos buscado
	tú habrías buscado	*vosotros(as) habríais buscado*
	él, ella, Ud. habría buscado	ellos, ellas, Uds. habrían buscado
FUTURO PERFECTO	yo habré buscado	nosotros(as) habremos buscado
	tú habrás buscado	*vosotros(as) habréis buscado*
	él, ella, Ud. habrá buscado	ellos, ellas, Uds. habrán buscado
SUBJUNTIVO PRESENTE	yo busque	nosotros(as) busquemos
	tú busques	*vosotros(as) busquéis*
	él, ella, Ud. busque	ellos, ellas, Uds. busquen
SUBJUNTIVO IMPERFECTO	yo buscara	nosotros(as) buscáramos
	tú buscaras	*vosotros(as) buscarais*
	él, ella, Ud. buscara	ellos, ellas, Uds. buscaran
PRESENTE PERFECTO DEL SUBJUNTIVO	yo haya buscado	nosotros(as) hayamos buscado
	tú hayas buscado	*vosotros(as) hayáis buscado*
	él, ella, Ud. haya buscado	ellos, ellas, Uds. hayan buscado
PLUSCUAMPERFECTO DEL SUBJUNTIVO	yo hubiera buscado	nosotros(as) hubiéramos buscado
	tú hubieras buscado	*vosotros(as) hubierais buscado*
	él, ella, Ud. hubiera buscado	ellos, ellas, Uds. hubieran buscado
IMPERATIVO FORMAL	busque Ud.	
	busquen Uds.	
IMPERATIVO FAMILIAR	busca tú	

Verbos irregulares

INFINITIVO	**conducir** *to drive*	
PARTICIPIO PRESENTE	conduciendo	
PRESENTE	yo conduzco tú conduces él, ella, Ud. conduce	nosotros(as) conducimos *vosotros(as) conducís* ellos, ellas, Uds. conducen
PRETÉRITO	yo conduje tú condujiste él, ella, Ud. condujo	nosotros(as) condujimos *vosotros(as) condujisteis* ellos, ellas, Uds. condujeron
IMPERFECTO	yo conducía tú conducías él, ella, Ud. conducía	nosotros(as) conducíamos *vosotros(as) conducíais* ellos, ellas, Uds. conducían
FUTURO	yo conduciré tú conducirás él, ella, Ud. conducirá	nosotros(as) conduciremos *vosotros(as) conduciréis* ellos, ellas, Uds. conducirán
CONDICIONAL	yo conduciría tú conducirías él, ella, Ud. conduciría	nosotros(as) conduciríamos *vosotros(as) conduciríais* ellos, ellas, Uds. conducirían
PRESENTE PERFECTO	yo he conducido tú has conducido él, ella, Ud. ha conducido	nosotros(as) hemos conducido *vosotros(as) habéis conducido* ellos, ellas, Uds. han conducido
PLUSCUAMPERFECTO	yo había conducido tú habías conducido él, ella, Ud. había conducido	nosotros(as) habíamos conducido *vosotros(as) habíais conducido* ellos, ellas, Uds. habían conducido
CONDICIONAL PERFECTO	yo habría conducido tú habrías conducido él, ella, Ud. habría conducido	nosotros(as) habríamos conducido *vosotros(as) habríais conducido* ellos, ellas, Uds. habrían conducido
FUTURO PERFECTO	yo habré conducido tú habrás conducido él, ella, Ud. habrá conducido	nosotros(as) habremos conducido *vosotros(as) habréis conducido* ellos, ellas, Uds. habrán conducido
SUBJUNTIVO PRESENTE	yo conduzca tú conduzcas él, ella, Ud. conduzca	nosotros(as) conduzcamos *vosotros(as) conduzcáis* ellos, ellas, Uds. conduzcan
SUBJUNTIVO IMPERFECTO	yo condujera tú condujeras él, ella, Ud. condujera	nosotros(as) condujéramos *vosotros(as) condujerais* ellos, ellas, Uds. condujeran
PRESENTE PERFECTO DEL SUBJUNTIVO	yo haya conducido tú hayas conducido él, ella, Ud. haya conducido	nosotros(as) hayamos conducido *vosotros(as) hayáis conducido* ellos, ellas, Uds. hayan conducido
PLUSCUAMPERFECTO DEL SUBJUNTIVO	yo hubiera conducido tú hubieras conducido él, ella, Ud. hubiera conducido	nosotros(as) hubiéramos conducido *vosotros(as) hubierais conducido* ellos, ellas, Uds. hubieran conducido
IMPERATIVO FORMAL	conduzca Ud. conduzcan Uds.	
IMPERATIVO FAMILIAR	conduce tú	

Verbos irregulares

INFINITIVO	conocer *to know*	
PARTICIPIO PRESENTE	conociendo	
PRESENTE	yo conozco tú conoces él, ella, Ud. conoce	nosotros(as) conocemos *vosotros(as) conocéis* ellos, ellas, Uds. conocen
PRETÉRITO	yo conocí tú conociste él, ella, Ud. conoció	nosotros(as) conocimos *vosotros(as) conocisteis* ellos, ellas, Uds. conocieron
IMPERFECTO	yo conocía tú conocías él, ella, Ud. conocía	nosotros(as) conocíamos *vosotros(as) conocíais* ellos, ellas, Uds. conocían
FUTURO	yo conoceré tú conocerás él, ella, Ud. conocerá	nosotros(as) conoceremos *vosotros(as) conoceréis* ellos, ellas, Uds. conocerán
CONDICIONAL	yo conocería tú conocerías él, ella, Ud. conocería	nosotros(as) conoceríamos *vosotros(as) conoceríais* ellos, ellas, Uds. conocerían
PRESENTE PERFECTO	yo he conocido tú has conocido él, ella, Ud. ha conocido	nosotros(as) hemos conocido *vosotros(as) habéis conocido* ellos, ellas, Uds. han conocido
PLUSCUAMPERFECTO	yo había conocido tú habías conocido él, ella, Ud. había conocido	nosotros(as) habíamos conocido *vosotros(as) habíais conocido* ellos, ellas, Uds. habían conocido
CONDICIONAL PERFECTO	yo habría conocido tú habrías conocido él, ella, Ud. habría conocido	nosotros(as) habríamos conocido *vosotros(as) habríais conocido* ellos, ellas, Uds. habrían conocido
FUTURO PERFECTO	yo habré conocido tú habrás conocido él, ella, Ud. habrá conocido	nosotros(as) habremos conocido *vosotros(as) habréis conocido* ellos, ellas, Uds. habrán conocido
SUBJUNTIVO PRESENTE	yo conozca tú conozcas él, ella, Ud. conozca	nosotros(as) conozcamos *vosotros(as) conozcáis* ellos, ellas, Uds. conozcan
SUBJUNTIVO IMPERFECTO	yo conociera tú conocieras él, ella, Ud. conociera	nosotros(as) conociéramos *vosotros(as) conocierais* ellos, ellas, Uds. conocieran
PRESENTE PERFECTO DEL SUBJUNTIVO	yo haya conocido tú hayas conocido él, ella, Ud. haya conocido	nosotros(as) hayamos conocido *vosotros(as) hayáis conocido* ellos, ellas, Uds. hayan conocido
PLUSCUAMPERFECTO DEL SUBJUNTIVO	yo hubiera conocido tú hubieras conocido él, ella, Ud. hubiera conocido	nosotros(as) hubiéramos conocido *vosotros(as) hubierais conocido* ellos, ellas, Uds. hubieran conocido
IMPERATIVO FORMAL	conozca Ud. conozcan Uds.	
IMPERATIVO FAMILIAR	conoce tú	

Verbos irregulares

INFINITIVO	construir[6] *to build*	
PARTICIPIO PRESENTE	construyendo	
PRESENTE	yo construyo tú construyes él, ella, Ud. construye	nosotros(as) construimos *vosotros(as) construís* ellos, ellas, Uds. construyen
PRETÉRITO	yo construí tú construiste él, ella, Ud. construyó	nosotros(as) construimos *vosotros(as) construisteis* ellos, ellas, Uds. construyeron
IMPERFECTO	yo construía tú construías él, ella, Ud. construía	nosotros(as) construíamos *vosotros(as) construíais* ellos, ellas, Uds. construían
FUTURO	yo construiré tú construirás él, ella, Ud. construirá	nosotros(as) construiremos *vosotros(as) construiréis* ellos, ellas, Uds. construirán
CONDICIONAL	yo construiría tú construirías él, ella, Ud. construiría	nosotros(as) construiríamos *vosotros(as) construiríais* ellos, ellas, Uds. construirían
PRESENTE PERFECTO	yo he construido tú has construido él, ella, Ud. ha construido	nosotros(as) hemos construido *vosotros(as) habéis construido* ellos, ellas, Uds. han construido
PLUSCUAMPERFECTO	yo había construido tú habías construido él, ella, Ud. había construido	nosotros(as) habíamos construido *vosotros(as) habíais construido* ellos, ellas, Uds. habían construido
CONDICIONAL PERFECTO	yo habría construido tú habrías construido él, ella, Ud. habría construido	nosotros(as) habríamos construido *vosotros(as) habríais construido* ellos, ellas, Uds. habrían construido
FUTURO PERFECTO	yo habré construido tú habrás construido él, ella, Ud. habrá construido	nosotros(as) habremos construido *vosotros(as) habréis construido* ellos, ellas, Uds. habrán construido
SUBJUNTIVO PRESENTE	yo construya tú construyas él, ella, Ud. construya	nosotros(as) construyamos *vosotros(as) construyáis* ellos, ellas, Uds. construyan
SUBJUNTIVO IMPERFECTO	yo construyera tú construyeras él, ella, Ud. construyera	nosotros(as) construyéramos *vosotros(as) construyerais* ellos, ellas, Uds. construyeran
PRESENTE PERFECTO DEL SUBJUNTIVO	yo haya construido tú hayas construido él, ella, Ud. haya construido	nosotros(as) hayamos construido *vosotros(as) hayáis construido* ellos, ellas, Uds. hayan construido
PLUSCUAMPERFECTO DEL SUBJUNTIVO	yo hubiera construido tú hubieras construido él, ella, Ud. hubiera construido	nosotros(as) hubiéramos construido *vosotros(as) hubierais construido* ellos, ellas, Uds. hubieran construido
IMPERATIVO FORMAL	construya Ud. construyan Uds.	
IMPERATIVO FAMILIAR	construye tú	

[6]Verbos similares: *destruir: destruyendo, disminuir: disminuyendo, distribuir: distribuyendo, huir: huyendo, incluir: incluyendo, sustituir: sustituyendo*

Verbos irregulares

INFINITIVO	dar *to give*	
PARTICIPIO PRESENTE	dando	
PRESENTE	yo doy tú das él, ella, Ud. da	nosotros(as) damos *vosotros(as) dais* ellos, ellas, Uds. dan
PRETÉRITO	yo di tú diste él, ella, Ud. dio	nosotros(as) dimos *vosotros(as) disteis* ellos, ellas, Uds. dieron
IMPERFECTO	yo daba tú dabas él, ella, Ud. daba	nosotros(as) dábamos *vosotros(as) dabais* ellos, ellas, Uds. daban
FUTURO	yo daré tú darás él, ella, Ud. dará	nosotros(as) daremos *vosotros(as) daréis* ellos, ellas, Uds. darán
CONDICIONAL	yo daría tú darías él, ella, Ud. daría	nosotros(as) daríamos *vosotros(as) daríais* ellos, ellas, Uds. darían
PRESENTE PERFECTO	yo he dado tú has dado él, ella, Ud. ha dado	nosotros(as) hemos dado *vosotros(as) habéis dado* ellos, ellas, Uds. han dado
PLUSCUAMPERFECTO	yo había dado tú habías dado él, ella, Ud. había dado	nosotros(as) habíamos dado *vosotros(as) habíais dado* ellos, ellas, Uds. habían dado
CONDICIONAL PERFECTO	yo habría dado tú habrías dado él, ella, Ud. habría dado	nosotros(as) habríamos dado *vosotros(as) habríais dado* ellos, ellas, Uds. habrían dado
FUTURO PERFECTO	yo habré dado tú habrás dado él, ella, Ud. habrá dado	nosotros(as) habremos dado *vosotros(as) habréis dado* ellos, ellas, Uds. habrán dado
SUBJUNTIVO PRESENTE	yo dé tú des él, ella, Ud. dé	nosotros(as) demos *vosotros(as) deis* ellos, ellas, Uds. den
SUBJUNTIVO IMPERFECTO	yo diera tú dieras él, ella, Ud. diera	nosotros(as) diéramos *vosotros(as) dierais* ellos, ellas, Uds. dieran
PRESENTE PERFECTO DEL SUBJUNTIVO	yo haya dado tú hayas dado él, ella, Ud. haya dado	nosotros(as) hayamos dado *vosotros(as) hayáis dado* ellos, ellas, Uds. hayan dado
PLUSCUAMPERFECTO DEL SUBJUNTIVO	yo hubiera dado tú hubieras dado él, ella, Ud. hubiera dado	nosotros(as) hubiéramos dado *vosotros(as) hubierais dado* ellos, ellas, Uds. hubieran dado
IMPERATIVO FORMAL	dé Ud. den Uds.	
IMPERATIVO FAMILIAR	da tú	

Verbos irregulares

INFINITIVO	**decir** *to tell*	
PARTICIPIO PRESENTE	diciendo	
PRESENTE	yo digo tú dices él, ella, Ud. dice	nosotros(as) decimos *vosotros(as) decís* ellos, ellas, Uds. dicen
PRETÉRITO	yo dije tú dijiste él, ella, Ud. dijo	nosotros(as) dijimos *vosotros(as) dijisteis* ellos, ellas, Uds. dijeron
IMPERFECTO	yo decía tú decías él, ella, Ud. decía	nosotros(as) decíamos *vosotros(as) decíais* ellos, ellas, Uds. decían
FUTURO	yo diré tú dirás él, ella, Ud. dirá	nosotros(as) diremos *vosotros(as) diréis* ellos, ellas, Uds. dirán
CONDICIONAL	yo diría tú dirías él, ella, Ud. diría	nosotros(as) diríamos *vosotros(as) diríais* ellos, ellas, Uds. dirían
PRESENTE PERFECTO	yo he dicho tú has dicho él, ella, Ud. ha dicho	nosotros(as) hemos dicho *vosotros(as) habéis dicho* ellos, ellas, Uds. han dicho
PLUSCUAMPERFECTO	yo había dicho tú habías dicho él, ella, Ud. había dicho	nosotros(as) habíamos dicho *vosotros(as) habíais dicho* ellos, ellas, Uds. habían dicho
CONDICIONAL PERFECTO	yo habría dicho tú habrías dicho él, ella, Ud. habría dicho	nosotros(as) habríamos dicho *vosotros(as) habríais dicho* ellos, ellas, Uds. habrían dicho
FUTURO PERFECTO	yo habré dicho tú habrás dicho él, ella, Ud. habrá dicho	nosotros(as) habremos dicho *vosotros(as) habréis dicho* ellos, ellas, Uds. habrán dicho
SUBJUNTIVO PRESENTE	yo diga tú digas él, ella, Ud. diga	nosotros(as) digamos *vosotros(as) digáis* ellos, ellas, Uds. digan
SUBJUNTIVO IMPERFECTO	yo dijera tú dijeras él, ella, Ud. dijera	nosotros(as) dijéramos *vosotros(as) dijerais* ellos, ellas, Uds. dijeran
PRESENTE PERFECTO DEL SUBJUNTIVO	yo haya dicho tú hayas dicho él, ella, Ud. haya dicho	nosotros(as) hayamos dicho *vosotros(as) hayáis dicho* ellos, ellas, Uds. hayan dicho
PLUSCUAMPERFECTO DEL SUBJUNTIVO	yo hubiera dicho tú hubieras dicho él, ella, Ud. hubiera dicho	nosotros(as) hubiéramos dicho *vosotros(as) hubierais dicho* ellos, ellas, Uds. hubieran dicho
IMPERATIVO FORMAL	diga Ud. digan Uds.	
IMPERATIVO FAMILIAR	di tú	

Verbos irregulares

INFINITIVO	estar *to be*	
PARTICIPIO PRESENTE	estando	
PRESENTE	yo estoy tú estás él, ella, Ud. está	nosotros(as) estamos *vosotros(as) estáis* ellos, ellas, Uds. están
PRETÉRITO	yo estuve tú estuviste él, ella, Ud. estuvo	nosotros(as) estuvimos *vosotros(as) estuvisteis* ellos, ellas, Uds. estuvieron
IMPERFECTO	yo estaba tú estabas él, ella, Ud. estaba	nosotros(as) estábamos *vosotros(as) estabais* ellos, ellas, Uds. estaban
FUTURO	yo estaré tú estarás él, ella, Ud. estará	nosotros(as) estaremos *vosotros(as) estaréis* ellos, ellas, Uds. estarán
CONDICIONAL	yo estaría tú estarías él, ella, Ud. estaría	nosotros(as) estaríamos *vosotros(as) estaríais* ellos, ellas, Uds. estarían
PRESENTE PERFECTO	yo he estado tú has estado él, ella, Ud. ha estado	nosotros(as) hemos estado *vosotros(as) habéis estado* ellos, ellas, Uds. han estado
PLUSCUAMPERFECTO	yo había estado tú habías estado él, ella, Ud. había estado	nosotros(as) habíamos estado *vosotros(as) habíais estado* ellos, ellas, Uds. habían estado
CONDICIONAL PERFECTO	yo habría estado tú habrías estado él, ella, Ud. habría estado	nosotros(as) habríamos estado *vosotros(as) habríais estado* ellos, ellas, Uds. habrían estado
FUTURO PERFECTO	yo habré estado tú habrás estado él, ella, Ud. habrá estado	nosotros(as) habremos estado *vosotros(as) habréis estado* ellos, ellas, Uds. habrán estado
SUBJUNTIVO PRESENTE	yo esté tú estés él, ella, Ud. esté	nosotros(as) estemos *vosotros(as) estéis* ellos, ellas, Uds. estén
SUBJUNTIVO IMPERFECTO	yo estuviera tú estuvieras él, ella, Ud. estuviera	nosotros(as) estuviéramos *vosotros(as) estuvierais* ellos, ellas, Uds. estuvieran
PRESENTE PERFECTO DEL SUBJUNTIVO	yo haya estado tú hayas estado él, ella, Ud. haya estado	nosotros(as) hayamos estado *vosotros(as) hayáis estado* ellos, ellas, Uds. hayan estado
PLUSCUAMPERFECTO DEL SUBJUNTIVO	yo hubiera estado tú hubieras estado él, ella, Ud. hubiera estado	nosotros(as) hubiéramos estado *vosotros(as) hubierais estado* ellos, ellas, Uds. hubieran estado
IMPERATIVO FORMAL	esté Ud. estén Uds.	
IMPERATIVO FAMILIAR	está tú	

Verbos irregulares

INFINITIVO	**hacer** *to do*	
PARTICIPIO PRESENTE	haciendo	
PRESENTE	yo hago tú haces él, ella, Ud. hace	nosotros(as) hacemos *vosotros(as) hacéis* ellos, ellas, Uds. hacen
PRETÉRITO	yo hice tú hiciste él, ella, Ud. hizo	nosotros(as) hicimos *vosotros(as) hicisteis* ellos, ellas, Uds. hicieron
IMPERFECTO	yo hacía tú hacías él, ella, Ud. hacía	nosotros(as) hacíamos *vosotros(as) hacíais* ellos, ellas, Uds. hacían
FUTURO	yo haré tú harás él, ella, Ud. hará	nosotros(as) haremos *vosotros(as) haréis* ellos, ellas, Uds. harán
CONDICIONAL	yo haría tú harías él, ella, Ud. haría	nosotros(as) haríamos *vosotros(as) haríais* ellos, ellas, Uds. harían
PRESENTE PERFECTO	yo he hecho tú has hecho él, ella, Ud. ha hecho	nosotros(as) hemos hecho *vosotros(as) habéis hecho* ellos, ellas, Uds. han hecho
PLUSCUAMPERFECTO	yo había hecho tú habías hecho él, ella, Ud. había hecho	nosotros(as) habíamos hecho *vosotros(as) habíais hecho* ellos, ellas, Uds. habían hecho
CONDICIONAL PERFECTO	yo habría hecho tú habrías hecho él, ella, Ud. habría hecho	nosotros(as) habríamos hecho *vosotros(as) habríais hecho* ellos, ellas, Uds. habrían hecho
FUTURO PERFECTO	yo habré hecho tú habrás hecho él, ella, Ud. habrá hecho	nosotros(as) habremos hecho *vosotros(as) habréis hecho* ellos, ellas, Uds. habrán hecho
SUBJUNTIVO PRESENTE	yo haga tú hagas él, ella, Ud. haga	nosotros(as) hagamos *vosotros(as) hagáis* ellos, ellas, Uds. hagan
SUBJUNTIVO IMPERFECTO	yo hiciera tú hicieras él, ella, Ud. hiciera	nosotros(as) hiciéramos *vosotros(as) hicierais* ellos, ellas, Uds. hicieran
PRESENTE PERFECTO DEL SUBJUNTIVO	yo haya hecho tú hayas hecho él, ella, Ud. haya hecho	nosotros(as) hayamos hecho *vosotros(as) hayáis hecho* ellos, ellas, Uds. hayan hecho
PLUSCUAMPERFECTO DEL SUBJUNTIVO	yo hubiera hecho tú hubieras hecho él, ella, Ud. hubiera hecho	nosotros(as) hubiéramos hecho *vosotros(as) hubierais hecho* ellos, ellas, Uds. hubieran hecho
IMPERATIVO FORMAL	haga Ud. hagan Uds.	
IMPERATIVO FAMILIAR	haz tú	

Verbos irregulares

INFINITIVO	**ir** *to go*	
PARTICIPIO PRESENTE	yendo	
PRESENTE	yo voy tú vas él, ella, Ud. va	nosotros(as) vamos *vosotros(as) vais* ellos, ellas, Uds. van
PRETÉRITO	yo fui tú fuiste él, ella, Ud. fue	nosotros(as) fuimos *vosotros(as) fuisteis* ellos, ellas, Uds. fueron
IMPERFECTO	yo iba tú ibas él, ella, Ud. iba	nosotros(as) íbamos *vosotros(as) ibais* ellos, ellas, Uds. iban
FUTURO	yo iré tú irás él, ella, Ud. irá	nosotros(as) iremos *vosotros(as) iréis* ellos, ellas, Uds. irán
CONDICIONAL	yo iría tú irías él, ella, Ud. iría	nosotros(as) iríamos *vosotros(as) iríais* ellos, ellas, Uds. irían
PRESENTE PERFECTO	yo he ido tú has ido él, ella, Ud. ha ido	nosotros(as) hemos ido *vosotros(as) habéis ido* ellos, ellas, Uds. han ido
PLUSCUAMPERFECTO	yo había ido tú habías ido él, ella, Ud. había ido	nosotros(as) habíamos ido *vosotros(as) habíais ido* ellos, ellas, Uds. habían ido
CONDICIONAL PERFECTO	yo habría ido tú habrías ido él, ella, Ud. habría ido	nosotros(as) habríamos ido *vosotros(as) habríais ido* ellos, ellas, Uds. habrían ido
FUTURO PERFECTO	yo habré ido tú habrás ido él, ella, Ud. habrá ido	nosotros(as) habremos ido *vosotros(as) habréis ido* ellos, ellas, Uds. habrán ido
SUBJUNTIVO PRESENTE	yo vaya tú vayas él, ella, Ud. vaya	nosotros(as) vayamos *vosotros(as) vayáis* ellos, ellas, Uds. vayan
SUBJUNTIVO IMPERFECTO	yo fuera tú fueras él, ella, Ud. fuera	nosotros(as) fuéramos *vosotros(as) fuerais* ellos, ellas, Uds. fueran
PRESENTE PERFECTO DEL SUBJUNTIVO	yo haya ido tú hayas ido él, ella, Ud. haya ido	nosotros(as) hayamos ido *vosotros(as) hayáis ido* ellos, ellas, Uds. hayan ido
PLUSCUAMPERFECTO DEL SUBJUNTIVO	yo hubiera ido tú hubieras ido él, ella, Ud. hubiera ido	nosotros(as) hubiéramos ido *vosotros(as) hubierais ido* ellos, ellas, Uds. hubieran ido
IMPERATIVO FORMAL	vaya Ud. vayan Uds.	
IMPERATIVO FAMILIAR	ve tú	

Verbos irregulares

INFINITIVO	**jugar** *to play*	
PARTICIPIO PRESENTE	jugando	
PRESENTE	yo juego tú juegas él, ella, Ud. juega	nosotros(as) jugamos *vosotros(as) jugáis* ellos, ellas, Uds. juegan
PRETÉRITO	yo jugué tú jugaste él, ella, Ud. jugó	nosotros(as) jugamos *vosotros(as) jugasteis* ellos, ellas, Uds. jugaron
IMPERFECTO	yo jugaba tú jugabas él, ella, Ud. jugaba	nosotros(as) jugábamos *vosotros(as) jugabais* ellos, ellas, Uds. jugaban
FUTURO	yo jugaré tú jugarás él, ella, Ud. jugará	nosotros(as) jugaremos *vosotros(as) jugaréis* ellos, ellas, Uds. jugarán
CONDICIONAL	yo jugaría tú jugarías él, ella, Ud. jugaría	nosotros(as) jugaríamos *vosotros(as) jugaríais* ellos, ellas, Uds. jugarían
PRESENTE PERFECTO	yo he jugado tú has jugado él, ella, Ud. ha jugado	nosotros(as) hemos jugado *vosotros(as) habéis jugado* ellos, ellas, Uds. han jugado
PLUSCUAMPERFECTO	yo había jugado tú habías jugado él, ella, Ud. había jugado	nosotros(as) habíamos jugado *vosotros(as) habíais jugado* ellos, ellas, Uds. habían jugado
CONDICIONAL PERFECTO	yo habría jugado tú habrías jugado él, ella, Ud. habría jugado	nosotros(as) habríamos jugado *vosotros(as) habríais jugado* ellos, ellas, Uds. habrían jugado
FUTURO PERFECTO	yo habré jugado tú habrás jugado él, ella, Ud. habrá jugado	nosotros(as) habremos jugado *vosotros(as) habréis jugado* ellos, ellas, Uds. habrán jugado
SUBJUNTIVO PRESENTE	yo juegue tú juegues él, ella, Ud. juegue	nosotros(as) juguemos *vosotros(as) juguéis* ellos, ellas, Uds. jueguen
SUBJUNTIVO IMPERFECTO	yo jugara tú jugaras él, ella, Ud. jugara	nosotros(as) jugáramos *vosotros(as) jugarais* ellos, ellas, Uds. jugaran
PRESENTE PERFECTO DEL SUBJUNTIVO	yo haya jugado tú hayas jugado él, ella, Ud. haya jugado	nosotros(as) hayamos jugado *vosotros(as) hayáis jugado* ellos, ellas, Uds. hayan jugado
PLUSCUAMPERFECTO DEL SUBJUNTIVO	yo hubiera jugado tú hubieras jugado él, ella, Ud. hubiera jugado	nosotros(as) hubiéramos jugado *vosotros(as) hubierais jugado* ellos, ellas, Uds. hubieran jugado
IMPERATIVO FORMAL	juegue Ud. jueguen Uds.	
IMPERATIVO FAMILIAR	juega tú	

Verbos irregulares

INFINITIVO	**leer** _to read_	
PARTICIPIO PRESENTE	leyendo	
PRESENTE	yo leo tú lees él, ella, Ud. lee	nosotros(as) leemos _vosotros(as) leéis_ ellos, ellas, Uds. leen
PRETÉRITO	yo leí tú leíste él, ella, Ud. leyó	nosotros(as) leímos _vosotros(as) leísteis_ ellos, ellas, Uds. leyeron
IMPERFECTO	yo leía tú leías él, ella, Ud. leía	nosotros(as) leíamos _vosotros(as) leíais_ ellos, ellas, Uds. leían
FUTURO	yo leeré tú leerás él, ella, Ud. leerá	nosotros(as) leeremos _vosotros(as) leeréis_ ellos, ellas, Uds. leerán
CONDICIONAL	yo leería tú leerías él, ella, Ud. leería	nosotros(as) leeríamos _vosotros(as) leeríais_ ellos, ellas, Uds. leerían
PRESENTE PERFECTO	yo he leído tú has leído él, ella, Ud. ha leído	nosotros(as) hemos leído _vosotros(as) habéis leído_ ellos, ellas, Uds. han leído
PLUSCUAMPERFECTO	yo había leído tú habías leído él, ella, Ud. había leído	nosotros(as) habíamos leído _vosotros(as) habíais leído_ ellos, ellas, Uds. habían leído
CONDICIONAL PERFECTO	yo habría leído tú habrías leído él, ella, Ud. habría leído	nosotros(as) habríamos leído _vosotros(as) habríais leído_ ellos, ellas, Uds. habrían leído
FUTURO PERFECTO	yo habré leído tú habrás leído él, ella, Ud. habrá leído	nosotros(as) habremos leído _vosotros(as) habréis leído_ ellos, ellas, Uds. habrán leído
SUBJUNTIVO PRESENTE	yo lea tú leas él, ella, Ud. lea	nosotros(as) leamos _vosotros(as) leáis_ ellos, ellas, Uds. lean
SUBJUNTIVO IMPERFECTO	yo leyera tú leyeras él, ella, Ud. leyera	nosotros(as) leyéramos _vosotros(as) leyerais_ ellos, ellas, Uds. leyeran
PRESENTE PERFECTO DEL SUBJUNTIVO	yo haya leído tú hayas leído él, ella, Ud. haya leído	nosotros(as) hayamos leído _vosotros(as) hayáis leído_ ellos, ellas, Uds. hayan leído
PLUSCUAMPERFECTO DEL SUBJUNTIVO	yo hubiera leído tú hubieras leído él, ella, Ud. hubiera leído	nosotros(as) hubiéramos leído _vosotros(as) hubierais leído_ ellos, ellas, Uds. hubieran leído
IMPERATIVO FORMAL	lea Ud. lean Uds.	
IMPERATIVO FAMILIAR	lee tú	

Verbos irregulares

INFINITIVO	**oír**	
	to hear	

PARTICIPIO PRESENTE	oyendo	

PRESENTE	yo oigo	nosotros(as) oímos
	tú oyes	*vosotros(as) oís*
	él, ella, Ud. oye	ellos, ellas, Uds. oyen

PRETÉRITO	yo oí	nosotros(as) oímos
	tú oíste	*vosotros(as) oísteis*
	él, ella, Ud. oyó	ellos, ellas, Uds. oyeron

IMPERFECTO	yo oía	nosotros(as) oíamos
	tú oías	*vosotros(as) oíais*
	él, ella, Ud. oía	ellos, ellas, Uds. oían

FUTURO	yo oiré	nosotros(as) oiremos
	tú oirás	*vosotros(as) oiréis*
	él, ella, Ud. oirá	ellos, ellas, Uds. oirán

CONDICIONAL	yo oiría	nosotros(as) oiríamos
	tú oirías	*vosotros(as) oiríais*
	él, ella, Ud. oiría	ellos, ellas, Uds. oirían

PRESENTE PERFECTO	yo he oído	nosotros(as) hemos oído
	tú has oído	*vosotros(as) habéis oído*
	él, ella, Ud. ha oído	ellos, ellas, Uds. han oído

PLUSCUAMPERFECTO	yo había oído	nosotros(as) habíamos oído
	tú habías oído	*vosotros(as) habíais oído*
	él, ella, Ud. había oído	ellos, ellas, Uds. habían oído

CONDICIONAL PERFECTO	yo habría oído	nosotros(as) habríamos oído
	tú habrías oído	*vosotros(as) habríais oído*
	él, ella, Ud. habría oído	ellos, ellas, Uds. habrían oído

FUTURO PERFECTO	yo habré oído	nosotros(as) habremos oído
	tú habrás oído	*vosotros(as) habréis oído*
	él, ella, Ud. habrá oído	ellos, ellas, Uds. habrán oído

SUBJUNTIVO PRESENTE	yo oiga	nosotros(as) oigamos
	tú oigas	*vosotros(as) oigáis*
	él, ella, Ud. oiga	ellos, ellas, Uds. oigan

SUBJUNTIVO IMPERFECTO	yo oyera	nosotros(as) oyéramos
	tú oyeras	*vosotros(as) oyerais*
	él, ella, Ud. oyera	ellos, ellas, Uds. oyeran

PRESENTE PERFECTO DEL SUBJUNTIVO	yo haya oído	nosotros(as) hayamos oído
	tú hayas oído	*vosotros(as) hayáis oído*
	él, ella, Ud. haya oído	ellos, ellas, Uds. hayan oído

PLUSCUAMPERFECTO DEL SUBJUNTIVO	yo hubiera oído	nosotros(as) hubiéramos oído
	tú hubieras oído	*vosotros(as) hubierais oído*
	él, ella, Ud. hubiera oído	ellos, ellas, Uds. hubieran oído

IMPERATIVO FORMAL	oiga Ud.	
	oigan Uds	

IMPERATIVO FAMILIAR	oye tú	

Verbos irregulares

INFINITIVO	**poder** *to be able*	
PARTICIPIO PRESENTE	pudiendo	
PRESENTE	yo puedo tú puedes él, ella, Ud. puede	nosotros(as) podemos *vosotros(as) podéis* ellos, ellas, Uds. pueden
PRETÉRITO	yo pude tú pudiste él, ella, Ud. pudo	nosotros(as) pudimos *vosotros(as) pudisteis* ellos, ellas, Uds. pudieron
IMPERFECTO	yo podía tú podías él, ella, Ud. podía	nosotros(as) podíamos *vosotros(as) podíais* ellos, ellas, Uds. podían
FUTURO	yo podré tú podrás él, ella, Ud. podrá	nosotros(as) podremos *vosotros(as) podréis* ellos, ellas, Uds. podrán
CONDICIONAL	yo podría tú podrías él, ella, Ud. podría	nosotros(as) podríamos *vosotros(as) podríais* ellos, ellas, Uds. podrían
PRESENTE PERFECTO	yo he podido tú has podido él, ella, Ud. ha podido	nosotros(as) hemos podido *vosotros(as) habéis podido* ellos, ellas, Uds. han podido
PLUSCUAMPERFECTO	yo había podido tú habías podido él, ella, Ud. había podido	nosotros(as) habíamos podido *vosotros(as) habíais podido* ellos, ellas, Uds. habían podido
CONDICIONAL PERFECTO	yo habría podido tú habrías podido él, ella, Ud. habría podido	nosotros(as) habríamos podido *vosotros(as) habríais podido* ellos, ellas, Uds. habrían podido
FUTURO PERFECTO	yo habré podido tú habrás podido él, ella, Ud. habrá podido	nosotros(as) habremos podido *vosotros(as) habréis podido* ellos, ellas, Uds. habrán podido
SUBJUNTIVO PRESENTE	yo pueda tú puedas él, ella, Ud. pueda	nosotros(as) podamos *vosotros(as) podáis* ellos, ellas, Uds. puedan
SUBJUNTIVO IMPERFECTO	yo pudiera tú pudieras él, ella, Ud. pudiera	nosotros(as) pudiéramos *vosotros(as) pudierais* ellos, ellas, Uds. pudieran
PRESENTE PERFECTO DEL SUBJUNTIVO	yo haya podido tú hayas podido él, ella, Ud. haya podido	nosotros(as) hayamos podido *vosotros(as) hayáis podido* ellos, ellas, Uds. hayan podido
PLUSCUAMPERFECTO DEL SUBJUNTIVO	yo hubiera podido tú hubieras podido él, ella, Ud. hubiera podido	nosotros(as) hubiéramos podido *vosotros(as) hubierais podido* ellos, ellas, Uds. hubieran podido
IMPERATIVO FORMAL	(no usado)	
IMPERATIVO FAMILIAR	(no usado)	

Verbos irregulares

INFINITIVO	**poner** *to put*	
PARTICIPIO PRESENTE	poniendo	
PRESENTE	yo pongo tú pones él, ella, Ud. pone	nosotros(as) ponemos *vosotros(as) ponéis* ellos, ellas, Uds. ponen
PRETÉRITO	yo puse tú pusiste él, ella, Ud. puso	nosotros(as) pusimos *vosotros(as) pusisteis* ellos, ellas, Uds. pusieron
IMPERFECTO	yo ponía tú ponías él, ella, Ud. ponía	nosotros(as) poníamos *vosotros(as) poníais* ellos, ellas, Uds. ponían
FUTURO	yo pondré tú pondrás él, ella, Ud. pondrá	nosotros(as) pondremos *vosotros(as) pondréis* ellos, ellas, Uds. pondrán
CONDICIONAL	yo pondría tú pondrías él, ella, Ud. pondría	nosotros(as) pondríamos *vosotros(as) pondríais* ellos, ellas, Uds. pondrían
PRESENTE PERFECTO	yo he puesto tú has puesto él, ella, Ud. ha puesto	nosotros(as) hemos puesto *vosotros(as) habéis puesto* ellos, ellas, Uds. han puesto
PLUSCUAMPERFECTO	yo había puesto tú habías puesto él, ella, Ud. había puesto	nosotros(as) habíamos puesto *vosotros(as) habíais puesto* ellos, ellas, Uds. habían puesto
CONDICIONAL PERFECTO	yo habría puesto tú habrías puesto él, ella, Ud. habría puesto	nosotros(as) habríamos puesto *vosotros(as) habríais puesto* ellos, ellas, Uds. habrían puesto
FUTURO PERFECTO	yo habré puesto tú habrás puesto él, ella, Ud. habrá puesto	nosotros(as) habremos puesto *vosotros(as) habréis puesto* ellos, ellas, Uds. habrán puesto
SUBJUNTIVO PRESENTE	yo ponga tú pongas él, ella, Ud. ponga	nosotros(as) pongamos *vosotros(as) pongáis* ellos, ellas, Uds. pongan
SUBJUNTIVO IMPERFECTO	yo pusiera tú pusieras él, ella, Ud. pusiera	nosotros(as) pusiéramos *vosotros(as) pusierais* ellos, ellas, Uds. pusieran
PRESENTE PERFECTO DEL SUBJUNTIVO	yo haya puesto tú hayas puesto él, ella, Ud. haya puesto	nosotros(as) hayamos puesto *vosotros(as) hayáis puesto* ellos, ellas, Uds. hayan puesto
PLUSCUAMPERFECTO DEL SUBJUNTIVO	yo hubiera puesto tú hubieras puesto él, ella, Ud. hubiera puesto	nosotros(as) hubiéramos puesto *vosotros(as) hubierais puesto* ellos, ellas, Uds. hubieran puesto
IMPERATIVO FORMAL	ponga Ud. pongan Uds.	
IMPERATIVO FAMILIAR	pon tú	

Verbos irregulares

INFINITIVO	querer *to want, to love*	
PARTICIPIO PRESENTE	queriendo	
PRESENTE	yo quiero tú quieres él, ella, Ud. quiere	nosotros(as) queremos *vosotros(as) queréis* ellos, ellas, Uds. quieren
PRETÉRITO	yo quise tú quisiste él, ella, Ud. quiso	nosotros(as) quisimos *vosotros(as) quisisteis* ellos, ellas, Uds. quisieron
IMPERFECTO	yo quería tú querías él, ella, Ud. quería	nosotros(as) queríamos *vosotros(as) queríais* ellos, ellas, Uds. querían
FUTURO	yo querré tú querrás él, ella, Ud. querrá	nosotros(as) querremos *vosotros(as) querréis* ellos, ellas, Uds. querrán
CONDICIONAL	yo querría tú querrías él, ella, Ud. querría	nosotros(as) querríamos *vosotros(as) querríais* ellos, ellas, Uds. querrían
PRESENTE PERFECTO	yo he querido tú has querido él, ella, Ud. ha querido	nosotros(as) hemos querido *vosotros(as) habéis querido* ellos, ellas, Uds. han querido
PLUSCUAMPERFECTO	yo había querido tú habías querido él, ella, Ud. había querido	nosotros(as) habíamos querido *vosotros(as) habíais querido* ellos, ellas, Uds. habían querido
CONDICIONAL PERFECTO	yo habría querido tú habrías querido él, ella, Ud. habría querido	nosotros(as) habríamos querido *vosotros(as) habríais querido* ellos, ellas, Uds. habrían querido
FUTURO PERFECTO	yo habré querido tú habrás querido él, ella, Ud. habrá querido	nosotros(as) habremos querido *vosotros(as) habréis querido* ellos, ellas, Uds. habrán querido
SUBJUNTIVO PRESENTE	yo quiera tú quieras él, ella, Ud. quiera	nosotros(as) queramos *vosotros(as) queráis* ellos, ellas, Uds. quieran
SUBJUNTIVO IMPERFECTO	yo quisiera tú quisieras él, ella, Ud. quisiera	nosotros(as) quisiéramos *vosotros(as) quisierais* ellos, ellas, Uds. quisieran
PRESENTE PERFECTO DEL SUBJUNTIVO	yo haya querido tú hayas querido él, ella, Ud. haya querido	nosotros(as) hayamos querido *vosotros(as) hayáis querido* ellos, ellas, Uds. hayan querido
PLUSCUAMPERFECTO DEL SUBJUNTIVO	yo hubiera querido tú hubieras querido él, ella, Ud. hubiera querido	nosotros(as) hubiéramos querido *vosotros(as) hubierais querido* ellos, ellas, Uds. hubieran querido
IMPERATIVO FORMAL	quiera Ud. quieran Uds.	
IMPERATIVO FAMILIAR	quiere tú	

Verbos irregulares

INFINITIVO	**saber**	
	to know	

PARTICIPIO PRESENTE	sabiendo	

PRESENTE	yo sé	nosotros(as) sabemos
	tú sabes	*vosotros(as) sabéis*
	él, ella, Ud. sabe	ellos, ellas, Uds. saben

PRETÉRITO	yo supe	nosotros(as) supimos
	tú supiste	*vosotros(as) supisteis*
	él, ella, Ud. supo	ellos, ellas, Uds. supieron

IMPERFECTO	yo sabía	nosotros(as) sabíamos
	tú sabías	*vosotros(as) sabíais*
	él, ella, Ud. sabía	ellos, ellas, Uds. sabían

FUTURO	yo sabré	nosotros(as) sabremos
	tú sabrás	*vosotros(as) sabréis*
	él, ella, Ud. sabrá	ellos, ellas, Uds. sabrán

CONDICIONAL	yo sabría	nosotros(as) sabríamos
	tú sabrías	*vosotros(as) sabríais*
	él, ella, Ud. sabría	ellos, ellas, Uds. sabrían

PRESENTE PERFECTO	yo he sabido	nosotros(as) hemos sabido
	tú has sabido	*vosotros(as) habéis sabido*
	él, ella, Ud. ha sabido	ellos, ellas, Uds. han sabido

PLUSCUAMPERFECTO	yo había sabido	nosotros(as) habíamos sabido
	tú habías sabido	*vosotros(as) habíais sabido*
	él, ella, Ud. había sabido	ellos, ellas, Uds. habían sabido

CONDICIONAL PERFECTO	yo habría sabido	nosotros(as) habríamos sabido
	tú habrías sabido	*vosotros(as) habríais sabido*
	él, ella, Ud. habría sabido	ellos, ellas, Uds. habrían sabido

FUTURO PERFECTO	yo habré sabido	nosotros(as) habremos sabido
	tú habrás sabido	*vosotros(as) habréis sabido*
	él, ella, Ud. habrá sabido	ellos, ellas, Uds. habrán sabido

SUBJUNTIVO PRESENTE	yo sepa	nosotros(as) sepamos
	tú sepas	*vosotros(as) sepáis*
	él, ella, Ud. sepa	ellos, ellas, Uds. sepan

SUBJUNTIVO IMPERFECTO	yo supiera	nosotros(as) supiéramos
	tú supieras	*vosotros(as) supierais*
	él, ella, Ud. supiera	ellos, ellas, Uds. supieran

PRESENTE PERFECTO DEL SUBJUNTIVO	yo haya sabido	nosotros(as) hayamos sabido
	tú hayas sabido	*vosotros(as) hayáis sabido*
	él, ella, Ud. haya sabido	ellos, ellas, Uds. hayan sabido

PLUSCUAMPERFECTO DEL SUBJUNTIVO	yo hubiera sabido	nosotros(as) hubiéramos sabido
	tú hubieras sabido	*vosotros(as) hubierais sabido*
	él, ella, Ud. hubiera sabido	ellos, ellas, Uds. hubieran sabido

IMPERATIVO FORMAL	sepa Ud.	
	sepan Uds.	

IMPERATIVO FAMILIAR	sabe tú	

Verbos irregulares

INFINITIVO	**salir** *to leave*	
PARTICIPIO PRESENTE	saliendo	
PRESENTE	yo salgo tú sales él, ella, Ud. sale	nosotros(as) salimos *vosotros(as) salís* ellos, ellas, Uds. salen
PRETÉRITO	yo salí tú saliste él, ella, Ud. salió	nosotros(as) salimos *vosotros(as) salisteis* ellos, ellas, Uds. salieron
IMPERFECTO	yo salía tú salías él, ella, Ud. salía	nosotros(as) salíamos *vosotros(as) salíais* ellos, ellas, Uds. salían
FUTURO	yo saldré tú saldrás él, ella, Ud. saldrá	nosotros(as) saldremos *vosotros(as) saldréis* ellos, ellas, Uds. saldrán
CONDICIONAL	yo saldría tú saldrías él, ella, Ud. saldría	nosotros(as) saldríamos *vosotros(as) saldríais* ellos, ellas, Uds. saldrían
PRESENTE PERFECTO	yo he salido tú has salido él, ella, Ud. ha salido	nosotros(as) hemos salido *vosotros(as) habéis salido* ellos, ellas, Uds. han salido
PLUSCUAMPERFECTO	yo había salido tú habías salido él, ella, Ud. había salido	nosotros(as) habíamos salido *vosotros(as) habíais salido* ellos, ellas, Uds. habían salido
CONDICIONAL PERFECTO	yo habría salido tú habrías salido él, ella, Ud. habría salido	nosotros(as) habríamos salido *vosotros(as) habríais salido* ellos, ellas, Uds. habrían salido
FUTURO PERFECTO	yo habré salido tú habrás salido él, ella, Ud. habrá salido	nosotros(as) habremos salido *vosotros(as) habréis salido* ellos, ellas, Uds. habrán salido
SUBJUNTIVO PRESENTE	yo salga tú salgas él, ella, Ud. salga	nosotros(as) salgamos *vosotros(as) salgáis* ellos, ellas, Uds. salgan
SUBJUNTIVO IMPERFECTO	yo saliera tú salieras él, ella, Ud. saliera	nosotros(as) saliéramos *vosotros(as) salierais* ellos, ellas, Uds. salieran
PRESENTE PERFECTO DEL SUBJUNTIVO	yo haya salido tú hayas salido él, ella, Ud. haya salido	nosotros(as) hayamos salido *vosotros(as) hayáis salido* ellos, ellas, Uds. hayan salido
PLUSCUAMPERFECTO DEL SUBJUNTIVO	yo hubiera salido tú hubieras salido él, ella, Ud. hubiera salido	nosotros(as) hubiéramos salido *vosotros(as) hubierais salido* ellos, ellas, Uds. hubieran salido
IMPERATIVO FORMAL	salga Ud. salgan Uds.	
IMPERATIVO FAMILIAR	sal tú	

Verbos irregulares

INFINITIVO	ser to be	
PARTICIPIO PRESENTE	siendo	
PRESENTE	yo soy tú eres él, ella, Ud. es	nosotros(as) somos *vosotros(as) sois* ellos, ellas, Uds. son
PRETÉRITO	yo fui tú fuiste él, ella, Ud. fue	nosotros(as) fuimos *vosotros(as) fuisteis* ellos, ellas, Uds. fueron
IMPERFECTO	yo era tú eras él, ella, Ud. era	nosotros(as) éramos *vosotros(as) erais* ellos, ellas, Uds. eran
FUTURO	yo seré tú serás él, ella, Ud. será	nosotros(as) seremos *vosotros(as) seréis* ellos, ellas, Uds. serán
CONDICIONAL	yo sería tú serías él, ella, Ud. sería	nosotros(as) seríamos *vosotros(as) seríais* ellos, ellas, Uds. serían
PRESENTE PERFECTO	yo he sido tú has sido él, ella, Ud. ha sido	nosotros(as) hemos sido *vosotros(as) habéis sido* ellos, ellas, Uds. han sido
PLUSCUAMPERFECTO	yo había sido tú habías sido él, ella, Ud. había sido	nosotros(as) habíamos sido *vosotros(as) habíais sido* ellos, ellas, Uds. habían sido
CONDICIONAL PERFECTO	yo habría sido tú habrías sido él, ella, Ud. habría sido	nosotros(as) habríamos sido *vosotros(as) habríais sido* ellos, ellas, Uds. habrían sido
FUTURO PERFECTO	yo habré sido tú habrás sido él, ella, Ud. habrá sido	nosotros(as) habremos sido *vosotros(as) habréis sido* ellos, ellas, Uds. habrán sido
SUBJUNTIVO PRESENTE	yo sea tú seas él, ella, Ud. sea	nosotros(as) seamos *vosotros(as) seáis* ellos, ellas, Uds. sean
SUBJUNTIVO IMPERFECTO	yo fuera tú fueras él, ella, Ud. fuera	nosotros(as) fuéramos *vosotros(as) fuerais* ellos, ellas, Uds. fueran
PRESENTE PERFECTO DEL SUBJUNTIVO	yo haya sido tú hayas sido él, ella, Ud. haya sido	nosotros(as) hayamos sido *vosotros(as) hayáis sido* ellos, ellas, Uds. hayan sido
PLUSCUAMPERFECTO DEL SUBJUNTIVO	yo hubiera sido tú hubieras sido él, ella, Ud. hubiera sido	nosotros(as) hubiéramos sido *vosotros(as) hubierais sido* ellos, ellas, Uds. hubieran sido
IMPERATIVO FORMAL	sea Ud. sean Uds.	
IMPERATIVO FAMILIAR	sé tú	

Verbos irregulares

INFINITIVO	**tener** *to have*	
PARTICIPIO PRESENTE	teniendo	
PRESENTE	yo tengo tú tienes él, ella, Ud. tiene	nosotros(as) tenemos *vosotros(as) tenéis* ellos, ellas, Uds. tienen
PRETÉRITO	yo tuve tú tuviste él, ella, Ud. tuvo	nosotros(as) tuvimos *vosotros(as) tuvisteis* ellos, ellas, Uds. tuvieron
IMPERFECTO	yo tenía tú tenías él, ella, Ud. tenía	nosotros(as) teníamos *vosotros(as) teníais* ellos, ellas, Uds. tenían
FUTURO	yo tendré tú tendrás él, ella, Ud. tendrá	nosotros(as) tendremos *vosotros(as) tendréis* ellos, ellas, Uds. tendrán
CONDICIONAL	yo tendría tú tendrías él, ella, Ud. tendría	nosotros(as) tendríamos *vosotros(as) tendríais* ellos, ellas, Uds. tendrían
PRESENTE PERFECTO	yo he tenido tú has tenido él, ella, Ud. ha tenido	nosotros(as) hemos tenido *vosotros(as) habéis tenido* ellos, ellas, Uds. han tenido
PLUSCUAMPERFECTO	yo había tenido tú habías tenido él, ella, Ud. había tenido	nosotros(as) habíamos tenido *vosotros(as) habíais tenido* ellos, ellas, Uds. habían tenido
CONDICIONAL PERFECTO	yo habría tenido tú habrías tenido él, ella, Ud. habría tenido	nosotros(as) habríamos tenido *vosotros(as) habríais tenido* ellos, ellas, Uds. habrían tenido
FUTURO PERFECTO	yo habré tenido tú habrás tenido él, ella, Ud. habrá tenido	nosotros(as) habremos tenido *vosotros(as) habréis tenido* ellos, ellas, Uds. habrán tenido
SUBJUNTIVO PRESENTE	yo tenga tú tengas él, ella, Ud. tenga	nosotros(as) tengamos *vosotros(as) tengáis* ellos, ellas, Uds. tengan
SUBJUNTIVO IMPERFECTO	yo tuviera tú tuvieras él, ella, Ud. tuviera	nosotros(as) tuviéramos *vosotros(as) tuvierais* ellos, ellas, Uds. tuvieran
PRESENTE PERFECTO DEL SUBJUNTIVO	yo haya tenido tú hayas tenido él, ella, Ud. haya tenido	nosotros(as) hayamos tenido *vosotros(as) hayáis tenido* ellos, ellas, Uds. hayan tenido
PLUSCUAMPERFECTO DEL SUBJUNTIVO	yo hubiera tenido tú hubieras tenido él, ella, Ud. hubiera tenido	nosotros(as) hubiéramos tenido *vosotros(as) hubierais tenido* ellos, ellas, Uds. hubieran tenido
IMPERATIVO FORMAL	tenga Ud. tengan Uds.	
IMPERATIVO FAMILIAR	ten tú	

Verbos irregulares

INFINITIVO	**traer**
	to bring

PARTICIPIO PRESENTE	trayendo	

PRESENTE	yo traigo	nosotros(as) traemos
	tú traes	*vosotros(as) traéis*
	él, ella, Ud. trae	ellos, ellas, Uds. traen

PRETÉRITO	yo traje	nosotros(as) trajimos
	tú trajiste	*vosotros(as) trajisteis*
	él, ella, Ud. trajo	ellos, ellas, Uds. trajeron

IMPERFECTO	yo traía	nosotros(as) traíamos
	tú traías	*vosotros(as) traíais*
	él, ella, Ud. traía	ellos, ellas, Uds. traían

FUTURO	yo traeré	nosotros(as) traeremos
	tú traerás	*vosotros(as) traeréis*
	él, ella, Ud. traerá	ellos, ellas, Uds. traerán

CONDICIONAL	yo traería	nosotros(as) traeríamos
	tú traerías	*vosotros(as) traeríais*
	él, ella, Ud. traería	ellos, ellas, Uds. traerían

PRESENTE PERFECTO	yo he traído	nosotros(as) hemos traído
	tú has traído	*vosotros(as) habéis traído*
	él, ella, Ud. ha traído	ellos, ellas, Uds. han traído

PLUSCUAMPERFECTO	yo había traído	nosotros(as) habíamos traído
	tú habías traído	*vosotros(as) habíais traído*
	él, ella, Ud. había traído	ellos, ellas, Uds. habían traído

CONDICIONAL PERFECTO	yo habría traído	nosotros(as) habríamos traído
	tú habrías traído	*vosotros(as) habríais traído*
	él, ella, Ud. habría traído	ellos, ellas, Uds. habrían traído

FUTURO PERFECTO	yo habré traído	nosotros(as) habremos traído
	tú habrás traído	*vosotros(as) habréis traído*
	él, ella, Ud. habrá traído	ellos, ellas, Uds. habrán traído

SUBJUNTIVO PRESENTE	yo traiga	nosotros(as) traigamos
	tú traigas	*vosotros(as) traigáis*
	él, ella, Ud. traiga	ellos, ellas, Uds. traigan

SUBJUNTIVO IMPERFECTO	yo trajera	nosotros(as) trajéramos
	tú trajeras	*vosotros(as) trajerais*
	él, ella, Ud. trajera	ellos, ellas, Uds. trajeran

PRESENTE PERFECTO DEL SUBJUNTIVO	yo haya traído	nosotros(as) hayamos traído
	tú hayas traído	*vosotros(as) hayáis traído*
	él, ella, Ud. haya traído	ellos, ellas, Uds. hayan traído

PLUSCUAMPERFECTO DEL SUBJUNTIVO	yo hubiera traído	nosotros(as) hubiéramos traído
	tú hubieras traído	*vosotros(as) hubierais traído*
	él, ella, Ud. hubiera traído	ellos, ellas, Uds. hubieran traído

IMPERATIVO FORMAL	traiga Ud.	
	traigan Uds.	

IMPERATIVO FAMILIAR	trae tú	

Verbos irregulares

INFINITIVO	**venir** *to come*	
PARTICIPIO PRESENTE	viniendo	
PRESENTE	yo vengo	nosotros(as) venimos
	tú vienes	vosotros(as) venís
	él, ella, Ud. viene	ellos, ellas, Uds. vienen
PRETÉRITO	yo vine	nosotros(as) vinimos
	tú viniste	vosotros(as) vinisteis
	él, ella, Ud. vino	ellos, ellas, Uds. vinieron
IMPERFECTO	yo venía	nosotros(as) veníamos
	tú venías	vosotros(as) veníais
	él, ella, Ud. venía	ellos, ellas, Uds. venían
FUTURO	yo vendré	nosotros(as) vendremos
	tú vendrás	vosotros(as) vendréis
	él, ella, Ud. vendrá	ellos, ellas, Uds. vendrán
CONDICIONAL	yo vendría	nosotros(as) vendríamos
	tú vendrías	vosotros(as) vendríais
	él, ella, Ud. vendría	ellos, ellas, Uds. vendrían
PRESENTE PERFECTO	yo he venido	nosotros(as) hemos venido
	tú has venido	vosotros(as) habéis venido
	él, ella, Ud. ha venido	ellos, ellas, Uds. han venido
PLUSCUAMPERFECTO	yo había venido	nosotros(as) habíamos venido
	tú habías venido	vosotros(as) habíais venido
	él, ella, Ud. había venido	ellos, ellas, Uds. habían venido
CONDICIONAL PERFECTO	yo habría venido	nosotros(as) habríamos venido
	tú habrías venido	vosotros(as) habríais venido
	él, ella, Ud. habría venido	ellos, ellas, Uds. habrían venido
FUTURO PERFECTO	yo habré venido	nosotros(as) habremos venido
	tú habrás venido	vosotros(as) habréis venido
	él, ella, Ud. habrá venido	ellos, ellas, Uds. habrán venido
SUBJUNTIVO PRESENTE	yo venga	nosotros(as) vengamos
	tú vengas	vosotros(as) vengáis
	él, ella, Ud. venga	ellos, ellas, Uds. vengan
SUBJUNTIVO IMPERFECTO	yo viniera	nosotros(as) viniéramos
	tú vinieras	vosotros(as) vinierais
	él, ella, Ud. viniera	ellos, ellas, Uds. vinieran
PRESENTE PERFECTO DEL SUBJUNTIVO	yo haya venido	nosotros(as) hayamos venido
	tú hayas venido	vosotros(as) hayáis venido
	él, ella, Ud. haya venido	ellos, ellas, Uds. hayan venido
PLUSCUAMPERFECTO DEL SUBJUNTIVO	yo hubiera venido	nosotros(as) hubiéramos venido
	tú hubieras venido	vosotros(as) hubierais venido
	él, ella, Ud. hubiera venido	ellos, ellas, Uds. hubieran venido
IMPERATIVO FORMAL	venga Ud. vengan Uds.	
IMPERATIVO FAMILIAR	ven tú	

Vocabulario español–inglés

Words without chapter references indicate either receptive vocabulary (not taught in the vocabulary sections) in Level 3 or vocabulary presented in Levels 1 and 2. Words followed by boldface numbers indicate vocabulary introduced for the first time in Level 3. Many of the meanings given in this glossary are taken directly from the context in which they appear in the text.

The following abbreviations are used in this glossary.

adj.	adjective
adv.	adverb
conj.	conjunction
dem. adj.	demonstrative adjective
dem. pron.	demonstrative pronoun
dir. obj.	direct object
f.	feminine
fam.	familiar
form.	formal
ind. obj.	indirect object
inf.	infinitive
inform.	informal
interr.	interrogative
interr. adj.	interrogative adjective
interr. pron.	interrogative pronoun
inv.	invariable
irreg.	irregular
m.	masculine
n.	noun
past. part.	past participle
pl.	plural
poss. adj.	possessive adjective
prep.	preposition
pron.	pronoun
sing.	singular
subj.	subject
subjunc.	subjunctive

A

a bordo on board
a eso de about, around
a menudo often
abajo below, **1**; down
abalanzar to contribute
abandonar to leave
el **abandono** abandonment, neglect
abarcar to comprise
el **abdomen** abdomen, **3**
la **abeja** bee, **4**
abnegado(a) self-sacrificing, **4**
el/la **abogado(a)** lawyer
abominable hateful
el/la **abonado(a)** subscriber
abordar to get on, board; to approach
   el pase de abordar boarding pass
aborrecer to hate, detest
abotagado(a) puffy
abotonar to button
abrazar (c) to embrace, hug
el **abrazo** hug
la **abreviatura** abbreviation
el **abrigo** overcoat
abril April
abrir to open
abrocharse to fasten
el **absceso** abscess
absolutamente absolutely
absoluto(a) absolute
absorber to absorb
la **abstinencia** abstinence
la **abstracción** abstraction
abstracto(a) abstract
abstraer to abstract
el/la **abuelo(a)** grandfather (grandmother)
los **abuelos** grandparents
la **abundancia** abundance
abundante abundant
abundar to abound
aburrido(a) boring
el **aburrimiento** boredom
aburrir to bore
el **abuso** abuse
acabar de to have just (done something); to finish, **3**
   No te los acabas. Incredible.
la **academia** academy
académico(a) academic
el/la **académico(a)** academician

acampanado(a) in great danger
acampar to camp
acariciar to caress, **4**
el **acceso** access
el **accidente** accident
las **acciones** stock
el **aceite** oil
la **aceituna** olive, **8**
aceleradamente quickly
acelerar to accelerate
aceptar accept
la **acera** sidewalk
acercarse to approach
aciago(a) unfortunate
el **acíbar** bitterness
el **acierto** success
acomodado(a) well-to-do
acomodar to accommodate
acompañado(a) accompanied, **1**
el **acompañamiento** escort, **4**; accompaniment
acompañar to accompany
acondicionado(a) conditioned
aconsejable advisable
aconsejar to advise
el **acontecimiento** event, **3**
acorchado(a) lined with cork
acordarse (ue) to remember
acostado(a) stretched out
acostarse (ue) to go to bed
acostumbrarse to get used to, **2**
acrecentar to increase
la **actividad** activity
activo(a) active
el **acto** act, **3**
el **actor** actor
la **actriz** actress
la **actualidad** present time
las **actualidades** news, current events
actualmente at the present time
la **acuarela** water color
acuático: el esquí acuático water skiing
acudir a to go to; to attend, **1, 2, 3**
el **acueducto** aqueduct
el **acuerdo** agreement, pact, **7**
de acuerdo according to; in agreement; okay, all right

acuífero(a) aquiferous, water-bearing
acusar to accuse; to acknowledge (receipt of a letter)
adaptar to adapt
adecuado(a) adequate
adelantar to overtake
además (de) besides
adentrar to search deeper
adentro inside
el/la **adherente** adherent
la **adicción** addiction
adinerado(a) wealthy
adiós good-bye
la **adivinanza** riddle, puzzle
adivinar to guess; to foretell, **6**
la **administración** administration
la **admiración** admiration
el **admirador** admirer
la **adolescencia** adolescence
el/la **adolescente** adolescent
adonde where
¿adónde? (to) where?
adoptar to adopt
adorable adorable
adorar to adore
adornar to adorn
el **adorno** ornament
adquirir to acquire
la **adquisición** acquisition
la **aduana** customs
el **adulto** adult, **2**
el/la **adversario(a)** adversary
la **advertencia** warning
aéreo(a) air (adj.)
   la línea aérea airline
   por correo aéreo by air mail
aeróbico(a) aerobic
el **aerodeslizador** hydrofoil
aerodinámico(a) aerodynamic
el **aerograma** aerogram
el **aeropuerto** airport
afectar to affect
el **afecto** affection, fondness, **6**
afectuoso(a) affectionate
afeitarse to shave
   la crema de afeitar shaving cream
aferrar to grasp, seize
la **afición** liking, enthusiasm, **6**

aficionado(a) fond of
afirmar to affirm
afirmativo(a) affirmative
africano(a) African
afrocubano(a) Afro-Cuban
afuera out; outside
las afueras outskirts
agachar to lower, bend
agarrar to get; to seize
agasajar to entertain splendidly
la agencia de viajes travel agency
el/la agente agent
ágil agile
la aglomeración collection
agonizante dying
agosto August
agotado(a) exhausted; sold-out
agotador(a) exhausting
agraciado(a) graceful, charming
agradable pleasant
agradar to please, 6
agradecer to thank
agregar (gu) to add
el/la agricultor farmer
la agricultura agriculture
agridulce bittersweet, 2
agrio(a) sour
agropecuario(a) pertaining to farming
la agrupación group
el agua (f.) water
    el agua bendita holy water
    el agua corriente running water
    el agua de colonia cologne
    el agua mineral mineral water
    las aguas negras sewage
el aguacate avocado
el aguacero downpour, 1
el aguamanil washstand
aguantar to bear; to tolerate; to hold up
aguardar to wait for
agudo(a) keen, sharp, 7
el águila (f.) eagle
el aguinaldo Christmas present
el agujero hole
ahí there (adv.)
el/la ahijado(a) godchild

ahora now
ahorrar to save
los ahorros savings
ahuyentar to drive away
el aire air
    al aire libre outdoors
    el aire acondicionado air conditioning
aislado(a) isolated
ajeno(a) foreign, 2
el ajo garlic
ajustado(a) fitted
ajustar to adjust
al (a + el) to the, at the
el ala (f.) wing
el alambre wire
alargar to stretch out
el/la albañil mason
la alberca swimming pool
el albergue juvenil youth hostel
alborotado(a) rumpled
el alcalde mayor
la alcaldía city hall
el alcance reach
alcanzar (c) to reach
el alcázar castle, 5
el alcohol alcohol
la alcoholemia blood alcohol level
el alcoholismo alcoholism
la aldea village
alegrarse de to be glad about
alegre happy
la alegría happiness
alejarse to go far away, 3; to move away, leave
alemán (alemana) German
alentar to encourage
la alergia allergy
la alfabetización literacy
alfabetizar to teach to read and write, 8
el alfabeto alphabet, 8
el alga (f.) seaweed
el álgebra algebra
algo something
    ¿Algo más? Something more?
el algodón cotton
alguien somebody
algún, alguno(a) some, any
la alhambra Alhambra
el aliento breathing, 6
la alimentación food
alimentar to feed

alimentario nourishing
alimenticio(a) nutritional, 7
el alimento food, 7
aliviar to alleviate
allá there
allegado(a) near, close; related, 4
allí there
el alma (f.) soul, 4
el almacén department store
almacenar to store; to accumulate
la almeja clam
el almidón starch
el almirante admiral
la almohada pillow
almorzar to lunch
el almuerzo lunch
alojar to lodge, stay
la alpaca alpaca
el alpargatero shoemaker
el alpinismo mountain climbing
alquilar to rent
el alquiler rent
alrededor (de) around
los alrededores outskirts
el altar altar
la alteración alteration
alterar to alter
alternar to alternate
alternativo(a) alternate
el altiplano high plateau
la altitud altitude
alto(a) tall; high
la altura height; altitude
el/la alumno(a) student
alzar to raise, lift, 1
el ama (f.) de casa housewife, 2
la amabilidad kindness
amable kind
el amago beginning
amanecer to dawn, 7
la amapola poppy
amar to love, 1
amargo(a) bitter
la amargura bitterness
amarillo(a) yellow
Amazonas: el río Amazonas Amazon River
amazónico(a) Amazon, Amazonian
la ambición ambition
ambicioso(a) ambitious
ambiental environmental

el **ambiente** environment
ambos(as) both
la **ambulancia** ambulance
la **ameba** amoeba
amenazar to threaten
la **América del Sur** South
America
americano(a) American
el/la **amigo(a)** friend
el **aminoácido** amino acid
la **amistad** friendship
el/la **amo(a)** master; owner;
boss, **8**
las **amonestaciones** (marriage)
banns, **4**
el **amor** love
amoroso(a) amorous
amplio(a) large, roomy
amurallado(a) walled
el **análisis** analysis
analizar (c) to analyze
análogo(a) analogous
anaranjado(a) orange (color)
el/la **anarquista** anarchist
el/la **anatomista** anatomist
ancho(a) wide
la **anchura** width
el/la **anciano(a)** old person, **2**
el **ancla** (f.) anchor, **1**
andar (irreg.) to move; to
travel; to function; to walk
andar en monopatín to
skateboard
el **andén** railway platform
andino(a) Andean
andrajoso(a) ragged
la **anestesia** anesthesia
la anestesia local local
anesthesia
el/la **anestesista** anesthetist
el **ángel** angel
anglicanizado(a) anglicized
angosto(a) narrow, **1**
el **ángulo** angle
el **anillo** ring
el anillo de boda wedding
ring
el **animal** animal
animar to encourage
el **aniversario** anniversary
anoche last night
anónimo(a) anonymous
el **anorak** anorak
la **añoranza** nostalgia
anotar to write down, **8**

antaño long ago
antártico(a) antarctic
la **Antártida** Antarctic
anteayer day before
yesterday
el **antecedente** antecedent
antemano beforehand
antenupcial prenuptial
el **antepasado** ancestor, **8**
los **anteojos** eyeglasses, **2**
los anteojos de (para el)
sol sunglasses
anterior previous
antes de que before
los **antibióticos** antibiotics
anticipar to anticipate
la **antigüedad** antiquity, **8**
antiguo(a) ancient, old
antipático(a) unpleasant
(person)
el **antojo** craving
la **antropología** anthropology
el/la **antropólogo(a)**
anthropologist
anual annual
anualmente annually
anudar to tie, **7**
anular to cancel
anunciar to announce
el **anuncio** advertisement,
announcement
añadir to add
añejo(a) old
el **año** year
el año pasado last year
este año this year
hace muchos años many
years ago, it's been many
years
¡Próspero año nuevo!
Happy New Year!
apacible peaceful
apagar (gu) to turn off
el **aparato** apparatus,
appliance, **7**
aparcar (qu) to park
aparecer (zc) to appear
aparentar to feign
la **aparición** appearance, **4**
la **apariencia** appearance
el **apartado postal** post office
box
el **apartamento** apartment
apartar to separate
aparte separate

apasionadamente
passionately
el **apellido** last name
apenado(a) sad
apenas scarcely, barely
apesadumbrado(a)
saddened
apetecer to long for, **1**
el **apetito** appetite
el **apio** celery
aplaudir to applaud
el **aplauso** applause
aplicar to apply, employ
apocado(a) bashful, timid
el **apoderado** manager
apoderarse de to seize, take
possession of, **5**
el **apodo** nickname
el **apogeo** height (of power)
aportar to contribute,
bring, **6**
el **aporte** contribution
la **apostura** bearing
el **apotegma** maxim
apoyar to support
el **apoyo** support, help, **5**
apreciar to appreciate
aprender to learn
el/la **aprendiz(a)** apprentice,
beginner, **2**
el **aprendizaje** learning
apresurarse to hurry,
hasten, **7**
apretar (ie) to pinch
Me aprieta(n). It (They)
pinch(es) me. It's tight on
me.
aprobar to approve, **5**
apropiado(a) appropriate
aprovecharse to take
advantage
aproximadamente
approximately
apuesto(a) handsome,
elegant, **7**; tanned
los **apuntes** notes
tomar apuntes to take
notes
aquel, aquella that
aquél, aquélla that, that one
(dem. pron.)
aquesa that (Old Spanish)
aquí here
el/la **árabe** Arab
la **araña** spider

los **araucanos** Araucanians
el/la **árbitro(a)** referee
el **árbol** tree
    el **árbol genealógico** family tree
    el **árbol de Navidad** Christmas tree
    ardiente burning, **1**
el **área** (f.) area
la **arena** sand; arena
    arenisco(a) sandy
el **arete** earring, **1**
    argentino(a) Argentinian
la **aristocracia** aristocracy
el/la **aristócrata** aristocrat
la **aritmética** arithmetic
el **arma** (f.) firearm, **2**
    armar una tienda to put up a tent
el **armario** closet
el **arnés** harness
el **aro** hoop
el **aroma** aroma
la **arqueología** archaeology
    arqueológico(a) archaeological
el/la **arqueólogo(a)** archeologist
el **arquitecto** architect
la **arquitectura** architecture
    arrancar to uproot
las **arras** dowry; thirteen coins the groom gives to the bride
    arrasar to level
    arrastrar to drag, **2**
    arrebatado(a) impetuous
    arreglar to fix
    arreglarse to be settled
    arrepentirse to be sorry
    arriba above
    arribar to arrive
    arrimar to put or place near
    arrojar to hurl
el **arroyo** stream; bed (of a stream), **8**
el **arroz** rice
    arrugado(a) wrinkled
el **arte** art
    las bellas artes fine arts
el **artefacto** artifact
la **arteria** artery, main road
    arterial arterial
    artesanal craft (adj.)
la **artesanía** handicraft
el/la **artesano(a)** artisan

el **artículo** article
    el artículo de tocador toiletry
el **artilugio** gadget
el/la **artista** artist
    artístico: el patinaje artístico figure skating
el **asalto** assault
    asar to broil
la **ascendencia** ancestry, **1, 8**
el **ascenso** promotion (in position), **6**
el **ascensor** elevator
    asco: Me da asco. It disgusts me.
    asegurar to insure; to assure, **2**
    asemejarse to be similar, **6**
el **aseo** lavatory
    asesinar to assassinate
el **asesinato** assassination
el **asfalto** asphalt
    así thus
el **asiento** seat
    el número del asiento seat number
la **asignatura** subject
    asimismo also
la **asistencia** assistance; attendance
el/la **asistente** attendant
    el asistente (la asistenta) de vuelo flight attendant
    asistir to attend; to assist
    asociar to associate
el **asombro** amazement
el **aspecto** aspect
el/la **aspirante** candidate
    aspirar to breathe in
    aspirar a to aspire to
    asqueroso(a) disgusting
la **astronomía** astronomy
    asumir to assume
el **asunto** matter; subject
    asustar to frighten, **6**
    atacar (qu) to attack
el **ataque** attack
el **atardecer** late afternoon
el **ataúd** coffin, **2**
la **atención** attention, kindness
    atender (ie) to attend to, take care of
    atentar to attempt
    atento(a) polite, courteous
el **aterrizaje** landing

    aterrizar (c) to land
    atesorar to treasure, store up
    atestiguar to testify
Atlántico: Océano Atlántico Atlantic Ocean
el/la **atleta** athlete
la **atmósfera** atmosphere
    atmosférico(a) atmospheric
el **atolondramiento** confusion
    atómico(a) atomic
    atontar to stun
    atractivo(a) attractive
    atraer to attract
    atrapar to catch
    atrás behind; back, backward, **8**
    atravesar (ie) to cross, **2, 6**; to go through
    atreverse to dare
el **atún** tuna
    aturdido(a) dazed; bewildered, **6**
la **audacia** audacity
    audaz bold
la **audición** hearing, **7**
los **audífonos** earphones
    auditivo(a) auditive
el **auditorio** auditorium
el **auge** summit, apex, **8**
    en pleno auge at its peak
el **aula** (f.) classroom, **7**
    aumentar to increase, **7**
el **aumento** increase
    en aumento on the increase
    aun even
    aún yet, still
    aunque although
el **auricular** receiver (of telephone)
    auscultar to listen with a stethoscope
la **ausencia** absence
    ausente absent
    austral southern
el **autobús** bus
    perder el autobús to miss the bus
    autóctono(a) aboriginal, native, **8**
    automáticamente automatically
    automático(a) automatic
el **automóvil** car
la **autonomía** autonomy

la **autopista** super highway

el/la **autor(a)** author

las **autoridades** authorities

autorizado(a) authorized

autorizar to authorize, permit, **6**

el **autotransporte** transportation system

la **autovía** super highway

avanzado(a) advanced

avanzar to move forward

el **ave** (f.) bird

el ave picuda stork, **4**

la **avenida** avenue

la **aventura** adventure

el/la **aventurero(a)** adventurer

avergonzarse to be ashamed

la **aviación** aviation

el/la **aviador(a)** aviator

el **avión** airplane

el avión reactor jet

en avión by plane

la **avioneta** small airplane

avisar to notify, **1**

el **aviso** warning

el aviso luminoso neon sign, **2**

la **avispa** wasp

el **axioma** axiom

ayer yesterday

ayer por la mañana yesterday morning

ayer por la tarde yesterday afternoon

el **aymará** language of the Aymarás, **8**

los **aymarás** Indians of Bolivia and Peru, **2, 8**

la **ayuda** help

ayudar to help

el **ayuno** fast, **3**

el **ayuntamiento** city hall

el **azafrán** saffron

los **aztecas** Aztecs

el **azúcar** sugar

azucarar to add sugar, **2**

azul blue

azul marino navy blue

el **azulejo** tile, **7**

B

las **bacanales** orgies

el **bachillerato** bachelor's degree

la **bacteria** bacteria

el **bagaje** equipment, baggage

bailar to dance

el **baile** dance

bajar to go down

bajar del tren to get off the train

bajo below (prep.)

bajo cero below zero

bajo(a) short (person); low

el **balcón** balcony

la **baldosa** tile, **7**

la **ballena** whale

el **balneario** beach resort

el **balón** ball

el **baloncesto** basketball

la **banana** banana

bancario(a) banking

el **banco** bench; bank

el estado de banco (de cuenta) bank statement

la **banda** band, **3**

la **bandera** flag, **5**

el **bandido** bandit

el **bandoneón** concertina, **3**

el/la **banquero(a)** banker

el **banquete** banquet

el **bañador** bathing suit

bañarse to go for a swim; to take a bath

la **bañera** bathtub

el **baño** bathroom

el cuarto de baño bathroom

el traje de baño bathing suit

el **bar** bar

la **baraja** pack, deck (of cards), **6**

barato(a) cheap

la **barba** beard

bárbaro(a) barbarian; enormous

la **barbería** barber shop

el/la **barbero(a)** barber

el **barco** boat

el **barquito** small boat

la **barra** bar (of soap); (Argentina) group of friends, **3**

el **barril** barrel, **6**

el **barrio** neighborhood

basar to base

basarse to be based

la **báscula** scale

la **base** base

básico(a) basic

el **básquetbol** basketball

basta enough

bastante rather, quite

bastar to be enough

el **bastón** pole; club (golf)

basurear to throw away as trash

la **batalla** battle

el **bate** bat

el/la **bateador(a)** batter (baseball)

batear to hit (baseball)

la **batería** battery

batir to beat, **2**

la **batidora** beater

bautizar to baptize

el **bautizo** baptism, **5**

el **bazar** bazaar; marketplace, **1**

el/la **bebé** baby, **2**

beber to drink

la **bebida** drink

el/la **becario(a)** scholarship student

el **béisbol** baseball

belga Belgian

bélico(a) hostile, warlike

la **belleza** beauty

bello(a) beautiful

las bellas artes fine arts

bendecir to bless, **4**

bendito: ¡Ay, bendito! Dear Lord!

el **beneficio** benefit

benévolo(a) benevolent

besar to kiss

el **beso (besito)** kiss

bestial fabulous

la **biblioteca** library

la **bicicleta** bicycle

bien fine, well

bien cocido (hecho) well-done (meat)

los **bienes** goods

los bienes raíces real estate

el **bienestar** well-being

bienhechor(a) kind

la **bienvenida** welcome

el **biftec** steak

el **bigote** mustache

los **bigotes** whiskers, **2**

bilingüe bilingual

la **bilis** bile

el **billete** ticket; bill (money)

el billete sencillo one-way ticket

el billete de ida y vuelta round-trip ticket

biográfico(a) biographical

la **biología** biology

biológico(a) biological

el/la **biólogo(a)** biologist

el/la **bisabuelo(a)** great-grandparent, **8**

el/la **bisnieto(a)** great-grandchild, **4**

el **bizcocho** cookie

blanco(a) white

el **blanqueador** bleach

el **bloc** writing pad

bloquear to block

los **blue jeans** blue jeans

la **blusa** blouse

la **blusa de cuello sin espalda** halter, **13**

el **blusón** jacket

la **boca** mouth

la **boca del metro** entrance to subway, **2**

la **bocacalle** intersection

el **bocadillo** sandwich

el **boceto** sketch

la **bocina** receiver (of telephone); car horn

la **boda** wedding

el **anillo de boda** wedding ring

la **bofetada** slap, **6**

la **boina** beret, **3**

la **bola** (golf) ball

la **boletería** ticket window

el **boleto** ticket

el **bolígrafo** ballpoint pen

boliviano(a) Bolivian

la **bolsa** bag

la **bolsa de plástico** plastic bag

el **bolsillo** pocket, **5**

la **bomba**

la **bomba de bencina** gas pump, **2**

la **bondad** goodness, kindness, **6**

bondadoso(a) kind

bonito(a) pretty

bordado(a) embroidered, **1**

el **borde** edge; rim, **1, 7**

al **borde de** on the brink of

los **bordes de rush** hemline, **4**

bordo: a bordo de aboard, on board

el **bosque** forest

la **bota** boot

botado(a) en pinta better looking

la **botánica** botany; herbalist's shop

el **bote** can

la **botella** bottle

el **botiquín** medical kit, first-aid kit

el **botón** button

de (a) **botones** push button

el **botones** bellhop

el **boxeador** boxer

brasileño(a) Brazilian

el/la **bravucón(a)** braggart

la **bravura** bravery

el **brazo** arm; branch (of candelabra)

brillante bright, shining

brillar to shine

brincar to bounce

el **brinco** skip, hop, **3**

brindar to toast (to one's health), **4**

el **brindis** toast (to one's health), **4**

la **brisa** breeze

británico(a) British, **8**

la **broma** joke

bronceado(a) tanned

bronceadora: la crema bronceadora suntan lotion

broncearse to get a tan

bruñido(a) tanned

brusco(a) abrupt

bucear to skin-dive

el **buceo** skin diving

el **buche** mouthful

el **bucle** curl

la **buenaventura** fortune (as told by a fortune teller)

bueno(a) good

Buenas noches. Good evening. Good night.

Buenas tardes. Good afternoon.

Buenos días. Hello. Good morning.

la **buganvilla** bougainvillea

el **bulevar** boulevard

el **bullicio** noise

el **burro** donkey

el **bus** bus

la **busca** search

en **busca de** in search of, searching for

el/la **buscador(a)** searcher

buscar to look for

la **butaca** orchestra seat

la **butaca de patio (orquesta)** orchestra seat, **3**

el **buzo** jogging suit, diver

el **buzón** mailbox

C

el **caballero** knight; man, gentleman

el **caballo** horse

la **cabellera** hair

el **cabello** hair

caber: no cabe duda there is no doubt

el **cabestro** leading bull, **3**

la **cabeza** head

el **dolor de cabeza** headache

el **cabezal** small head pillow, **7**

la **cabina** booth

la **cabina telefónica** telephone booth

la **cabina de mando (vuelo)** cockpit

el **cable** cable

cabotaje: de cabotaje domestic

el **cacahuete** peanut

la **cacerola** saucepan, **7**

el **cacharro** useless thing, **2**

el **cacique** chief

cada each

el **cadáver** corpse, **2**

la **cadena** chain

la **caducidad** expiration

caerse (irreg.) to fall down

Se me cae el pelo. My hair is falling out.

el **café** coffee; café

la **cafetería** cafeteria, **7**

la **caída** downfall

la **caja** cash register; box, checkstand; cashier's desk

el/la **cajero(a)** cashier; teller

el **calabozo** jail, **8**

el **calamar** squid

los **calcetines** socks

el **calcio** calcium

el/la **calculador(a)** calculator

el **cálculo** calculus

el **caldo** stock, **2**

el **calendario** calendar

el **calentamiento** warming up, **3**

calentarse (ie) to warm, become warm

la **calidad** quality

caliente warm

la **calificación** grade

calificado(a) qualified

la **calistenia** calisthenics

callar(se) to be quiet, **3**

la **calle** street

callejero(a) pertaining to the street

la **callejuela** side street; alley

el **calmante** sedative

calmo(a) calm

el **calor** heat

Hace calor. It's hot.

la **caloría** calorie

la **calzada** highway, **1**

calzar to wear (shoes)

los **calzones** underpants, **3**

calzonudo(a) stupid

la **cama** bed

la **cámara: de cámara** court, royal

la **camarera** maid

el/la **camarero(a)** waiter (waitress)

el **camarón** shrimp, prawn

cambiar to change, exchange

cambiar de velocidad to shift gears

el **cambio** change; exchange rate

en cambio on the other hand

el **cambista** broker

el **camello** camel

el **camerino** dressing room, **3**

la **camilla** stretcher

caminar to walk

la **caminata** hike

dar una caminata to take a hike

caminero(a) (adj.) road

el **camino** road

el **camión** truck

la **camisa** shirt

la camisa de deporte sports shirt

la **camiseta** undershirt; T-shirt

el **campamento** camp

la **campana** bell, **1**

el **campanario** bell tower, **1**

la **campaña** campaign

la tienda de campaña tent

el/la **campeón(a)** champion

el **campeonato** championship

el/la **campesino(a)** peasant

el **camping** camping, campgrounds

ir de camping to go camping

el **campo** country; field

el campo de fútbol soccer field

el **camposanto** cemetery

la **caña de azúcar** sugar cane

canadiense(a) Canadian

el **canal** channel

el **canario** canary

la **canasta** basket

el **canasto** basket

el **cancel de tela** cloth screen

el **cáncer** cancer

la **cancha** court (sports)

la cancha de tenis tennis court

la **canción** song

la **candela** candle, **8**

el **candelabro** candelabra

el/la **candidato(a)** candidate

la **canica** marble, **4**

el **cañón** canyon, **1**

cansado(a) tired

cansarse to tire oneself

el/la **cantante** singer

el **cantar** song

cantar to sing

la **cantidad** quantity

la **cantimplora** canteen

la **cantina** lunchroom, **7**

el **canto** song

el/la **cantor(a)** singer, **3**

el **caos** chaos

la **capa** layer

en capas layered

el **capacho** basket

la **capacidad** capacity

capear un temporal to weather a storm

la **capital** capital

el/la **capitalino(a)** inhabitant of the capital

el **capitán** captain

capitanear to captain

el **capó** hood

el **capricho** whim, **2**

captar to capture

capturar to capture

la **cara** face

la **carabela** caravel, **5**

el **caracol** cochlea (internal ear)

el **carácter** character

la **característica** characteristic

característico(a) characteristic (adj.)

caracterizar to characterize

la **caravana** trailer; caravan

el **carbohidrato** carbohydrate

cardíaco(a) (adj.) cardiac, heart, **7**

la **careta** mask

los **cargadores** suspenders

el **cargo** care, control, **6**

a cargo de in charge of

el **Caribe** Caribbean

los **caribes** Caribs

la **caricatura** caricature, **1**

la **caridad** charity

la **caries** tooth cavity, **7**

el **cariño** affection

cariñosamente affectionately, **2**

cariñoso(a) affectionate

el **carmín** carmine, **2**

el **carnaval** carnival

la **carne** meat

la carne de res beef

la carne molida ground meat, **7**

el **carné** identification card, **6**

el **carnero** mutton

la **carnicería** butcher shop

el/la **carnicero(a)** butcher

carnívoro(a) carnivorous

caro(a) expensive

la **carpa** tent

el/la **carpintero(a)** carpenter

la **carrera** race, **7**; career

la **carretera** highway

el **carril** lane (of highway)

la **carrillada** jowl fat of a hog

el **carrito** shopping cart

el **carro** car

la **carta** letter

la carta de memoria memory chart

el **cartelón** poster, **6**

la **cartera** portfolio, **2**; wallet, **5**

el **carterista** pickpocket, **5**

el/la **cartero(a)** mail carrier
la **cartilla** reading primer, **8**
el **cartón** cardboard
la **casa** house
   la casa de huéspedes guest house
   la casa particular private house
   en casa at home
   ir a casa to go home
la **casa-remolque** trailer
el **casamiento** marriage, wedding
   casarse to get married
los **cascos azules** United Nations troops
el **caserío** country house, **6**
   casi almost
   casi crudo rare (cooked meat)
la **casilla** post office box
el **casillero** locker, **7**
el **casino** casino
el **caso** case
el **casquillo** cartridge
la **casta** caste; class (of society), **6**
   castaño(a) brown
el **castigo** punishment
el **castillo** castle
   castizo(a) real, legitimate, genuine
   catalán(a) Catalan
el **catálogo** catalogue
el **catarro** cold (medical)
   tener catarro to have a cold
la **catástrofe** catastrophe
el/la **cátcher** catcher
   cate failing (grade)
la **catedral** cathedral
la **categoría** category
el **catolicismo** Catholicism
   católico(a) Catholic
   caudaloso(a) abundant
la **causa** cause
   a causa de because of
   causar to cause
   cauteloso(a) cautious
el **cautiverio** captivity
   cautivo(a) captured
el/la **cautivo(a)** prisoner, captive, **5**
la **caza** (wild) game
   cazar (c) to hunt
la **cazuela** pot
la **cebolla** onion

la **celebración** celebration
   celebrar to celebrate
la **célula** cell
   celular cellular
el **cementerio** cemetery
el **cemento** cement
la **cena** dinner
   cenar to dine
la **censura** censorship
   censurar to criticize
el **centígrado** centigrade
el **centro** center
   el centro comercial shopping center
   Centroamérica Central America
   cepillarse to brush one's hair
el **cepillo** brush
el **cepillo de dientes** toothbrush, **7**
la **cera** wax
la **cerámica** ceramics, pottery
   cerca de near
la **cerca** fence, **4**
las **cercanías** outskirts
   cercano(a) near, close
el **cerdo** pork
el **cereal** cereal
la **ceremonia** ceremony
   ceremoniosamente ceremoniously
   ceremonioso(a) formal
la **cereza** cherry
la **cerilla** wax
   cero zero
   cerrar to close
el **cerro** hill, **1**
   cesar to cease
el **césped** grass, lawn, **7**
el **cesto** basket
la **chabola** shack
el **chaleco salvavidas** life vest
el **chaman** shaman
el **champú** shampoo
   chao good-bye
la **chaqueta** jacket
   charlar to chat
   chasquear to click
   checar to check
el **cheque** check
   el cheque de viajero traveler's check
la **chequera** checkbook

   chévere terrific
el/la **chico(a)** boy (girl)
   chico(a) young; little
   chileno(a) Chilean
el **chimpancé** chimpanzee
   chino(a) Chinese
el **chiste** joke
el **chocolate** chocolate
el **chofer** driver, **5**
la **chompa** jersey; sweater
el **chorizo** pork and garlic sausage
el **chorro** spurt
la **choza** shack
el **chubasco** squall, **1**
la **chuleta** chop
el **chuño** frozen dried potato
el **chupe** stew of fresh fish
el **churro** a type of doughnut
   churro(a) good-looking
la **chusma** crew, **1**
la **cicatriz** scar
el **ciclismo** cycling, **7**
el **ciclo** cycle
el **ciclomotor** motorbike
el/la **ciego(a)** blind person, **7**
el **cielo** sky
   el cielo raso ceiling
   cien(to) one hundred
la **ciencia** science
   la ciencia política political science
   las ciencias naturales natural sciences
   las ciencias sociales social sciences
   de ciencia ficción science fiction (adj.)
el/la **científico(a)** scientist
   científico(a) scientific (adj.)
   cierto(a) certain
el **cigarrillo** cigarette
el **cigarro** cigar
la **cigüeña** stork, **4**
   cinco five
   cincuenta fifty
el **cine** movie theater
   cinematográfico(a) cinematographic
   cínico(a) cynical
la **cinta** tape; ribbon
la **cintura** waist
el **cinturón** belt
   el cinturón de seguridad seat belt

el **circuito** circuit
la **circulación** circulation; traffic
circular circular (adj.); to circulate, travel
el **círculo** circle
la **circuncisión** circumcision
la **cirugía** surgery
el/la **cirujano(a)** surgeon
la **cita** date
citar to cite
la **ciudad** city
el/la **ciudadano(a)** citizen
la **ciudadela** citadel
civil civil; civilian, **2**
la **civilización** civilization
la **clara** egg white, **2**
el **clarinete** clarinet
claro (que sí) of course (adv.)
claro(a) clear (adj.)
la **clase** class
la clase alta upper class
la clase media middle class
la clase preferente first class
clásico(a) classical
la **clasificación** classification
clasificar to classify
clavar to nail, stick
la **clave** key
la clave de área area code
el **clavicordio** clavicord
el **claxon** car horn
el/la **cliente** client, customer
el **clima** climate
climático(a) climatic
la **clínica** clinic; private hospital
el/la **cobarde** coward, **6**
cobijar to cover
la **cobijita** baby blanket, **4**
la **coca** coca
la **cocción** cooking
el **coche** car; train car
el coche deportivo sports car
el coche-cafetería dining car
el coche-cama sleeping car

el **coche-comedor** dining car
cocido(a) cooked
bien cocido (hecho) well-done (meat)
la **cocina** cooking; kitchen
cocinar to cook
el/la **cocinero(a)** cook
el **coco** coconut
el **cóctel** cocktail
la **codicia** cupidity, greed
el **código de área** area code
el **código postal** zip code
el **codo** elbow
coeducacional coeducational
la **cofia** headwear
coger to seize
el **cohete** rocket, **3**
la **coincidencia** coincidence
coincidir to coincide
la **cola** line (of people); tail
la cola de caballo pony tail
hacer cola to line up
colaborar to collaborate
colar to strain, **2**
la **colección** collection
la **colecta** collection
el **colectivo** passenger vehicle, **5**
el **colegio** high school
el **colesterol** cholesterol
la **coleta** pigtail, queue
colgado(a) hanging on
el **colgador** clothes hanger
colgar (ue) to hang up
la **coliflor** cauliflower
la **colina** hill
el **collar** collar, necklace
colmar to lavish, heap
el **colmo** limit
¡Eso es el colmo! This is the last straw!
para colmo to make matters worse
colocar to place, put
colombiano(a) Colombian
el **colón** colon
la **colonia** colony
colonial colonial
la **colonización** colonization
el/la **colonizador(a)** colonist
colonizar to colonize
el/la **colono** colonist
el **color** color

de color crema, vino, café, oliva, marrón, turquesa cream-, wine-, coffee-, olive-, brown-, turquoise-colored
la **comadrona** midwife
el/la **comandante** captain
el **combate** combat
la **combinación** combination
combinar to combine
la **comedia** comedy
comedido(a) discreet, **4**
el **comedor** dining room
el **comentario** commentary
comenzar (ie) (c) to begin, **7**
comer to eat
comercial of or pertaining to business
el/la **comerciante** businessman(woman); merchant
el **comercio** business
el **comestible** food
cometer to commit
la **comida** meal
la comida chatarra junk food, **2**
la comida rápida fast food
el **comienzo** beginning
la **comisaría** police station, **5**
como as, like
¿Cómo? What?; How?
¿Cómo estás? How are you?
¡Cómo no! Of course!
cómodamente comfortably
la **comodidad material** material comfort
las **comodidades** comforts
cómodo(a) comfortable
la **compañía** company
el/la **compañero(a)** friend, companion
comparable comparable
la **comparación** comparison
comparar to compare
la **comparsa** costumed group, **3**
el **compartimiento** compartment
compartir to share, **6**
compás: al compás de to the rhythm of, **3**
el/la **compatriota** compatriot
el **compendio** compendium
la **competencia** competition
competir to compete
completamente completely

completar to complete
completo(a) complete, perfect; full
a tiempo completo full-time
la complicación complication
complicado(a) complicated
componer to compose
el comportamiento behavior
comportarse to behave
la composición composition
el/la compositor(a) composer
la compra y venta trade
el/la comprador(a) buyer
comprar to buy
compras: de compras shopping
comprender to understand
la comprensión comprehension
el comprimido pill
comprobar (ue) to prove
comprometer to pledge
comprometerse to get engaged
el/la comprometido(a) fiancé(e)
el compromiso engagement
la sortija de compromiso engagement ring
el compuesto compound
compuesto(a) composed; made, produced, 8
el/la computador(a) computer
común common
la comunicación communication
el comunicado comuniqué, 4
comunicar to communicate; to inform, 8
comunicativo(a) communicative
la comunidad community
la comunión communion
con with
con cuidado carefully
con frecuencia frequently
con lo bien que se pasa considering all the fun it is
con retraso late
con tal que provided that
con una demora late
conceder to concede
concentrar to concentrate
el concepto concept
la concha shell

la conciencia conscience
el concierto concert
conciliar to reconcile
conciliar el sueño to induce sleep
conciliar la cuenta to balance the checkbook
el/la concurrente attendee, 4
el concurso contest
el conde count
condenar to condemn
condensar to condense
la condolencia condolence
el condominio condominium
la conducción driving
conducir (zc) to drive
la conducta conduct
el/la conductor(a) driver
conectar to connect
el conejo rabbit
la conexión connection
confeccionado(a) made
confeccionar to make, prepare, 1
la conferencia conference; lecture
la confianza confidence, trust
confiar to confide
la confirmación confirmation
la conflagración conflagration
el conflicto conflict
conforme con in agreement with
la confrontación confrontation
confrontar to confront
confundirse to be confused
confuso(a) confused
congelado(a) frozen
el congelador freezer
congregar to congregate, assemble
conmemorar to commemorate
conmigo with me (pron.)
conocer (zc) to know (a person)
el/la conocido(a) acquaintance
el conocimiento knowledge; understanding, 8
la conquista conquest
el/la conquistador(a) conqueror
conquistar to conquer
consciente conscious
la consecuencia consequence
consecutivo(a) consecutive

conseguir to obtain
el/la consejero(a) advisor
el/la consejero(a) de orientación counselor
el consejo advice
conservador(a) conservative
conservar to conserve, preserve
considerar to consider
consiguiente: por consiguiente consequently
consistir to consist
el consomé consommé
constante constant
constantemente constantly
constar de to consist of, 4
constituir to constitute
la construcción construction
construir (y) to build, construct
la consulta del médico doctor's office
el consultorio del médico doctor's office
consumado(a) consummate
el/la consumidor(a) consumer
consumir to use up, 7; to consume
el consumo consumption
la contabilidad accounting
el/la contable accountant
la contaminación contamination
el contaminante contaminant
contaminar to contaminate
contemplar to contemplate
contemporáneo(a) contemporary
contener (irreg.) to contain
el contenido content
contento(a) happy
la contestación answer
el contestador answering machine
contestar to answer
la contienda fight
contigo with you (pron.)
el continente continent
el contingente contingent (of troops)
continuación: a continuación following, next
continuar to continue

contra against

en contra de against

contraer (irreg.) to contract

el contralor comptroller

la contraloría comptrollership

el contrapeso counterbalance

contrario(a) opposite

lo contrario the opposite

por el contrario on the contrary, vice versa, **2**

el contraste contrast

la contribución contribution

contribuir to contribute

el control inspection; control

el control de seguridad security inspection

el control de pasaportes passport inspection

controlado(a) controlled

el/la controlador(a) controller

controlar to control

controversial controversial

convencer to convince

convencido(a) convinced

la convención convention; agreement

conveniente convenient

convenir to agree

el convento convent

la conversación conversation

convertir (ie) to convert

convidar to invite

la convivencia reunion

el/la cónyuge spouse, **4**

la coordinación coordination

la copa cup

la Copa mundial World Cup

el/la copiloto(a) copilot

el copo flake, **1**

el copo de maíz cornflake

el Corán Koran

el corazón heart

el latido del corazón heartbeat

la corbata necktie

el cordal inferior bottom wisdom tooth

el cordero lamb

la cordillera mountain range

el cordón cord, **7**

coreano(a) Korean

la corona crown, **5, 8**

el coronel colonel

correcto(a) correct

corregir (j) to correct

el correo mail; post office

por correo aéreo by air mail

por correo certificado certified mail

por correo ordinario regular mail

por correo recomendado certified mail

correr to run

la correspondencia correspondence

corresponder to correspond

correspondiente corresponding

la corrida de toros bullfight

el corrido Mexican ballad

corriente common, usual

cortar to cut

la corte court

el corte de pelo haircut

cortés courteous

la cortesía courtesy

corto(a) short

el pantalón corto shorts

la cosa thing

la cosecha crop; harvest

la cosecha de maíz corn harvest, **8**

cosechar to harvest, reap, **2, 4**

los cosméticos cosmetics

cosmopolito(a) cosmopolitan

el coso bullring

la costa coast

costal coastal

costar (ue) to cost

costarricense Costa Rican

la costilla rib

la costumbre custom

costumbrista folkloric

cotidiano(a) (adj.) daily, **7**

el cráneo skull

el cráter crater

la creación creation

crear to create, establish

crecer to grow

crecido(a) big, large

creer (y) to believe

la crema: la crema bronceadora suntan cream

la crema de afeitar shaving cream

la crema protectora sunblock

la cremallera zipper

crespo(a) curly

la criada maid, **1**

el criadero breeding place

criar to raise

la criatura creature

el crimen crime, **5**

cristalino(a) crystalline, transparent

cristiano(a) Christian

criticar to criticize

el croto hedge plant

el cruce intersection

crucial crucial

la crudeza crudeness

crudo(a) raw

casi crudo rare (meat)

cruel cruel

el crujido crackle, creak

crujir to creak, **1**

la cruz cross, **2, 6**

cruzar (c) to cross

el cuaderno notebook

la cuadra (city) block

cuadrado(a) square

el cuadrante quadrant

el cuadro painting, picture

cuadros: a cuadros plaid

cual which

¿Cuál? What?; Which?

¿Cuál es la fecha de hoy? What is today's date?

la cualidad quality

la cualificación qualification

cualquier any

cualquiera lo sabe who knows

cuando when

de cuando en cuando from time to time

¿Cuándo? When?

cuanto as

en cuanto a as to

en cuanto as soon as

unos cuantos a few

¿Cuánto(a)? How much?

¿A cuánto está(n)? How much is it (are they)?

¿Cuánto cuesta? How much does it cost?

¿Cuánto es? How much is it?

¿Cuánto le debo? How much do I owe you?

cuarenta forty

la cuaresma Lent

cuarto fourth

y (menos) cuarto a quarter after (to) (the hour)

el cuarto room; quart

el cuarto sencillo single room

el cuarto de dormir bedroom

el cuarto de baño bathroom

el cuarto doble double room

el/la cuate (Mex.) friend

cuatro four

cubano(a) Cuban

cubierto(a) covered

cubrir to cover

la cuchara spoon

la cucharada spoonful, 2

la cucharita teaspoon

los cuchicheos whisperings

la cuchilla blade

el cuchillo knife

el cuello neck

la cuenta bill; account

la cuenta corriente checking account

la cuenta de ahorros savings account

el cuentagotas dropper

el/la cuentista storyteller

el cuento story

el cuerpo body

el Cuerpo de Paz Peace Corps

el cuerpo diplomático diplomatic corps

la cuesta slope

en cuesta baja going downhill

la cuestión question

el cuidado care

con cuidado carefully

¡Cuidado! Be careful!

cuidar to take care of

culpable guilty, culpable, 8

el/la cultivador(a) cultivator

cultivar to develop; to cultivate; to grow

el cultivo farming, 8

la cultura culture

cultural cultural

el cumpleaños birthday

¡Feliz cumpleaños! Happy birthday!

el cumplimiento fulfillment

cumplir to be (so many years) old; to fulfill

cumplir años to have one's birthday

el/la cuñado(a) brother-in-law (sister-in-law)

el cupé coupe

la cúpula dome

el cura priest

la cura cure, treatment

el curandero witch doctor

curar to cure

curiosamente curiously

la curiosidad curiosity

curioso(a) curious

el currículo profesional curriculum vitae

el curso course

la curvatura curvature

curvo(a) curved

el cutis skin

cuyo(a) whose; of which

D

la dama lady

la dama de honor bridesmaid

el/la damnificado(a) victim of a disaster, 5

dañado(a) damaged, 7

dañar to damage

el daño damage

la danza dance, 3

el/la danzarín(a) dancer, 3

dar (irreg.) to give

dar a luz to deliver, give birth, 4

dar la bienvenida to welcome

dar la vuelta to turn around

dar palmaditas to slap gently

dar un dedazo to stick a finger in

dar un paseo to take a walk, 3

dar un paso to take a step, 8

dar una caminata to take a hike

dar una patada to stamp, 1

dar una representación to put on a performance

dar vergüenza to feel ashamed; to be embarrassed, 6

dar vuelta to go around

darle cuerda a una victrola to wind up a victrola, 2

darse cuenta de to realize

darse la mano to offer one's hand; to shake hands

darse prisa to rush, hurry

darse una vuelta to go for a walk

el dátil date (fruit)

el dato fact

de of, from, for

de equipo (adj.) team

de jazz (adj.) jazz

De nada. You're welcome.

de nuevo again

de rock (adj.) rock

de vez en cuando now and then

debajo de under

deber to owe; (+ infinitive) should, ought

debido a due to

debido(a) due, proper

débil weak

debilitarse to become weak

la debutante debutant

debutar to make one's debut

la década decade

la decadencia decadence

decapitar to decapitate

la decena ten (group of ten)

el decibel decibel

decidido(a) determined

decidir to decide

decimal decimal

décimo tenth

decir (irreg.) to tell, to say

la decisión decision

decisivamente decisively

declarar to declare

decrépito(a) decrepit
decretar to decree
la dedicación dedication
dedicado(a) dedicated
dedicar(se) to dedicate (oneself)
el dedo finger
  el dedo pequeño little finger
deducir to deduct, 1
el defecto defect
defender to defend
el/la defensor(a) defender
el déficit deficit
la definición definition
definitivo(a) final
  en definitiva finally
degustar to taste, sample, 4
dejar to leave (something behind); to allow
  dejar claro to make obvious, 2
  dejar por limosna to give as charity
  dejar una propina to leave a tip
del (de + el) from the, of the
delante de in front of
delantero(a) front
delicado(a) delicate
delicioso(a) delicious
el/la delincuente criminal
la demanda demand
demandar to file a suit against, 5
los demás others, 3
demasiado too, too much
democrático(s) democratic
la demografía demography
la demora delay
  con una demora late
demostrar to demonstrate
la denominación denomination
la densidad density
denso(a) thick
la dentadura postiza set of false teeth
el dentífrico toothpaste, 7
el/la dentista dentist, 7
dentro de in; inside (adv.); within
  dentro de poco soon
denunciar to report (a crime)
el departamento province, district; department

el departamento (servicio) de personal personnel (human resources) department
el departamento de recursos humanos personnel (human resources) department
depender (ie) to depend
los deportes sports
deportivo(a) related to sports
depositar to deposit
el depósito deposit
depredador(a) plunderer
deprimido(a) depressed
la derecha right
  a la derecha to the right
el derecho law; right
derecho(a) straight; right, right-hand
deriva: a la deriva adrift
derivar to come from
derretir to melt
derrocar to overthrow
la derrota defeat
derrotar to defeat
derruido(a) pulled down
derrumbado(a) fallen
derrumbar to fail; to knock down
el derrumbe collapse
desabotonar to unbutton
el desacuerdo disagreement
desafiar to dare
desaparecer (zc) to disappear
desaprobado(a) failing
desarmado(a) disarmed
desarmar to disarm
desarrollar to develop; to promote, 8
el desarrollo development
el desasosiego uneasiness
el desastre disaster
desayunarse to eat breakfast
el desayuno breakfast
el desbarajuste disorder, mess
descalzo(a) barefoot
el descampado open country
descansado(a) rested
descansar to rest
el descanso intermission, 3
el descapotable convertible
descargar to unload

descender (ie) to descend; to go down, to get off (bus, etc.) 1
el/la descendiente descendent
descifrar to decipher
descolgar (ue) to pick up (the telephone)
descollar to excel
descomponer to decompose
descomponerse to break down
el/la desconocido(a) stranger, 6
descortés discourteous
describir to describe
la descripción description
descriptivo(a) descriptive
descubierto(a) discovered
el/la descubridor(a) discoverer
el descubrimiento discovery
descubrir to discover
el descuido carelessness
desde from; since
deseable desirable
desear to wish, want
desechable disposable
desembarcar to disembark
la desembocadura mouth, outlet (of river), 5
desembocar to empty
desempeñar to fulfill, carry out
desempleado(a) unemployed (adj.)
el/la desempleado(a) unemployed person
el desempleo unemployment
desentrañar to get to the bottom of
el deseo wish, desire
el desequilibrio lack of equilibrium
la desesperación desperation
desesperar to despair
desfilar to parade
el desfile parade, 3
desfondado(a) broken
desgano reluctance
desgastado(a) weakened
desgraciadamente unfortunately
desgraciado(a) unfortunate, 4
la deshidratación dehydration
deshidratado(a) dehydrated
la deshonra dishonor, 6
deshonrado(a) dishonered

deshonroso(a) dishonorable

el **desierto** desert

la **desintegración** decay

desmedido(a) excessive

desnudo(a) naked

desocupado(a) unemployed

la **desocupación** unemployment

el **desodorante** deodorant

despachar to sell, dispense

el **despacho** study

despacio slowly

despedirse (i, i) to say good-bye

despegar (gu) to take off (airplane)

el **despegue** taking off

despejado(a) cloudless, 1

desperdiciar to waste, 8

desperezarse to stretch

despertarse (ie) to wake up

desplazar to displace; to move, shift

el/la **desposado(a)** newlywed

desposar to wed, marry

después de (que) after

desque since (Old Spanish)

destacarse to stand out

destemplado(a) loud; noisy

desterrar to exile, banish

el/la **destinatario(a)** receiver

el **destino** destination; destiny, fate

con destino a to

destrozar to destroy; to ruin, 2, 7

la **destrucción** destruction

destruir to destroy, 5

el **desvelo** sleeplessness; anxiety

la **desventura** misfortune

desvestirse to undress

desviar to divert

desviarse to get lost, go astray

la **detalle** detail

detectar to detect

detener (irreg.) to stop

el **detergente** detergent

determinado(a) specific

determinar to determine

detestable detestable

detestar to detest

detrás de behind

la **deuda** debt

develar to reveal

el **devenir** future

devolver (ue) to return

el **día** day

el Día de los Reyes Day of the Three Kings

el Día de los Difuntos Day of the Dead

el día feriado holiday

la **diagnosis** diagnosis

el **diálogo** dialogue

el **diamante** diamond

diariamente daily

diario(a) daily, 7; diary

el/la **dibujante** sketcher, 1

dibujar to draw, sketch, 1

el **dibujo** sketch, drawing, 1

el **diccionario** dictionary

la **dicha** happiness; good luck

diciembre December

la **dictadura** dictatorship

dictar to give a lecture

el **diente** tooth; clove

la **dieta** diet

diez ten

la **diferencia** difference

diferente different

difícil difficult

la **dificultad** difficulty

el/la **difunto(a)** dead person

el Día de los Difuntos Day of the Dead

dignarse to deign

la **dignidad** dignity

dignificar to dignify

digno(a) deserving

diligente diligent

el **diluvio** flood

dinámico(a) dynamic

el **dineral** fortune, great sum of money, 2

el **dinero** money

el dinero en efectivo cash

el/la **dios(a)** god (goddess)

el/la **diplomado(a)** graduate

diplomático(a) diplomatic

la **dirección** address; direction, management

la **direccional** turn signal

directamente directly

el **directivo** board of directors, management

directo(a) direct

el/la **director(a)** conductor; director; principal

dirigir to direct

discar to dial

el **discernimento** discernment, 2

la **disciplina** subject

el **disco** record; dial (of telephone)

la **discoteca** discotheque

el **discurso** speech

la **discusión** discussion; argument

discutir to discuss; to argue

la **disección** dissection

el/la **diseñador(a)** designer

diseñar to design

el **diseño** design

disfrutar (de) to enjoy, 1, 3

dislocar to dislocate

disminuir to diminish

el **disparo** discharge, 3; shot, 7

el **dispensario** dispensary

displicente indifferent

disponer to have at one's disposal

disponible available

la **disposición** disposal

dispuesto(a) ready

la **disputa** argument

la **distancia** distance

distinguido(a) distinguished

distinguir to distinguish; to identify

distinto(a) distinct

distraer to distract

la **distribución** distribution

distribuir (y) to distribute

el **distrito** district

la **diversidad** diversity

la **diversión** amusement

diverso(a) different

divertido(a) fun

divertirse (ie, i) to enjoy oneself

dividir to divide

divino(a) divine

la **divisa** currency

divorciarse to get divorced

el **divorcio** divorce

la **dobla** old Spanish coin

doblado(a) dubbed

doblar to turn

doble double

la **docena** dozen

el/la **docente** teacher, 7

la **documentación** documentation

el **documento** document

el **dólar** dollar

doler (ue) to hurt, ache

    Me duele____. My____ (part of body) hurts, aches.

doliente sorrowful

el **dolor** ache, pain; sorrow, **1**

    el dolor de cabeza headache

    el dolor de estómago stomachache

    el dolor de garganta sore throat

dolorido(a) sore

la **dominación** domination

dominante dominant

dominar to dominate

el **domingo** Sunday

dominicano(a) Dominican

el **dominio** power

el **dominó** domino

¿dónde? where?

doquier wherever

dorar to gild

dormir (ue, u) to sleep

    dormirse (ue, u) to fall asleep

el **dormitorio** bedroom

dos two

la **dosis** dose

el **dote** dowry

dramáticamente dramatically

dramático(a) dramatic

el **dramaturgo** dramatist

driblar con to dribble (sports)

la **droga** drug

la **drogadicción** drug addiction

la **droguería** drug store

la **ducha** shower

    tomar una ducha to take a shower

la **duda** doubt

    no hay duda there is no doubt

    sin duda without a doubt

dudar to doubt

el **duelo** sorrow, grief

    duele: Me duele____. My____(part of body) hurts.

la **dueña** chaperone

el/la **dueño(a)** owner

dulce sweet

la **duna** dune

durante during

durar to last

duro(a) hard; five pesetas, **1**

E

e and (used instead of **y** before words beginning with **i** or **hi**)

la **ebullición** boiling

    a la ebullición to a boil

echar to throw

    echar a correr escalera abajo to run quickly downstairs, **1**

    echar canas to have some fun

    echar los dados to throw the dice

    echar una siesta to take a nap

    echarse to apply oneself

    echarse unas asoleadas to get tanned

la **ecología** ecology

ecológico(a) ecologic

la **economía** economy; economics

    la economía doméstica home economics

económico(a) economical

el **ecosistema** ecosystem

el **ecuador** equator

ecuatorial equatorial

ecuatoriano(a) Ecuadorean

ecuestre equestrian

la **edad** age

    la Edad Media Middle Ages

el **edén** Eden

edificar to build, **1**

el **edificio** building

la **educación** education

    la educación cívica social studies

    la educación física physical education

educacional educational

educado(a) well-mannered, polite

educar to educate

efectivamente indeed

el **efecto** effect

    en efecto in effect

efectuar to take place, carry out, **4**

la **eficiencia** efficiency

el **eje** axis; main point, **6**

el **ejemplo** example

    por ejemplo for example

ejercer (z) (una profesión) to practice (a profession)

el **ejercicio** exercise

    el ejercicio aeróbico aerobic exercise

    el ejercicio físico physical exercise

ejercitar to exercise; to practice, **3**

el the (m. sing.)

él he; (to, for) him

elaborado(a) elaborate

la **elasticidad** elasticity

elástico(a) elastic

el/la **electricista** electrician

eléctrico(a) electric

el **electrodoméstico** domestic appliance

el **elefante** elephant

el **elefante marino** walrus

la **elegancia** elegance

elegante elegant

elegir to choose, **6**; to elect

el **elemento** element

la **elevación** elevation

elevar to elevate

eliminar to eliminate

ella she, (to, for) her

ellos(as) they, (to, for) them

el/la **embajador(a)** ambassador

el **embarazo** pregnancy

embarcar to embark

el **emblema** emblem

el **embotamiento** dullness, drowsiness

el **embotellamiento** traffic jam, bottleneck, **1**

el **embutido** sausage, **7**

la **emergencia** emergency

el/la **emigrante** emigrant

emigrar to emigrate

la **emisión** emission

    la emisión deportiva sports broadcast

emitir to emit

la **emoción** emotion; excitement

emocionarse to be moved, touched

la **empalizada** stockade, palisade

empanizar to hold together, **2**
empatado(a) tied
empavonado(a) greased, slick
empedrado(a) paved with
    stones
el **empellón** shove
empeñar to pawn
el **empeño** undertaking
empezar (ie) (c) to begin
el/la **empleado(a)** employee,
    attendant
    el/la **empleado(a) de**
      correo postal employee
    el/la **empleado(a) del**
      banco bank clerk
emplear to employ; to use
el **empleo** job
    la **solicitud de empleo** job
      application
el **empobrecimiento**
    impoverishment
empollar to hatch
emprender to undertake
la **empresa** business; company
el/la **empresario(a)** manager
empujar to push
el **empujón** push, shove, **6**
en in
    en autobús by bus
    en avión by plane
    en carro (coche) by car
    en cuanto as soon as
    en cuanto a as to
    en el pucho right away
    en este momento right now
    en seguida right away
    en todas partes everywhere
el/la **enamorado(a)** sweetheart
enamorarse to fall in love
el **encabezamiento** heading
encalado(a) whitewashed
encantador(a) charming, **2**
encantar to love
encarcelar to imprison
encargarse to take charge of
encarnizado(a) bloody;
    cruel
encender (ie) to light
encerrar to lock in
encestar to make a basket
la **encía** gum (of mouth), **7**
el **encierro** penning (of bulls), **3**
encima above, overhead
    por encima de above, over
encoger(se) to shrink

encontrar (ue) to find
    encontrarse (ue) to meet
la **endogamia** inbreeding
endosar to endorse
el/la **enemigo(a)** enemy
energético(a) energetic
la **energía** energy
    la **energía nuclear** nuclear
      energy
enero January
enfadar to annoy, anger
la **enfermedad** sickness
el/la **enfermero(a)** nurse
enfermizo(a) sickly, weak
enfermo(a) sick
el/la **enfermo(a)** sick person
enfrente de in front of;
    opposite
enfriarse to become cold
engañar to deceive, **8**
engreído(a) spoiled
¡Enhorabuena!
    Congratulations!
el **enigma** enigma
enigmático(a) puzzling
enjuto(a) lean
el **enlace** union
    el **enlace nupcial** wedding
enlatado(a) canned
enlazar to join, connect
enlodado(a) muddied
enojar to annoy, anger
enorme enormous
enrarecido(a) thin (air)
el **enrarecimiento** thinning (of
    the air)
enredarse to get entangled
enriquecerse to get rich, **8**
enrojecer to blush
la **ensalada** salad
ensayar to rehearse
la **enseñanza** teaching
    enseñar to teach
enterarse de to find out about
enternecido(a) moved,
    touched
entero(a) whole
enterrar (ie) to bury
la **entidad** entity
el **entierro** burial, **4**
entonces: en aquel entonces
    at that time
la **entrada** entrance; inning;
    admission ticket

entrañable close, intimate, **4**
entrante next, coming
entrar to enter
    entrar en escena to come
      on stage
entre between, among
la **entrega** delivery
entregar to deliver; to hand
    over
el **entremés** appetizer
el/la **entrenador(a)** trainer, coach, **2**
el **entrenamiento** training, **8**
entretanto meanwhile
la **entrevista** interview
el **envase** container; packing, **7**
el **envejecimiento** aging, **2**
enviar to send
envidiable enviable
envidiar to envy, **6**
el/la **enviudado(a)** widow(er), **1**
enyesar to put in a plaster cast
épico(a) epic
la **epidemia** epidemic
el **episodio** episode
la **época** epoch; season
el **equilibrio** equilibrium,
    balance
el **equipaje** baggage, luggage
    el **equipaje de mano** hand
      (carry-on) luggage
    el **reclamo de equipaje**
      baggage claim
el **equipo** team; equipment
equivalente equivalent
equivocado(a) wrong
eres you (sing. fam.) are
la **ermita** hermitage
erosionar to erode
errar to rove, wander
el **error** mistake
eructar to belch, burp, **2**
es he/she/it is
esbozar to outline
la **escala** scale
la **escalera** stairway
el **escalofrío** shiver, chill, **6**
el **escalón** stair
el **escándalo** commotion
escandinavo(a) Scandinavian
escaparse to escape
el **escaparate** shop window
escaso(a) scarce
la **escena** scene; stage
    entrar en escena to come
      on stage

el **escenario** stage, scenery
el/la **esclavo(a)** slave, 8
escoger (j) to choose
escolar school (adj.)
esconder to hide
escondido(a) hidden
el/la **escribidor(a)** writer
escribir to write
escrito(a) written
escuchar to listen
el **escudo** coat of arms
la **escuela** school
   la **escuela intermedia**
     middle, junior high school
   la **escuela primaria**
     elementary school
   la **escuela secundaria** high
     school
   la **escuela superior** high
     school
   la **escuela vocacional**
     vocational school
el/la **escultor(a)** sculptor
la **escultura** sculpture
la **escupidera** spittoon, 7
el **esfuerzo** effort; endeavor, 8
eso: a eso de about
espacial space (adj.)
el **espacio** space
espacioso(a) spacious
el **espagueti** spaghetti
la **espalda** back
espantoso(a) frightful,
   dreadful
España Spain
español(a) Spanish
el **español** Spanish (language)
españolizar to hispanicize
la **especia** spice
la **especialidad** specialty
especialista specialist
   (adj.)
el/la **especialista** specialist
la **especialización**
   specialization
especializado(a) specialized
especializar to specialize
especialmente especially
la **especie** type, species
específicamente specifically
específico(a) specific
espectacular spectacular
el **espectáculo** show,
   performance
el/la **espectador(a)** spectator

el **espejo** mirror
la **espera** expectation
la **esperanza** hope
   la **esperanza de vida** life
     expectancy
esperar to wait for; to hope
la **espinaca** spinach
el **espíritu** spirit
espléndidamente splendidly
espontáneo(a) spontaneous
las **esposas** handcuffs
el/la **esposo(a)** husband (wife)
la **esquela** obituary, 4
el **esquí** ski, skiing
   el **esquí acuático** water
     skiing
   el **esquí alpino** downhill
     skiing
   el **esquí de descenso**
     downhill skiing
   el **esquí de fondo, el esquí**
     nórdico cross-country
     skiing
el/la **esquiador(a)** skier
esquiar to ski
   esquiar en el agua to water
     ski
esquilar to shear (sheep)
el **esquileo** shearing
la **esquina** corner
estable stable
establecer (zc) to establish
el **establecimiento**
   establishment
la **estación** ski resort; station;
   season
   la **estación de ferrocarril**
     train station
   la **estación de servicio**
     service station
estacionar to park
la **estadía** stay, sojourn, 1
el **estadio** stadium
el **estadista** statesman
la **estadística** statistic
el **estado** state
   el **estado de banco (de**
     cuenta) bank statement
   el **estado libre asociado**
     commonwealth
los **Estados Unidos** United States
estadounidense from the
   United States
estallar to break out, to
   explode, 3

la **estampa** engraving; stamp
la **estampilla** stamp
están they/you (pl. form.) are
la **estancia** room
el **estanco** tobacco store
estar (irreg.) to be
   estar a gusto to be
     satisfied, 2
   estar al acecho to be on
     the alert
   estar de acuerdo to agree
   estar dispuesto to be ready,
     be prepared, 6
   estar en (de) buena salud
     to be in good health, 7
   estar en onda to be in
     vogue
   estar enfermo(a) to be sick
   estar hasta la punta del
     pelo to be fed up
estás you (sing. fam.) are
estatal of or pertaining to the
   state, 7
la **estatua** statue
el **este** east
este(a) this
éste, ésta this one (dem.
   pron.)
la **estela** inscribed stone slab
estereofónico(a)
   stereophonic
esterlino(a) sterling
la **estiba de arroz** mountain of
   rice sacks
el **estilo** style
estimular to stimulate
el **estiramiento** stretching, 3
estirar to stretch, 4
el **estómago** stomach
   el **dolor de estómago**
     stomachache
estornudar to sneeze
éstos(as) these (dem. pron.)
estoy I am
estrechar la mano to shake
   hands
estrecho(a) tight; narrow, 1
la **estrella** star, 1
estrellar to smash
estremecido(a) shaken
el **estrés** stress
la **estrofa** stanza
la **estructura** structure
el/la **estudiante** student
estudiantil student (adj.)

estudiar to study
el **estudio** study
la **estufa** stove
estupendo(a) terrific
la **etapa** stage (of time),
    epoch, **2**
eterno(a) eternal
la **etnia** ethnic background
la **etnicidad** ethnicity
étnico(a) ethnic, **8**
etnocultural ethnocultural
la **etnología** ethnology
el/la **etnólogo(a)** ethnologist
el **eucalipto** eucalyptus tree
la **Europa** Europe
europeo(a) European
la **evaluación** evaluation
evaluar to evaluate
evangelista Evangelistic
el **evento** event
evidenciar to prove
evitar to avoid
evocar to evoke
exactamente exactly
la **exactitud** accuracy
exacto(a) exact
exagerar to exaggerate
el **examen** examination
examinar to examine
la **excavación** excavation
excelente excellent
la **excepción** exception
excepcional exceptional
excesivo(a) excessive
el **exceso** excess
exclusivamente exclusively
la **excursión** excursion
la **excusa** excuse
exigente demanding
el **exilio** exile
la **existencia** existence
existente existing
existir to exist
el **éxito** success, **3**
el **éxodo** exodus
exótico(a) exotic
expandir to expand
la **expansión** expansion
el **expansionismo** expansionism
expansionista expansionist
la **expectación** expectation
la **expectativa** expectation
la **expedición** expedition;
    dispatch
expedir to issue

el **expendio** sale, distribution
la **experiencia** experience
experimentado(a)
    experienced
experimentar to experience
el **experimento** experiment
experto(a) expert
la **explicación** explanation
explicar (qu) to explain
la **exploración** exploration
el/la **explorador(a)** explorer
la **explotación** exploitation
el **exponente** exponent
exponer (irreg.) to explain,
    expound
exponerse to expose oneself
exportar to export
la **exposición** exhibition
expresar to express
la **expresión** expression
expuesto(a) exposed
expulsar to expel, drive out
extender (ie) to extend
extendido(a) extended,
    widespread
la **extensión** extension
extenso(a) extensive
el/la **exterminador(a)**
    exterminator
externo(a) external
el/la **extinto(a)** dead person, **4**
la **extracción** extraction
extraer to extract; to remove, **4**
extramuros (adv.) outside the
    city
extrañar to surprise, **6**
extranjero(a) foreign
el **extranjero** abroad
extraño(a) strange
el/la **extraño(a)** stranger
extraordinario(a)
    extraordinary
extremadamente extremely
extremo(a) extreme

F

la **fábrica** factory
fabricar to make
fabuloso(a) fabulous
la **facción** faction; (pl.) features
fácil easy
la **facilidad** ease
fácilmente easily
el **factor** factor
la **factura** bill

facturar to check (luggage)
facultativo(a) optional
la **faena** job; work, **2**
la **faja** sash, **3**
la **falda** skirt
fallecer to die, **5**
el **fallecimiento** death
fallido(a) frustrated;
    unsuccessful, **4**
falso(a) false
la **falta** lack
faltar to lack
la **fama** fame
la **familia** family
el **familiar** member of the family
familiar of the family (adj.)
famoso(a) famous
el/la **fanático(a)** fanatic
fanfarrón(a) boastful
la **fanfarronería** bragging
la **fantasía** fantasy
fantástico(a) fantastic
el/la **farmacéutico(a)** pharmacist
la **farmacia** pharmacy
el **faro** headlight
la **farra** revelry, spree
fascinante fascinating
fascinar to fascinate
fastidiar to annoy, **3**
    fastidiarse to get annoyed
las **fatigas** sickness
la **fauna** fauna
el **favor** favor
el **fax** fax
la **faz** face, **4**
la **fe** faith
febrero February
la **fecha** date
    ¿Cuál es la fecha de hoy?
        What is today's date?
la **felicidad** happiness
¡Felicitaciones!
    Congratulations!
felicitar to congratulate
feliz happy
    ¡Feliz cumpleaños! Happy
        birthday!
    ¡Feliz Navidad! Merry
        Christmas!
femenino(a) feminine
fenicio(a) Phoenician
fenomenal phenomenal
el **fenómeno** phenomenon
feo(a) ugly
el **féretro** coffin

la **feria** fair
la **fermentación** fermentation
el **ferrocarril** railway, railroad
el **fertilizante** fertilizer
fervoroso(a) fervent
festejar to celebrate
el **festejo** entertainment, banquet, **4**
la **festividad** festivity
festivo(a) festive
la **fibra** fiber
la **ficha** token; registration card
la **fiebre** fever
fiel faithful
la **fiesta** party
la fiesta de las luces celebration of lights
la **figura: la figura clave** key figure
fijar to fix
fijarse en to pay attention to; to take note of
la **fila** row; line
el **filete** fillet
la **filial** branch office
el **film(e)** film
filmar to film
el **filo** cutting edge (of knife)
el **filósofo** philosopher
el **fin** end
el fin de semana weekend
en fin finally
el **final** end
finalmente finally
financiero(a) financial
la **finanza** finance
fino(a) fine
el **fiordo** fiord
firmar to sign
firme firm, stable
la **física** physics
físicamente physically
el/la **físico(a)** physicist
físico(a) physical
la **fisiología** physiology
flaco(a) thin, **7**
flamenco(a) flamenco; Flemish
el **flequillo** bangs
la **flexibilidad** flexibility
flexible flexible
flojo(a) loose, **2**
el/la **flojonazo(a)** lazybones
la **flor** flower
la **flora** flora

floreciente flourishing
florido(a) full of flowers; ornate, flowery
flote: a flote afloat
la **flotilla** fleet of small vessels, **5**
fluctuar to fluctuate
fluir to flow, **6**
folklórico(a) folkloric
el **folleto** pamphlet
el **fondo** background; bottom; fund
a fondo thoroughly
el/la **fontanero(a)** plumber
la **forma** form; shape
la **formación** formation
formal formal
la **formalidad** formality
formalizar to formalize
formar to form, make
formativo(a) formative
formidable terrific
la **fórmula** method, pattern
la **formulación** formulation
formular la pregunta to pose the question
el **formulario** form
el formulario de retiro withdrawal slip
el **foro** forum
forrado(a) lined
la **fortaleza** fortress
la **fortificación** fortification
forzado(a) hard (labor); forced, **8**
el **fósforo** match
el **fósil** fossil
el **foso** pit
la **foto** photo
la **fotografía** photograph
fracasar to fail, be unsuccessful, **5**
el **fracaso** failure
la **fractura** fracture
fragante fragrant
la **fragata** frigate
frágil fragile
el **fragmento** fragment
francamente frankly
francés (francesa) French
el **franco** franc (monetary unit)
el **franqueo** postage
la **franqueza** frankness
el **frasco** jar
la **frase** sentence; phrase
la **fraternidad** fraternity

fratricida fratricidal
la **frecuencia** frequency
con frecuencia frequently
frecuentar to frequent
frecuente frequent
frecuentemente frequently
freír (i, i) to fry
frenado(a) held back, restrained
frenar to brake
el **freno** brake
la **frente** forehead
frente a facing, opposite
la **fresa** strawberry; drill, **7**
fresco(a) fresh, cool
Hace fresco. It's cool.
el **frijol** bean
el **frío** cold (weather)
Hace frío. It's cold.
frito(a) fried
la **frontera** frontier, border
fronterizo(a) from the border
la **fruición** pleasure
la **frustración** frustration
la **fruta** fruit
el **fuego** fire
la **fuente** fountain
fuerte strong
la **fuerza** strength, **1**
a fuerza de by means of
la fuerza aérea air force
la fuerza ascensional lifting force
las **fuerzas militares** forces (military)
fulgor: sin fulgor without spark or brightness
el/la **fumador(a)** smoker
fumar to smoke
la **función** function
el **funcionamiento** functioning
funcionar to function
el/la **funcionario(a)** city hall employee
la **funda** wrapper
la **fundación** founding
el/la **fundador(a)** founder
fundamental fundamental
fundamentar to lay the foundations of
fundar to found (establish)
fundir to found (unite)

furioso(a) furious
el **furor** furor, rage
la **fusión** fusion
el **fútbol** soccer
  el campo de fútbol
    soccer field
el **futuro** future

G

la **gabardina** raincoat
el **gabinete** laboratory, **7**
las **gafas** glasses, goggles
el **galápago** giant turtle, **1**
el **galeno** doctor, **7**
  Gales Wales, **1**
  galés (galesa) Welsh (adj.)
  gallego(a) Galician
la **galleta** biscuit, cracker, **8**
la **gallina** hen, **6**
el **gallinazo** buzzard
el **gallo** rooster
el **galón** gallon
la **gama** range
la **gamba** shrimp
la **gana** desire, wish
el **ganado** cattle; herd
el/la **ganador(a)** winner
  ganar to win; to earn
el **gancho** clothes hanger
la **ganga** bargain
el **garaje** garage
  garantizar to guarantee
  garboso(a) graceful
la **garganta** throat
  el dolor de garganta
    sore throat
la **garita de peaje** toll
    booth
  gas: con gas carbonated
la **gaseosa** soft drink, soda
la **gasolina** gas
la **gasolinera** gas station
  gastado(a) spent, barren
  gastar bromas to joke
    habitually
el **gasto** expense; charge
  gastronómico(a)
    gastronomic
el **gatillo** forceps
el **gato** cat; jack
la **gaveta** drawer, **7**
la **gelatina** gelatin
la **generación** generation
el **general** general

el **general a caballo**
    general on
    horseback, **1**
  por lo general in
    general
  generalizar to
    generalize
  generalmente generally
el **género** genre, kind, sort,
    type
la **generosidad** generosity
  generoso(a) generous
  genial pleasant
el **genio** character;
    temperament, **8**
  genovés(a) Genoese
la **gente** people
la **geografía** geography
  geográfico(a)
    geographic
la **geometría** geometry
el **geranio** geranium
la **gesta** exploit; epic poem
el **gesto** gesture
  gigantesco(a) gigantic,
    huge
el **gimnasio** gymnasium
la **gira** tour
  girar to revolve, **6**
el **giro** turn
  el giro postal money
    order
el/la **gitano(a)** Gypsy
  glacial icy
el **glaciar** glacier
el **globo** globe, **5**
la **gloria** glory
el/la **gobernador(a)**
    governor
el **gobierno** government
el **gol** goal (soccer)
  meter un gol to score
    a goal
el **golf** golf
  el campo de golf golf
    course
  el juego de golf golf
    game
  la bolsa de golf golf
    bag
el **golfo** gulf
la **golosina** delicacy, tidbit,
    1
el **golpe** blow, hit, **5**
  de golpe suddenly, **2**

  golpear to hit
la **goma** eraser; tire
la **góndola** gondola
el **gorro** cap
la **gota** drop, **2, 6**
  gozar to enjoy
    gozar de buena salud
      to be in good health, **7**
  grabar to engrave
  gracias thank you
  gracioso(a) charming;
    attractive
el **grado** grade; degree
la **graduación** graduation
el **graduado** graduate
  graduarse to graduate
el **gramo** gram
  gran, grande big
    las Grandes Ligas
      Major Leagues
la **grandeza** greatness
  grandilocuente
    grandiloquent
el **granizo** hail, **1**
la **grasa** grease
  gratis free
la **gratitud** gratitude
  grato(a) agreeable,
    pleasant, **8**
  gratuitamente free
    (adv.)
  grave serious, grave
el **green** green (golf)
  griego(a) Greek
el/la **gringo(a)** yankee
la **gripe** influenza, cold, flu
  gris grey
  gritar to shout, **5**
el **grito** shout, cry
  grosero(a) rude, vulgar
  gruesamente grossly
la **grupa** rump (of horse)
el **grupo** group
la **guanábana** soursop (tree)
el **guante** glove
el **guapo** braggart
los **guaranís** Guarani
los **guardabarros** fenders
  guardar to guard; to keep
    guardar cama to stay in
      bed
la **Guardia Civil** Spanish
    police force, **8**
  guatemalteco(a)
    Guatemalan

la **guayaba** guava
gubernamental governmental
la **guerra** war
la **guerrera** military jacket
guerrero(a) warlike
el **guerrillero** guerrilla
el/la **guía** guide, **6**
la **guía telefónica** telephone book
el **guión** screen play, script
el **guisante** pea
el **guiso** stew
la **guitarra** guitar
gustar to like, enjoy
el **gusto** taste; pleasure
estar a gusto to be satisfied, **2**

H

haber to have (auxiliary verb)
la **habichuela** bean
la habichuela negra black bean
la **habilidad** ability
la **habitación** room
el/la **habitante** inhabitant
habitar to reside, **6**; to inhabit
el **hábitat** habitat
habla: de habla española Spanish-speaking
hablar to speak
hacer (irreg.) to do; to make
hace mucho tiempo a long time ago
hace muchos años many years ago
hace poco a short time ago
hacer calor to be hot (weather)
hacer cargo de to take charge of
hacer cola to line up
hacer ejercicio to exercise
hacer el desaparecido to play a disappearing act
hacer un viaje to take a trip
hacer frío to be cold (weather)
hacer juego con to go with
hacer la cama to make the bed
hacer la maleta to pack one's suitcase
hacer los negocios to get down to business

hacer obras to do repair work
hacer sus veces to take one's place
hacer una llamada to make a call
hacerse cargo de to take charge of, **4, 6**
hacerse daño to hurt oneself
hacia toward
el **hado** fate, destiny, **1**
halagar to delight
hallar to find
el **hallazgo** discovery; finding
la **hamaca** hammock
el **hambre** (f.) hunger
pasar hambre to go hungry
tener hambre to be hungry
la **hamburguesa** hamburger
Hanuka Hanukkah
la **harina** flour
hartarse to get one's fill of
harto(a) fed up
hasta even; also (adv.)
hasta (que) until; up to
Hasta la vista. See you later.
Hasta luego. See you later.
Hasta mañana. See you tomorrow.
Hasta pronto. See you soon.
hay there is, there are
hay que one must
Hay sol. It's sunny.
la **hazaña** deed, heroic feat, **6**
la **hebra** thread
hebreo(a) Hebrew
el **hecho** fact
la **helada** frost
la **heladería** ice cream parlor
el **helado** ice cream
helado(a) frozen, **1**; icy
las **hélices** propellers
el **helicóptero** helicopter
el **hemisferio** hemisphere
la **hemorragia** hemorrhage
herbívoro(a) herbivorous
el/la **herbolario(a)** herbalist
heredar to inherit, **6**
el/la **heredero(a)** heir, **4**
la **herencia** inheritance
la **herida** wound
herir to hurt, **8**
el/la **hermanastro(a)** stepbrother (stepsister)

el/la **hermano(a)** brother (sister)
el **héroe** hero
heroico(a) heroic
hervir (ie) to boil
hervores boiling; figuratively, heartaches
la **hibridación** hybridization
el **hidalgo** nobleman
el **hidrato de carbono** carbohydrate
el **hidrofoil** hydrofoil
la **hiel** bitterness; adversity, **4**
el **hielo: el patinaje sobre hielo** ice skating
la **hierba** herb; grass
el **hierro** iron
el **hígado** liver
higiénico(a) sanitary
el papel higiénico toilet paper
el/la **hijastro(a)** stepson (stepdaughter)
el/la **hijo(a)** son (daughter)
los hijos children (sons and daughters)
hinchado(a) swollen
la **hiperinflación** hyperinflation
el **hipermercado** supermarket
el **hipopótamo** hippopotamus
la **hipótesis** hypothesis
hispánico(a) Hispanic (adj.)
hispano(a) Hispanic (person)
hispanohablante Spanish-speaking
la **historia** history; story
el/la **historiador(a)** historian
el **historial profesional** curriculum vitae
histórico(a) historic
el **hit** hit (baseball)
el **hogar** home, **8**
la **hoja** sheet; blade
la hoja de afeitar razor blade, **2**
la hoja de papel sheet of paper
la **hojalata** tin
hojear to leaf through, **2**
hola hello
holandés (holandesa) Dutch
el **holgazán (la holgazana)** idler, loafer, **3**
el **hombre** man
el **hombro** shoulder
homogéneo(a) homogeneous

hondo(a) deep
honesto(a) honest
el **honor** honor
la **hora** hour; time
el **horario** schedule, **2**
la **horca** gallows
la **horda** horde
el **horizonte** horizon
hornear to bake
el **hornillo** portable stove
el/la hornillo(a) (stove) burner
el **horno** oven
el horno de microondas microwave oven
el **horóscopo** horoscope
la **horquilla** bobby pin
el **horror** horror
hospedar to lodge, stay
el **hospital** hospital
hostil hostile
el **hotel** hotel
hotelero(a) hotel (adj.)
el/la **hotelero(a)** hotelkeeper
hoy today
hoy día nowadays; today
hoy en día nowadays
¿Cuál es la fecha de hoy? What is today's date?
el **hoyo** hole
el **hueco** hole
la **huelga** strike
la **huella** impression
la **huerta** garden, orchard, **5**
el **huerto** fruit or vegetable garden, **1**
el **hueso** bone
el/la **huésped** guest
el **huevo** egg
los huevos duros hard-boiled eggs
los huevos pasados por agua soft-boiled eggs
los huevos revueltos scrambled eggs
huir to flee
las **humanidades** humanities
el/la **humanista** humanist
humano(a) human
la **humedad** dampness
humilde humble, **8**
el **humor: de buen humor** in a good mood; **de mal humor** in a bad mood
el **hundimiento** sinking

hundir to plunge; to sink
hundir la panza to pull in the belly
el **huracán** hurricane, **1**
huronear to pry, snoop
hurtadillas: a hurtadillas furtively, stealthily, **6**
el **huso horario** time zone

I

ibérico(a) Iberian
ida y vuelta round-trip (adj.)
la **idea** idea
No tengo idea. I don't have any idea.
el **ideal** ideal
idéntico(a) identical
la **identidad** identity
identificar to identify
el **idioma** language
idolatrar to idolize, **3**
el **ídolo** idol
la **iglesia** church
ignorar to be ignorant of, not to know, **8**
igual equal
la **igualdad** equality
la **ilusión** illusion
ilusionado(a) hopeful, **2**
ilustre distinguished
la **imagen** image; picture
la **imaginación** imagination
imaginar to imagine
imitar to imitate
impar odd
la **impedimenta** equipment, supplies
el **impedimento** impediment, obstacle, **4**
impedir to impede, hinder
impeler to impel, push
imperdonable unforgivable
el **imperio** empire
el **impermeable** raincoat, **3**
la **impertinencia** impertinence
imponer (irreg.) to impose
la **importación** importation
importado(a) imported
la **importancia** importance
importante important
importar to be important; to import
Le importa un pimiento. It doesn't mean a thing.

imposible impossible
imprescindible essential, **5**
impresionado(a) impressed
impresionante amazing, impressive
impresionar to impress
el **imprevisto** unforeseen event
improbable improbable
improvisar to improvise
el **impuesto** tax
el **impulso** impulse, **8**
inaccesible inaccessible
inalámbrico(a) cordless
inapropiado(a) inappropriate
la **inauguración** inauguration
inaugurado(a) inaugurated
incaico(a) Incan
incalculable incalculable
incapaz incapable
el **incendio** fire, **5**
la **incisión** incision
inclinado(a) slanted
incluir (y) to include
incluso including
incógnito(a) unknown
la **incomodidad** discomfort
incomparable incomparable
la **inconsciencia** unconsciousness
el **inconveniente** difficulty
inconveniente inconvenient (adj.)
incorporarse to incorporate
incorruptible incorruptible
increíble incredible
independiente independent
indeseable undesirable
indicar (qu) to indicate
el **índice** ratio, index
el/la **indígena** native (adj.), **8**
indigno(a) unworthy
el/la **indio(a)** Indian (adj.), **8**
indispensable indispensable
individual individual
el **individualismo** individualism
el/la **individuo** individual
indudablemente undoubtedly
la **industria** industry
industrializado(a) industrialized
industrialmente industrially
inexorable relentless
infalible infallible
la **infancia** infancy

la **Infanta** daughter of the King of Spain, **4**

el/la **infante(a)** infant

el **infarto** heart attack, **5**

infeliz unhappy

inferior inferior; lower

el **infierno** hell

la **inflación** inflation

inflexible inflexible, **6**

la **influencia** influence

influir to influence, **8**

la **información** information

informal informal

informar to inform

la **informática** computer science

informativo(a) informative

el **informe** report

el/la **ingeniero(a)** engineer, **2**

el **inglés (la inglesa)** English (person)

el **inglés** English (language)

inglés (inglesa) English (adj.)

el **ingrediente** ingredient

ingresar to deposit; to enter, become a member (of), **2**

el **ingreso** deposit; income

inhóspito(a) inhospitable

inicialmente initially

injusto(a) unfair

inmediatamente immediately

inmediato(a) immediate

de inmediato immediately

inmenso(a) immense

inmerecido(a) undeserved, **4**

el/la **inmigrante** immigrant

inmoral immoral

la **inocencia** innocence

el **inodoro** toilet

inolvidable unforgettable

inoportuno(a) inopportune

inoxidable rustproof

el **inquietud** uneasiness

el/la **inquilino(a)** tenant

la **Inquisición** Inquisition

inscribir to register; to enroll, **7**

la **inscripción** enrollment

inscrito(a) engraved

inseparable inseparable

insignificante insignificant

insistir to insist

inspeccionar to inspect

inspirar to inspire

la **instalación** installation

instalarse to establish oneself

la **institución** institution

el **instituto** institute

la **instrucción** instruction

el **instrumento** instrument

insular insular, island

el **insulto** insult

integrar to form, make up, **2**

íntegro(a) integral

inteligente intelligent

la **intemperie** inclemency (weather)

la **intención** intention

la **intensidad** intensity

intensivo(a) intensive

intentar to attempt; to intend

interactuar to interact

intercambiar to exchange

el **intercambio** exchange

el **interés** interest

interesante interesting

interesar to interest

el **interior** interior

el/la **interlocutor(a)** speaker

interminable interminable

intermitente intermitent (adj.)

el **intermitente** turn signal

internacional international

internar to lock up, **7**

interno(a) internal

la **interpretación** interpretation

interpretar to interpret

el/la **intérprete** interpreter

interrogativo(a) interrogative

interrumpir to interrupt

la **interrupción** interruption

interurbano(a) interurban

el **intervalo** interval

intervenir (irreg.) to intervene

la **intimidad** intimacy

íntimo(a) close, intimate

la **intriga** intrigue

la **introducción** introduction

introducir (zc) to insert; to introduce

invadir to invade

la **invención** invention

la **inversión** investment

la **investigación** investigation

el **invierno** winter

la **invitación** invitation

el/la **invitado(a)** guest

invitar to invite

la **inyección** injection, shot

ir (irreg.) to go

ir a to be going to

ir de camping to go camping

ir de compras to go shopping

ir de paseo to go for a walk

irlandés (irlandesa) Irish (adj.)

irrepetible not repeatable

irse to leave, depart, **1**

la **isla** island

islamita Muslim

el **istmo** isthmus

el **italiano** Italian (language)

izar to hoist

la **izquierda** left

a la izquierda to the left

izquierdo(a) left (adj.)

J

el **jabón** soap

el jabón en polvo soap powder

el **jade** jade

jadeante panting

jadear to pant

jamás never

el **jamón** ham

japonés (japonesa) Japanese (adj.)

el **jardín** garden

el/la **jardinero** outfielder (baseball)

el **jebe** elastic, rubber

el/la **jefe(a)** leader, chief

la **jerarquía** hierarchy

la **jeringa** syringe, **7**

el **jeroglífico** hieroglyphic

el **jersey** sweater

jesuíta Jesuit (adj.)

el **jet** jet

el **jíbaro encastado** Puerto Rican peasant

el **jonrón** home run

la **jornada** day

joven young (adj.)

el/la **joven** young person, **2**

las **joyas** jewelry

el/la **jubilado(a)** retired person, **2**

jubilarse to retire

la **judía verde** string bean

el/la **judío(a)** Jewish person

el **juego** game

hacer juego con to go with, match

el **jueves** Thursday

el/la **juez** judge

el/la **jugador(a)** player

jugar (ue) to play
el **juglar** minstrel
juglaresco(a) pertaining to minstrels
el **jugo** juice
el **jugo de china** orange juice
jugoso(a) juicy
el **juguete** toy, 1, 4
el **juicio** opinion
juicioso(a) mature
julio July
la **jungla** jungle
junio June
junto(a) together
el **juramento** oath
justamente exactly
justificarse to justify oneself
justo(a) fair, reasonable
la **juventud** youth

K
el **kilo(gramo)** kilogram
el **kilómetro** kilometer

L
la **la** the (f. sing.)
el **laberinto** labyrinth
el **labio** lip
la **labor** work, labor, 2
el **laboratorio** laboratory
laboristo(a) labor (adj.)
el/la **labrador(a)** farm worker
labrar (la tierra) to farm (the land)
la **laca** hair spray
lacio(a) straight (hair)
la **lactancia** nursing period
el/la **ladino(a)** person of mixed race
lado: al lado de to the side of
ladrar to bark, 7
el **ladrido** bark, barking, 7
el/la **ladrón(a)** thief, 6
la **lagartija** push-up
el **lago** lake
la **lágrima** tear, 7
la **laguna** lagoon, 5
lamentablemente unfortunately
lamentar to mourn
la **lámpara** lamp
la **lana** wool
la **langosta** lobster
la **lanza** spear
el/la **lanzador(a)** pitcher

el **lanzamiento** throw, pitch
lanzar to throw
el **lápiz** pencil
largo(a) long
a lo largo de along
las the (f. pl.)
la **lástima** pity
ser una lástima to be a pity
lastimar to hurt, wound, 3
lastimarse to get hurt
lastrado(a) weighted
la **lata** can
el **latido** beat
el **latido del corazón** heartbeat
el **latín** Latin
Latinoamérica Latin America
latinoamericano(a) Latin American
la **latitud** latitude
el **lavabo** lavatory, sink
el **lavado** wash; laundry
el **lavamanos** washbasin, 1
la **lavandería** laundromat
lavar to wash
lavarse to wash oneself
le him, her, you (form.) (pron.)
la **lealtad** loyalty
la **lección** lesson
la **leche** milk
el **lechón** roast suckling pig
la **lechuga** lettuce
el/la **lector(a)** reader
la **lectura** reading
leer (irreg.) to read
legendario(a) legendary
legítimo(a) legitimate
la **legumbre** vegetable, 1
lejano(a) distant, 1
lejos far
la **lengua** language
la lengua materna mother tongue, native language
la **lenteja** lentil, 7
lento(a) slow
les them, you (form.) (pron.)
el **letargo** lethargy
la **letra** letter (of the alphabet), 8; lyrics
las **letras** literature
levantar to lift, 7; to raise
levantarse to get up

leve light, 1
la **ley** law
la **leyenda** legend
libanés (libanesa) Lebanese (adj.)
el/la **liberal** liberal
la **libertad** freedom
el/la **libertador(a)** liberator
la **libra** pound
librarse to escape, 4
libre free
la **libreta** notebook; passbook
el **libro** book
la **licencia** driver's license
licenciarse to receive a master's degree
el **liceo** primary school (in Mexico), high school (in most places)
la **licuadora** blender
el **líder** leader
el **lienzo** cloth
ligarse to become bound (by an obligation)
ligeramente lightly
ligero(a) light, 1
el/la **ligero(a)** lightweight, 3
la **lima** lime
limeño(a) from Lima
limitar to limit
el **límite** limit; boundary
el **limón** lemon
la **limonada** lemonade
la **limosna** alms, charity
el **limpiaparabrisas** windshield wiper
limpiar to clean
limpiar en seco to dry clean
la **limpieza** cleanliness; purity
la limpieza en seco dry cleaning
limpio(a) clean
la **línea** line
la línea aérea airline
La línea está ocupada. The line is busy.
la **linfa** lymph
la **linterna** flashlight
la **liquidación** sale
el **líquido** liquid
líquido(a) liquid (adj.)
lírico(a) lyric
liso(a) straight (hair); smooth; even
la **lista** list

la **litera** berth
literario(a) literary
el/la **literato(a)** writer
la **literatura** literature
el **litoral** coast
el **litro** liter
la **llama** llama, **2;** flame, **5**
la **llamada** call
llamar por teléfono to phone
llamarse to be called, named
la **llanta** tire
la **llanura** plain
la **llave** key
la **llegada** arrival
el tablero de llegadas y salidas arrival and departure board
llegar to arrive
llenar to fill (out)
llevar to carry; to wear
llevar a cabo to carry out, perform, **4**
llevar la casa to manage the house
llevar puesto(a) to be wearing
llover to rain
Llueve. It's raining.
la **lluvia** rain, **1**
el **lobo de mar** sea lion
el/la **lobo(a)** wolf
local local
la **localidad** seat (in theater)
localizar to locate
loco(a) crazy
la **locura** craziness
lógico(a) logical
lograr to achieve; to obtain, **8**
la **loma(da)** hill, slope, **1**
la **longitud** longitude
longitudinal longitudinal
la **lonja** slice
los the (m. pl.)
la **loseta** tile
la **lozanía** vigor, exuberance, **4**
el **lucero** bright star
la **lucha** fight, battle
luchar to fight
lucir (zc) to display; to stand out, shine, **4**
luego then
Hasta luego. See you later.
el **lugar** place, **1**
tener lugar to take place
el **lujo** luxury, **2**

de (gran) lujo deluxe
la **luna** moon
la luna de miel honeymoon
el **lunes** Monday
la **luz** light

M

la **macarela** mackerel, **6**
el **machete** machete
el **macho** male
la **madera** wood, **1**
la **madre** mother
la **madreperla** mother-of-pearl
el/la **madrileño(a)** native of Madrid
la **madrina** godmother; maid of honor
el **madroño** madrone tree
la **madrugada** dawn, **4, 5**
el/la **madrugador(a)** early riser
la **madurez** maturity
el/la **maestro(a)** master, teacher
magallánico(a) Magellanic
mágico(a) magic, magical
el **Magisterio Fiscal** public school teachers, **4**
la **magnificencia** splendor
magnífico(a) magnificent
magullado(a) bruised
el/la **mahometano(a)** Muslim
el **maíz** corn
majestuoso(a) majestic
el **mal** illness
el/la **malcriado(a)** ill-mannered person, **2**
la **maldad** evil
el/la **maleante** hoodlum, **5**
el **malentendido** misunderstanding
el **malestar** malaise; unease
la **maleta** suitcase
hacer la maleta to pack one's suitcase
el/la **maletero(a)** trunk (of car); porter
malo(a) bad
el **maltrato** ill treatment, abuse, **8**
maltrecho(a) battered
la **mamá** mom
el **mamífero** mammal
la **mañana** morning
esta mañana this morning
mañana tomorrow (adv.)

la **mancha** stain
manchado(a) stained
mandar to send; to order
la **mandíbula** jaw
el **mando** command
manejar to drive; to manage
el **manejo** management
manera way, manner
de manera que so that
de ninguna manera by no means
la **manga** sleeve
el **mango** handle
el **maní** peanut, **7**
la **manía** mania, **1**
el **manicomio** insane asylum
manipular to manage
el **manjar** food
la **mano** hand
dar la mano to offer one's hand
el equipaje de mano hand (carry-on) luggage
estrechar la mano to shake hands
la mano de obra manual labor
la **mansión** mansion
manso(a) gentle; tame, **1**
la **manta** blanket
la **manteca** lard
el **mantel** tablecloth
el **mantenimiento** maintenance
la **mantequilla** butter
la **manzana** apple; (city) block
el **mapa** map
la **máquina de lavar** washing machine
la **maquinilla** electric hair clipper
el/la **maquinista** mechanic
el **mar** sea
el mar Caribe Caribbean Sea
la **maravilla** wonder, marvel
maravilloso(a) wonderful
marcado(a) marked
marcar to score (sports); to dial; to designate; to mark
la **marcha** departure, **4**
en marcha in motion
marcharse to go, leave, **3, 6**
marchito(a) faded
el **marco** frame, **4**
la **marea** tide
mareado(a) dizzy

la **marejada** swell, wave
el **mareo** dizziness
el **margen** margin
la **marginalización** marginalization
el **maricón** sissy
el **marido** husband
el **marino** sailor, **5**
el **marisco** shellfish
marrón brown
el **martes** Tuesday
marzo March
mas but
más more
la **masa** mass
   la **masa harina** flour
mascar to chew
la **máscara** mask
   la **máscara de oxígeno** oxygen mask
masculino(a) masculine
la **mata de cardo** thistle bush
matar to kill, **6**
las **matemáticas** mathematics
la **materia** subject matter
   la **materia prima** raw material
materno(a) maternal
   la **lengua materna** native language
los **matorrales** underbrush, thickets
la **matrícula** registration
matricular to enroll
el **matrimonio** wedding; marriage; married couple, bride and groom
matutino(a) pertaining to the morning
máximo(a) maximum
el/la **maya** Maya, Mayan
el **maya-quiché** language of the Guatemalan Mayas, **8**
mayo May
la **mayonesa** mayonnaise
mayor great, greater, greatest; older
el **mayordomo** steward
la **mayoría** majority
mayoritario(a) pertaining to the majority
mayormente principally, mainly
la **mazorca** ear of corn, corncob
me (to, for) me

mecánico(a) mechanical (adj.)
el/la **mecánico(a)** mechanic
la **mecha** lock (of hair)
mechado(a) shredded
la **medianoche** midnight
mediante by means of (adv.)
las **medias** pantihose, stockings
el **medicamento** medication
la **medicina** medicine
médico(a) medical, (adj.) **7**
el/la **médico(a)** doctor
la **medida** measurement; method
medieval medieval
el **medio** mean, way
medio(a) middle (adj.)
   la **clase media** middle class
   a **término medio** medium (meat)
   y **media** half past (the hour)
el **Medio Oriente** Middle East
el **mediodía** midday, noon
medir (i, i) to measure
la **mejilla** cheek
el **mejillón** mussel
mejor better; best
   a lo **mejor** maybe, perhaps
mejorar to improve
melancólico(a) melancholy, sad, **8**
la **melena** mane (of lion), **2**
el **melocotón** peach
la **membrana** membrane
la **memoria** memory
   la **carta de memoria** memory chart
mencionar to mention
el/la **mendigo(a)** beggar, **6**
menor younger; less, least
la **menora** menorah
menos less
   a **menos que** unless
   menos cuarto a quarter to (the hour)
   menos de less than
menospreciar to underrate
el **mensaje** message
mensualmente monthly
mental mental
la **mente** mind
la **mentira** lie, **5**
el **mentón** chin, **6**

el **menú** menu
   menudo: a menudo often
el/la **mercader** merchant
el **mercado** market
la **mercancía** merchandise
merendar to snack
el **meridiano** meridian
la **merienda** snack
el **mérito** merit
la **mermelada** marmalade
el **mes** month
la **mesa** table
   la mesa de operaciones operating table
el/la **mesero(a)** waiter (waitress)
la **meseta** plateau
la **mesita** tray table
el/la **mestizo(a)** of mixed race
la **meta** goal, objective, **6, 8**
la **metáfora** metaphor
el **metal** metal
la **meteorología** meteorology
meteorológico(a) meteorological
meter to put in
   meter en el cesto to make a basket
   meter un gol to score a goal
el **método** method
la **metodología** methodology
métrico(a) metric
el **metro** meter; subway
la **metrópoli** metropolis
metropolitano(a) metropolitan
mexicano(a) Mexican
la **mezcla** mixture, compound, **8**
mezclar to mix
la **mezcolanza** mixture
mezquino(a) stingy
la **mezquita** mosque, **5**
mi my
mí me
el **microbio** microbe
el **micrófono** microphone
microscópico(a) microscopic
el **microscopio** microscope
el **miedo** fear
la **miel** honey, **2, 4**
   la **miel de abeja** honey
el/la **miembro** member
mientras while
miércoles Wednesday
   el **miércoles de ceniza** Ash Wednesday

la **migración** migration
migrar to migrate
mil (one) thousand
la **milicia** militia
el **milímetro** milimeter
militar military (adj.)
el **militar** soldier
militarizar to militarize
la **milla** mile
el **millar** a thousand
el **millón (de)** million
el/la **millonario(a)** millionaire
la **milpa** field, **8**
la **mina** mine
mineral mineral
la **miniatura** miniature, **1**
el/la **miniaturista** miniaturist
el **minibús** minibus, **1**
mínimo(a) minimum
el **ministerio** ministry
minoritario(a) minority (adj.)
el **minuto** minute
la **mirada** look, **8**
mirar to look at
mirarse to look at oneself
la **misa** mass
la misa del gallo midnight mass
el/la **miserable** wretch
la **miseria** misery
la **misericordia** compassion
la **misión** mission
mismo(a) same; myself,
yourself, him/her/itself,
ourselves, yourselves,
themselves
lo mismo the same
el **misterio** mystery
misterioso(a) mysterious
la **mitad** half
mitigar to soften
la **mitología** mythology
mixto(a) mixed
la **mochila** bookbag, knapsack
la **moda** style
de moda in style
los **modales** manners
modelar to model
el **modelo** model
moderado(a) moderate
moderno(a) modern
modesto(a) modest
modificar to modify
el/la **modisto(a)** designer (clothes)
modo: de modo que so that
mojando wetting

el **molde** mold
la **molécula** molecule
molestar to bother
molesto(a) annoying
molido(a) exhausted
momentánea momentary
el **momento** moment
en este momento right now
de momento for the time
being
Un momento, por favor. One
moment, please.
la **monarquía** monarchy
la **moneda** coin
el **monje** monk
el **moño** bun, chignon
el **monocultivo** monoculture
el **monopatín** skateboard
andar en monopatín to
skateboard
el **monopolio** monopoly
el/la **monoteísta** monotheist
monótono(a) monotonous
el **monstruo** monster
la **montaña** mountain
montañoso(a) mountainous
montar to assemble
el **monte** mountain, **5**
el **monto** total; sum, **1**
el **monumento** monument, **1**
la **mora** wild berry
el **moral** ethics
la **moraleja** moral
mordaz corrosive, sarcastic
moreno(a) dark
la **morería** Moorish quarter
morir (ue, u) to die
el **morisco** Moorish
el/la **moro(a)** Arab, **5**
morrocotudo(a) big; strong
el **morrón** large, red, sweet
pepper
el **mostrador** counter
mostrar (ue) to show
el **motel** motel
motivar to motivate
el **motivo** motive, reason
la **moto** motorcycle
la **motoconformadora** road
grader
la **motonave** motorboat
el **motor** motor, engine
la **motricidad** motor function
mover (ue) to move
el **movimiento** movement

el/la **mozo(a)** young man (woman),
3; porter, bellhop
la **muchachada** group of young
people
el/la **muchacho(a)** boy (girl)
mucho(a) a lot; many
Mucho gusto. Nice to meet
you.
el **mueble** piece of furniture
la **muela** molar, **7**
la **muerte** death, **5**
el **muerto** corpse
el/la **muerto(a)** dead person
la **muestra** sample, **7**
la **mujer** wife; woman
el/la **mulato(a)** mulatto
la **muleta** crutch
la **multa** fine
multinacional multinational
múltiple multiple
multiplicar to multiply
mundial worldwide
la Copa mundial World
Cup
la Serie mundial World
Series
el **mundo** world
el Nuevo Mundo New
World
la **muñeca** wrist; doll
el **municipio** municipality
el **muñón** stump (of amputated
limb)
el **mural** mural
la **muralla** city wall, **6**
el **murmullo** murmur
muscular muscular
el **músculo** muscle, **3**
el **museo** museum
la **música** music
musical musical
el/la **músico** musician
musulmán (musulmana)
Moslem, Muslim,
Mohammedan, **8**
muy very

N

nacer (zc) to be born
el **nacimiento** birth
la **nación** nation
nacional national
la **nacionalidad** nationality
el **nacionalismo** nationalism

nada nothing
nadar to swim
nadie no one, nobody
la **naranja** orange
los **narcóticos** narcotics
la **nariz aguileña** aquiline nose, **7**
narrar to narrate
la **natación** swimming
natal native
natural natural
la **naturaleza** nature
el/la **naturalista** naturalist
el **naufragio** shipwreck, **5**
la **navaja** razor
la **nave** ship, **5**
navegable navegable
el **navegante** navigator, **5**
navegar to navigate, sail
la **Navidad** Christmas
   el **regalo de Navidad**
     Christmas present
   ¡Feliz Navidad! Merry
     Christmas!
   la **víspera de Navidad, la**
     Nochebuena Christmas
     Eve
el **navío** ship, **5**
la **neblina** fog, mist, **1**
necesariamente necessarily
necesario(a) necessary
la **necesidad** necessity
necesitar to need
negar to deny
negativo(a) negative
la **negociación** negotiation
negociarse to trade
el **negocio** business
negro(a) black
el **nervio** nerve
nervioso(a) nervous
nervudo(a) sinewy
el **neumático** tire
la **nevada** snowfall
nevado(a) snowy
nevar (ie) to snow
la **nevera** refrigerator
ni... ni neither... nor
   ni siquiera not even
   Ni yo tampoco. Me
     neither.
nicaragüense Nicaraguan
la **nicotina** nicotine
el/la **nieto(a)** grandchild
los **nietos** grandchildren
la **nieve** snow

la **niñez** childhood
ninguna: de ninguna manera
   by no means
el **niño(a)** boy (girl), **2**
el **nivel** level
   el nivel del mar sea level
   nivelar to make even or level
no no
   No hay de qué. You're
     welcome.
   No hay más vuelta de
     hoja. No ifs, ands, or
     buts.
el/la **no conformista**
   nonconformist
el **noble** noble
la **nobleza** nobility
la **noche** night
   esta noche tonight
la **Nochebuena** Christmas Eve
nocturno(a) night (adj.)
nombrar to name
el **nombre** name
   el nombre de pila
     Christian name, first
     name
el **nordeste** northeast
la **norma** norm, standard, **8**
   normal regular (gas)
el **noroeste** northwest
el **norte** north
   norteamericano(a) North
     American
la **Noruega** Norway
nos us (pron.)
nosotros(as) we
nostálgico(a) nostalgic
la **nota** grade; bill; note
notable outstanding; notable
notar to note; to notice
las **noticias** news
notorio(a) well-known
el/la **novato(a)** beginner, **3**
la **novela** novel
el/la **novelista** novelist
el **novenario** nine days of
   mourning
noveno(a) ninth
noventa ninety
noviembre November
la **novillada sin picadores**
   novice bullfight
el **novillero** novice bullfighter
el/la **novio(a)** fiancé(e), boyfriend
   (girlfriend), **4**

la **nube** cloud
nublado(a) cloudy
   Está nublado. It's cloudy.
la **nuca** nape (of neck)
nuclear nuclear
   la energía nuclear nuclear
     energy
el **núcleo** nucleus
el **nudo** knot, **1, 4**
   el nudo en la garganta
     lump in the throat, **4**
nuestro(a) our
nueve nine
nuevo(a) new
el **número** number
   el número de teléfono
     telephone number
   el número del asiento seat
     number
   el número del vuelo flight
     number
numeroso(a) numerous
nunca never
las **nupcias** nuptials
la **nutrición** nutrition
el **nutrimento** nutriment

O

o or
el **oasis** oasis
obediente obedient
el **objetivo** objective
el **objeto** object
oblicuo(a) angled, oblique
la **obligación** obligation
obligar to force
obligatorio(a) obligatory
la **obra** work; opus, **3**
obrar to work
el/la **obrero(a)** worker
obsequiar to give, present
   with, **4**
la **observación** observation
observar to observe
la **obsidiana** obsidian
obstante: no obstante
   nevertheless
la **obstetricia** obstetrics
la **obstinación** obstinacy
obtener (irreg.) to obtain
obviamente obviously
obvio(a) obvious
la **ocasión** occasion
   de ocasión secondhand
ocasionar to cause, **5**

el **ocaso** sunset; decline, end, **4**

occidental western

el **occidente** West, **8**

el **océano** ocean

    el **océano Atlántico**
Atlantic Ocean

    el **océano Pacífico** Pacific
Ocean

ochenta eighty

ocho eight

octavo eighth

octubre October

ocultar to hide

oculto(a) hidden

ocupado(a) occupied; busy

    el **tono de ocupado** busy
signal

    La línea está ocupada. The
line is busy.

    Suena ocupado. It is busy.

ocupar to occupy

    ocupar de to worry about

la **ocurrencia** incident

ocurrir to occur, happen, **1**

odiar to hate

el **odio** hate, hatred, **6**

el **oeste** west

    del oeste Western (movie)

ofender to offend

el/la **oferente** offerer

la **oferta** offer

oficialmente officially

oficiar to officiate, celebrate

la **oficina** office

    la **oficina de cambio**
exchange office

    la **oficina de correos** post
office

    la **oficina de recepción**
(hospital) admitting office

el **oficio** trade; job, occupation, **3**

ofrecer (zc) to offer

el **oído** ear; hearing, **1, 7**

oír (y) (irreg.) to hear

Ojalá (que) I hope (that)

la **ojeada** quick glance

el **ojo cuadrado** amazed

la **ola** wave

el **oleaje** surf

el **óleo** oil painting

olímpico(a) Olympic

la **oliva** olive

la **olla** pot

el **olmo** elm

el **olor** odor

olvidar to forget

    ¡No te olvides! Don't forget!

omitir to omit

el **ómnibus** omnibus

omnívoro(a) omnivorous

la **onda** wave

    las **ondas sonoras** sound
waves

el **ónix** onyx

la **onza** ounce

opaco(a) opaque; gloomy

la **opción** option

la **ópera** opera

el/la **operado(a)** post-operative
patient

el/la **operador(a)** operator

operar to operate

la **opereta** operetta

opinar to think; to express an
opinion

la **opinión** opinion

oponer (irreg.) to oppose

la **oportunidad** opportunity

la **oposición** opposition

el/la **opresor(a)** oppressor,
tyrant, **8**

el/la **oprimido(a)** oppressed
person

oprimir to push

la **oración** sentence; prayer

oral oral

el **orangután** orangutan

la **órbita** orbit

el **orden** order

el/la **ordenador(a)** computer

ordenar to arrange

la **oreja** ear, **7**

orgánico(a) organic

el **organillo** hand organ, **3**

el **organismo** organism

la **organización** organization

organizar to organize

la **organza** organza

orgulloso(a) proud, **2**

el/la **orientador(a)** counselor

oriental eastern

el **oriente** East, **8**

el **origen** origin

original original

originar to originate

originario(a) originating;
native, descendant

la **orilla** bank (of a river)

el/la **oriundo(a)** native

el **ornamento** ornament

el **oro** gold, **8**

la **orquesta** orchestra

ortopédico(a) orthopedic

el/la **ortopedista** orthopedist

la **osadía** daring

la **osamenta** skeleton, bones

la **oscuridad** darkness, gloom

oscuro(a) gloomy

el **oso** bear

el **otoño** autumn

otro(a) other

    el **uno del otro** each other

el **out** out (baseball)

la **ovación** ovation

ovalado(a) oval

la **oveja** sheep, **2**

el **oxígeno** oxygen

P

la **paciencia** patience

pacífico(a) peaceful, **8**; Pacific

padecer to suffer

el **padrastro** stepfather

padre (Mex.) really great

el **padre** father

    los **padres** parents

el **padrino** godfather; best man

    los **padrinos** godparents

la **paella** Valencian rice dish
with meat, chicken, or fish
and vegetables

la **paellera** paella pan

el **pagano de la fiesta** the
person who pays

pagar to pay

el **pago** pay; payment

el **país** country

el **paisaje** countryside;
landscape, **1**

la **paja** straw

el **pajarillo volador** flying bird, **2**

el **pájaro** bird, **1**

el **paje de honor** usher

la **palabra** word

    tomar la palabra to take
the floor

el **palacio** palace

palidecer to turn pale

el **palillo** toothpick, **7**

la **palmadita** slap

    dar palmaditas to slap
gently, tap

palmear to clap, **7**

la **palmera** palm tree

el **palo** (golf) club; drink

la **paloma** dove

    la **paloma torcaz** wood pigeon

palpar to feel, touch

el **pan** bread

    el **pan tostado** toast

la **panadería** bakery

el/la **panadero(a)** baker

panameño(a) Panamanian

el **panqueque** pancake

la **pantalla** screen

los **pantalones** pants

    el **pantalón corto** shorts

    el **pantalón vaquero** blue jeans

    el **traje pantalón** pantsuit

pantanoso(a) swampy, marshy

el **pañuelo** handkerchief

la **papa** potato

    las **papas fritas** French fries

el **papá** dad

la **papaya** papaya

el **papel** paper

    el **papel higiénico** toilet paper

    la **hoja de papel** sheet of paper

el **papel** role (theater)

la **papilla** papilla

el **paquete** package

par equal (adj.)

el **par** pair

para for; to

    para que in order that, so that

el **parabrisas** windshield

el **paracaídas** parachute, **2**

el/la **paracaidista** paratrooper, parachutist, **2**

el **parachoques** bumper

la **parada** stop

    la **parada de taxis** taxi stand, **1**

el **parador** inn

el **paraíso** paradise, **3**

el **paramecio** paramecium

parar to stop

el **parasol** parasol

la **parcela** parcel

parcial partial

    a **tiempo parcial** part-time

    parcialmente partially

parear to pair, match

parecer (zc) to seem; to resemble

parecido(a) similar

la **pared** wall, **6**

la **pareja** couple

el **parentesco** relationship; bond, **6**

el/la **pariente** relative

    los **parientes lejanos** distant relatives

parir to give birth, **4**

el **paro** stop, stoppage of work, **5**

el **parque** park

el **parquímetro** parking meter

el **párrafo** paragraph

la **parrilla** grill

la **parroquia** parish

la **parte** part

    a **ninguna parte** nowhere

    ¿De parte de quién? Who is calling?

la **partera** midwife

el/la **participante** participant

participar to communicate; to inform, **4**

particular private; particular, **2**

particularmente particularly

el **partido** game

partir to depart, leave, **1**; to divide

    a **partir de** as of, from

el **parto** birth, **4**

pasado(a) past, gone by

el **pasado** past

    el **año pasado** last year

el **pasador** pin

el **pasaje** passage, journey

el/la **pasajero(a)** passenger

el **pasaporte** passport

    el **control de pasaportes** passport inspection

pasar to pass; to spend; to happen

    pasar hambre to go hungry

el **pasatiempo** pastime, hobby

la **Pascua** Easter

el **pase de abordar** boarding pass

el **paseíllo** parade of bullfighters

el **paseo** stroll, walk

el **pasillo** corridor; aisle

el **paso** passing, passage

    el **paso de peatones** pedestrian crosswalk

la **pasta dentífrica** toothpaste

el **pastel** pie; pastry

la **pastelería** pastry shop

la **pastilla** pill; bar (of soap)

el/la **pastor(a)** shepherd

    el **pastor vasco** Basque shepherd

los **patagones** Patagonians

la **patata** potato

paterno(a) paternal

el **patíbulo** scaffold

la **patilla** sideburn

el **patín** skate

el **patinadero** skating rink

el/la **patinador(a)** skater

el **patinaje** skating

    el **patinaje artístico** figure skating

    el **patinaje sobre hielo** ice-skating

    el **patinaje sobre ruedas** roller skating

    la **pista de patinaje** skating rink

patinar to skate

el **patio** patio, courtyard

el **pato** duck, **6**

la **patología** pathology

la **patria** homeland, native land

el **patriota** patriot

patrocinado(a) sponsored

el **patrón** pattern

el **patrón (la patrona)** patron, boss

patronal patronal

la **pausa** pause

el **pavo** turkey

la **paz** peace

el **peaje** toll

el **peatón** pedestrian

el **pecho** chest

el **pedacito** (little) piece

la **pedagogía** education

pedalear to pedal

pedir (i, i) to ask for

    pedir prestado to borrow

pedradas: a pedradas throwing stones

el **pedrusco** rough, uncut stone

pegar to stick; to fasten; to hit

    pegar un tiro to shoot

el **peinado** hairdo

    el **peinado afro** Afro hairstyle

peinarse to comb one's hair

el **peine** comb

el **pejerrey** variety of mackerel, **2**
el/la **pelado(a)** penniless person, **6**
pelar to peel
la **película** movie, film
dar una película to show a movie, film
el **peligro** danger
peligroso(a) dangerous
el **pellejo** skin, hide, **7**
el **pelo** hair
tomar el pelo a alguien to pull someone's leg
la **pelota** ball
la **peluca** wig
la **peluquera** beautician
la **peluquería** hair salon
el/la **peluquero(a)** hair stylist
la **pena** sorrow; suffering
a duras penas with great difficulty
pendiente aware
penetrante penetrating
la **península** peninsula
el/la **pensador(a)** thinker
el **pensamiento** thought
pensar to think
pensativo(a) pensive
la **pensión** boarding house; small hotel; room and board
el/la **pensionista** pensioner, retired person, **2**
pentecostal Pentecostal
peor worse; worst
el **pepino** cucumber
pequeño(a) small
la **pera** pear
la **percepción** perception
la **percha** clothes hanger
percibir perceive
perder (ie) to lose
perder el autobús to miss the bus
la **pérdida** loss
la **perdiz** partridge
perdón excuse me
perdonar to pardon
el **peregrinaje** pilgrimage
perenne perennial
perfectamente perfectly
la **perforadora de pavimento** jackhammer
el **perfume** perfume
la **perfumería** perfume shop
el **periódico** newspaper
el **periodismo** journalism

el/la **periodista** journalist
el **período** period, space of time
perjudicial harmful
la **perla** pearl
permanente permanent
el **permiso de conducir** driver's license
permitido(a) permitted
permitir to permit
pero but
perplejo(a) confused, **6**
el **perro** dog
la **persecución** persecution
perseguir to pursue, chase, **8**
la **persona** person
el **personaje** character
personal personal
personalmente personally
pertenecer (zc) to belong
las **pertenencias** belongings
peruano(a) Peruvian
la **pesa** weight, **7**
pesado(a) dull, tiresome (adj.)
el/la **pesado(a)** heavyweight, **3**
el **pésame** condolences
pesar to weigh
pesar: a pesar de in spite of
pesca: de pesca fishing
la **pescadería** fish market
el **pescado** fish (when caught)
el/la **pescador(a)** fisherman/woman
pescar to fish
el **peso** weight; monetary unit of several Latin American countries
pesquero(a) (adj.) fishing, **7**
el **pez** fish (alive)
el/la **pianista** pianist
el **piano** piano
picar to dice
el/la **pícher** pitcher (baseball)
el **pico** peak
el **pie** foot
a pie on foot
de pie standing
la **piedra** rock, stone, **6**
la piedra caliza limestone
la **piel** skin
la **pierna** leg
la **pieza** piece
la **pila** (baptismal) font, **4**
el **pilar** pillar, **8**
la **píldora** pill
el/la **piloto(a)** pilot

la **pimienta** pepper
el **pimiento** bell pepper
el **pinar** pine grove
el **pingüino** penguin, **1**
el **pino** pine tree
la **pinta** pint
pintar to paint
el/la **pintor(a)** painter
pintoresco(a) picturesque
la **pintura** painting
la **pinza** clamp, **7**
la pinza para el cabello hair clip
las **pinzas** tweezers, **7**
la **piña** pineapple
el/la **pionero(a)** pioneer
la **pirámide** pyramid, **1**
la **piscina** swimming pool
el **piso** floor, apartment, **2**
la **pista** ski trail; runway
la pista de patinaje skating rink
la **pistola** pistol
la **pizarra** chalkboard
el **pizarrón** chalkboard
la **pizca** pinch
la **pizzería** pizza parlor
la **placa** license plate
placentero(a) pleasant, agreeable, **1**
el **placer** pleasure
plácido(a) calm, **1**
el **plan** plan; outline, **2**
la **plana** page
la **plancha** iron
la plancha de vela wind surfboard
planchar to iron
planear to plan
el **planeta** planet
planetario(a) planetary
la **planta** floor; plant
la planta baja ground floor
la **plantación** plantation
plantar to plant
plantear to outline, set forth
plástico(a) plastic
de plástico plastic (adj.)
la bolsa de plástico plastic bag
la **plata** silver; money, **8**
el **plátano** plantain; banana
el **platillo** home plate

(baseball): saucer
el **platino** platinum
el **plato** plate, dish
la **playa** beach
playero(a) beach (adj.)
la toalla playera beach towel
la **plaza** job; employment; place, space
la plaza de toros bull ring, 3
plegable folding
plenamente fully, completely
el/la **plomero(a)** plumber
el **plomo** lead
con plomo leaded
sin plomo unleaded
la **pluma** feather
el **plumaje** plumage
la **población** population
el **poblado** town, village
poblado(a) populated
pobre poor
la **pobreza** poverty
la **poción** potion
poco(a) little, small (amount)
poco a poco little by little
podar to prune, 7
poder (irreg.) to be able
puede ser maybe
el **poder** power, strength, 6
el poder extranjero foreign power
poderoso(a) powerful
el **poema** poem
la **poesía** poetry
el/la **poeta** poet
polar polar
polarización focus of attention
el **polen** pollen, 4
el/la **policía** police officer
policromo(a) multicolored
la **política** politics, 8
político(a) political (adj.)
los **políticos (parientes)** in laws
el **pollo** chicken
el **polo** pole
el **polvo** dust, 4
en polvo powdered
polvoriento(a) dusty
el **pomo de loza** small porcelain bottle
las **pompas** buttocks
el **poncho** poncho, cape
poner (irreg.) to put

poner al fuego to put on the fire
poner la mesa to set the table
ponerse to become, 2; to put on
popular popular
la **popularidad** popularity
poquito más a little more
por about, for, by
por consiguiente consequently
por ejemplo for example
por encima over
por eso therefore
por favor please
por lo menos at least
por supuesto of course
¿por qué? why?
la **porcelana** porcelain
la **porción** portion
porque because
la **portada** cover
el **portal** city gate
portarse to behave
el **porte** bearing
la **portería** goal
el/la **portero(a)** goalkeeper, goalie
portugués(a) Portuguese
la **posibilidad** possibility
posible possible
la **posición** position
positivo(a) positive
posterior posterior
posteriormente afterwards
postizo(a) false
el **postre** dessert
el/la **postulante** applicant
el **potro** colt, 8
el **pozo** well, 1, 2, 4
el/la **practicante** hospital nurse
practicar to practice
práctico(a) practical
precario(a) precarious
el **precepto** precept
el **precio** price
la **preciosidad** beauty, charm
precioso(a) beautiful
la **precipitación** precipitation
precisado(a) forced
precisamente precisely
precisar to need, 2; to specify, determine
precolombino(a) pre-Columbian

precoz precocious
predominante predominant
predominantemente predominantly
el **predominio** predominance
la **preferencia** preference
preferir (ie, i) to prefer
el **prefijo** prefix
el prefijo telefónico area code
el prefijo del país country code
la **pregunta** question
preguntar to ask
la **prehistoria** prehistory
el **prejuicio** prejudice
el **premio** prize
el Premio Nóbel Nobel Prize
la **prenda** garment, article of clothing
el **prendedor** brooch, pin, 1
prendidísimo: lo prendidísimo what is most interesting
prendido(a) interesting
el **prendimiento** capture, arrest
la **preocupación** preoccupation
preocuparse to worry
la **preparación** preparation
preparar to prepare
la **presencia** presence
presentar to present
presentar (dar) una película to show a movie
el **presente** present
preservar to preserve
la **presidencia** presidency
el/la **presidente(a)** president
la **presión** pressure
la presión arterial blood pressure
la presión sanguínea blood pressure
prestar to lend
prestigioso(a) prestigious
presunto(a) presumed
el **presupuesto** budget, 6
pretender (ie) to seek
el **pretendiente** suitor
prevalecer to prevail
la **prevención** prevention
la **previsión** forecast
primario(a) primary, elementary
la **primavera** spring

primer, primero(a) first
   el primer balcón first
      balcony, 3
primitivo(a) primitive
el/la primo(a) cousin
el/la primogénito(a) firstborn, 4
principal main
el príncipe prince
el/la principiante beginner
el principio beginning
   al principio in the
      beginning
la prioridad priority
la prisa hurry, haste, 1
   dar prisa to rush, hurry
   de prisa fast, in a hurry
el/la prisionero(a) prisoner
privado(a) private
la privatización privatization
privatizar to privatize
el privilegio privilege
la probabilidad probability
probable probable
probar (ue) to try; to taste
el problema problem
procedente coming
proceder to proceed, come
procesar to process
la procesión procession
el proceso process
procurar to try, strive for
producir (zc) to produce
productivo(a) productive
el producto product
el/la productor(a) producer
profano profane
la profesión profession; career
profesional professional
   (adj.)
el/la profesional professional
   (person)
el/la profesor(a) teacher
el profesorado faculty
el profeta prophet
la profundidad depth
profundo(a) profound
el progenitor direct ancestor
el programa program
el/la programador(a) programmer
el progreso progress
la prohibición prohibition
prohibido(a) forbidden
prohibir to prohibit
prolongar to prolong
el promedio average

la promesa promise
prometer to promise
el/la prometido(a) fiancé(e)
promulgar to enact a law
pronosticar to foretell, 1
el pronóstico forecast
pronto(a) quick, fast
la propiedad property
el/la propietario(a) owner
la propina tip
propio(a) one's own, 2
proponer to propose, 6
la proporción proportion
el propósito purpose
   a propósito by the way
¡Próspero año nuevo! Happy
   New Year!
el/la protagonista protagonist
protagonizar to take a
   leading part in, 4
la protección protection
protector: la crema
   protectora sunblock
proteger to protect
la proteína protein
la protesta protest
protestante Protestant
el provecho benefit, advantage
   ¡Buen provecho! Enjoy
      your meal!
proveer to provide
la provincia province
provisionalmente
   temporarily
la provocación provocation
provocar to provoke
la proximidad proximity,
   nearness
próximo(a) next
proyectar to plan, project
el proyecto project
la prudencia prudence
la prueba test
   a prueba on trial
psicológico(a) psychological
publicado(a) published
publicar to publish
la publicidad advertising
público(a) public (adj.)
el público public; audience
el pueblo town; people
puede ser maybe
el puente bridge; dental bridge
el puerco pork
la puerta gate; door

la puerta de salida
   departure gate; exit door
el puerto port, 5
puertorriqueño(a) Puerto
   Rican
pues well
el puesto stall
la pulgada inch
pulir to polish
el pulmón lung, 7
pulmonar pulmonary, 7
la pulsación beat
la pulsera bracelet, 1
el pulso pulse
el puñado handful
el puñal dagger
el puñetazo punch, blow, 6
la punta point; tip
el puntapié kick
el punto stitch; dot
   el punto de vista point of
      view
   en punto on the dot
la pupila pupil (of the eye)
puramente purely, strictly
el puro cigar, 4

Q
que that
¿Qué? What?; How?
   ¿Qué es? What is it?
   ¿Qué hora es? What time
      is it?
   ¿Qué tal? How are you?
   ¿Qué tiempo hace?
      What's the weather like?
el quechua Quechuan people
   and language, 8
quedar(se) to stay, remain
   Me queda bien. It fits me.
quedar empatado(a) to be
   tied (sports)
quemar to burn
querer (irreg.) to want; to
   love
   querer decir to mean
el queso cheese
el quicio de la puerta door
   threshold, 4
¿Quién? Who?
   ¿De parte de quién? Who
      is calling?
   ¿Quién es? Who is it?
quieto(a) quiet
la química chemistry

químico(a) chemical (adj.)

el/la **químico(a)** chemist

la **quinceañera** young woman's fifteenth birthday

quinientos five hundred

quinto(a) fifth

el **quiosco** newsstand

el **quirófano** operating room

Quisiera... I would like...

quitar to remove, take away, **5**

quitar del fuego to take off the fire

quitarse to take off

quizá(s) perhaps

R

la **rabia** anger, fury

el **rabino** rabbi, **8**

racial racial

la **ración** portion; allowance, **7**

el **radiador** radiator

radical radical

el/la **radio** radio

radioactivo(a) radioactive

la **radiografía** X-ray

raído(a) frayed

la **raíz** root, **8**

rallar to grate

la **rama** branch

el **ramo de novia** bridal bouquet, **4**

el/la **ranchero(a)** rancher

el **rango** rank; class

la **ranura** slot (for money)

rápidamente quickly

la **rapidez** swiftness, speed

el **rápido** express train

rápido fast

la **raqueta** racket

raro(a) rare, **2**

ras: a ras de level with

el **rasgo** feature

el **rato** while, short time

a cada rato at each moment

mal rato nasty experience

el **ratón** mouse

la **raya** part (in hair)

a rayas striped

el **rayo** ray

los rayos equis X-rays

la **razón** reason

razonable reasonable

real real, actual

la **realidad** reality

el **realismo** realism

realista realistic

realizar to carry out, put into effect

realmente really; actually

la **rebaja** reduction

rebajar to reduce, **2**

la **rebanada** slice

rebanar to slice

la **rebelión** rebellion

el **recado** message, **3**

recambio: de recambio spare (tire)

la **recepción** reception

el/la **recepcionista** receptionist

el **receptor** catcher (baseball)

la **receta** prescription; recipe

recetar to prescribe

recibir to receive

el **recibo** receipt

recién recently

el/la **recién casado(a)** newlywed

el/la **recién nacido(a)** newborn

reciente recent

recientemente recently

recitar to recite

reclamar to claim

el **reclamo de equipaje** baggage claim

recoger to pick up, collect; to shelter; to gather, **6**

la **recomendación** recommendation

recomendar (ie) to recommend

reconfortable comfortable

reconocer (zc) to recognize; to acknowledge, **8**

reconstruir (y) to reconstruct

recopilar to compile

recordar (ue) to remember

el **recordatorio** reminder

recorrer to travel, **1**

el **recorrido** distance traveled, trip

de largo recorrido long-distance

recortar to trim

el **recorte** trim

la **rectitud** honesty

el **recuerdo** memory, **3**

el **recurso** resource

los recursos resources, wealth, **6**

los recursos naturales natural resources

el **servicio de recursos humanos** human resources department

la **red** net; network; screen

la **rededicación** rededication

redondo(a) round, **5, 8**

reducido(a) reduced

reducir (zc) to reduce; to diminish, **5**

reducir la fractura to set the bone

reembolsar to reimburse, **1**

el **reembolso** refund

reemplazar to replace, substitute, **2**

referir (ie, i) to refer

refinar to refine

reflejar to reflect

el **reflejo** reflection

la **reforma** reform

el **refrán** refrain, proverb

refrescante refreshing

el **refresco** soft drink

el **refrigerador** refrigerator

refugiarse to take refuge

el **refugio** refuge

el **regalo** gift

el **regalo de Navidad** Christmas present

regar to water, **2, 7**

regatear to bargain

el **regateo** bargaining

el **regidor** manager

el **régimen** regimen

regio(a) royal, regal

la **región** region

registrar to record; to take place

la **regla** rule

el **reglamento** rule

regodearse to take delight in

regresar to return

regulador(a) regulating (adj.)

regular regular; fair (grade) (adj.); to regulate (verb)

rehabilitado(a) restored

rehusar to refuse, **6**

reinar to reign

el **reino** kingdom

reír to laugh

la **relación** relationship

relacionar to relate

relativamente relatively

el **relato** story
la **religión** religion
religioso(a) religious
rellenar to fill
el **reloj** watch; clock, **5**
relucir to shine
remedio: sin remedio unavoidably
el/la **remitente** sender
remontar to go back (to some date in time)
remoto(a) remote
el **rencor** rancor
rendido(a) exhausted
rendir to render; to yield
renovar to renovate
renunciar to renounce
reparador(a) restorative
repartir to deliver; to share
el **reparto** delivery
repentino(a) sudden
repetir (i, i) to repeat
la **representación** performance
dar una representación to put on a performance
el/la **representante** representative
representar to represent
la **represión** repression
la **reprobación** reproof, censure
el **réprobo** criminal
la **reproducción** reproduction
el **reptil** reptile
la **república** republic
repuesto: de repuesto spare (tire)
la **repugnancia** repugnance
repugnante repugnant
la **reputación** reputation
requerir (ie, i) to require
el **réquiem** requiem (mass)
resbalarse to slip
rescatar to rescue; to save, **5**
resentido(a) resentful
la **reserva** reserve
la **reservación** reservation
reservado(a) reserved
reservar to reserve
el **resfriado** (head) cold
la **residencia** residence, home
residencial residential
residir to reside
resignarse to resign oneself
resistir to resist
resolver (ue) to resolve
el **resorte** spring (mechanical)

el **respaldo** seatback; backing, support
respectivo(a) respective
respecto a with respect to
respetarse to respect one another
el **respeto** respect
respetuoso(a) respectful
la **respiración** breathing
respirar to breathe
responder to respond, answer
la **responsabilidad** responsibility
responsabilizarse to take the responsibility
la **respuesta** answer
el **restaurante** restaurant
los **restos** remains
la **restricción** restriction
restringir to restrict
el **resultado** result
resultar to result
el **resumen** summary
el **resurgimiento** revival
la **resurrección** resurrection
la **retirada** withdrawal
retirar to withdraw; to remove
retirar del fuego to take off the fire
retirarse to retire
el **retiro** withdrawal
el formulario de retiro withdrawal slip
el **retraso** delay
con retraso late
el **retrato** portrait
el **retrete** toilet, **1**
la **reunión** meeting, gathering
reunirse to get together
revés: al revés backwards
revisionista revisionist
el/la **revisor(a)** (train) conductor; auditor
la **revista** magazine
revitalizar to revitalize
la **revolución** revolution
revolucionario(a) revolutionary
revolver (ue) to stir; to revolve
revueltos scrambled (eggs)
el **rey** king, **5, 8**
los **Reyes Magos** Three Wise Men
el día de Reyes Twelfth-night
rico(a) rich; tasty

ridiculizar to ridicule
el **riesgo** danger, **5**
rígido(a) rigid
rigor: de rigor essential
riguroso(a) rigorous
el **rincón** nook, cozy corner, **1**
los **riñones** kidneys
el **río** river
rioplatense Argentinian (from the River Plate region)
la **riqueza** riches; wealth
el **ritmo** rhythm
el **rito** rite
el **rizado** curling
rizado(a) curly
el **rizador** curling iron
rizar to curl
el **rizo** curl
robar to rob; to steal
el **robo** theft, robbery, **5**
rociar to sprinkle, **2**
rodar (ue) to shoot a movie
rodear to surround
la **rodilla** knee
rogar (ue) to beg; to request
rojo(a) red
el **rol** roll, part
rollizo(a) roly-poly
el **rollo** roll (of paper)
el **romance** romance, ballad
el **romancero** collection of romances, ballads
el/la **romano(a)** Roman
romántico(a) romantic
romperse to break; to tear
el **ron** rum
la **ropa** clothes
la ropa interior underwear
poner la ropa en la maleta to pack
la **rosa** rose
el **rosal** rosebush
el **rostro** face
la **rotación** rotation
el **rótulo** sign
rubio(a) blond(e)
rudo(a) hard, difficult, **4**
la **rueda** wheel; roller
el **ruedo** bullring
el **ruido** noise, **7**
ruidoso(a) noisy, **1**
la **ruina** ruin
el **rulo** hair roller
rumbo a toward, in the direction of

rural rural, 8
ruso(a) Russian
la **ruta** route
la **rutina** routine
rutinario(a) routine

S

sábado Saturday
la **sábana** sheet
sabatino(a) pertaining to
Saturday
saber (irreg.) to know (how)
el/la **sabio(a)** wise person
el **sabor** flavor
sabroso(a) tasty
sacar (qu) to get, receive; to
take out
**sacar notas buenas
(malas)** to get good (bad)
grades
sacar provecho de to
benefit from
el **sacerdote** priest
el **saco** jacket; sack
el **saco de dormir** sleeping
bag
el **sacramento** sacrament
sacrificar to sacrifice
el **sacrificio** sacrifice
el **sacro** sacred
sagrado(a) sacred, 8
la **sal** salt
la **sala** living room
la **sala de clase** classroom
la **sala de emergencia**
emergency room
la **sala de espera** waiting
room
la **sala de operaciones**
operating room
la **sala de recepción**
waiting room
la **sala de recuperación**
recovery room
la **sala de restablecimiento**
recovery room
la **sala de urgencias**
emergency room
salarial wage (adj.)
el **salario** salary
la **salchicha** sausage
el **salchichón** sausage
el **saldo** total; balance (bank)
la **salida** departure; exit

el **tablero de llegadas y
salidas** arrival and
departure board
la **puerta de salida**
departure gate
la **salida de emergencia**
emergency exit
salir (irreg.) to leave; to go
out
el **salón** room, lounge
el **salón de clase**
classroom
el **salón del hotel** hotel
ballroom
la **salsa** sauce
saltar to jump, 7
el **salto** jump, leap, 3
la **salud** health
estar de buena salud to
be in good health
saludable healthy
saludar to greet
el **saludo** greeting; salute
salvaje wild
el **sanatorio** sanatorium
las **sandalias** sandals
la **sandía** watermelon
el **sándwich** sandwich
la **sangre** blood, 7, 8
la **sanidad** health
sano(a) healthy
santamente virtuously
el/la **santo(a)** saint
el **santo patrón** patron
saint, 3
el **santuario** sanctuary
el **sargento** sergeant, 5
sarnoso(a) mangy
el/la **sartén** frying pan
la **sátira** satire
satirizar to satirize
la **satisfacción** satisfaction
satisfacer (irreg.) to satisfy
satisfecho(a) satisfied
las **saturnales** Saturnalia
el **saxofón** saxophone
el **secador** hair dryer
la **secadora** clothes dryer
secar to dry
la **sección** section
la **sección de no fumar**
no smoking section
seco(a) dry
el/la **secretario(a)** secretary
el **secreto** secret

secreto(a) secret
el **sector** section
la **secuencia** sequence
secundario(a) secondary
la **escuela secundaria**
high school
la **secuoya** sequoia
la **sed** thirst
tener sed to be thirsty
la **seda dental** dental floss, 7
el **sedán** sedan
la **sede** headquarters
el/la **sefardí** Sephardic Jew
el **segmento** segment
segregar to segregate
seguida: en seguida at once,
immediately
seguido(a) successive
el **seguimento** following
seguir (i, i) to follow; to
continue
según according to
segundo second
la **seguridad** security
el **cinturón de seguridad**
seat belt
el **control de seguridad**
security control
el **Seguro Social** Social Security
seguro(a) reliable,
dependable; sure; safe
seis six
la **selección** selection
el **sello** stamp
la **selva** jungle, rainforest, 1
el **semáforo** traffic light
la **semana** week
la **Semana Santa** Holy
Week
la **semana pasada** last
week
sembrar to plant, 2, 8
el **semestre** semester
el/la **senador** senator
el **sencillez** simplicity
sencillo(a) one-way; single
la **senda** path
el **sendero** path
la **sensación** sensation
sensacional sensational
sensible sensitive, 4
las **sentadillas** sit-ups, 3
sentarse (ie) to sit down
Me sienta bien. It fits me
well.

sentenciar to pass judgment on

el **sentido** sense; way, direction

de sentido único one-way

el **sentimiento** feeling

sentirse (ie, i) to feel

Lo siento. I am sorry.

la **señal** dial tone; signal; sign

la señal de no fumar no smoking signal

señalar to point out; to indicate, **8**

señor(a) Mr., sir; (Mrs., ma'am)

la **señorita** Miss

la **separación** separation

separado(a) separated

separar to separate

septiembre September

séptimo(a) seventh

ser (irreg.) to be

ser una lástima to be a pity

el **ser** being

el ser viviente living being

sereno(a) serene

seriamente seriously

la **serie** series

la Serie mundial World Series

serio(a) serious

serpentear to wind; to meander

la **serpiente** snake

el **servicio** service

el servicio de primer socorro first-aid service

el servicio de primeros auxilios first-aid service

el servicio de recursos humanos human resources department

el servicio militar military service

la estación de servicio service station

el/la **servidor(a)** servant

su seguro(a) servidor(a) your humble servant

la **servidumbre** servants

la **servilleta** napkin

servir (i, i) to serve

sesenta sixty

la **sesión** show (movies)

setenta seventy

severo(a) severe

el **sexo** sex

sexto(a) sixth

si if

sí yes; used for emphasis

el **SIDA** AIDS

siempre always

la **sien** temple (of the face), **6**

la **sierra** mountain range, **2**

la **siesta** nap

echar (tomar) una siesta to take a nap

siete seven

la **sigla** abbreviation by initials

el **siglo** century

el **significado** meaning

significar to mean

significativo(a) significant

el **signo** sign

siguiente following

el **silencio** silence

la **silla** chair

la silla de ruedas wheelchair

la silla plegable folding chair

el **sillín** seat, saddle

el **sillón** large chair, **7**

el **silo** silo

silvestre wild

el **símbolo** symbol

el **símil** simile

similar similar

la **simpatía** sympathy

simpático(a) pleasant, likeable

simple simple

simplemente simply

sin without

sin embargo nevertheless

sin escala nonstop

sin que without

la **sinagoga** synagogue, **8**

sincero(a) sincere

siniestrado(a) unlucky

sino but

el **sinónimo** synonym

el **síntoma** symptom

la **sirena** siren

sirio(a) Syrian

el **sistema** system

el sistema nervioso nervous system

sitiar to besiege

el **sitio** siege; site; place

la **situación** situation

situar to situate

el **slálom** slalom

el/la **soberano(a)** sovereign, **8**

sobre above, over; about

sobre todo especially, above all

el **sobre** envelope

el/la **sobrecargo** flight attendant

sobrepasar to exceed, surpass, **5**

sobresaliente outstanding

sobresalir to stand out

sobrevolar to fly over

el/la **sobrino(a)** nephew (niece)

social social

la **sociedad** society

sociología sociology

el/la **sociólogo(a)** sociologist

el/la **socorrista** first-aid worker

el **socorro** help

el **sodio** sodium

sofisticado(a) sophisticated

la **soga** rope, cord, **7**

el **sol** sun

Hay (Hace) sol. It's sunny.

tomar el sol to sunbathe

solamente only

el/la **soldado** soldier

soleado(a) sunny, **1**

solemne solemn

la **solemnidad** solemnity

soler (ue) to be accustomed to, **8**

solicitar (trabajo) to apply for (work)

la **solicitud de empleo** job application

sólido(a) solid

solitario(a) solitary, lone

sólo only

solo(a) alone

soltar to let go

la **soltería** single life

el/la **soltero(a)** unmarried person, **6**

la **solución** solution

la **sombra** shade

el **sombrero** hat

el **sombrerillo** little hat

la **sombrilla** umbrella

sombrío(a) somber

someter to subject

somos we are

sonar (ue) to ring

Suena ocupado. It is busy.

el **soneto** sonnet

el **sonido** sound, **7**

sonorífero(a) noisy

sonreír to smile

sonriente smiling, **3**

la **sonrisa** smile

soñar (ue) to dream, **6**

soñoliento(a) sleepy, **2**

la **sopa** soup

soplar to blow, **1**

soportar to bear, endure; to support

la **sordera** deafness, **7**

el/la **sordo(a)** deaf person, **7**

sordo(a) deaf, **7**

el **soroche** mountain sickness

sorprender to surprise

sorprenderse to be surprised, **2**

la **sortija** ring

la **sortija de compromiso** engagement ring

soso(a) dull, inane

el **sostén** support

sostener (irreg.) to sustain; to support

su his, her, your (form.), their

suave soft

la **subcultura** subculture

subir to go up; to take up

subir a to get on, to board

súbito(a) sudden

sublime sublime

subscribir to subscribe

subsistir to continue to exist

la **substancia** substance

el **subterráneo** subway, **5**

subterráneo(a) underground

el **subtítulo** subtitle

los **suburbios** suburbs

sucesivo(a) successive

el **suceso** event, happening

sucio(a) dirty

la **sucursal** branch (office)

sudamericano(a) South American

el **sudor** sweat, **8**

sudoroso(a) sweaty

el/la **suegro(a)** father-in-law (mother-in-law)

la **suela** sole (of shoe), **3**

el **suelo** ground; soil, land, **1**

tocar el suelo to touch the ground

suelto(a) loose, free, **2**

el **sueño** dream

la **suerte** luck

tener suerte to be lucky

el **suéter** sweater

suficiente sufficient, enough

el **sufragio** aid

sufrir to suffer

sugerir (ie, i) to suggest

suicido(a) suicidal

suizo(a) Swiss

sujeto(a) held (adj.)

el **sujeto** individual, person

sumamente extremely

suministrar to supply, **2**

suministrado(a), supplied

sumo(a) highest, greatest

suntuosamente sumptuously

súper super

superar to surpass

la **superficie** surface

superior superior; higher; top, upper

el **supermercado** supermarket

supervisar to supervise

el/la **superviviente** survivor

el **suplemento** supplement

el **supremo** Supreme Court

supuesto: por supuesto of course

el **sur** south

la **América del Sur** South America

el **surgimiento** springing up

surgir to appear

el **suroeste** southwest

suspenso(a) failing (grade)

el **suspensor** suspender

el **suspiro** sigh

la **sustancia** substance

sustancioso(a) substantial

sustituir (y) to substitute

la **sutura** stitch

suyo(a) his, hers, yours, theirs, its, one's

T

el **T shirt** T-shirt

el **tabaco** tobacco

la **tabla** board, **3**

la **tabla hawaiiana** surfing

el **tablero** backboard (basketball)

el **tablero de llegadas y salidas** arrival and departure board

el **tablero indicador** scoreboard

la **tableta** tablet

el/la **tablista** surfer

el **tabú** taboo

taciturno(a) taciturn, reserved, **8**

el **tacón** heel (shoe)

los **tainos** Tainos (natives of the Caribbean area)

la **tajada** slice

el **tajo** cut, slash

el **tajo de perrillo** knife cut

tal such

tal vez perhaps

la **tala** stalk

el **taladro** drill, **7**

el **talco** talcum powder

el **talento** talent

talentoso(a) talented; gifted

la **talla** size

tallar to deal (cards), **6**

el **taller** artisan's shop

el **tallo** stalk

el **talón** luggage claims ticket; heel (foot)

el **talonario** checkbook

el **tamaño** size

el **tamarindo** tamarind

también also, too

tampoco neither, either

Ni yo tampoco. Me neither.

tan so

tan pronto como as soon as

el/la **tanguista** interpreter of the tango

el **tanque** tank

el **tanto** score, point

tanto... como as much... as

tantos(as) so many

la **tapa** cover; cap, **7**

tapar to cover; to clog

la **tapia** wall

el **tapón** plug, **7**

la **taquilla** ticket office

tarde late (adj.)

la **tarde** afternoon

esta tarde this afternoon

la **tarea** homework; task, job, work, **8**

la **tarifa** fare, rate

la **tarjeta** card; registration card

la tarjeta de crédito credit card

la tarjeta de embarque boarding, pass

la tarjeta postal postcard

la **tasa de cambio** exchange rate

taurino(a) of or about bullfighting, 6

el **taxi** taxi

el **taxímetro** taximeter, 1

la **taza** cup

te you (fam. pron.)

el **té** tea

teatral theatrical

el **teatro** theater

la **tecla** key

el **teclado** keyboard

la **técnica** technique

técnico(a) technical

el/la **técnico(a)** technician

el **tejado** roof, 6

tejer to weave

el **tejido** fabric, cloth, 2

la **telaraña** spider's web

la **tele** TV

la **telecomunicación** telecommunication

la **telecopiadora** fax machine

telefonear to telephone

telefónico(a) telephone (adj.)

el/la **telefonista** telephone operator

el **teléfono** telephone

por teléfono on the phone

el **telégrafo** telegraph

la **telenovela** soap opera

el **telesilla** chair lift

el **telesquí** ski lift

la **televisión** television

el **televisor** television set

el **telón** curtain

el **tema** theme, subject

temblar to tremble

temer to be afraid

temerario(a) reckless, bold

la **temeridad** boldness

el **temor** fear, 6

la **temperatura** temperature

la **tempestad** storm, 1

templado(a) temperate

templar to moderate

el **templo** temple

la **temporada** period, spell, 3

el **temporal** storm, 1

temprano early

la **tendencia** trend

tender (ie) to tend

tender la cama to make the bed

tendido(a) stretched out

el **tenedor** fork

tener (irreg.) to have

tener... años to be... years old

tener cuidado to be careful

tener hambre to be hungry

tener lugar to take place

tener miedo to be afraid

tener prisa to be in a hurry

tener que to have to

tener que ver con to have to do with

tener razón to be right, 2

tener sed to be thirsty

tener sueño to be sleepy

el **teniente** lieutenant

el **tenis** tennis

la cancha de tenis tennis court

el juego de tenis tennis game

los **tenis** tennis shoes

la **tensión arterial** blood pressure

la **teoría** theory

tercer, tercero(a) third

la **tercera edad** third age, old age, 2

la **terminal** terminal, 1

terminantemente categorically; conclusively, 6

terminar to end, finish

el **término** term, word

a término medio medium (meat)

la **ternera** veal chop

la **ternura** tenderness

la **terraza** terrace

el **terreno** land, terrain

terrero(a) mud, earthen

territorial territorial

el **territorio** territory

terrorista terrorist

el **tesoro** treasure

el/la **testigo** witness

la **tía** aunt

tibio(a) tepid, 7

el **tiempo** half (soccer game); weather; time

a tiempo on time

a tiempo completo full-time

a tiempo parcial part-time

al mismo tiempo at the same time

hace mucho tiempo a long time ago

la **tienda** store; tent

armar una tienda to put up a tent

la tienda de abarrotes grocery store

la tienda de campaña tent

la tienda de departamentos department store

la tienda de ropa para caballeros (señores) men's clothing store

la tienda de ropa para damas (señoras) women's clothing store

la tienda de video video store, 2

la tienda por departamentos department store

tientas: a tientas groping

la **tierra** earth, land, 8

la Tierra Santa Holy Land

el **tigre** tiger

las **tijeras** scissors

el **timbre** tone

la **timidez** shyness

tímido(a) timid, shy

el **tímpano** eardrum

tinto(a) red

la **tintorería** dry cleaners

el **tío** uncle

los tíos aunt(s) and uncle(s)

típicamente typically

típico(a) typical

el **tipo** type; character

el tipo de cambio exchange rate

tirar to throw

tiritar to shiver

titulado(a) entitled

el **titular** headline

el **título** degree

el título universitario university degree

la **tiza** chalk
la **toalla** towel
    la toalla playera beach towel
el **tobillo** ankle
el/la **tocador(a)** player, performer, **8**
    tocar to play (an instrument); to touch
el **tocino** bacon
    todavía yet, still
    todavía no not yet
    todo everything (noun)
    sobre todo especially
    todo(a) every, all
    en todas partes everywhere
    todo el mundo everybody
la **tolerancia** tolerance
    tolerante tolerant
    tolerar to tolerate
    tomar to take; to drink
    tomar el pelo a alguien to pull someone's leg
    tomar el sol to sunbathe
    tomar en serio to take seriously, **2**
    tomar fotografías to take pictures, **1**
    tomar la palabra to take the floor
    tomar una ducha to take a shower
el **tomate** tomato
la **tonelada** ton
el **tono** dial tone; pitch
    el tono de ocupado busy signal
la **tonsura** tonsure
la **tontería** foolishness, **6**
    tonto(a) silly, **1**
    tope: al tope at the highest level
el **tórax** thorax, **3**
    torcer (ue) to twist
    tordillo(a) dapple-gray
    torear to fight bulls
el **toreo** bullfighting, **6**
    torera: la larga torera pass with a cape in a bullfight
el **torero** bullfighter, **6**
la **tormenta** storm, **1**
    torno: en torno a about, regarding
el **toro** bull, **3**
la **toronja** grapefruit

la **torpeza** slowness
la **torre** tower
    la torre de control control tower
    tórrido(a) torrid
la **torsión** twisting
la **torta** cake
la **tortilla** tortilla
la **tortura** torture
    torturar to torture
la **tos** cough
    tener tos to have a cough
    tostadito(a) tanned
el **tostón** fried plantain slice
el **total** total
    totalmente totally
    tóxico(a) toxic
el/la **trabajador(a)** worker
    trabajar to work
el **trabajo** work, job
    el trabajo a código work slowdown
    el trabajo a tiempo completo (parcial) full-time (part-time) job
la **tradición** tradition
    tradicional traditional
    tradicionalmente traditionally
la **traducción** translation
    traer (irreg.) to bring
el/la **traficante** dealer, trader, **8**
el **tráfico** traffic
    tragar to swallow, **6**
la **tragedia** tragedy
    trágico(a) tragic
    traído(a) brought
el **traje** suit
    el traje de baño bathing suit
    el traje de novia bridal gown, **4**
    el traje pantalón pantsuit
el **tramo** span, stretch (of distance), **1**
    tranquilamente peacefully
la **tranquilidad** tranquility
    tranquilo(a) calm, tranquil, **3**
    transbordar to transfer
    transcendental far-reaching
el **transcurso** passage (of time)
    transformarse to be transformed
el **tránsito** traffic
    transmitir to transmit

    transpirar to sweat, **8**
    transportarse to be transported
el **transporte** transportation
el **trapo** rag, **6, 7**
    tras after
    trascender to transcend
    trasero(a) back, rear
    trasladar to transfer
el **trasteo** bustle
el **trastorno** disorder
el **tratado** treaty
el **tratamiento** treatment
    tratar to deal with; to treat
    tratar de to be about; to try
    traumático(a) traumatic
    través: a través de through, across
el **trayecto** road; distance, **1, 6**
    treinta thirty
    tremendo(a) tremendous
el **tren** train
    el tren de vía estrecha narrow-gauge train
    subir al tren to get on the train
la **trenza** braid
    tres three
la **tribu** tribe
el **tribunal** court
el **tricornio** three-cornered hat, **8**
el **trigo** wheat
la **trigonometría** trigonometry
    trilingüe trilingual
los **trillizos** triplets
la **tripulación** crew
    triste sad
    tristemente sadly
la **tristeza** sadness
    triunfante triumphant
    triunfar to win, triumph
el **trocito** little piece
la **trompeta** trumpet
el **trompicón** blow, punch
la **tronada** thunderstorm
el **tronco** trunk
el **trono** throne, **4**
la **tropa** troop, **2**
    tropezarse to trip
    tropical tropical
el/la **trotamundos** globetrotter
el **trozo** piece, part
el **truco** trick, **5**; device
    tu your (sing. fam.)

tú you (sing. fam.)

el **tubo** tube

la **tumba** tomb

    la **tumba familiar** family tomb, **4**

tumbar to knock down

tumultuoso(a) tumultuous

turbado(a) disturbed

la **turbulencia** turbulence

turbulento(a) turbulent

turgente swollen

el **turismo** tourism

el/la **turista** tourist

turístico(a) tourist (adj.)

el **turno** turn

el **turrón** nougat, **2**

tutear to be on familiar terms with

U

u or (used instead of **o** before words beginning with **o** or **ho**)

ubicado(a) located, **1**

ubicar to locate, place

Ud(s)., usted(es) you (sing. [pl.] form.)

último(a) last; latest

el **ultraje** insult

el **umbral** doorway

un(a) a, an

únicamente only

único(a) only

la **unidad** unit

    la **unidad de cuidado intensivo** intensive care unit

el **uniforme** uniform

    llevar uniforme to wear a uniform

la **unión** union

unir to unite

universal universal

la **universidad** university

universitario(a) university

    el título universitario university degree

uno one

    el uno del otro each other

    unos cuantos a few

untar to spread (butter on bread), **2**

urbano(a) urban

el **urbe** city

uruguayo(a) Uruguayan

usado(a) used

usar to use

el **uso** use

usted(es), Ud(s.) you (sing. [pl.] form)

útil useful, **2**

utilísimo(a) very useful

utilizar to use

la **uva** grape

V

va he/she/it goes, is going

la **vaca** cow

las **vacaciones** vacation

vaciar to pour, **2**

el **vacío** vacuum

vacío(a) empty

el **vacuno** cattle

el/la **vagabundo(a)** vagabond

el **vagón** train car

vaina: la misma vaina the same thing

la **vainilla** vanilla

la **vajilla** dish, **7**

la **valentía** courage

valer to be worth

    valer la pena to be worth it

la **valía** value

valiente brave, valient

valioso(a) valuable

la **valla** fence, **4, 7**

el **valle** valley

el **valor** value; courage, **2**

valorar to value

vamos we go, are going

van they/you (pl. form.) go, are going

la **vanidad** vanity

la **vara de mimbre** reed stick

la **variación** variation

variado(a) varied; diverse

la **variante** variant

variar to vary

la **variedad** variety

vario(a) various, varied; several (pl.)

el **varón** male, **3**

vas you (sing. fam.) go, are going

la **vasija** vessel

el **vaso** (drinking) glass

vasto(a) vast

el **váter** toilet

veces: a veces sometimes

el/la **vecino(a)** neighbor, **2**

la **vegetación** vegetation

el **vegetal** vegetable

el/la **vegetariano(a)** vegetarian

el **vehículo** vehicle

veinte twenty

la **veintena** score, about twenty

la **vela** candle; sail, **1**

el **velo** veil, **1, 4**

la **velocidad** speed

    la velocidad máxima speed limit

el **velorio** wake, vigil, **4**

la **vena** vein, **6**

vencer to overcome, conquer

la **venda** band-aid

el **vendaje** bandage

el/la **vendedor(a)** salesperson, **1**

vender to sell

venenoso(a) poisonous

venezolano(a) Venezuelan

vengar to avenge, **6**

venir (irreg.) to come

    venir a menos to lose status

la **venta** sale

    en venta for sale

la **ventaja** advantage

la **ventanilla** ticket window; window

el **ventorrillo** roadhouse

ver (irreg.) to see, to watch

el/la **veraneante** summer vacationer

veraniego(a) summery

el **verano** summer

la **verbena** fair, festival

el **verbo** verb

la **verdad** truth

    ¿No es verdad? Isn't it true?

    ¿Verdad? Right?

verdadero(a) real, true

verde green

la **verdulería** greengrocer's shop

el/la **verdulero(a)** greengrocer

la **verdura** vegetable

verificar to check; to verify

versátil versatile

la **versión** version

el **verso** verse

el **vestido** dress

    el vestido de boda wedding dress

vestirse (i, i) to get dressed

el **vestuario** clothing; dressing room

la **vez** time
  de vez en cuando now and
    then
  en vez de instead of
la **vía** track; way
  viajar to travel
el **viaje** trip
  ¡Buen viaje! Have a good
    trip!
  el viaje de novios
    honeymoon trip
  hacer un viaje to take a trip
el/la **viajero(a)** traveler, **1**
la **víbora** snake
la **vibración** vibration
  vibrar to vibrate
la **víctima del crimen** crime
    victim, **5**
la **victoria** victory
  victorioso(a) victorious
la **vida** life, **5**
  vida: en mi vida never
el **video** video
la **vidriera** shop window
  viejo(a) old (adj.)
el/la **viejo(a)** old person, **2**
el **viento** wind
  hace viento it's windy
el **vientre** stomach, **7**
  viernes Friday
  vigilar to guard
la **villa** town, **6**
la **villanía** despicable act
el **vino** wine
la **violencia** violence
  violentamente violently

el **violín** violin
  virar to turn
la **virgen: las Islas Vírgenes**
    Virgin Islands
la **virtud** virtue, **6**
las **viruelas** measles, smallpox
el **virus** virus
las **vísceras** innards
el **visillo** sheer window curtain, **7**
la **visión** vision
la **visita** visit
  visitar to visit
la **víspera de Navidad**
    Christmas Eve
la **vista** view
la **vitamina** vitamin
la **vitrina** shop window
el/la **viudo(a)** widower (widow), **6**
la **vivienda** housing, dwelling, **8**
  vivir to live
  vivo(a) living; bright, vivid
el **vocabulario** vocabulary
la **vocación** vocation
  volar (ue) to fly
el **volcán** volcano
el **vólibol** volleyball
  voltear to turn around; to
    capsize, **3**
el **volumen** volume
la **voluntad** will; desire, **8**
el/la **voluntario(a)** volunteer
  volver (ue) to go back, **1**
  vosotros(as) you (pl. fam.)
la **voz** voice, **8**
el **vuelo** flight
    el asistente (la asistenta)

  de vuelo flight attendant
  el número del vuelo
    flight number
la **vuelta** turn; rotation
  dar vuelta to turn around
  de vuelta on returning;
    back, **3**
  vuestro(a) your (pl. fam.)

Y

  y and
  ya already
    ya no no longer
el **yate** yacht
la **yema** egg yolk, **7**
el **yen** yen
el **yeso** cast; plaster
  yo I

Z

  zambullir to dive
la **zanahoria** carrot
la **zanja** ditch, trench
el **zanjón** large ditch
la **zapatilla de deporte** sports
    shoe
el **zapato** shoe
la **zarza** bramble
el **zíper** zipper
la **zona** district, zone
  la zona postal zip code
la **zoología** zoology
el **zoológico** zoo
el **zumbido** buzzing, ringing
el **zumo de naranja** orange juice
    (Spain)

Vocabulario inglés–español

The *Vocabulario inglés-español* contains all productive vocabulary from the **Glencoe Spanish** series, Levels 1, 2, and 3. Boldface numbers indicate vocabulary introduced in Level 3. Many of the meanings given in this glossary are taken directly from the context in which they appear in the text.

The following abbreviations are used in this glossary.

adj.	adjective
adv.	adverb
conj.	conjunction
dem. adj.	demonstrative adjective
dem. pron.	demonstrative pronoun
dir. obj.	direct object
f.	feminine
fam.	familiar
form.	formal
ind. obj.	indirect object
inf.	infinitive
inform.	informal
interr.	interrogative
interr. adj.	interrogative adjective
interr. pron.	interrogative pronoun
inv.	invariable
irreg.	irregular
m.	masculine
n.	noun
past. part.	past participle
pl.	plural
poss. adj.	possessive adjective
prep.	preposition
pron.	pronoun
sing.	singular
subj.	subject
subjunc.	subjunctive

A

a, an un(a)
abdomen el abdomen, **3**
aboriginal autóctono(a), **8**
about a eso de
above sobre; arriba
to **accelerate** acelerar
accident el accidente
accompanied acompañado(a), **1**
account la cuenta
accountant el/la contable
to **ache** doler (ue)
　My ____ hurts, aches. Me duele ____.
to **achieve** lograr, **8**
to **acknowledge** reconocer, **8**
act el acto, **3**
active activo(a)
actor el actor
actress la actriz
to **add** agregar (gue)
to **add sugar** azucarar, **2**
address la dirección
admission ticket la entrada
admitting office (hospital) la oficina de recepción
to **adore** adorar; idolatrar, **3**
adult el adulto, **2**
adversity la hiel, **4**
to **advise** aconsejar
aerobic aeróbico(a)
aerogram el aerograma
affection el afecto, **6**
affectionately cariñosamente, **2**
Afro hairstyle el peinado afro
after después de; después de que
afternoon la tarde
　Good afternoon. Buenas tardes.
　this afternoon esta tarde
to **age** envejecer, **2**
agent el/la agente
to **agree** convenir
agreeable placentero(a), **1**; grato(a), **8**
agreement el acuerdo, **7**
agriculture la agricultura
air el aire; aéreo(a)
　air conditioning el aire acondicionado
　air mail por correo aéreo

airline la línea aérea
airplane el avión
　by (air)plane en avión
airport el aeropuerto
aisle el pasillo
algebra el álgebra
allergy la alergia
allowance la ración, **7**
alphabet el alfabeto, **8**
already ya
also también
altar el altar
although aunque
altitude la altura, la altitud
always siempre
ambulance la ambulancia
American americano(a)
ancestor el antepasado, **8**
ancestry la ascendencia, **1, 8**
anchor el ancla (f.), **1**
and y
anesthetist el/la anestesista
to **anger** enojar, enfadar
ankle el tobillo
to **announce** anunciar
announcement el anuncio
to **annoy** enojar, enfadar, fastidiar, **3**
to **answer** contestar
answering machine el contestador automático
antiquity la antigüedad, **8**
apartment el apartamento; el piso, **2**
apex el auge, **8**
apparatus el aparato, **7**
appearance la aparición, **4**
to **applaud** aplaudir
apple la manzana
appliance el aparato, **7**
application la solicitud
　job application la solicitud de empleo
to **apply for (work)** solicitar (trabajo)
apprentice el/la aprendiz(a), **2**
to **approach** acercarse (qu)
to **approve** aprobar, **5**
April abril (m.)
aquiline nose la nariz aguileña, **7**
Arab el/la moro(a), **5**
architecture la arquitectura

area code la clave de área, el código de área, el prefijo telefónico
Argentinian argentino(a)
arithmetic la aritmética
arm el brazo
armament el arma (f.), **2**
around alrededor de; a eso de (time)
arrival la llegada
　arrival and departure board el tablero de llegadas y salidas
to **arrive** llegar
art el arte
arterial arterial
artisan el/la artesano(a)
　artisan's shop el taller
artist el/la artista
as soon as en cuanto; tan pronto como
to **ask** rogar (ue), **3**
to **assist** asistir
to **assure** asegurar, **2**
at a
at once en seguida
at the (m. sing.) al
to **attend** asistir; acudir a, **1, 2, 3**
attendant el/la empleado(a)
attendee el/la concurrente, **4**
attractive atractivo(a)
audience el público
auditor el/la revisor(a)
August agosto (m.)
aunt la tía
　aunt(s) and uncle(s) los tíos
author el/la autor(a)
to **authorize** autorizar, **6**
automatic automático(a)
autumn el otoño
to **avenge** vengar, **6**
avenue la avenida
avocado el aguacate
Aymará language el aymará, **8**
Aymará Indians los aymarás, **2, 8**

B

baby el/la bebé, **2**
baby blanket la cobijita, **4**

bachelor's degree el bachillerato

back (n.) la espalda, (adv.) de vuelta, **3**; atrás, **8**

backboard (basketball) el tablero

backpack la mochila

backward atrás, **8**

bad malo(a)

bad-mannered malcriado(a)

bad-mannered person el/la malcriado(a), **2**

bag la bolsa

plastic bag la bolsa de plástico

baggage el equipaje

baggage claim el reclamo de equipaje

hand baggage el equipaje de mano

bakery la panadería

balance (bank) el saldo

balcony el balcón

first balcony el primer balcón, **3**

ball el balón; la pelota; la bola

ballpoint pen el bolígrafo

banana el plátano, la banana

band la banda, **3**

bandage el vendaje

band-aid la venda

bangs el flequillo

bank el banco

bank clerk el/la empleado(a) del banco

bank statement el estado de banco (de cuenta)

bank (of a river) la orilla

banns (marriage) las amonestaciones, **4**

banquet el banquete; el festejo, **4**

baptism el bautizo, **5**

to **baptize** bautizar

bar (of soap) la barra; la pastilla

barber el/la barbero(a)

bark(ing) (of dog) el ladrido, **7**

to **bark** ladrar, **7**

barrel el barril, **6**

base la base, el platillo

baseball el béisbol

basket el cesto, el canasto; la canasta

basketball el baloncesto, el básquetbol

bat el bate

bathing suit el traje de baño, el bañador

bathroom el cuarto de baño; el baño

bathtub la bañera

batter (baseball) el/la bateador(a)

battery la batería

bazaar el bazar, **1**

to **be** ser (irreg.); estar (irreg.)

to be a pity ser una lástima

to be able poder (irreg.)

to be accustomed to soler (ue), **8**

to be afraid temer, tener miedo

to be born nacer (zc)

to be called llamarse

to be embarrassed dar vergüenza, **6**

to be glad about alegrarse de

to be hungry tener hambre

to be ignorant of ignorar, **8**

to be in good health estar en (de) buena salud, gozar de buena salud, **7**

to be named llamarse

to be prepared estar dispuesto, **6**

to be quiet callar(se), **3**

to be ready estar dispuesto, **6**

to be right tener razón, **2**

to be satisfied estar a gusto, **2**

to be similar asemejarse, **6**

to be surprised sorprenderse, **2**

to be thirsty tener sed

to be tied (sports) quedar empatado(a)

to be unsuccessful fracasar, **5**

to be... years old tener... años

beach la playa

beach la playa; playero(a) (adj.)

beach resort el balneario

beach towel la toalla playera

bean la habichuela, el frijol

to **beat** batir, **2**

beautiful precioso(a)

to **become** llegar a ser, ponerse, **2**

to **become a member (of)** ingresar, **2**

bed (of a stream) el arroyo, **8**

bed la cama

bedroom el cuarto de dormir, el dormitorio

bee la abeja, **4**

beef la carne de res

before antes de que

to **beg** rogar (ue)

beggar el/la mendigo(a), **6**

to **begin** empezar (ie) (c), comenzar (ie) (c)

beginner el/la principiante; el/la aprendiz(a), **2**; el/la novato(a), **3**

to **behave** comportarse

behavior el comportamiento

behind atrás; detrás de

to **belch** eructar, **2**

to **believe** creer (y)

bell la campana, **1**

bell tower el campanario, **1**

bellhop el botones, el mozo

to **belong to** pertenecer a, **4, 6**

below bajo; abajo, **1**

below zero bajo cero

belt el cinturón

seat belt el cinturón de seguridad

bench el banco

beret la boina, **3**

berth la litera

best man el padrino

better mejor

bewildered aturdido(a), **6**

bicycle la bicicleta

big gran, grande

bill la cuenta; la nota; **(money)** el billete

biologist el/la biólogo(a)

biology la biología
bird el pájaro, **1**
birth el nacimiento; el parto, **4**
birthday el cumpleaños
  Happy birthday! ¡Feliz cumpleaños!
biscuit la galleta, **8**
bitterness la hiel, **4**
black negro(a)
  black bean la habichuela negra, el frijol negro
blade la cuchilla, la hoja
bleach el blanqueador
to bless bendecir, **4**
blind person el/la ciego(a), **7**
to block bloquear parar
  block (city) la manzana, la cuadra
blond(e) rubio(a)
blood la sangre, **7, 8**
  blood pressure la tensión arterial, la presión arterial
blouse la blusa
blow el golpe, **5**; el puñetazo, **6**
to blow soplar, **1**
blue azul
  blue jeans los blue jeans
board el tablero; la tabla, **3**
  arrival and departure board el tablero de llegadas y salidas
to board abordar, subir a
boarding house la pensión
boarding pass la tarjeta de embarque, el pase de abordar
boastful fanfarrón(a)
boat el barco; el buque, **1**
  small boat el barquito
bobby pin la horquilla
to boil hervir (ie)
bomb explosion el bombazo, **8**
bond el parentesco, **6**
bone el hueso
  to set the bone reducir la fractura
book el libro
bookbag la mochila
boot la bota
to bore aburrir
boring aburrido(a)
boss el/la amo(a), **8**

to bother molestar
bottle la botella
box office la taquilla, **3**
boy el muchacho; el niño, **2**
boyfriend el novio, **4**
bracelet la pulsera, **1**
braid la trenza
brake el freno
to brake frenar
branch (of candelabra) el brazo
bread el pan
to break romperse
breakfast el desayuno
  to eat breakfast desayunarse
breathing el aliento, **6**
bridal bouquet el ramo de novia, **4**
bridal gown el traje de novia, **4**
bridesmaid la dama de honor
to bring traer (irreg.); aportar, **6**
British británico(a), **8**
to broil asar
broker el cambista
brooch el prendedor, **1**
brother el hermano
brown castaño(a), marrón
  brown-colored de color marrón
brush el cepillo
to brush one's hair cepillarse
budget el presupuesto, **6**
to build edificar, **1**
building el edificio
bull el toro, **3**
bullfighter el torero, **6**
bullfighting el toreo, **6**; taurino(a) (adj.), **6**
bull ring la plaza de toros, **3**
bumper el parachoques
bun (hair) el moño
burial el entierro, **4**
burner (stove) el/la hornillo(a)
burning ardiente (adj.), **1**
to burp eructar, **2**
to bury enterrar (ie)
bus el autobús, el bus

to miss the bus perder el autobus
busy ocupado(a)
  busy signal el tono de ocupado
  It is busy. Suena ocupado.
  The line is busy. La línea está ocupada.
butcher shop la carnicería
butter la mantequilla
button el botón
to buy comprar
by (plane, car, etc.) en

C

cafeteria la cafetería, **7**
cake la torta
calculator el/la calculador(a)
call la llamada
to call by telephone llamar por teléfono
  Who is calling? ¿De parte de quién?
caller el/la interlocutor(a)
calm plácido(a), **1**; tranquilo(a), **3**
calorie la caloría
camel el camello
camp el campamento
to camp acampar
camping el camping
  to go camping ir de camping
can la lata, el bote
candelabra el candelabro
candidate el/la candidato(a), el/la aspirante
candle la vela; la candela, **8**
canteen la cantimplora
canyon el cañón, **1**
cap (of bottle) la tapa, **7**
cap el gorro
to capsize voltear, **3**
captain el/la comandante
captive el/la cautivo(a), **5**
car el coche, el carro; (train) el vagón; el coche
  sports car el coche deportivo
caravel la carabela, **5**
carbohydrate el carbohidrato
card la tarjeta
  credit card la tarjeta de crédito

cardiac cardíaco (adj.), **7**
care el cargo, **6**
career la profesión
careful: Be careful!
  ¡Cuidado!
carefully con cuidado
to **caress** acariciar, **4**
caricature la caricatura, **1**
carmine el carmín, **2**
carpenter el/la carpintero(a)
carrot la zanahoria
to **carry** llevar
  carry-on luggage el
    equipaje de mano
  to carry out llevar a cabo,
    4
cart el carrito
cash el dinero en efectivo
  cash register la caja
to **cash** cobrar
cashier el/la cajero(a)
  cashier's desk la caja
cast el yeso
caste la casta, **6**
castle el alcázar, **5**
cat el gato
to **catch** atrapar
catcher el/la cátcher, el/la
    receptor(a)
categorically
    terminantemente, **6**
cauliflower la coliflor
to **cause** suscitar, **4**; ocasionar, **5**
to **celebrate** celebrar
  celebration of lights la fiesta
    de las luces
celery el apio
cellular celular
cemetery el cementerio, el
    camposanto
centigrade el centígrado
ceremony la ceremonia
certified mail por correo
    certificado, por correo
    recomendado
chair la silla
  chair lift el telesilla
  folding chair la silla
    plegable
  large chair el sillón, **7**
chalk la tiza
chalkboard la pizarra; el
    pizarrón
to **change** cambiar
  channel el canal

chaperone la dueña
character el genio, **8**
to **charge** cobrar, **6**
charge el gasto
charming encantador(a), **2**
to **chase** perseguir, **8**
cheap barato(a)
check el cheque
  to check (luggage) facturar
checkbook el talonario, la
    chequera
checking account la cuenta
    corriente
checkstand la caja
cheek la mejilla
cheese el queso
chemistry la química
cherry la cereza
chest el pecho
chicken el pollo
chignon el moño
children los hijos
chills los escalofríos
chin el mentón, **6**
to **choose** elegir, **6**
chop la chuleta
Christmas la Navidad
  Christmas Eve la víspera de
    Navidad, la Nochebuena
  Christmas present el
    regalo de Navidad, el
    aguinaldo
  Christmas tree el árbol de
    Navidad
  Merry Christmas! ¡Feliz
    Navidad!
church la iglesia
cigar el puro, **4**
city la ciudad
  city hall la alcaldía, el
    ayuntamiento
  city hall employee el/la
    funcionario(a)
civilian civil (adj.), **2**
to **claim** reclamar
clam la almeja
clamp la pinza, **7**
to **clap** palmear, **7**
class la clase; **(of society)** la
    casta, **6**
classic clásico(a)
classroom la sala de clase; el
    salón de clase; el aula (f.), **7**
to **clean** limpiar
clerk el/la dependiente(a)

client el/la cliente
clinic la clínica
clock el reloj, **5**
close entrañable; íntimo(a);
    allegado(a), **4**
closet el armario
cloth el lienzo; el tejido, **2**
clothes la ropa
  clothes dryer la secadora
  clothes hanger la percha,
    el colgador, el gancho
clothing store la tienda de
    ropa
cloud la nube
cloudless despejado(a), **1**
cloudy nublado(a)
  It's cloudy. Está nublado.
club (golf) el palo, el bastón
coach el/la entrenador(a), **2**
cockpit la cabina de vuelo
    (mando)
cocktail el cóctel
coconut el coco
code el prefijo
  country code el prefijo del
    país
coffee el café
  coffee-colored de color
    café
coffin el ataúd, **2**
coin la moneda
cold (medical) el catarro, la
    gripe; **(weather)** el frío
  It's cold. Hace frío.
Colombian colombiano(a)
color el color
colt el potro, **8**
comb el peine
to **comb one's hair** peinarse
to **come** venir (irreg.)
  to come on stage entrar
    en escena
to **communicate** participar, **4**;
    comunicar, **8**
communiqué, el
    comunicado, **4**
compartment el
    compartimiento
complicated complicado(a)
compound la mezcla, **8**
computer la computadora, el
    ordenador
  computer science la
    informática
concert el concierto

concertina el bandoneón, 3
conclusively
   terminantemente, 6
conductor el/la director(a).
   (train) el/la revisor(a)
to **confide** confiar
confused perplejo(a), 6
Congratulations! (n.).
   ¡Enhorabuena!
   ¡Felicitaciones!
to **consist of** constar de, 4
container el envase
to **continue** seguir (i, i)
contrary: on the contrary
   por el contrario, 2
to **contribute** aportar, 6
control el cargo, 6
   control tower la torre de
      control
controller el/la controlador(a)
conversation la conversación
convertible el descapotable
cook el/la cocinero(a)
to **cook** cocinar
cookie el bizcocho
copilot el/la copiloto(a)
cord el cordón, la soga, 7
cordless inalámbrico(a)
corn el maíz
   corn harvest la cosecha del
      maíz, 8
corner la esquina
corpse el cadáver, 2
to **correspond** corresponder
correspondence la
   correspondencia
corridor el pasillo
to **cost** costar (ue)
costumed group la
   comparsa, 3
cough la tos
   to have a cough tener tos
counselor el/la consejero(a)
   de orientación, el/la
   orientador(a)
counter el mostrador
country el campo
coupe el cupé
couple la pareja, 4
courage el valor, 2
course el curso
court la corte, el tribunal;
   (sports) la cancha
   tennis court la cancha de
      tenis

courteous cortés
courtesy la cortesía
cousin el/la primo(a)
cover la tapa
to **cover** tapar
covered cubierto(a)
coward el/la cobarde, 6
cozy corner el rincón, 1
cracker la galleta, 8
cream la crema
   cream-colored de color
      crema
credit card la tarjeta de
   crédito
crew la tripulación
crime el crimen, 5
   crime victim la víctima
      del crimen, 5
cross la cruz, 2, 6
to **cross** cruzar (c); atravesar, 2, 6
crosswalk el paso de
   peatones
crown la corona, 5, 8
crutch la muleta
cucumber el pepino
culpable culpable, 8
to **cultivate** labrar, 5, 8
cup la taza
curl el rizo, el bucle
to **curl** rizar
curling el rizado
   curling iron el rizador
curly rizado(a), crespo(a)
curriculum vitae el historial
   profesional, el currículo
   profesional
curtain el telón
   sheer window curtain el
      visillo, 7
custom la costumbre
customer el/la cliente
customs la aduana
to **cut** cortar
cycling el ciclismo, 7

D

dad el papá
daily cotidiano(a), diario(a)
   (adj.), 7
damaged dañado(a), 7
dance la danza, 3
to **dance** bailar
dancer el danzarín (la
   danzarina) 3
danger el riesgo, 5

dark moreno(a)
date (calendar) la fecha;
   (appointment) la cita
daughter la hija
   daughter of the King of
      Spain la Infanta, 4
to **dawn** amanecer, 7
dawn la madrugada, 4, 5
day el día
   day before yesterday
      anteayer
dazed aturdido(a), 6
dead person el/la muerto(a),
   el/la difunto(a); el/la
   extinto(a), 4
deafness la sordera, 7
to **deal (cards)** tallar, 6
dealer el/la traficante, 8
death la muerte, 5
to **deceive** engañar, 8
December diciembre (m.)
deck (of cards) la baraja, 6
decline el ocaso, 4
decrepit old house el
   caserío, 6
to **dedicate (oneself)**
   dedicar(se)
to **deduct** deducir, 1
deed la hazaña, 6
degree el grado
delay el retraso, la demora
delicacy la golosina, 1
delicious delicioso(a)
to **delight** encantar
to **deliver** repartir, entregar
   delivery la entrega, el reparto
to **demand** exigir
dental floss la seda dental, 7
dentist el/la dentista, 7
deodorant el desodorante
to **depart** irse, partir, 1
   department store la tienda
      por departamentos
   departure la salida; la
      marcha, 4
   arrival and departure
      board el tablero de
      llegadas y salidas
   departure gate la puerta
      de salida
deposit el depósito, el
   ingreso
to **deposit** depositar, ingresar
desire la voluntad, 8
dessert el postre

destination el destino

destiny el hado, **1**

to **destroy** destruir, **2**, **5**; destrozar, **7**

detergent el detergente

to **develop** desarrollar, **8**

diagnosis la diagnosis

dial (of telephone) el disco

    dial tone la señal, el tono

to **dial** discar; marcar

to **dice** picar

to **die** morir (ue, u); fallecer, **5**

diet la dieta

difficult difícil; rudo(a), **4**

to **diminish** reducir, **5**

dining car el coche-comedor

dining room el comedor

dinner la cena

direction la dirección; el sentido

dirty sucio(a)

discernment el discernimiento, **2**

discharge el disparo, **3**

discourteous descortés

discreet comedido(a), **4**

to **disembark** desembarcar

dish la vajilla, **7**

dishonor la deshonra, **6**

distance el trayecto, **1**, **6**

distant lejano(a), **1**

to **distribute** distribuir

to **do** hacer (irreg.)

    to do again volver (ue) a

doctor el/la médico(a); el/la galeno(a), **7**

    doctor's office la consulta del médico, el consultorio del médico

dog el perro

door la puerta

    door threshold el quicio de la puerta, **4**

dose la dosis

double doble

to **doubt** dudar

    There's no doubt. No hay duda.

dowry las arras

to **drag** arrastrar, **2**

to **draw** dibujar, **1**

    drawer la gaveta, **7**

    drawing el dibujo, **1**

to **dream** soñar (ue), **6**

    dress el vestido

dressing room el camerino, **3**

to **dribble** driblar con

drill el taladro; **(dentist's drill)** la fresa, **7**

drink la bebida

to **drink** tomar; beber

to **drive** conducir (zc); manejar

driver el/la conductor(a); el chófer, **5**

    driver's license la licencia, el permiso de conducir

to **drive out** expulsar, **8**

drop la gota, **2**, **6**

drug la droga

to **dry clean** limpiar en seco

dry cleaners la tintorería

dry cleaning la limpieza en seco

duck el pato, **6**

during durante

dust el polvo, **4**

dwelling la vivienda, **8**

E

each cada

    each other el uno del otro

ear el oído, **1**, **7**; la oreja, **7**

early temprano

earphones los audífonos

earring el arete, **1**

earth la tierra, **8**

east el este; el oriente, **8**

easy fácil

to **eat** comer

    to eat breakfast desayunarse

economics la economía

edge el borde, **1**, **7**

education la pedagogía

effort el esfuerzo, **8**

egg el huevo

    egg white la clara, **7**

    egg yolk la yema, **7**

eight ocho

eighth octavo(a)

eighty ochenta

elastic elástico(a)

elbow el codo

electric hair clipper la maquinilla

electrician el/la electricista

elegant apuesto(a), **7**

elevator el ascensor

to **embrace** abrazar (c)

embroidered bordado(a), **1**

emergency la emergencia

    emergency exit la salida de emergencia

    emergency room la sala de urgencias, la sala de emergencia

to **emphasize** enfatizar, **8**

employee el/la empleado(a)

end el ocaso, **4**

endeavor el esfuerzo, **8**

to **endorse** endosar

energy la energía

    nuclear energy la energía nuclear

engagement el compromiso

    engagement ring la sortija de compromiso

engine el motor

engineer el/la ingeniero(a), **2**

English el inglés; inglés (inglesa) (adj.)

engravings las estampas, **1**

to **enjoy** disfrutar (de), **1**, **3**

    to enjoy oneself divertirse (ie, i)

enough bastante; suficiente

to **enroll** inscribir, **7**

to **enter** entrar; ingresar, **2**

entertainment el festejo, **4**

enthusiasm la afición, **6**

entrance la entrada

    entrance to subway la boca del metro, **2**

envelope el sobre

to **envy** envidiar, **6**

epoch la etapa, **2**

eraser la goma

to **escape** librarse, **4**

escort el acompañamiento, **4**

essential imprescindible, **5**

ethnic étnico(a), **8**

Europe la Europa

eve: Christmas Eve la víspera de Navidad, la Nochebuena

evening la noche

    Good evening. Buenas noches.

event el acontecimiento, **3**

everyone todos

examination el examen

to **examine** examinar; revisar, **2**

to **exceed** sobrepasar, **5**

exchange el cambio

exchange office la oficina de cambio

exchange rate el tipo de cambio, la tasa de cambio

What is the exchange rate? ¿Cuál es el tipo de cambio?

to **exchange** cambiar; intercambiar

to **exercise** ejercitar, 3

exercise el ejercicio

  aerobic exercise el ejercicio aeróbico

  physical exercise el ejercicio físico

exhibition la exposición

exit la salida

  exit door la puerta de salida

to **expel** expulsar, 8

expensive caro(a)

expert experto(a)

to **extract** extraer, 4

exuberance la lozanía, 4

eyeglasses los anteojos, 2

F

fabric el tejido, 2

face la cara; la faz, 4

factory la fábrica

to **fail** fracasar, 5

to **fall** caerse (irreg.)

  to fall asleep dormirse (ue, u)

  to fall in love enamorarse

family la familia

fantastic fantástico(a)

to **farm (the land)** labrar (la tierra)

farm worker el/la labrador(a)

farming el cultivo, 8

fast el ayuno, 3

fast rápido

to **fasten** abrocharse

fate el hado, 1

father el padre

fear el temor, 6

February febrero

to **feel** sentir (ie, i)

  to feel ashamed avergonzarse, 6

fence la cerca, 4; la valla, 4, 7

fever la fiebre

fiancé(e) el/la novio(a), el/la comprometido(a)

fiber la fibra

field el campo; la milpa, 8

  soccer field el campo de fútbol

fifteenth: young woman's fifteenth birthday la quinceañera

fifth quinto(a)

fifty cincuenta

figure skating el patinaje artístico

to **file a suit against** demandar, 5

to **fill (out)** llenar

film la película, el film(e)

fine bien

finger el dedo

to **finish** acabar, 3

fire el fuego; el incendio, 5

first primer, primero(a)

  first-aid kit el botiquín

  first-aid service el servicio de primeros auxilios, el servicio de primer socorro

  first-aid worker el/la socorrista

firstborn el/la primogénito(a), 4

fish (when caught) el pescado

  fish market la pescadería

fishing pesquero(a) (adj.); de pesca, 7

to **fit** sentar (ie) bien a

  It fits me. Me sienta bien.

five cinco

five pesetas duro, 1

five hundred quinientos

flag la bandera, 5

flake el copo, 1

flame la llama, 5

flashlight la linterna

fleet of small vessels la flotilla, 5

flight el vuelo

  flight attendant el asistente/la asistenta de vuelo; el/la sobrecargo

  flight number el número del vuelo

floor el piso

to **flow** fluir, 6

flower la flor

flu la gripe

to **fluctuate** fluctuar

to **fly over** sobrevolar (ue)

flying bird el pajarillo volador, 2

fog la neblina, 1

folding plegable

  folding chair la silla plegable

to **follow** seguir (i, i)

fondness el afecto, 6

font (baptismal) la pila, 4

food el comestible; el alimento, 7

foolishness la tontería, 6

foot el pie

  on foot a pie

football el fútbol americano

forbidden prohibido(a)

forced forzado(a), 8

forehead la frente

foreign ajeno(a), 2

forest el bosque

to **foretell** pronosticar, 1; adivinar, 6

fork el tenedor

form el formulario

to **form** integrar, 2

fortune el dineral, 2

forty cuarenta

four cuatro

fourth cuarto(a)

fracture la fractura

frame el marco, 4

free libre, suelto(a), 2

freezer el congelador

French francés (francesa)

French fries las papas fritas

frequently con frecuencia

Friday viernes (m.)

friend el/la amigo(a)

to **frighten** asustar, 6

from de

  from the (m. sing.) del

front: in front of enfrente; delante de

frozen congelado(a); helado(a), 1

fruit la fruta

  fruit garden el huerto, 1

frustrated fallido(a), 4

to **fry** freír (i, i)

  frying pan el/la sartén

  full-time a tiempo completo

fun divertido(a)
furtively a hurtadillas, **6**

G

game el partido; el juego
   tennis game el juego de
     tenis
gang la barra, **3**
garage el garaje
garden el jardín; la huerta, **5**
   botanical garden el jardín
     botánico, **2**
garlic el ajo
gas la gasolina
   gas pump la bomba de
     bencina, **2**
   gas station la gasolinera
gate la puerta
   departure gate la puerta
     de salida
to **gather** recoger, **6**
general: in general por lo
   general
general on horseback el
   general a caballo, **1**
geography la geografía
geometry la geometría
to **get** sacar (qu)
   to get dressed vestirse (i, i)
   to get engaged
     comprometerse
   to get good (bad) grades
     sacar notas buenas
     (malas)
   to get hurt lastimarse
   to get married casarse
   to get off the train
     bajar(se) del tren
   to get on subir a
   to get on the train subir al
     tren
   to get rich enriquecerse, **8**
   to get together reunirse
   to get up levantarse
   to get used to
     acostumbrarse, **2**
gift el regalo
girl la muchacha; la niña
girlfriend la novia, **4**
to **give birth** dar a luz, parir, **4**
glass (drinking) el vaso
glasses (eye) las gafas; los
   anteojos, **2**
globe el globo, **5**
glove el guante

to **go** ir (irreg.); marcharse, **3, 6**
   to go back volver (ue), **1**
   to go camping ir de
     camping
   to go down bajar;
     descender, **1**
   to go far away alejarse, **3**
   to go for a swim bañarse
   to go home ir a casa
   to go out salir (irreg.)
   to go to acudir a, **1, 2, 3, 4;**
     ir a
   to go to bed acostarse (ue)
   to go up subir
   to go with hacer juego con
goal el gol, la portería; la
   meta, **6, 8**
goalkeeper el/la portero(a)
godfather el padrino
godmother la madrina
gold el oro, **8**
golf el golf
   golf bag la bolsa de golf
   golf club el palo, el bastón
   golf course el campo de
     golf
   golf game el juego de golf
good bueno(a)
   Good afternoon. Buenas
     tardes.
   Good evening. Good night.
     Buenas noches.
   Good morning. Buenos
     días.
good-bye adiós, chao
goodness la bondad, **6**
grade la nota, la calificación
grandchild el/la nieto(a)
grandfather el abuelo
grandmother la abuela
grandparents los abuelos
grape la uva
grapefruit la toronja
grass el césped, **7**
to **grate** rallar
   great-grandchild el/la
     bisnieto(a), **4**
   great-grandparent el/la
     bisabuelo(a), **8**
green verde; el green (golf)
greengrocer's shop la
   verdulería
to **greet** saludar
grey gris
grill la parrilla

grocery store la tienda de
   abarrotes
ground el suelo
   ground floor la planta
     baja
   ground meat la carne
     molida, **7**
group of friends la barra, **3**
Guatemalan Mayan
   language el maya-quiché,
   8
to **guess** adivinar, **6**
guest el/la huésped; el/la
   invitado(a)
guide el/la guía, **6**
guilty culpable, **8**
guitar la guitarra
gum (of mouth) la encía, **7**

H

hail el granizo, **1**
hair el pelo; el cabello
   hair clip la pinza para el
     cabello
   hair dryer el secador
   hair roller el rulo
   hair salon la peluquería
   hair spray la laca
   hair stylist el/la
     peluquero(a)
haircut el corte de pelo
half (soccer game) el tiempo
ham el jamón
hammock la hamaca
hand la mano
   hand organ el organillo, **3**
handle el mango
handsome apuesto(a), **7**
to **hang up** colgar (ue)
to **happen** ocurrir, **1**
Hanukkah Hanuka
happiness la felicidad
happy contento(a); alegre;
   feliz
   Happy birthday! ¡Feliz
     cumpleaños!
   Happy New Year!
     ¡Próspero año nuevo!
hard rudo(a), **4; (labor)**
   forzado(a), **8**
to **harvest** cosechar, **2, 4**
to **hasten** apresurarse, **7**
hat el sombrero
hate, hatred el odio, **6**

to **have** tener (irreg.)
    to have just (done something) acabar de
    to have one's birthday cumplir años
    to have to tener que
he él
head la cabeza
headache el dolor de cabeza
headlight el faro
health la salud
to **hear** oír (y)
    hearing el oído, **1, 7;** la audición, **7**
heart cardíaco(a) (adj.), **7**
    heart attack el infarto, **5**
heat el calor
heavyweight el/la pesado(a), **3**
Hebrew hebreo(a)
heel (shoe) el tacón
heir el/la heredero(a), **4**
helicopter el helicóptero
hello hola, Buenos días
help el apoyo, **5**
hen la gallina, **6**
heroic feat la hazaña, **6**
hide (of animal) el pellejo, **7**
high alto(a)
    high plateau el altiplano
    high school el colegio, la escuela secundaria
highway la carretera, la autopista, la calzada, **1**
hike la caminata
    to take a hike dar una caminata
hill la colina; la loma(da), el cerro, **1**
history la historia
hit el golpe, **5;** (baseball) el hit
to **hit** golpear; (baseball) batear
to **hold together** empanizar, **2**
hole el hoyo
home la casa; el hogar, **8**
    at home en casa
    home economics la economía doméstica
    home plate el platillo
    home run el jonrón
honest honesto(a)
honey la miel, **2, 4**
honeymoon la luna de miel
    honeymoon trip el viaje de novios

hood el capó
hoodlum el/la maleante, **5**
hoop el aro
hop el brinco, **3**
hope: I hope (that) Ojalá (que)
hopeful ilusionado(a), **2**
horn la bocina, el claxon
hospital el hospital
hot: It's hot. Hace calor.
hotel el hotel
    hotel ballroom el salón del hotel
house la casa
housewife el ama (f.) de casa, **2**
How? ¿Qué?; ¿Cómo?
    How are you? ¿Qué tal?
    How much? ¿Cuánto(a)?
    How much do I owe you? ¿Cuánto le debo?
    How much does it cost? ¿Cuánto cuesta?; ¿A cuánto está(n)?; ¿Cuánto es?
    How much is it? ¿Cuánto es?
hug el abrazo
to **hug** abrazar (c)
human humano(a)
    human resources department el departamento (el servicio) de recursos humanos
humble humilde, **8**
hunger el hambre (f.)
    to be hungry tener hambre
    to go hungry pasar hambre
hurricane el huracán, **1**
to **hurry** apresurarse, **7**
hurry la prisa, **1**
to **hurt** doler (ue); lastimar, **3;** herir, **8**
    My____(part of body) hurts, aches. Me duele ____.
to **hurt oneself** hacerse daño
husband el marido, el esposo

I

I yo
ice el hielo
    ice cream el helado
    ice skating el patinaje sobre hielo

identification card el carné, **6**
idler el holgazán (la holgazana), **3**
ill treatment el maltrato, **8**
immediately en seguida
impediment el impedimento, **4**
important importante
impossible imposible
improbable improbable
impulse el impulso, **8**
in en
to **increase** aumentar, **7**
Indian el/la indio(a), **8**
to **indicate** señalar, **8**
individual el individual, **7**
inflexible inflexible, **6**
to **influence** influir, **8**
to **inform** participar, **4;** comunicar, **8**
to **inherit** heredar, **6**
inning la entrada
to **insert** introducir (zc)
inside dentro de
to **insist** insistir
to **inspect** revisar; inspeccionar
inspection el control
    passport inspection el control de pasaportes
    security inspection el control de seguridad
instructions las instrucciones
to **insure** asegurar, **2**
intelligent inteligente
intensive intensivo(a)
    intensive care unit la unidad de cuidado intensivo
to **interest** interesar
interesting interesante
intersection el cruce; la bocacalle
intimate íntimo(a); entrañable, **4**
invitation la invitación
to **invite** invitar (a)
iron la plancha
to **iron** planchar
to **irritate** dar la lata, **2**
is es; está
Italian italiano(a) (adj.); el italiano (language)

J

jack el gato
jacket la chaqueta, el saco, el blusón

jail el calabozo, **8**
January enero (m.)
jar el frasco
jazz de jazz (adj.)
jet el avión reactor, el jet
Jewish person el/la judío(a)
job el trabajo, el empleo; la faena, **2**; el oficio, **3**; la tarea, **8**
   job application la solicitud de empleo
judge el/la juez
July julio (m.)
jump el salto, **3**
to **jump** saltar, **7**
June junio (m.)
jungle la selva, **1**
junk food la comida chatarra, **2**

K
keen agudo(a), **7**
key la llave
keyboard la tecla, **1**; el teclado
to **kill** matar, **6**
kilogram el kilo(gramo)
kind amable
kindness la bondad, **6**
king el rey, **5, 8**
kiss el beso
kitchen la cocina
knapsack la mochila
knee la rodilla
knife el cuchillo
to **knot** anudar, **7**
knot el nudo, **1, 4**
to **know (a person)** conocer (zc)
to **know how** saber (irreg.)
knowledge el conocimiento, **8**

L
labor la labor, **2**
laboratory el laboratorio; el gabinete, **7**
lagoon la laguna, **5**
lake el lago
lamb el cordero
land el suelo, **1**; la tierra
to **land** aterrizar (c)
landing el aterrizaje
landscape el paisaje, **1**

lane (of highway) el carril
language la lengua
   native language la lengua materna
last: last night anoche
   last week la semana pasada
   last year el año pasado
to **last** durar
late tarde; con retraso, con una demora
Latin el latín
laundromat la lavandería
laundry el lavado
lavatory el aseo, el lavabo
lawyer el/la abogado(a)
leaded con plomo
to **leaf through** hojear, **2**
leap el salto, **3**
to **learn** aprender
to **leave** salir; abandonar; irse, partir, **1**; marcharse, **3, 6**
   to leave (something behind) dejar
left la izquierda
   to the left a la izquierda
leg la pierna
lemon el limón
lemonade la limonada
lentil la lenteja, **7**
lesson la lección
letter la carta
   letter (of the alphabet) la letra, **8**
lettuce la lechuga
level el nivel
   sea level el nivel del mar
library la biblioteca
lie la mentira, **5**
life la vida, **5**
   life vest el chaleco salvavidas
to **lift** alzar, **1**; levantar, **7**
light ligero(a), leve, **1**
light la luz
to **light** encender (ie)
lightweight el/la ligero(a), **3**
to **like** gustar
liking la afición, **6**
lime la lima
line la línea; la cola (of people)
   The line is busy. La línea está ocupada.
to **line up** hacer cola
lip el labio

liquid líquido(a)
to **listen** escuchar
   to listen with a stethoscope auscultar
little poco(a)
to **live** vivir
   living room la sala
llama la llama, **2**
loafer el holgazán (la holgazana), **3**
lobster la langosta
located ubicado(a), **1**
lock (of hair) la mecha
to **lock up** internar, **2**
locker el casillero, **7**
long largo(a)
to **long for** apetecer, **1**
look la mirada, **8**
to **look at** mirar
   to look at oneself mirarse
to **look for** buscar (qu)
   loose suelto(a), flojo(a), **2**
to **lose** perder (ie)
to **love** querer (irreg.); amar, **1**
low bajo(a)
luck la suerte
luggage el equipaje
   carry-on luggage el equipaje de mano
   lump in the throat el nudo en la garganta, **4**
lunch el almuerzo
lunchroom la cantina, **7**
lung el pulmón, **7**
luxury el lujo, **2**

M
mackerel la macarela, **6**; (a variety of) el pejerrey, **2**
madam señora
made confeccionado(a), **4**; compuesto(a), hecho(a), **8**
magazine la revista
maid la camarera; la criada, **1**
   maid of honor la madrina
mail el correo
   air mail por correo aéreo
   certified mail por correo certificado, por correo recomendado
   mail carrier el/la cartero(a)
   regular mail por correo ordinario
mailbox el buzón
main point el eje, **6**

to **make** hacer (irreg.);
confeccionar, **1**
  **to make a basket
  (basketball)** encestar
  to make a call hacer
  una llamada
  to make obvious dejar
  claro, **2**
  to make the bed hacer
  (tender) la cama
  to make up integrar, **2**
male el varón, **3**
man el caballero; el
hombre
mane la melena, **2**
mania la manía, **1**
manner la manera
manners los modales
many muchos(as)
marble la canica, **4**
March marzo
market el mercado
marketplace el bazar, **1**
married couple el
matrimonio
to **marry** casarse, **3, 5**
mass la misa
  midnight mass la misa
  del gallo
master el/la amo(a), **8**
material la materia
mathematics las
matemáticas
maximum máximo(a)
May mayo (m.)
maybe puede ser
mayonnaise la mayonesa
Me neither. (Ni) yo
tampoco.
meal la comida
means: by no means de
ninguna manera
meat la carne
mechanic el/la
mecánico(a)
medical médico(a), **7**
  medical kit el botiquín
medication el
medicamento
medicine la medicina
medium (meat) a término
medio
melancholy melancólico(a), **8**
memory el recuerdo, **3**
menorah la menora

menu el menú
merchant el/la comerciante,
el/la mercader
Merry Christmas! ¡Feliz
Navidad!
message el recado, **3**
Mexican mexicano(a)
microwave oven el horno de
microondas
midday el mediodía
midnight la medianoche
milk la leche
mineral mineral
miniature la miniatura, **1**
minibus el minibús, **1**
mirror el espejo
Miss señorita
to **miss the bus** perder el
autobús
mist la neblina, **1**
mixture la mezcla, **8**
molar la muela, **7**
mom la mamá
moment momento
  at this moment en este
  momento
  One moment, please. Un
  momento, por favor.
Monday lunes (m.)
money el dinero; la plata, **8**
  great sum of money el
  dineral, **2**
monument el monumento, **1**
mood el humor
  in a bad mood de mal
  humor
  in a good mood de buen
  humor
more más
morning la mañana
  Good morning. Buenos
  días.
  this morning esta mañana
Moslem musulmán
(musulmana), **8**
mosque la mezquita, **5**
mother la madre
motorbike el ciclomotor
mountain la montaña; el
monte, **5**
  mountain range la
  cordillera; la sierra, **2**
mouth la boca
  mouth (of river) la
  desembocadura, **5**

movie la película; el film(e)
  movie theater el cine
  to show a movie dar una
  película
Mr. señor
Mrs. señora
mural el mural
muscle el músculo, **3**
museum el museo
music la música
musical musical
musician el/la músico
mussel el mejillón
mustache el bigote

N

name el nombre
nap la siesta
  to take a nap echar
  (tomar) una siesta
napkin la servilleta
narrow estrecho(a);
angosto(a), **1**
national nacional
nationality la nacionalidad
native autóctono(a); el/la
indígena, **8**
  native language la lengua
  materna
  natives of Bolivia and Peru
  los aymarás, **2, 8**
navigator el navegante, **5**
near allegado(a), **4**
necessary necesario(a)
neck el cuello
necktie la corbata
to **need** necesitar; precisar, **2**
neighbor el/la vecino(a), **2**
neighborhood el barrio, **2**
neither: Me neither. (Ni) yo
tampoco.
neon sign el aviso luminoso, **2**
nephew el sobrino
nervous nervioso(a)
net la red
never nunca; jamás
new nuevo(a)
newlywed el/la recién
casado(a)
news las noticias
newspaper el periódico
newsstand el quiosco
next próximo(a)
Nice to meet you. Mucho
gusto.

niece la sobrina
  niece(s) and nephew(s) los sobrinos
night la noche
  Good night. Buenas noches.
  last night anoche
nine nueve
ninety noventa
ninth noveno(a)
no no
  by no means de ninguna manera
  no one, nobody nadie
  no smoking section la sección de no fumar
  no smoking signal la señal de no fumar
noise el ruido, 7
noisy ruidoso(a), 1
noncarbonated soft drink el refresco
nook el rincón, 1
noon el mediodía
norm la norma, 8
north el norte
not yet todavía no
notebook el cuaderno; la libreta
notes los apuntes
nothing nada
to notify avisar, 1
nougat el turrón, 2
novel la novela
November noviembre (m.)
now ahora
  now and then de vez en cuando
nuclear nuclear
  nuclear energy la energía nuclear
number el número
  flight number el número del vuelo
  seat number el número del asiento
  telephone number el número de teléfono
nurse el/la enfermero(a)
nutritional alimenticio(a), 7

O

obituary la esquela, 4
objective la meta, 6, 8
obstacle el impedimento, 4

to obtain lograr, 8
occupation el oficio, 3
occupied ocupado(a)
to occur ocurrir, 1
October octubre (m.)
of de
of the (m. sing.) del
to offer one's hand dar la mano
office la oficina
often a menudo
oil el aceite
old viejo(a) (adj.)
old person el/la anciano(a), el/la viejo(a) 2
older mayor
olive la aceituna, 8
  olive-colored de color oliva
on board a bordo
one uno
  one hundred cien(to)
  One moment, please. Un momento, por favor.
  one's own propio(a), 2
  one-way (adj.) sencillo
onion la cebolla
only solamente
to open abrir
operating room la sala de operaciones, el quirófano
operating table la mesa de operaciones
operator el/la operador(a)
operetta (Spanish) la zarzuela, 2
opposite contrario(a); enfrente de
oppressor el/la opresor(a), 8
opus la obra, 3
orange la naranja (fruit); anaranjado(a) (color)
orchard la huerta, 5
orchestra la orquesta
  orchestra seat la butaca; la butaca de patio (orquesta), 3
orthopedic ortopédico(a)
orthopedist el/la ortopedista
other otro(a)
others los demás, 3
out (baseball) el out
outdoors al aire libre
outfielder (baseball) el/la jardinero(a)

outlet (of river) la desembocadura, 5
outline el plan, 2
outskirts las afueras
oven el horno
over por encima
overcoat el abrigo
to overtake adelantar
owner el/la amo(a), 8
oxygen el oxígeno
  oxygen mask la máscara de oxígeno

P

to pack one's suitcase hacer la maleta
package el paquete
packing el envase, 7
pact el acuerdo, 7
painter el/la pintor(a)
painting el cuadro
pair (couple) la pareja, 4
pantihose las medias
pants los pantalones
papaya la papaya
paper el papel
  sheet of paper la hoja de papel
  toilet paper el papel higiénico
parachute el paracaídas, 2
parade el desfile, 3
paradise el paraíso, 3
parasol el parasol
paratrooper el/la paracaidista, 2
parents los padres
park el parque
to park aparcar, estacionar
parking meter el parquímetro
part (in hair) la raya
part-time a tiempo parcial
party la fiesta
to pass pasar
passbook la libreta
passenger el/la pasajero(a)
  passenger vehicle smaller than a bus el colectivo, 5
passport el pasaporte
  passport inspection el control de pasaportes
pastry el pastel
  pastry shop la pastelería

path la senda, el sendero
patient el/la enfermo(a)
patron saint el santo patrón, **3**
to **pawn** empeñar, **1**
to **pay** pagar
pea el guisante
peaceful pacífico(a), **8**
peach el melocotón
peak el pico
peanut el maní, **7**
pear la pera
pedestrian el peatón
to **peel** pelar
pencil el lápiz
penguin el pingüino, **1**
penniless person el/la pelado(a), **6**
penning (of bulls) el encierro, **3**
pensioner el/la pensionista, **8**
people la gente
pepper la pimienta
pepper (bell) el pimiento
to **perform** llevar a cabo, **4**
performance la representación, el espectáculo
to put on a performance dar una representación
performer el/la tocador(a), **8**
perhaps tal vez, quizá(s)
period (of time) la temporada, **3**
to **permit** autorizar, **6**
person la persona
person of mixed race el/la ladino(a), **8**
personnel department el departamento (servicio) de personal, el departamento de recursos humanos
pharmacist el/la farmacéutico(a)
pharmacy la farmacia
physical físico(a)
physical education la educación física
physics la física
piano el piano
to **pick up** recoger; descolgar (ue)
pickpocket el carterista, **5**
picture el cuadro

pie el pastel
piece (little) el pedacito, el trocito
pill la pastilla, la píldora, el comprimido
pillar el pilar, **8**
pillow la almohada
head pillow el cabezal, **7**
pilot el/la piloto(a)
to **pinch** apretar (ie)
It (They) pinch(es) me. Me aprieta(n).
pineapple la piña
pitcher (sports) el/la pícher, el/la lanzador(a)
pity la lástima
to be a pity ser una lástima
place el lugar
to take place tener lugar
plaid a cuadros
plain la llanura
plan el plan, **2**
plane el avión
by plane en avión
plant la planta
to **plant** sembrar, **2, 8**
plastic de plástico
plastic bag la bolsa de plástico
plate el plato
home plate el platillo
plateau (high) el altiplano, **2**
to **play** jugar (ue) (a sport); tocar (an instrument)
player el/la jugador(a); el/la tocador(a), **8**
playing cards la baraja, **6**
pleasant placentero(a), **1**; grato(a), **8**
to **please** agradar, **6**
please por favor
plug el tapón, **7**
plumber el/la plomero(a), el/la fontanero(a)
pocket el bolsillo, **5**
point (score) el tanto
to **point out** señalar, **8**
pole el bastón
police officer el/la policía
police station la comisaría, **5**
police: Spanish police force la Guardia Civil, **8**
polite educado(a)
politics la política, **8**

pollen el polen, **4**
pony tail la cola de caballo
pool la alberca, la piscina
popular popular
population la población
pork el cerdo
port el puerto, **5**
portable stove el hornillo
porter el/la maletero(a), el/la mozo(a)
portfolio la cartera, **2**
portion la ración, **7**
possible posible
post office la oficina de correos
post office box el apartado postal, la casilla
postage el franqueo
postal employee el/la empleado(a) de correo
postcard la tarjeta postal
poster el cartelón, **6**
pot la olla, la cazuela
to **pour** vaciar, **2**
potato la papa; la patata
powdered en polvo
powdered soap el jabón en polvo
power el poder, **6**
to **practice** ejercitar, **3**
to practice (a profession) ejercer (una profesión)
prawn el camarón
to **prefer** preferir (ie, i)
to **prepare** preparar; confeccionar, **1**
to **prescribe** recetar
prescription la receta
to **present** presentar
to present with obsequiar, **4**
present el regalo
Christmas present el regalo de Navidad, el aguinaldo
president of a university el/la rector(a), **2**
pressure la presión
pretty bonito(a)
price el precio
priest el cura
principal el/la director(a)
prisoner el/la cautivo(a), **5**
private particular, privado(a), **2**
probable probable
profession la profesión

programmer el/la programador(a)

to **promote** desarrollar, 8

promotion (in position) el ascenso, 6

propellers las hélices

to **propose** proponer, 6

protein la proteína

proud orgulloso(a), 2

provided that con tal que

to **prune** podar, 7

public público(a)

public school teachers el Magisterio Fiscal, 4

Puerto Rican puertorriqueño(a)

pulmonary pulmonar, 7

pulse el pulso

punch el puñetazo, 6

purse la bolsa, 5

to **pursue** perseguir, 8

push el empujón, 6

push button de (a) botones

to **push** empujar

to **put** poner (irreg.)

to put in meter

to put in a plaster cast enyesar

to put on (clothes) ponerse

to put on the fire poner al fuego

to put on a performance dar una representación

to put up a tent armar una tienda

pyramid la pirámide, 1

Q

quarter: a quarter to (past) (the hour) menos (y) cuarto

Quechuan people and language el quechua, 8

quite bastante

R

rabbi el rabino, 8

race la carrera, 7

racket la raqueta

radiator el radiador

rag el trapo, 6, 7

railway platform el andén

railway track la vía

rain la lluvia, 1

to **rain** llover (ue)

It's raining. Llueve.

raincoat la gabardina; el impermeable, 3

to **raise** levantar; alzar, 1

rare (meat) casi crudo; raro, 2

rather bastante

raw crudo(a)

ray el rayo

razor la navaja

razor blade la hoja de afeitar, 2

to **read** leer (y)

reading primer la cartilla, 8

to **reap** cosechar, 2, 4

to **receive** sacar (qu); recibir

receiver el/la destinatario(a)

receiver (of telephone) el auricular, la bocina

reception la recepción

receptionist el/la recepcionista

to **recognize** reconocer, 8

to **recommend** recomendar (ie)

to **reconcile** conciliar

record el disco

recovery room la sala de recuperación, la sala de restablecimiento

red rojo(a)

to **reduce** reducir (zc), 2

referee el/la árbitro(a)

refrigerator el refrigerador, la nevera

to **refuse** rehusar, 6

to **register** inscribir, 7

registration card la tarjeta, la ficha

regular (gas) normal

regular mail por correo ordinario

to **reimburse** reembolsar, 1

related allegado(a), 4

relationship el parentesco, 6

to **remain** quedarse

to **remove** extraer, 4; quitar, 5

renowned renombrado(a), 1

to **rent** alquilar

to **repeat** repetir (i, i)

to **replace** reemplazar, 2

to **request** rogar (ue)

to **require** requerir (ie, i); exigir, 1, 7

to **rescue** rescatar, 5

reservation la reservación

to **reserve** reservar

reserved reservado(a); taciturno(a), 8

to **reside** habitar, 6

resources los recursos, 6

rest el descanso, 3

restaurant el restaurante

retired person el/la jubilado(a), 2

to **return (something)** devolver (ue)

returning de vuelta, 3

to **revolve** girar, 6

rhythm: to the rhythm of al compás de, 3

rib la costilla

rice el arroz

Right? ¿Verdad?

right la derecha

to the right a la derecha

right away en seguida

right now en este momento

rim el borde, 1, 7

ring el anillo, la sortija

engagement ring la sortija de compromiso

wedding ring el anillo de boda

to **ring** sonar (ue)

rink: ice skating rink la pista de patinaje, el patinadero

river el río

road el trayecto, 1, 6

roast suckling pig el lechón

robbery el robo, 5

rock la piedra, 6

rock (adj.) de rock

rocket el cohete, 3

roll (of paper) el rollo

roller la rueda

roller skating el patinaje sobre ruedas

roof el tejado, 6

room el cuarto, la habitación

classroom la sala (el salón) de clase

double room el cuarto doble

single room el cuarto sencillo; la habitación simple

waiting room la sala de espera

root la raíz, 8

rope la soga, 7

round redondo(a), **5, 8**
round-trip de ida y vuelta
row la fila
to **ruin** destrozar, **2, 7**
to **run** correr
to **run quickly downstairs**
echar a correr escalera
abajo, **1**
runway la pista
rural rural, **8**

S

sacred sagrado(a), **8**
sad triste; melancólico(a),
8
safe seguro(a)
sail la vela, **1**
sailor el marino, **5**
salad la ensalada
salesperson el/la
dependiente; el/la
vendedor(a), **1**
salt la sal
to **sample** degustar, **4**
sample la muestra, **7**
sand la arena
sandals las sandalias
sandwich el sándwich, el
bocadillo
sanitary higiénico(a)
sash la faja, **3**
Saturday sábado
saucepan la cacerola, **7**
saucer el platillo
sausage la salchicha; el
embutido, **7**
to **save** rescatar, **5;** ahorrar
savings account la cuenta
de ahorros
to **say** decir (irreg.)
to **say good-bye**
despedirse (i, i)
scale la báscula
scar la cicatriz
scene la escena, **3**
schedule el horario, **2**
school el colegio, la escuela;
escolar, (adj.)
high school la
escuela secundaria
science la ciencia
science fiction de
ciencia ficción (adj.)
scissors las tijeras
to **score (sports)** marcar

scoreboard el tablero
indicador
screen la pantalla
sculptor el/la escultor(a)
sea el mar
sea level el nivel del mar
search: in search of en busca de
season la estación
seat el asiento
seat belt el cinturón de
seguridad
seat number el número
del asiento
seat (in a theater) la
localidad; la butaca
second segundo(a)
secondary secundario(a)
secret el secreto
secretary el/la secretario(a)
security la seguridad
security inspection el
control de seguridad
sedan el sedán
to **see** ver
See you later. Hasta la
vista. Hasta luego.
See you soon. Hasta
pronto.
See you tomorrow. Hasta
mañana.
to **seize** apoderarse de, **5**
self-sacrificing abnegado(a), **4**
to **sell** vende; despachar
to **send** enviar; mandar
sender el/la remitente
sensitive sensible, **4**
September septiembre (m.)
sergeant el sargento, **5**
serious serio(a)
to **serve** servir (i, i)
service station la estación de
servicio
to **set the bone** reducir la
fractura
seven siete
seventh séptimo(a)
seventy setenta
several varios(as), **1**
to **shake hands** estrechar la
mano
shampoo el champú
to **share** compartir, **6**
to **shave** afeitarse
shaving cream la crema de
afeitar

she ella
sheep la oveja, **2**
sheet la hoja; la sábana (bed)
sheet of paper la hoja de
papel
shellfish el marisco
to **shelter** recoger, **6**
to **shift gears** cambiar de
velocidad
to **shine** brillar; lucir, **4**
ship el buque, **1**
shipwreck el naufragio, **5**
shirt la camisa
loose-fitting man's shirt
worn in some tropical
Hispanic countries la
guayabera, **1**
shiver el escalofrío, **6**
shoe el zapato
shop window el escaparate,
la vitrina
shopping de compras
shopping center el centro
comercial
short (person) bajo(a);
(length) corto(a)
shot el disparo, **7**
shoulder el hombro
to **shout** gritar, **5**
shove el empujón, **6**
show el espectáculo; la sesión
to **show a movie** dar una
película
shower la ducha; el aguacero
(of rain), **1**
to take a shower tomar
una ducha
shrimp la gamba; el camarón
to **shrink** encoger
shy tímido(a)
sick enfermo(a)
sick person el/la enfermo(a)
side: to the side of al lado de
sideburn la patilla
sidewalk la acera
sign el rótulo
to **sign** firmar
silly tonto(a), **1**
simple sencillo(a)
sincere sincero(a)
to **sing** cantar
singer el/la cantor(a), el/la
cantante, **3**
single sencillo(a); simple
sir señor

sister la hermana
to sit down sentarse (ie)
sit-ups las sentadillas, 3
six seis
sixth sexto(a)
sixty sesenta
size el tamaño, la talla
skate el patín
to skate patinar
skater el/la patinador(a)
skateboard el monopatín
skating el patinaje
figure skating el patinaje
artístico
ice skating el patinaje
sobre hielo
roller skating el patinaje
sobre ruedas
skating rink el patinadero,
la pista de patinaje
sketch el dibujo, 1
to sketch dibujar, 1
sketcher el/la dibujante, 1
ski el esquí
ski lift el telesquí
ski pole el bastón
ski resort la estación de esquí
ski slope la pista de esquí
to ski esquiar
skier el/la esquiador(a)
skiing el esquí
cross-country skiing el esquí
de fondo; el esquí nórdico
downhill skiing el esquí
alpino, el esquí de descenso
skin el pellejo, 7
to skin-dive bucear
skindiving el buceo
skip el brinco, 3
skirt la falda
sky el cielo
slalom el slálom
slap la palmadita; la bofetada, 6
to slap gently dar palmaditas
slave el/la esclavo(a), 8
to sleep dormir (ue, u)
sleeping bag el saco de (para)
dormir
sleeping car el coche-cama
sleepy soñoliento(a), 2
sleeve la manga
long-(short-) sleeved de
manga larga (corta)
slice la tajada; la lonja; la
rebanada

to slice rebanar
to slip resbalarse
slope la cuesta; la loma(da), 1
slot (for money) la ranura
small pequeño(a); (amount)
poco(a)
smiling sonriente, 3
smoking (no smoking)
section la sección de (no)
fumar
snack la merienda
to sneeze estornudar
snow la nieve
to snow nevar (ie)
It's snowing. Nieva.
snowfall la nevada
so that para que, de manera
que, de modo que
soap el jabón
powdered soap el jabón en
polvo
soap opera la telenovela
soccer el futból
soccer field el campo de
futból
social sciences las ciencias
sociales
social studies la educación
cívica
sociology la sociología
socks los calcetines
soda la gaseosa
soft drink la gaseosa
soil el suelo, 1
sojourn la estadía, 1
sole (of shoe) la suela, 3
some algún, alguno(a)
somebody alguien
something algo
Something more? ¿Algo más?
sometimes a veces
son el hijo
soon: as soon as tan pronto
como
sore throat el dolor de
garganta
sorrow el dolor, 1
soul el alma (f.), 4
sound el sonido, 7
soup la sopa
south el sur
South America la América
del Sur
sovereign el/la soberano(a), 8
span el tramo, 1

Spanish español(a). el
español (language)
Spanish-speaking de
habla española
spare de repuesto, de
recambio (tire)
to speak hablar
specialist especialista
spectator el/la espectador(a)
speed la velocidad
speed limit la velocidad
máxima
spell la temporada, 3
to spend (time) pasar
spittoon la escupidera, 7
spoon la cuchara
spoonful la cucharada, 2
sport los deportes
sports broadcast la
emisión deportiva
sports car el coche
deportivo
spouse el/la cónyuge, 4
to spread (butter on bread)
untar, 2
spring la primavera
sprinkle rociar, 2
squall el chubasco, 1
squid el calamar
stadium el estadio
stage la escena (theatre); la
etapa (time), 2
to come on stage entrar en
escena
stain la mancha
stained manchado(a)
stairway la escalera
stall el puesto
stamp el sello, la estampilla
to stamp dar una patada, 1
to stand out lucir, 4
standard la norma, 8
star la estrella, 1
starch el almidón
state estatal (adj.), 7
station la estación
service station la estación
de servicio
train station la estación
de ferrocarril
statue la estatua
stay la estadía, 1
to stay quedarse
to stay in bed guardar cama
to steal robar

stealthily a hurtadillas, **6**
stereophonic estereofónico(a)
to **stir** revolver (ue)
stitch el punto, la sutura
stock el caldo, **2**
stockings las medias
stomach el estómago; el vientre, **7**
   stomachache el dolor de estómago
stop la parada
to **stop** parar
stoppage of work el paro, **5**
store la tienda
   department store la tienda de departamento (por departamentos)
   grocery store la tienda de abarrotes
   men's clothing store la tienda de ropa para caballeros (señores)
   women's clothing store la tienda de ropa para damas (señoras)
stork la cigüeña, el ave picuda, **4**
storm la tempestad, el temporal, la tormenta, **1**
stove la estufa
straight liso(a), lacio(a), (hair); derecho (direction)
to **strain** colar, **2**
stranger el/la desconocido(a), **6**
straw la paja
strawberry la fresa
stream el arroyo, **8**
street la calle
strength la fuerza, **1**; el poder, **6**
stretch (of distance) el tramo, **1**
to **stretch** estirar, **4**
stretcher la camilla
stretching el estiramiento, **3**
string bean la judía verde
striped a rayas
student el/la alumno(a); el/la estudiante
to **study** estudiar
subject la asignatura, la disciplina, la materia
to **substitute** reemplazar, **2**
suburbs los suburbios
subway el metro; el subterráneo, **5**
success el éxito, **3**

suddenly de golpe, **2**
sufficient suficiente
sugar el azúcar
to **suggest** sugerir (ie, i)
suit el traje
suitcase la maleta
   to pack one's suitcase hacer la maleta
sum el monto, **1**
summer el verano
summit el auge, **8**
sun el sol
   sunblock la crema protectora
to **sunbathe** tomar el sol
Sunday domingo
sunglasses los anteojos de (para el) sol
sunny soleado(a), **1**
   It's sunny. Hay (Hace) sol.
sunset (of life) el ocaso, **4**
suntan lotion la crema bronceadora
super súper
   super highway la autopista, la autovía
supermarket el supermercado, el hipermercado
supplied suministrado(a), **2**
to **supply** suministrar, **2**
support el apoyo, **5**
sure seguro(a)
surgeon el/la cirujano(a)
to **surpass** sobrepasar, **5**
to **surprise** sorprender; extrañar, **6**
to **swallow** tragar, **6**
sweater el suéter, el jersey
sweetheart el/la enamorado(a)
to **swim** nadar
swimsuit el traje de baño, el bañador
swimming pool la piscina, la alberca
swollen hinchado(a)
symptom el síntoma
synagogue la sinagoga, **8**

T

T-shirt el T shirt
table la mesa
tablecloth el mantel

tableland la meseta
tablet la pastilla
taciturn taciturno(a), **8**
to **take** tomar
   to take a bath bañarse
   to take a hike dar una caminata
   to take a leading part in protagonizar, **4**
   to take a nap echar (tomar) una siesta
   to take a shower tomar una ducha
   to take a step dar un paso, **8**
   to take a walk dar una caminata, **1**; dar un paseo, **3**
   to take away quitar, **5**
   to take charge of hacerse cargo de, **4, 6**
   to take off (airplane) despegar
   to take off the fire quitar del fuego, retirar del fuego
   to take out sacar
   to take pictures tomar fotografías, **1**
   to take place tener lugar; efectuar, **4**
   to take possession of apoderarse de, **5**
   to take seriously tomar en serio, **2**
   to take up subir
take-off el despegue
tall alto(a)
tame manso(a), **1**
tank el tanque
tape la cinta
task la tarea, **8**
to **taste** degustar, **4**
tasty rico(a)
taxi el taxi
   taxi stand la parada de taxis, **1**
taximeter el taxímetro, **1**
to **teach** enseñar
   to teach to read and write alfabetizar, **8**
teacher el/la profesor(a); el/la docente, **7**; el/la maestro(a)
team el equipo; de equipo (adj.)
tear la lágrima, **7**

teaspoon la cucharita
technician el/la técnico(a)
telephone (adj.) telefónico(a)
telephone (n.) el teléfono
    on the telephone por teléfono
    telephone book la guía telefónica
    telephone booth la cabina telefónica
to **telephone** telefonear
television la televisión
    television set el televisor
to **tell** decir
teller el/la cajero(a)
temperament el genio, **8**
temperature la temperatura
temple (anat.) la sien, **6**
ten diez
tennis el tenis
    tennis court la cancha de tenis
    tennis game el juego de tenis
    tennis shoes los tenis
tent la tienda de campaña, la carpa
    to put up a tent armar una tienda
tenth décimo(a)
tepid tibio(a), **7**
terminal la terminal, **1**
test el examen
thank you gracias
that eso; aquel, aquella
the el, la
theater el teatro
theatrical teatral
theft el robo, **5**
then luego
there is/are hay
thief el/la ladrón(a), **6**
thin flaco(a), **7**
third tercer
third age la tercera edad, **2**
thirst la sed
    to be thirsty tener sed
thirty treinta
this este (esta)
thorax el tórax, **3**
thousand mil
three tres
Three Wise Men los Reyes Magos
throat la garganta

sore throat el dolor de garganta
    to have a sore throat tener dolor de garganta
throne el trono, **4, 8**
to **throw** tirar, lanzar; echar
Thursday jueves (m.)
ticket el boleto, el billete; la entrada, **3**
    one-way ticket el billete sencillo
    round-trip ticket el billete de ida y vuelta
    ticket window la boletería, la ventanilla; la taquilla
tidbit la golosina, **1**
tied empatado(a)
to **tie together** anudar, **7**
tight estrecho(a)
time tiempo
    At what time? ¿A qué hora?
    full-time a tiempo completo
    on time a tiempo
    part-time a tiempo parcial
timid tímido(a)
tip la propina
tire el neumático, la goma, la llanta
    spare tire la llanta de repuesto (de recambio)
tired cansado(a)
to a; con destino a
    to the (m. sing) al
toast (to one's health) el brindis
to **toast (one's health)** brindar, **4**
today hoy
together junto(a)
toilet el inodoro, el váter; el retrete, **1**
    toilet paper el papel higiénico
toll el peaje
    toll booth la garita de peaje
tomb la tumba
    family tomb la tumba familiar, **4**
tomorrow mañana
tone el tono
tonight esta noche
too también
too (much) demasiado
tooth el diente

tooth cavity la caries, **7**
toothbrush el cepillo de dientes, **7**
toothpaste la pasta dentífrica; el dentífrico, **7**
toothpick el palillo, **7**
tortilla la tortilla
total el total, el monto
to **touch** tocar
tourist el/la turista
towel la toalla
    beach towel la toalla playera
town el pueblo; la villa, **6**
toy el juguete, **1, 4**
trade el oficio, la compra y venta
trader el/la traficante, **8**
traffic la circulación, el tráfico, el tránsito
    traffic jam el embotellamiento, **1**
    traffic light el semáforo
trail la pista
trailer la caravana, la casa-remolque
train el tren
    train station la estación de ferrocarril
trainer el entrenador, **2**
training el entrenamiento, **8**
tranquil tranquilo(a), **3**
to **transfer** transbordar
transportation el transporte
to **travel** recorrer, **1**
traveler el/la viajero(a), **1**
    traveler's check el cheque de viajero
tray table la mesita
tree el árbol
    Christmas tree el árbol de Navidad
trick el truco, **5**
tricorn el tricornio, **8**
trigonometry la trigonometría
trim el recorte
to **trim** recortar
trip el viaje
    to take a trip hacer un viaje
troop la tropa, **2**
true verdadero(a)
    Isn't it true? ¿No es verdad?
trumpet la trompeta

trunk (of a car) el/la maletero(a)

truth la verdad

tube el tubo

Tuesday martes (m.)

tuna el atún

to **turn** doblar

  to turn around dar la vuelta, voltear, **3**

  to turn off apagar

  turn signal el intermitente, la direccional

  turquoise-colored de color turquesa

turtle (giant) el galápago, **1**

tweezers las pinzas, **7**

twenty veinte

to **twist** torcer (ue)

two dos

tyrant el/la opresor(a), **8**

U

umbrella la sombrilla

uncle el tío

  uncles and aunts los tíos

under debajo de

underground subterráneo(a)

underpants los calzones, **3**

undershirt la camiseta

to **understand** comprender

understanding el conocimiento, **8**

undeserved inmerecido(a), **4**

unemployed desocupado(a), desempleado(a)

  unemployed person el/la desempleado(a)

unemployment el desempleo

unfortunate desgraciado(a), **4**

university la universidad; universitario(a) (adj.)

  university diploma el título universitario

unleaded sin plomo

unless a menos que

unmarried person el/la soltero(a), **6**

unpleasant antipático(a)

unsuccessful fallido(a), **4**

until hasta; hasta que

to **use** usar

  to use up consumir, **7**

useful útil, **2**

useless thing el cacharro, **2**

usher el paje de honor

V

valley el valle

veal la ternera

vegetable la legumbre, la verdura, el vegetal

  vegetable garden el huerto, **1**

veil el velo, **1, 4**

vein la vena, **6**

to **verify** verificar

verse, improvised with music la bomba, **8**

very muy

vice versa por el contrario, **2**

victim of a disaster el/la damnificado(a), **5**

  crime victim la víctima del crimen, **5**

video store la tienda de videos, **2**

view la vista

vigil el velorio, **4**

vigor la lozanía, **4**

violin el violín

virtue la virtud, **6**

vitamin la vitamina

voice la voz, **8**

volleyball el vólibol

W

to **wait for** esperar

waiter el mesero

waiting room la sala de recepción

waitress la mesera

wake el velorio, **4**

to **wake up** despertarse (ie)

Wales Gales, **1**

to **walk** caminar; andar (irreg.)

wall la pared, **6**

  city wall la muralla, **6**

wallet la cartera, **5**

to **want** querer (irreg.); desear

warm-up el calentamiento, **3**

wash (n.) el lavado

to **wash (oneself)** lavar(se)

washbasin el lavamanos, **1**

washing machine la máquina de lavar

to **waste** desperdiciar, **8**

to **watch** ver

watch el reloj, **5**

water el agua (f.)

to **water** regar, **2, 7**

watermelon la sandía

water skiing (n.) el esquí acuático

  to go water skiing esquiar en el agua

wave la ola; la onda

way la manera; el sentido

we nosotros(as)

wealth los recursos, **6**

wedding la boda, el enlace nupcial

Wednesday miércoles (m.)

week la semana

  last week la semana pasada

  this week esta semana

to **weigh** pesar

weight la pesa, **7**

welcome (n.) la bienvenida

to **welcome** dar la bienvenida

well bien

  well-done (meat) bien cocido (hecho)

  well-mannered educado(a)

well el pozo, **1, 2, 4**

west el oeste, el occidente, **8**

What? ¿Cuál?, ¿Qué?; ¿Cómo?

  What is it? ¿Qué es?

  What is today's date? ¿Cuál es la fecha de hoy?

  What time is it? ¿Qué hora es?

  What's the weather like? ¿Qué tiempo hace?

wheel la rueda

wheelchair la silla de ruedas

when cuando

  When? ¿Cuándo?

Where? ¿Dónde?, ¿Adónde?

Which? ¿Cuál?

while mientras

whim el capricho, **2**

whiskers los bigotes, **2**

white blanco(a)

  egg white la clara, **2, 7**

Who? ¿Quién?

  Who is calling? ¿De parte de quién?

  Who is it (he, she)? ¿Quién es?

wide ancho(a)

widow la viuda, **4, 5, 6**

widowed, enviudado(a), **1**
widower el viudo, **6**
wife la esposa, la mujer
will la voluntad, **8**
to win ganar
wind el viento
to wind up a victrola darle
  cuerda a una victrola, **2**
window la ventanilla
windshield el parabrisas
  windshield wiper el
    limpiaparabrisas
windsurfboard la plancha
  de vela
windy: It's windy. Hace viento.
wine-colored de color vino
wing el ala (f.)
winter el invierno
to wish desear
to withdraw retirar
withdrawal el retiro
  withdrawal slip el
    formulario de retiro
without sin (que)
woman la mujer

wool la lana
work la obra; el trabajo;
  la faena, la labor, **2;**
  la tarea, **8**
to work trabajar
worker el/la obrero(a), el/la
  trabajador(a)
to wound lastimar, **3**
wrinkled arrugado(a)
wrist la muñeca
to write escribir
  to write down anotar, **8**
writing pad el bloc
wrong equivocado(a)

X
X-ray la radiografía
X-rays los rayos equis

Y
year el año
  Happy New Year!
    ¡Próspero año nuevo!
  last year el año pasado
  this year este año

yellow amarillo(a)
yesterday ayer
  the day before yesterday
    anteayer
  yesterday afternoon ayer
    por la tarde
  yesterday morning ayer
    por la mañana
you tú, Ud., usted, Uds.,
  ustedes (pl. form.), vosotros
You're welcome. De nada., No
  hay de qué.
young joven
  young man el mozo, **3**
  young person el/la joven, **2**
younger menor
youth el mozo, **3**
  youth hostel el albergue
    juvenil

Z
zero cero
zip code la zona postal, el
  código postal
zipper la cremallera, el zíper

Índice gramatical

Credits

Photography

Allsport USA: 121; courtesy, American Jewish Historical Society, Waltham, Massachusetts: 384. Anchor Books/Doubleday: 100. ©Angel, Carlos /Gamma Liaison: 181. AP/Wide World Photos: 56T, 232, 354R. Archive Photos: 55, 56B. Archives of the Audio-Visual Unit, Art Museum of the Americas, Organization of American States, Washington, DC: 152. Atkinson, Brian/Tony Stone Images: 201. Aurness, Craig/Westlight: 108L. Bachmann, Bill/Tony Stone Images: 128. Bertsch, W./Bruce Coleman: 109T. The Bettmann Archive: 143R, 241B, 396B. Biggs, Ken/Tony Stone Images: 71T. Boltin, Lee: 248TL. ©1995 Fernando Botero, Niños ricos, VAGA, NY, courtesy Marlborough Gallery, NY: 104. Bowater, P. & G./Image Bank: 12B 286. Bresson, Henri Cartier: 95T. The British Library, Oriental and India Office Collections: 239. Brown, Skip/Adventure Photo & Film: 295. Cardinale, Stephane/Sygma: 176. Carle, Eric/Bruce Coleman: 387. Chaplow, Michelle : 68-69, 101B. Chester, Sharon/Comstock: 109BL, 300R, 407B. Cirilo, Santos/COVER: 403. Cohen, Stuart/Comstock: 62B, 288, 407T. ©Collection Viollet: vBM, 143L. Columbus Memorial Library, Organization of American States: 198T. ©1936 Coppola, Horacio, Buenos Aires, Argentina: 142. Corvetto, Mario/Comstock: 107BR, 248BR. Cover/The Image Works: 173, 192T. ©Cozzi, Guida/Bruce Coleman: 266B. Culver Pictures Inc.: 243, 354B, 366L. Salvador Dalí, The Persistence of Memory, The Museum of Modern Art, New York, ©1994, oil on canvas, 9 1/2" x 13", given anonymously: 222B. ©Damm, Fridmar/Leo de Wys Inc. NY: 206T. De Wys/Sipa/Frilet/Leo de Wys, Inc. NY: 377. Delgado, Luis: 9L, 9R, 10, 11B, 11T, 12T, 20T, 21L, 24B, 24TL, 24TR, 25, 27, 39, 43T, 62T, 63B, 79, 85R, 86, 87, 89, 90, 93B, 93T, 109BR, 112, 113, 114T, 116T, 137, 139B, 149, 155B, 158, 159B, 159T, 164, 183, 186, 187, 210, 211, 212, 217, 221, 248TR, 249, 250, 252, 253, 256, 260, 261, 275, 280, 290, 293, 296, 298, 299L, 299R, 302, 303, 306B, 309, 312, 313, 316L, 316R, 323T, 334, 343, 351B, 363, 369B, 402. Despotovic, Dusko/SYGMA: 175. ©Devore III, Nicholas/Bruce Coleman: 198B. Di Giacomo, Robert/Comstock: 33T. EFE: 146. Egan, Shaun/Tony Stone Images: 15. Ehlers, Chad/International Stock: 59. Elk III, John/Bruce Coleman: 114B. Europa Press: 267BL, 269, 396T. ©Evans, Mel/Gamma Liaison: 228. Faidley, Warren/International Stock: 29. Faris, Randy/Westlight: 21R. Fischer, Curt: 42, 51, 94B, 116B, 118, 122, 125, 140, 141, 147, 148, 154T, 171, 189, 192BL, 192BR, 192MT, 207T, 277, 279, 289, 292, 319, 320, 327, 339B. Fontana, Franco/Image Bank: 33B. courtesy Frederic Remington Art Museum, Ogsdenburg, NY: 262. Franca, Armando/AP/Wide World: 174. Frank, N./The Viesti Collection: 244. Frazier, David R. : 62R, 138, 169, 184, 188. ©Frehm, Ron/International Stock: 227. ©Frerck, Robert/Odyssey/ Chicago: 287. Frerck, Robert/Odyssey: 35, 41B, 50, 53, 67CR, 71B, 233, 266T. Fried, Robert: 40, 67TR, 70. Fuller, Tim: 37. Gallant, Andre/Image Bank: 33TM. Carmen Lomas Garza, Tamalada, 1987, gouache on paper, 20" x 27", ©Carmen Lomas Garza, photograph Witmar Dietze: 246. Gil, Eduardo ©1991/Black Star: 378. Goldberg,Beryl : 20B, 67BL. Graham, Charles/Leo de Wys Inc. NY: 242. ©Gritscher, Helmut/Peter Arnold, Inc.: 285. Gscheidle, Gerhard: 43B. Gunnar, Keith/Bruce Coleman: 248BL. Habel, Julie/Westlight: 63T.

©Harriger, Kelly/Westlight: 324. Heaton, Dallas & John/Westlight: 240. Henneghien, Charles/Bruce Coleman: 361B. Hiser, David/Tony Stone Images: 107L. Hoffman, John H./Bruce Coleman ©1989: 193. Horner, Jeremy/Tony Stone Images: 6TL. ©Ives, Thomas/The Stock Market: 397. Jewell, Rob/International Stock: 132L. Jongen, Antoinette/FPG: 64T. ©Kamin, Bonnie/Comstock: 135. ©Karp, Cindy 1985/Black Star: 366R. ©1990 Kaufman, Len/Black Star: 185. Kennerly/Gamma Liaison: 267T. photographer unknown, photo courtesy John F. Kennedy Library, Boston, Ernest Hemingway Collection: 267BR, 268. King, Barry/Shooting Star: 17. ©Kuhmstedt, Bernard/Retna Pictures: 120. ©Kunz, W./Bilderberg/The Stock Market: 47. ©Kurtz, Jack/Impact Visuals: 354L. La Bastille, Anne/Bruce Coleman, Inc.: 393. Lansner, Erica/Black Star: 13. Laurie Platt Winfrey, Inc.: 155T. Laurie Platt Winfrey, Inc., NY, Museo Nacional de Arte Moderno, Mexico City, collection of Sra. Francina Audirac Vda. de Leal: 236. Lehman, D./Westlight: 5. Lokey, David/Comstock: 78. Mangino, Larry/The Image Works: 56. Marcou/Sipa Press: 177. Martson, Sven/Comstock: 64. Masats/Oficina Nacional Española de Turismo: 265BL. Mays, Buddy/International Stock: 166. ©Meiselas, Susan/Magnum Photos: 339T. Menzel, Peter: 77, 106B. Messerschmidt, Joachim/Bruce Coleman: 134, 242B. Miami Herald/Silver Image: 180B, 180T. Morato, F. Royo/Bruce Coleman: 76B. Murphjy-Larronde, Suzanne/DDB Stock: 101T. Navia-COVER: 265BR. ©ND-Viollet: 143M. Nicholls, Wayne/Fotobanco S.A., Chile: 225. Isidre Nonell, La Gitana, Museo de Arte Moderno, Barcelona, Laurie Platt Winfrey, Inc.: 401. from Obras by Gertrudis Gómez de Avellaneda, Tomo 1, Havana, 1914: 46T. Oficina Nacional Española de Turismo: 265BL. Oróñoz: 194, 202, 205B, 206B, 284, 354T, 356, 357B, 359, 400T, 406T, 49L. courtesy Paula magazine, Santiago, Chile: 95B. Pcholkin, Vladimir/FPG: 2. Peace Corps: 394. Pensinger, Doug/Allsport: 41T. ©Peterson, Chip & Rosa María de la Cueva: 142B, 382, 398R. ©Philip, Charles/Westlight: 6B. 300L. Plenge, Heinz/Peter Arnold: 155M. private collection, courtesy CDS Gallery, New York: 154. private collection: 207B. private collection: 358. Reichenthal, Marty/AP/Wide World: 98. Reuters/Bettmann: 346. Diego Rivera, Agrarian Leader Zapata, 1931, The Museum of Modern Art, New York, Abby Aldrich Rockefeller Fund, ©1994, fresco, 7' 9 3/4" x 6' 2": 241T. ©Rogers, Pat/Leo de Wys Inc. NY: 361. Ross, Bill/Westlight: 2 (inset). Rotman, Jeff/Peter Arnold: 65, 406B. Sanford, Eric/International Stock: 131L, 131R, 132R. Sauer, Jennifer: 91B, 91T, 126, 139T, 167, 170, 179, 219, 220, 230, 248, 251, 257, 259, 273, 278, 306T, 308B, 308M, 308T, 323B, 362, 369T, 370L, 370R, 390. ©Sherman, Mark/Bruce Coleman: 33MB, 310. ©Silbert, Layle: 94T. ©Smith, Clyde H./Peter Arnold: 199T, 199B. Smith, Jeff/FOTOSMITH: 85L. Snyder, Daniel : 151. ©Stephenson, Mark/Westlight: 106T, 271, 332. Stockshooter, Johnny/International Stock: 127. ©Stuckey, R. Michael/Comstock: 325. Tony Stone Images: 353. Travelpix/FPG: 1. Mario Urteaga, Burial of an Illustrious Man, 1936, The Museum of Modern Art, New York, oil on canvas, 23" x 23 1/2", photograph ©1994: 182. UPI/Bettmann: 144. Urie, Walter/Westlight: 110B. Valentine, Denis/The Stock Market: 47.